隋唐遼宋金元史論叢

中國社會科學院古代史研究所
隋唐五代十國史研究室
宋遼西夏金史研究室 編　第十三輯
元史研究室

上海古籍出版社

圖書在版編目(CIP)數據

隋唐遼宋金元史論叢.第十三輯/劉子凡,康鵬,張國旺主編.—上海:上海古籍出版社,2023.9
ISBN 978-7-5732-0824-8

Ⅰ.①隋… Ⅱ.①劉… ②康… ③張… Ⅲ.①中國歷史-隋唐時代-文集②中國歷史-遼宋金元時代-文集 Ⅳ.①K240.7-53

中國國家版本館 CIP 數據核字(2023)第 149078 號

隋唐遼宋金元史論叢(第十三輯)
劉子凡 康 鵬 張國旺 主編
上海古籍出版社出版發行
(上海市閔行區號景路159弄1-5號A座5F 郵政編碼201101)
(1)網址:www.guji.com.cn
(2)E-mail:guji1@guji.com.cn
(3)易文網網址:www.ewen.co
上海惠敦印務科技有限公司印刷
開本787×1092 1/16 印張21 插頁2 字數351,000
2023年9月第1版 2023年9月第1次印刷
ISBN 978-7-5732-0824-8
K·3444 定價:98.00元
如有質量問題,請與承印公司聯繫

主　　　編：劉子凡(本輯執行主編)　康　鵬　張國旺

編輯部成員：(以漢語拼音爲序)：
　　　　　　雷　博　羅　瑋　王　博　王　申
　　　　　　張曉慧　趙　洋(本輯執行編輯)

目　録

文獻考訂與輯佚

《魏鄭公諫録》刊本小考　　　　　　　　　　　　　　　謝保成　7

《大唐開元禮》名詞考正
　　——《大唐開元禮》劄記之七　　　　　　　　　　　吴麗娱　12

《天一閣藏明鈔本天聖令》注文研究（一）　　　　　　　牛來穎　26

跋國圖藏敦煌文書 BD15777 號　　　　　　　　　　　　陳麗萍　40

《禮閣新儀》輯佚初探　　　　　　　　　　　　　　　　趙洋　47

王安石奏對稱經條按　　　　　　　　　　　　　　　　　尹承　60

《元史·忠義傳》石珪入傳考　　　　　　　　　　　　　董衡　92

專題研究

隋有《格》《式》考　　　　　　　　　　　　　　　　　黄正建　107

試論五禮制度中諸禮間的關係
　　——以《開元禮·軍禮》爲中心　　　　　　　　　　王博　115

尚書刑部成立的魏齊因素　　　　　　　　　　　　　　　張雨　124

論唐代宿州之成立　　　　　　　　　　　　　　　　　　沈國光　143

胡安國《春秋》書法説發微　　　　　　　　　　　　　　葛焕禮　180

再辨辛棄疾詞中關於岳飛的"隱語"　　　　　　　　　　雷博　207

泉州市舶司遺址出土"市舶亭"文字磚辨析　　　　　　　王申　215

契丹大字"彌里吉"與渤海國　　　　　　　　　　　　　陶金　220

"莊帳"小考　　　　　　　　　　　　　　　　　　　　郇佳琪　235

3

忠肅王至恭愍王時期高麗世子入質、國王親朝及政治博弈
　　　　　　　　　　　　　　　烏雲高娃　金世光　242
遼金元時期衛州韓氏家族碑傳史料考略　　張國旺　262
道教與宋元時期的嶽瀆祭祀　　　　　　　宋學立　271
元代蒙古人"姓氏"芻議　　　　　　　　張曉慧　279
論元代盧溝橋的治安管理　　　　　　　　寇博辰　292

書評

《吐魯番出土文獻散錄》中的文書研究價值　　劉子凡　298

海外擷英

現存宋刊單疏本刊行年代考
　　　　　長澤規矩也　著　　王瑞　譯　　董岑仕、張良　校　302

Contents

Research on Edition of *Wei-zheng-gong Jian Lu*   *Xie Baocheng*   7

Critical Study of Some Pronouns in *Da Tang kaiyuan li* (Ritual of the Great Tang, Kaiyuan era), 7th Note on *Da Tang kaiyuan li*.   *Wu Liyu*   12

Research on Annotation of *Ming Manuscript Tian-sheng Ling Collected in Tian-yi Ge* Ⅰ   *Niu Laiying*   26

A Study of the BD15777 in National Library of China   *Chen Liping*   40

A Preliminary Study on the Scattering of the Repertory of *Ligexinyi*(禮閣新儀)   *Zhao Yang*   47

A Study on Confucian Classics in the Dialogue Between Wang Anshi(王安石) and Song Shenzong(宋神宗)   *Yin Cheng*   60

A Fence-Sitter in the Loyalist Biography: General Shi Gui's Images in Jin-Yuan-Ming Period   *Dong Heng*   92

On There Being Regulation (*ge*) and Ordinance (*shi*) in the Sui Dynasty   *Huang Zhengjian*   107

A Discussion of the Relationship Between All Rites in the Five Rites System - Focusing on the Kaiyuan Rites - Military Rites   *Wang Bo*   115

The Influence of the Northern Wei and Northern Qi Systems on the Establishment of the Shangshusheng-Xingbu   *Zhang Yu*   124

On the Establishment of Suzhou(宿州)   *Shen Guoguang*   143

On Hu Anguo's Writing Theory of the Spring and Autumn Annals   *Ge Huanli*   180

A Re-discrimination of the Metaphors about Yue Fei in Xin Qiji's Ci Poetry   *Lei Bo*   207

Identification of the Text Brick of the "Shiboting" Unearthed at the Maritime Trade Office of Quanzhou Site	Wang Shen	215
The Khitan Large Script Word "Mirgi" and the Bohai Kingdom	Tao Jin	220
Research on Zhuang-zhang	Zou Jiaqi	235
During the Reign of King Chungsuk to King Gongmin: that the Prince of Goryeo Stay in the Yuan Dynasty as Hostages and the King Regularly Visited the Emperor of the Yuan Dynasty, as well as the Political Game Between the Two Countries	Wuyun Gaowa, Jin Shiguang	242
A Brief Study of the Han Family's Stele Biography in Weizhou During the Liao, Jin and Yuan Dynasties	Zhang Guowang	262
Taoism and the Rituals of Yue-Du in the Song and Yuan Dynasties	Song Xueli	271
On the Family Name of Mongols in Yuan Dynasty	Zhang Xiaohui	279
A Study on the Public Security Management of Lugou Bridge in the Yuan Dynasty	Kou Bochen	292
The Value of Document Research in *A Collection of Unearthed Manuscripts in Turpan*	Liu Zifan	298
A Study of the Printing Time of the Extant *Jiujing shuyi* in Song Edition	Nagazawa Kikuya, trans. by Wang Rui, check by Dong Censhi, Zhang Liang	302

【文獻考訂與輯佚】

《魏鄭公諫録》刊本小考
Research on Edition of *Wei-zheng-gong Jian Lu*

謝保成

摘　要：南宋、元、明，唯有元代在蒲阪置河中府，《魏鄭公諫録》"今河中府"注只能是元代人添加。王先恭校注本，無"今河中府"注，符合南宋"淳熙"實際，代表南宋傳本的面貌。《畿輔叢書》本所據爲元代伊足鼎作序本，有"今河中府"注，代表《魏鄭公諫録》元代傳本的面貌。正德二年重刊本，不僅有"今河中府"注，還多一注，摻雜進元代文字，有失南宋"淳熙"原貌，反映《魏鄭公諫録》元代以後傳本的面貌。

關鍵詞：魏鄭公諫録；王先恭校注本；畿輔叢書本；正德二年重刊本；今河中府注

　　《魏鄭公諫録》是一本集録魏徵諫諍故事的專輯，爲研究魏徵必不可少的史料書。因其刊本情況較爲複雜，在修訂《貞觀政要集校》之後特作此考察。
　　書雖是唐王方慶輯（王方慶，名綝，字方慶），但最早的著録見於南宋淳熙年間。《玉海》卷六一《唐魏徵諫事·諫録·時務策》條著録如下：

　　　　《中興書目》：唐《魏鄭公諫録》五卷，吏部郎中王綝撰。集證諫太宗一百三十事。序曰："采（一作雜）聽人謡，參詳國典，以成此録。"自《諫詔免租賦》至《太宗臨朝詔群臣》。……淳熙十三年……六月十三日程大昌奏宣取《諫録》覽觀，詔繕寫以進。

是南宋孝宗時,皇家藏有《魏鄭公諫録》寫本。

現今所見《魏鄭公諫録》最早的單刻本,是正德二年(1507)曾大有重刊本。張金吾《愛日精廬藏書志》卷一三《史部·傳記類》著録爲"唐王方慶撰,曾大有重刻序(正德二年)"。書藏國家圖書館善本部(索書號 SB08058),見《中國古籍善本書目》《中國古籍總目》。

收入叢書的《魏鄭公諫録》刊本有《閭丘辯囿》本、《四庫全書》本、《畿輔叢書》本、《王益吾所刻書》本。《閭丘辯囿》本爲康熙中顧氏秀野草堂刊本,《四庫全書》本底本爲乾隆中浙江鮑士恭家藏本,《畿輔叢書》本爲光緒五年(1879)王氏謙德堂刊本(有《原序》),《王益吾所刻書》本爲光緒九年(1883)王先恭校注本。

國家圖書館館藏中,另有日本享和二年(1802)、文政十二年(1829)兩個刻本。享和二年刊本,爲明倫堂木活字本,日本學者原田種成校《貞觀政要定本》所用《魏鄭公諫録》即"明倫館"本。

上述刊本中,有兩個刊本的序、跋涉及版本源流。一是王先恭校注本序云:"余兄益吾自湖北寄歸寫本,云得之市肆,每卷第三行有宋陳騤藏本五字,蓋文簡家舊物,有圖記。後人傳録並記其由來,以示寶貴也。"二是正德二年重刊本書尾杜啓《重刊魏鄭公諫録後序》中一"跋"曰:"右《魏鄭公諫録》五卷……陳叔進舍人得本,以囑予客馬叔度校正,凡謬誤一百四十五字,刊於齋,淳熙己亥十月上澣吳興李。"《愛日精廬藏書志》著録了此跋。王先恭校注本序提到的"宋陳騤",正德二年重刊本後序中"吳興李"之"跋"提到的"陳叔進舍人",爲同一人。陳騤,字叔進,《宋史》卷三九三本傳記其"淳熙五年試中書舍人兼侍講、同修國史",《直齋書録解題》卷八《目録類》著録"《中興館閣書目》三十卷,秘書監臨海陳騤叔進等撰,淳熙五年上之",既表明陳騤爲南宋淳熙年間人,又表示兩個本子同源。但這兩個同源的本子,却有著重大差異。

王先恭校注本一百二十九事,卷四無"對讀書善事"一事,有兩條注,一條是卷三"對不見讜言"的"貞觀八年,分遣大臣爲諸道黜陟大使,凡十三人,分行天下,問民間疾苦,俾使者所至如朕親睹",一條是卷五"太宗親臨喪"的"牙字下恐有闕文。七州諸軍事相州刺史,二史云相州都督"。

正德二年重刊本一百三十事,卷四有"對讀書善事"一事,共有四條注,除王先恭校注本中的兩條外,多卷一"諫討擊馮盎"的"蒲州,蒲阪也,今河中府"一條、卷二"諫河南安置突厥部"的"徵説與史同,彦博與史不同"一條。

《畿輔叢書》本與上述兩個本子亦有兩大差別,一是有王絿《原序》,二是有三條注,即多王先恭校注本"蒲州,蒲阪也,今河中府"一條,少正德二年重刊本"徵説與史同,彥博與史不同"一條。

先説三個本子中的注。王先恭校注本兩條注,《畿輔叢書》本三條注,正德二年重刊本四條注,正好反映版本的變化:先有兩條注的本子,再有三條注的本子,最後出現四條注的本子。

四條注中,"蒲州,蒲阪也,今河中府"一條,是判定版本年代的關鍵一注。蒲阪,唐武德元年置蒲州,開元八年始改河中府。王方慶長安二年卒,輯《魏鄭公諫録》時蒲州尚未改府,不會作此注。南宋偏安秦嶺、淮河以南,此地雖置河中府,却在金的版圖内。南宋根本没有河中府的行政區劃,南宋人怎麽會作"今河中府"注呢?明代無河中府,蒲州隸屬平陽府,明人也不會作"今河中府"注。南宋、元、明,唯有元代在此地置河中府,"今河中府"注只能是元代人添加。换句話説,有此注者,絶非南宋傳本,只能是元代或元代以後的傳本。

這一只能是元代人添加的注出現在《畿輔叢書》本中,使其有了三條注,再加上王綝《原序》,成爲《畿輔叢書》本區别於其他所有刊本的兩大突出點。因此,有必要準確判定其時代。

説到《畿輔叢書》本的時代,難免會有人根據其書末"王灝識"的"《諫録》五卷,末有明彭年增編十條,今不録。按彭年號龍池,吴郡學生,嘉靖時人,華補菴重刊《諫録》,年任校勘,因增附十條"數語,誤以其書源自嘉靖時"華補菴重刊《諫録》"。但"王灝識"緊接著説"今考年所增者……爲贅設,洵有然也。兹故置而不復綴",連讀整段文字,根本看不出有表示版本來源的意思,只是在説不録"彭年增編十條"的原因時提及彭年的身份和彭年爲"華補菴重刊《諫録》"做過校勘。倘若硬要堅持,就必須解釋《畿輔叢書》本爲什麽只有三條注而不是四條注,爲什麽會有王綝《原序》。解釋不了,只能説明《畿輔叢書》本不是源自有四條注、無王綝《原序》的其他所有刊本,而是另有所據。

再深入一步,請與《魏鄭公諫續録》一起考察。《閻丘辯囿》收有《魏鄭公諫録》五卷,未收《魏鄭公諫續録》二卷。《四庫全書》既收有《魏鄭公諫録》五卷,又收有《魏鄭公諫續録》二卷。《畿輔叢書》却不同,雖收有《魏鄭公諫録》與《魏鄭公諫續録》,但所收《魏鄭公諫續録》爲一卷而非二卷,省去了與《魏鄭公諫録》重複的八十一條,只保留了《魏鄭公諫録》所無的十八條。爲什麽會這樣?且看《畿輔叢書》本《魏鄭公諫續録》卷首的"謹案":

元伊足鼎《諫録》序云:《魏鄭公諫續録》,下邳翟思忠撰。今閲其書,共一百四條,已見王方慶《諫錄》八十一條……其《諫錄》所無十八條,附編卷末,仍存《諫續錄》之名。

案語清楚地告訴所有人:《魏鄭公諫錄》在元代有伊足鼎(亦作"亦祖丁")作序本,卷末附《魏鄭公諫續錄》十八條,而《畿輔叢書》本完全是按照元代伊足鼎作序本刊印的,才正好與"今河中府"注爲元代人添加相呼應。王綝《原序》亦當爲伊足鼎作序本所獨有,由《畿輔叢書》本得以保存下來。據此可以斷言,《畿輔叢書》本所據元代伊足鼎作序本,是《魏鄭公諫錄》在元代的傳本,具有青銅器中"標準器"的作用,能夠藉以判定其他刊本的時代。

王先恭校注本僅有兩條注,所據本子必早於有三條注的《畿輔叢書》本,當爲元代以前流傳的本子。無"今河中府"注,與其序云"每卷第三行有宋陳騤藏本"的實際完全吻合。前文已述,陳騤爲南宋淳熙年間人,"宋陳騤藏本"自然不會有"今河中府"注。

正德二年重刊本《後序》中"吳興李"之"跋",似乎表示其與"淳熙己亥"刊本的淵源,但有"今河中府"這一元代添加進來的注,又比《畿輔叢書》本多一注,正文還有不少與《畿輔叢書》本、特別是《魏鄭公諫續錄》相同的文字,顯然摻雜了元代及元代以後的文字。是曾大有重刻時摻入的?還是這一"吳興李"之"跋"從別處移來,非原跋?不管何種情況,只要有元代添加的"今河中府"注,就不再是淳熙刊本原貌!

再說一百二十九事到一百三十事的變化。王先恭校注本一百二十九事,無卷四"對讀書善事"一事。王先恭在卷四"對月令早晚有"事末的校注指出,"《續錄》上卷三十六,此下有太宗問曰朕比讀書一篇",顯然是在告訴讀者,一百三十事本中的"對讀書善事"一事是從《魏鄭公諫續錄》上卷抄來的,爲足一百三十之數,所以他在《魏鄭公諫錄考證》中對《玉海》所云"諫太宗一百三十事"加案曰:"止一百二十九事,此舉成數言。"這恰好表明,元代以前流傳的本子只有一百二十九事,元代流傳的本子據《魏鄭公諫續錄》才增爲一百三十事。《畿輔叢書》本如此,正德二年重刊本也同樣如此。

此外,《畿輔叢書》本《原序》署王綝"尚書吏部郎中"的任職,雖不見兩《唐書》本傳,却見於"郎官石柱",爲唐高宗咸亨以後所居官職,而且《玉海》引《中興書目》也是這樣著錄。另,其書卷五"辭太子太傅",其他各本的事目均訛作"辭太子太師",應當注意。

綜上考察,王先恭校注本無"今河中府"注,符合"宋陳騤藏本"實際,代表

《魏鄭公諫録》南宋傳本的面貌；《畿輔叢書》本所據爲元代伊足鼎作序本，又有"今河中府"注，彼此呼應，代表《魏鄭公諫録》元代傳本的面貌；正德二年重刊本有"今河中府"注，還另增一注，摻雜進了元代文字，失去南宋"淳熙"原貌，反映《魏鄭公諫録》元代以後傳本的面貌，不能無視這一事實，只拿"吳興李"之"跋"說事！由此得出一點啓示：鑒別古籍版本流傳，不能僅憑序、跋，還必須結合具體內容進行綜合考察，得出符合實際的結論。至於《閭丘辯囿》本、《四庫全書》本等其他刊本，都是正德二年重刊本以後的本子，有四條注，不再置論。

選用王先恭校注本爲集校《貞觀政要》參照史籍的另一原因，是因爲這個本子是《魏鄭公諫録》諸多刊本中唯一有校注的校注本。校注引書多達五十來種，《貞觀政要》（戈本、另本）、新舊《唐書》、《册府元龜》、《資治通鑑》（包括《考異》）、《全唐文》、《尚書》、《詩》、《廣韻》、《魏書》、《元和姓纂》、《韓非子》、《十七史商榷》、《長安志》、《漢書》、《後漢書》、《晉書》、《大唐新語》、《隋書》、《史記》、《管子》、《尸子》、《説苑》、《魏鄭公諫續録》、《新序》、《吕氏春秋》、《韓詩外傳》、《太平御覽》、《世説新語》、《宋書》、《南史》、《劉賓客集》、《北齊書》、《十六國春秋》、《玉海》、《唐會要》、《通典》、《道德經》、《左傳》、《集韻》、《一切經音義》、《唐六典》、《困學紀聞》、《唐摭言》以及佛典，等等。不少注文長達數百字，最長注文達一千四百餘字。對於集校《貞觀政要》來説，這都是《畿輔叢書》本、正德二年重刊本所無法替代的。

《魏鄭公諫録》雖有六十六事與《貞觀政要》記事相同，但《貞觀政要》有二十三事爲《魏鄭公諫録》所無（除去《魏鄭公諫録》不收的七長條，尚有十六條爲《魏鄭公諫録》所無），加之書的傳本情況較爲複雜，缺乏綜合整理，故集校《貞觀政要》僅以《魏鄭公諫録》爲參照，未用其核校文字。

（謝保成，中國社會科學院古代史研究所研究員）

《大唐開元禮》名詞考正
——《大唐開元禮》劄記之七

Critical Study of Some Pronouns in *Da Tang kaiyuan li* (Ritual of the Great Tang, Kaiyuan era), 7th Note on *Da Tang kaiyuan li*.

吴麗娛

摘　要：本文謹就《開元禮·序例中·鹵簿》中前人校勘中未加注意的名詞訛誤加以糾正和考釋，意在恢復其原貌並提供正確的解讀。同時也希望藉此指出，閱讀和校勘中不僅須應用文獻學的方法，也要對唐朝制度史有一定的鑽研和關注。兩者的結合才是研讀和理解《大唐開元禮》的基本保證。

關鍵詞：羊車小史；直蕩；閤帥；司議郎；内直郎；伶官帥；唱止幡

閱讀《大唐開元禮》時，經常會遇到一些不甚常見的名詞，有些與官制有關，有些涉及禮儀程式或器物。由於年代久遠，加之歷代傳抄，其中難免訛誤。但前人的校勘多從文獻出發，重視版本間的比較，而很少注意唐朝當代的制度問題。版本之間若無差異便一切照錄，有差異時大致以《通典·開元禮纂類》爲準處理即可，如此積存下來的謬誤就無從發現而順理成章地被保留下來。於是久而久之，以訛傳訛，將錯就錯，自然便會影響研究者對《開元禮》文義的解讀和判斷。爲此，有必要正本清源，還原這類詞語的本來面貌。這裏所要校正者，主要是在本書的《序例中·鹵簿》中遇到的一些辭彙。

一、羊車小吏——→羊車小史

《大唐開元禮》卷二《序例中·大駕鹵簿》在乘黄令、丞下，有皇帝專乘之五辂及其他各種車乘。公善堂本、文淵閣本、文津閣本及《通典》，列在最后的都是"次羊車，小吏十四人"[1]。羊車下有注文，據文淵閣本、文津閣本及《通典》作"駕果下馬一"[2]。與之相關，其他史籍中，如《舊唐書·職官志》太仆寺有"羊車小吏"[3]，天一閣明鈔本《天聖令·雜令》所保存的唐令第1條中，原先也是"光禄寺奉觶、大（太）僕寺羊車小吏，皆取年十五以下"[4]。但"小吏"一詞，《大唐開元禮》静嘉堂本、長春本、國圖本、臺圖本和《新唐書·儀衛志》却均作"小史"[5]，《天聖令》也被校勘者改之，那麽二字何者爲正呢？

史、吏二字史籍中極容易相混。不過就官職而言，吏一般爲通稱，而史則爲具體職名。漢代太守府已有小史之置[6]，而晉代郡、縣亦有小史之職[7]。故羊車小史，也是"史"而非"吏"也。由此上述各處，凡作"吏"處，自當以"史"代之。

按以往關於羊車，已有文章專作討論[8]。而羊車小史，自是因車得名。《唐六典》引梁周遷《輿服雜事》曰："羊車一名輦車，其上如軺，伏兔箱，漆畫輪軹。小兒衣青布袴褶，紫碧襻青耳屬，五辨髻，數人引之，今代名爲羊車小史。而漢代或以人牽，或以駕果下馬。"[9] 按羊車本爲皇家所用。相傳晉武帝妃嬪衆多，"常乘羊車恣其所之，至便宴寢。宫人乃取竹葉插户，以鹽汁灑地而引帝車"[10]。《晉書·輿服志》言羊車形制同，又曰晉"武帝時，護軍羊琇輒乘羊車，司隸劉毅糾劾其罪"[11]。《宋書》亦載其事，且言"詔曰：'羊車雖無制，猶非素者所服。'江左來無禁也"[12]。故《隋書·禮儀志五》有羊車"梁貴賤通得乘之，名曰牽子"的説法[13]。不過《宋書》同卷載宫廷用車又言輦車是"《周禮》王后五路

---

[1]《大唐開元禮》卷二《序例中·大駕鹵簿》，民族出版社影印清光緒十二年公善堂本（簡稱"公善堂本"），2000年，22頁。並參《通典》卷一〇七《大駕鹵簿》，中華書局點校本，1988年，2781頁；《新唐書》卷二三上《儀衛志上》，中華書局，1975年，494頁。按本文涉及《開元禮》版本還有日本静嘉堂藏本、長春圖書館藏天禄繼鑑本（簡稱"長春本"）、《景印文淵閣四庫全書》第646册（簡稱"文淵閣本"，上海古籍出版社，1987年）、《文津閣四庫全書》第215册（簡稱"文津閣本"，商務印書館影印本，2005年）、國家圖書館藏李璋煜鈔本（簡稱"國圖本"）、臺灣"國家圖書館"藏葉恭綽舊藏清初鈔本（簡稱"臺圖本"），版本全稱和出處以下不再一一説明。
[2] 按，静嘉堂本等原作"駕□一下馬一"，公善堂本"駕果下馬一"，"一"作"二"，不取。
[3]《舊唐書》卷四四《職官志三·太僕寺·乘黄署》，中華書局，1975年，1882頁。
[4] 天一閣博物館、中國社會科學院歷史研究所天聖令整理課題組校證《天一閣藏明鈔本天聖令校證——附唐令復原研究》，中華書局，2006年，374頁。
[5]《新唐書》卷二三上《儀衛志上》，中華書局，1975年，494頁。
[6] 見《漢書》卷八四《翟方進傳》，中華書局，1962年，3411頁。其名並見《後漢書》卷二《明帝紀》永平十五年，《續漢書·輿服志下》，中華書局，1965年，119、3666頁。
[7]《晉書》卷二四《職官志》，中華書局，1974年，746頁。
[8] 參見王靖楠《"羊車"趣談》，《文史知識》2015年第11期。
[9]《唐六典》卷一七《乘黄署》，中華書局，1992年，482頁。按梁周遷《古今輿服雜事》二十卷，並見《隋書》卷三三《經籍志二》，中華書局點校本二十四史修訂本，2019年，1099頁。
[10]《晉書》卷三一《后妃上·胡貴嬪傳》，962頁。
[11]《晉書》卷二五《輿服志》，756頁。
[12]《宋書》卷一八《禮志五》，中華書局點校本二十四史修訂本，2018年，547頁。
[13]《隋書》卷一〇《禮儀志五》，210頁。

之卑者也。后宮中從容所乘,非王車也。漢制乘輿御之,或使人輓,或駕果下馬。漢成帝欲與班婕妤同輦是也"。從駕果下馬來看,這個輦車也即羊車,兩者應當合爲一體。但這與大業另創,"金飾,同於蓬輦,通幰,斑輪,駕用四馬"的輦車明顯又不一樣了[1]。另外《隋志》又說羊車"開皇無之,至是始置焉。其制如軺車,金寶飾,紫錦幰,朱絲網。馭童二十人,皆兩鬟髻,服青衣,取年十四五者爲,謂之羊車小史。駕以果下馬,其大如羊"。"至是"者所說也是"大業元年(605),更製車輦"之時[2],則大業所創固是繼承前朝,但也是唐制先聲。給人的印象是,羊車大約小而輕便,果下馬也像羊一樣易於驅趕,所以羊車小史竟也僅取不足十五歲的少年任之。

但羊車作爲鹵簿車乘展示,也遭到後世批評。《宋史・儀衛志三》景祐五年(1038)賈昌朝言儀衛三事,"二曰大駕鹵簿,有羊車前列。臣按羊車本漢、晉之代,乘於後宮。隋大業中增金寶之飾,駕以小駟,馭以丱童,自是以來,遂爲法從。唐制兼有輦車、副車之名,國朝因循,尚未改革"。並以"郊祭天地,廟見祖宗,車服所陳,動必由禮。至於四望、耕根之屬,兼包歷代,皆或有因,豈容後宮所乘,參陪五輅"爲理由,請求大駕不用羊車,但被禮儀使宋綬駁回。認爲羊車"此乃漢代已有,晉武偶取乘於後宮,非特爲掖庭制也。況歷代載於《輿服志》,自唐至今,著之禮令,宜且仍舊"。[3]因此羊車用於宮廷是有傳統的,以至宋代的鹵簿中,仍有保留,但不知羊車小史,一直還有設置否?

二、直簿→直薀

《大唐開元禮》卷二《序例中・皇太子鹵簿》清遊隊旗後有:"次左右清道率各一人,次外清道直簿二十四人,騎分左右,夾道單行。"[4]直簿,原作"直薀",長春本、國圖本、臺圖本同,静嘉堂本、公善堂本、文淵閣本均從通典卷一〇七《開元禮纂類二》改作"直簿"[5]。按這裏"直簿"顯而易見是某種官職名稱。史籍中直簿之名雖亦有之,但直譯一般爲當值輪班的名簿,如《唐六典・尚書都省》:"凡尚書

---

[1]《宋書》卷一八《禮志五》,543頁;《隋書》卷一〇《禮儀志五》,230頁。
[2]《隋書》卷一〇《禮儀志五》,227、222頁。
[3]《宋史》卷一四五《儀衛志三》,中華書局,1985年,3402—3403頁。
[4]《大唐開元禮》卷二《序例中・皇太子鹵簿》,公善堂本,24頁。
[5]參見《大唐開元禮》卷二《序例中・皇太子妃鹵簿》,文淵閣本,53頁;静嘉堂本,葉55下。

省官每日一人宿直,都司執直簿,一轉以爲次。"[1]作爲官職名稱則未見史載,亦不見於東宮官屬之内。但直盪晉宋之際已有之,《晉書》載後趙石季龍不知出自何種目的,曾"改直盪爲龍騰,冠以絳幘",則直盪似爲武士名。"盪"詞典解同蕩,意即掃平、直搗。《宋書·孔覬傳》載明帝遣軍征討,荆州軍主劉亮驍勇,"果勁便刀楯"爲帝得知,"至是每戰以刀楯直盪,往輒陷決",即此意也[2]。《隋書·百官志》中載北齊左右衛府將軍下"其直盪屬官,有直盪正副都督"等[3]。《周書》也載侯莫陳崇弟瓊從魏孝武入關,爲太祖(宇文護)直盪都督[4];王勇,"及太祖爲丞相,引爲帳内直盪都督,加後將軍、太中大夫";楊紹,因"屢從征伐,力戰有功",所以"魏永安中,授廣武將軍,屯騎校尉,直盪別將"[5]。可見與直盪有關的武官名稱不止一種,且晉、宋乃至北魏以來均有之,故也爲齊、周所承。

唐代的直盪看來身份已被限制和規範。《唐六典》卷五兵部郎中之職條曰:"東宫左、右衛率府曰超乘,左右司禦率府曰旅賁,左右清道率府曰直盪,總名爲衛士,皆取六品已下子孫及白丁無職役者點充。"同時有按照衛士的"凡三年一檢點,成丁而入,六十而免,量其遠邇而定番第"的統一規定[6]。因此直盪成爲東宮衛士的一部分。而《新唐書·儀衛志下》言皇太子鹵簿也更詳:"次左右清道率府率各一人,騎,佩横刀、弓箭,領清道直盪及檢校清遊隊各二人,執䍐矟騎從。次外清道直盪二十四人,騎,佩弓箭、横刀,夾道。"[7]同書《百官志下》也稱:"太子左右清道率府率各一人,副率各二人,掌晝夜巡警。凡諸曹及外府直盪番上者隸焉。皇太子出入則以清遊隊先導,後拒隊爲殿。"[8]是直盪也有巡警的任務,且出行時不但前面的清遊隊有之,殿後的後拒隊中也有之,充分體現了其作爲太子衛士的作用。

三、閤師——▶閤帥

《大唐開元禮》卷二《序例中·皇太子妃鹵簿》:"次典内二人,騎分左

---

[1] 《唐六典》卷一《尚書都省》,11—12頁。
[2] 《宋書》卷八四《孔覬傳》,2368頁。
[3] 《隋書》卷二七《百官志中》,844頁。
[4] 《周書》卷一六《侯莫陳崇附弟瓊傳》,中華書局點校本二十四史修訂本,2021年,294頁。
[5] 《周書》卷二九《王勇傳》《楊紹傳》,537、546頁。
[6] 《唐六典》卷五兵部郎中之職條,156頁;《舊唐書》卷四三《職官志二》兵部郎中之職略同,1834頁。
[7] 《新唐書》卷二三下《儀衛志下》,500頁。
[8] 《新唐書》卷四九上《百官志四上》,1301頁。

右。……次閤師二人,領内給使十八人,分左右。"[1]内中"閤師"二字,《通典》卷一〇七《開元禮纂類二》與《開元禮》諸本同,静嘉堂本及公善堂本皆未校[2]。按閤師,《新唐書·儀衛志》作"閤帥"[3]。《唐六典》卷二六《典設局》"典設郎"條載:"北齊門下坊有齋帥局,有太子齋帥、内閤帥各二人。"[4]此也爲《隋書·百官志》所證[5]。《舊唐書·職官志三》則東宫官署有太子内坊,内有"典内二人",其職"掌東宫閤門(《唐六典》作'閤内')之禁令,及宫人衣廪賜與之出入"。按閤門意爲日落後應關閉的宫廷正門。典内下復設置"閤帥六人,内閤八人,内給使無員數"。並言"閤帥主門户,内閤主出入,給使主繳扇"[6]。《新唐書·百官志二》也言太子内坊開元二十七年改隸内侍省爲局,改典内曰令,其下仍置"閤帥六人,掌帥閤人、内給使以供其事"。[7]

綜以上史料合而觀之,則"閤師"一稱當爲閤帥之誤,所在閤門、閣門自是東宫内宫之門,並且閤帥與齋帥顯然也是一類官職。唐朝閤帥所屬太子内坊原隸東宫,開元二十七年以後統歸内侍省,《大唐開元禮》書成的開元二十年之際,仍然是屬前者,又因所在位置是太子内宫,故在太子妃鹵簿内。

閤帥史言出北齊,實南朝亦有此職;而齋帥南北朝設置似更廣,皇帝、太子、諸王、將軍下均有之。《資治通鑑》卷一二七載宋文帝末欲廢太子劭,劭因勾結始興王濬得知其事。"劭乃密與腹心隊主陳叔兒、齋帥張超之等謀爲逆",此齋帥即太子齋帥,當爲與太子接近的下層武官。胡注解曰:"齋帥主齋内仗衛,又掌湯沐、燈燭、汛掃、鋪設。"[8]可見雖爲武職而掌其日常生活瑣務,故與太子關係密切。閤帥既稱之爲"帥",性質應與齋帥同,其具體職務是掌内宫門門禁,所謂"門户"也。《南史》卷五一《梁臨川靖惠王宏傳》:"宏又與帝女永興主私通,因是遂謀弑逆。……帝嘗爲三日齋,諸主並豫,永興乃使二僮衣以婢服。僮踰閫失屨,閤帥疑之,密言於丁貴嬪,欲上言懼或不信,乃使宫帥圖之。"[9]這説的似乎非東宫而是皇宫内門所在之閤帥,是閤帥由於職掌内宫門出入,查知機密的機會很多,也就自然而然可在宫廷皇位的爭鬥中提供消息,從而發揮了重要作用。

---

[1]《大唐開元禮》卷二《序例中·皇太子妃鹵簿》,公善堂本,26頁。
[2]《通典》卷一〇七《開元禮纂類二》,2787頁。並參文淵閣本《大唐開元禮》,55頁;静嘉堂本,葉59上。
[3]《新唐書》卷二三《儀衛志下》,505頁。
[4]《唐六典》卷二六《典設局》,669頁。
[5]《隋書》卷二七《百官志中·門下坊》,846頁。《册府元龜》卷七〇八《功臣部·總序》同,中華書局,1960年,8424頁。
[6]《舊唐書》卷四四《職官志三》,1909頁;並參《唐六典》卷二六《太子内坊》,672頁。
[7]《新唐書》卷四七《百官志二·内侍省》,1224頁。
[8]《資治通鑑》卷一二七宋文帝天嘉三十年,中華書局,1956年,3987—3988頁。
[9]《南史》卷五一《梁臨川靖惠王宏傳》,中華書局,1975年,1978頁。

四、司儀郎──→司議郎

《大唐開元禮》卷二《序例中·皇太子鹵簿》在前部鼓吹之後，東宮官員的隊伍中，有"次司儀郎二人，騎分左右；太子舍人二人，騎分左右"的記述[1]。"司儀郎"三字，諸本皆同。但《通典》作司議郎[2]，《新唐書·儀衛志》太子出行鹵簿也有司議郎二人，位置在洗馬二人後，與太子舍人二人左右並列[3]。兩"騎分左右"原作"騎在左""騎在右"，静嘉堂本與公善堂本均據《通典》改之，不知"司儀郎"者爲何不按《通典》及《新唐書》校改。不過檢索史料，發現類似的錯誤不僅於《開元禮》，包括《册府元龜》《文苑英華》等都灼然可見，也就不奇怪了。

查《唐六典》卷二六太子左春坊置"太子司議郎四人，正六品上"。並注明："貞觀十八年(644)置，龍朔二年(662)改太子左司議郎，咸亨元年(670)復舊，職擬給事中。"[4]内設置事也見《舊唐書·太宗紀下》所載貞觀十八年冬十月"甲辰，初置太子司議郎官員"[5]。《唐會要》也記增設是因其月四日皇太子上表，有"臣聞《漢書》曰'太子既冠成人，乃有紀過之史'。今所以冒敢陳聞，請遵故實，願付史職，用爲箴誡"之請。"掌侍從規諫，駁正啓奏，並録東宮記注，分判坊事。"當時妙選人望，曾以敬播、來濟擔任，馬周曾以"資品妄高，不得歷居此職"爲恨[6]。至於官名則《舊唐書·職官志》載龍朔二年二月七日，改百司及官名中的"司議郎爲左司議郎，太子舍人爲右司議郎"。祇不過到了咸亨元年十二月就下詔"其左司議郎除左字"[7]，而太子舍人大約也同時官復原名了。

司議郎的官職地位不低，在太子左春坊中，僅列在正四品上的左庶子和正五品下的太子中允下，比其官品高的還有正四品下的左諭德。而據《職官志》，與其級别相當的重要職事官有起居郎、起居舍人、尚書諸司員外郎、太子舍人、侍御史、秘書郎、太學博士等[8]。《唐六典》稱司議郎職"掌侍從規諫，駁

---

[1]《大唐開元禮》卷二《序例中·皇太子鹵簿》，公善堂本，24頁；文淵閣本，54頁；静嘉堂本，葉56上。
[2] 見《通典》卷一〇七《開元禮纂類·序例中》，中華書局點校本，2785頁；按此本以浙江書局本爲底本，未言有異同。〔日〕長澤規矩也、尾崎康校訂，韓昇譯訂，日本宫内廳書陵部藏北宋版《通典》第四卷亦作"議"，上海人民出版社，549頁。
[3]《新唐書》卷二三下《儀衛志下》，501頁。
[4]《唐六典》卷二六《太子左春坊》，665頁。
[5]《舊唐書》卷三《太宗紀下》，56頁。
[6]《唐會要》卷六七《左春坊》，上海古籍出版社，1992年，1383頁。
[7] 以上見《舊唐書》卷四二《職官志一》，1787—1788頁。
[8]《舊唐書》卷四二《職官志一》，1805頁。

正啓奏,以佐庶子、中允之闕。凡皇太子之出入朝謁、從享,及釋奠於先聖先師、講學、臨胄、撫軍、監國之命可傳於史册者,並録爲記注。若宫坊之内祥瑞、災眚、及伶官之改變音律、新曲調,宫臣之宫長除拜、薨卒,亦皆記焉。每歲終,則送之於史館"。[1] 所言職務與《唐會要》所概括相當。因此司議郎是太子職能部門重要的中級官員,即相當於大朝的給事中,而太子舍人也相當於中書舍人,二者於鹵簿隊伍中左右並列是與其職能相稱的。《唐六典》説左庶子"凡令書下於左春坊,則與中允、司議郎等覆啓以畫諾;及覆下,以皇太子所畫者留爲按,更寫令書,印署,注令諾,送詹事府"。可見作爲左庶子的助手,司議郎對於東宫政令的駁正違失,審署運行都有重要的作用。

五、内直長──→内直郎

《大唐開元禮》卷二《序例中·皇太子鹵簿》"次纖二、扇四,次腰轝一,團扇二,小方扇八"下,有"次内直長二人,檢校腰轝"。静嘉堂本與他本同,唯公善堂本"内直長"從《通典》作"内直郎"[2]。

按"直長"一稱,南北朝已見。劉宋及魏、齊都有"左右直長"之職[3]。《通典》載《隋官品令》,從七品上階有"符璽直長、御府直長、殿内直長"[4]。據説李靖即"仕隋爲殿内直長"[5]。隋唐負責乘輿衣食服御的殿中(内)省六尚均有直長,太子武官左右監門率府也有"監門直長七十八人"[6],但其名在太子鹵簿中已列於左右監門副率之下,且無"内直長"之名,故作"長"字顯誤。唯《唐六典》卷二六及《舊唐書·職官志三》均載唐東宫内直局有内直郎二人,從六品下,與此相合[7]。又其職"掌符璽、纖扇、几案、衣服之事",與鹵簿中列在纖扇之後,"檢校腰轝"的職事亦能相通,故作内直郎無疑。

---

[1]《唐六典》卷二六《太子左春坊》,664—665頁,下引文同。
[2] 按此條見静嘉堂本,葉57上;文淵閣本,54;公善堂本,25頁;並參《通典》,2786頁。又按"小方扇八"公善堂本作"方扇六"。
[3] 如《南齊書》卷七《東昏侯紀》有"左右直長閭豎王寶孫",點校本二十四史修訂本,中華書局,2017年,111頁;《魏書》卷九三《趙邕傳》"轉長兼散騎侍郎,領左右直長,出入禁中",中華書局,2017年,2172頁;《隋書》卷二七《百官志中》北齊門下省左右直局有"左右直長四人",840頁。《周書》卷二○《賀蘭祥傳》,載其於西魏時,"又攻回洛城,拔之。還,拜左右直長",2022年,368頁。
[4]《通典》卷三九《職官二十一·秩品四·隋官品令》,1077頁。
[5]《新唐書》卷九三《李靖傳》,3811頁。
[6]《舊唐書》卷四四《職官志三》,1913頁。
[7]《唐六典》卷二六《内直局》,667頁;《舊唐書》卷四四《職官三》,1908頁。

六、令官帥（或令官師）──→伶官帥

静嘉堂本《大唐開元禮》卷二《序例中·皇太子鹵簿》後部鼓吹之末，有"次令官帥二人"[1]。從所在位置，可以看出與鼓吹有一定關係。但是"令官帥"，長春本、國圖本、臺圖本、文津閣本均同；唯公善堂本從《通典·開元禮纂類》作"令官師"，而文淵閣本復以"官"訛作"宫"[2]。按"令官"者意不明，進一步查閲，發現《唐六典》卷二七、《舊唐書·職官志三》太子率更寺均有"伶官師二人"[3]。不過《大唐開元禮》卷一一二《皇太子元正冬至受群臣賀》、卷一一三《皇太子元正冬至受宫臣朝賀》和《皇太子與師傅保相見》三目及《通典·開元禮纂類》同目都出現了多處"伶官帥"的名稱[4]。師、帥二字在《通典》仍有少許混用，《開元禮》却是全部寫作"伶官帥"。所以至少"令官師""令官帥"之"令官"看起來更像是"伶官"之訛。

那麽，爲什麽可判斷是伶官呢？《毛詩·國風》："簡兮，刺不用賢也。衛之賢者仕於伶官，皆可以承事王者也。"鄭箋解曰："伶官，樂官也。伶氏世掌樂官而善焉，故後世多號樂官爲伶官。"所以樂官即係伶官。其詩諷刺衛不能用賢者而使之爲伶官，即孔穎達《正義》所説："衛之賢者仕於伶官之賤職，其德皆可以承事王者，堪爲上臣。"[5]所以自古伶官地位不高但很爲君王喜愛。《隋書·百官志中》言北齊中書省，"管司王言，及司進御之音樂。監、令各一人，侍郎四人。並司伶官西涼部直長、伶官西涼四部、伶官龜兹四部、伶官清商部直長、伶官清商四部"[6]。而伶官之盛也延續至隋、唐甚至五代。從《隋書》記載看，伶官不一定是"官"但確係從事宫廷音樂之務。《唐六典》和《舊唐書·職官志》雖不載其具體業務和職能，但言率更令之職是"掌宗族次序，禮樂、刑罰及漏刻之政令"。所謂禮樂者，即"凡張樂，軒縣之制，鼓鑄鐘之虡"等，包括各類樂器及樂

---

[1] 見静嘉堂本，葉57上。
[2] 見公善堂本，25頁；文淵閣本，54頁；《通典》卷一〇七《皇太子鹵簿》。按浙江書局本《通典》"官"原作"宫"，點校本《通典》據北宋本、傅校本、遞修本、明鈔本、明刻本、王吴本改，2786頁並2795頁注[61]。
[3] 《唐六典》卷二七《太子率更寺》，695頁；《舊唐書》卷四四《職官志三》，1911頁。
[4] 《大唐開元禮》卷一一二《皇太子元正冬至受群臣賀並會》，卷一一三《皇太子元正冬至受宫臣朝賀並會》《皇太子與師傅保相見》，公善堂本，529—533頁。下引文同，不一一説明。並參《通典》卷一二八《開元禮纂類·皇太子元正冬至受群臣賀》《皇太子元正冬至受宫臣朝賀》《皇太子與師傅保相見》，3269—3278頁。
[5] 《毛詩正義》卷二《毛詩·國風》，《十三經注疏》，中華書局，1980年，308頁。
[6] 《隋書》卷二七《百官志中》，840頁。

舞、工人，"教樂,淫聲、凶聲、慢聲皆禁之"[1]，這類樂的內容應與伶官，特別是"伶官師"或"伶官帥"有關。

問題在於"伶官師"或"伶官帥"在《開元禮》中所擔負的職責。據《大唐開元禮》卷一一二《皇太子元正冬至受群臣賀並會》，在元正或冬至前一日，典設鋪設東宮朝堂之際，有"伶官帥展軒懸於殿庭，以姑洗之均；又設三鎛鐘，姑洗、夷則、大呂各依其位。設登歌以南呂之均又設麾於殿上，並如常儀"。而在舉辦之日質明，當諸屯門列仗及文武群官依時刻集朝堂，並由諸侍衛之官奉迎太子，及左庶子版奏請中嚴後，就有"伶官帥、工人、二舞入就位，又伶官帥一人升就舉麾位"。當群官等被引就東宮正殿門外位，左庶子版奏外辦而太子自內而出時，"伶官帥舉麾，奏永和之樂。皇太子即坐，西向坐，偃麾，樂止"。並注明："凡樂，皆伶官帥舉麾，工鼓柷而後作，偃麾戛敔而後止。"也就是說，伶官帥負責並參與了樂器整體的設置，並在元日或冬至和太子的活動中，與工人、二舞（文舞、武舞）的表演者一起進入東宮殿堂，並在太子升殿過程中走向和登上"舉麾位"。這裏"麾"可以理解是拿在手裏的幡旗或是指揮棒一類，音樂的始止全憑指揮棒的起落，登上舉麾位也就意味著擔任樂隊的總指揮。繼而是向皇太子行拜賀之節，當三公被引入，就有"公初入門，舒和之樂作"。當"皇太子升降，伶官帥舉麾，樂作止如式"。

下面便是宴會的舉辦。當群官拜賀後就坐，"伶官帥引歌者及琴瑟至階，脱履於下，升，就位坐。其笙管者詣階間，北面立"。準備爲宴會歌唱或演奏適宜的樂曲。而當宴會開始，"皇太子初舉酒，登歌，作昭和之樂"，"皇太子乃飯，奏休和之樂"，直至"皇太子食畢，樂止"。行酒之中，仍有"伶官帥引二舞以次入作"。此後三公出門，皇太子升降，都有"伶官帥舉麾，樂作止如式"。以後音樂起而復作，直到太子降座入閤方止。最後說明："若設四部樂，則去樂懸，無警蹕，伶官帥四部伎立於左右嘉善門外。群官初坐，伶官帥四部伎聲作而入，各就坐，以次作如式。"因此整個賀節與宴會過程伶官帥都是樂、舞的安排者、指揮者，擔任了十分繁重的任務。

同樣在《皇太子元正冬至受宫臣朝賀並會》及《皇太子與師傅保相見》中，伶官帥也是多次作爲樂隊的指揮和樂舞的負責人現身。除了在拜賀的過程中舉麾，支配樂隊和樂曲的奏止之外，在宴會開始後，也有"伶官[帥]設登歌於殿上"，並引入歌者及伎人，一應與"樂"有關事務都在他的觀照和親自實施之下，

---

[1]《唐六典》卷二七《太子率更寺》，700頁；《舊唐書》卷四四《職官志三》，1911頁。

職能與所在率更寺的業務是吻合的,所以名稱中是"伶官"不是"令官"順理成章。

最後還剩下一個問題就是"師""帥"二字,究取哪一字更合理?僅從史料記載看二字似乎都有可能。"師"意爲師尊、師長,重在教學,太師、少師是也。或一技之長也可稱師,如太常寺太醫署有醫師、針師。而《唐六典》率更寺的職能中有一項"教樂",則"伶官師"在其中擔任教習不是不可能。但從皇太子正、冬慶賀儀式上反映,其人不是從事某一項音樂專職,而是作爲整個樂隊和伶官們的統率者,也是儀式中樂舞演奏從始至終最高的導演和執行人,所以稱之爲"伶官帥"更合乎其身份,史書官制和鹵簿中的"令官師"或"令官帥"也應當統一改爲"伶官帥"才是。

由以上的分析,可以得出伶官帥是在以皇太子爲中心舉辦的禮儀活動中,擔綱樂隊指揮和樂舞負責人的結論,其官顯然也是東宮部門所獨有的。然而太子的機構和置官向來比仿大朝,那麼相比之下,以皇帝爲中心的大朝禮儀活動(包括皇、后親身參加或有司攝事的吉、賓、軍、嘉等儀),有關音樂的事務又由何種機構或官職完成呢?史載朝廷負責此類事宜的機構是"掌邦國禮樂"的太常寺。具體負責則是下屬的太樂署。太樂署設從七品下令一人,從八品下丞一人,並有典事八人,文、武二舞郎一百四十人。"太樂令掌教樂人調合鍾(鐘)律。以供邦國之祭祀、饗燕,丞爲之貳。"[1]

由史料記載來看,太樂署和令、丞的任務,主要在掌管"凡天子宮懸、太子懸軒",即兩種樂懸,包括各種樂器的組合、安置,音律的協調,乃至文、武二種樂舞的制度設計,包括工人的出場、衣著、動作安排及樂器裝飾、曲目內容等,"凡大燕會,則設十部之伎於庭,以備華夷"。另外,"凡大祭祀、朝會用樂,則辨其曲度、章句,而分終始之次"。對於太廟酌獻、各室用樂,以及郊祀、宗廟的用樂,以及對樂人、音聲人的教習,都在太樂署的職能之内。祇是朝廷和東宮管理音樂各有不同部門,不知道類似樂舞者,東宮的人員是否與大朝有關,但太樂署既總掌宮懸和軒懸,則對東宮至少也應有指導的作用。

與此相應,《大唐開元禮》中,可以看到吉、賓、軍、嘉的多種儀目中,都有太樂令的出場。例如卷四《皇帝冬至祀圜丘》即有四處:《陳設》中有"前祀二日,太樂令設宮懸之樂於壇南内壝之外",包括磬簴鐘簴、十二鎛鐘、雷鼓建鼓、柷敔和歌鐘歌磬等樂器。《鑾駕出宮》有"前二日,太樂令設宮懸之樂於殿庭如常儀(駕

---

[1] 《唐六典》卷一四《太常寺》,402—406頁,下引文同。按相關職能並見《舊唐書》卷四四《職官志三》,1874—1875頁;《新唐書》卷四八《百官志三》,1243—1244頁。

出懸而不作。）"。《奠玉帛》有"太樂令帥工人二舞次入就位,文舞入陳于懸内,武舞立于懸南道西（注略）"。《鑾駕還宮》有"（鑾駕）入嘉德門,太樂令令撞蕤賓之鐘,左五鐘皆應。鼓柷,奏采茨之樂。至太極門,戛敔,樂止。入太極門,鼓柷,奏太和之樂"[1]。可見各個程序中凡樂器的設置、樂舞的入場乃至儀式將結束進入宫門的撞鐘與奏樂,都在太樂令的指揮和安排之下。此外如《皇太子釋奠於孔宣父》《國子釋奠於孔宣父》《仲春仲秋釋奠於齊太公》《諸太子廟時享》等應用軒懸的場合,也均是由"太樂令設軒懸之樂於廟庭"。[2]值得注意的是像皇太子釋奠的儀目,雖是以皇太子爲主角,却非屬東宫而是中朝禮儀的一部分,所以主樂事的仍是太樂令而不是東宫官員。太樂令所擔負的任務在其他吉、賓、軍、嘉儀目中也是同樣,與官制對其職能的規定無疑是一致的。

不過相比之下,大朝禮儀關於樂事的職掌還是有分工的。如《唐六典》所載,太常寺在太樂署和太樂令、丞之外,相關官職較重要者還有直屬的正八品上協律郎二人。"協律郎掌和六律、六吕,以辨四時之氣,八風五音之節。"在按季節辨識、調合律吕之外,並不參與教習,但"凡太樂鼓吹教樂則監試,爲之課限",也即有監當教學及考試之職。更重要的是"若大祭祀、饗燕,奏樂于庭,則升堂執麾以爲之節制,舉麾,鼓柷而後樂作,偃麾、戛敔而後止"。[3]

因此,在《開元禮》的各個儀目中,協律郎與太樂令是相對而設的。如卷四《陳設》有"（前祀一日,奉禮）設協律郎位于壇上南陛之西,東向;設太樂令位于北懸之間,當壇北向"。[4]也如同官制的規定,在朝廷舉辦的禮儀活動中擔任樂隊指揮。此即同卷《奠玉帛》所言,在作爲司儀的太常卿前奏:"'有司謹具,請行事。'退復位"之後,即有:"協律郎跪,俛伏,興,舉麾。（注略）鼓柷,奏《豫和之樂》。乃以圜鐘爲宫,黄鐘爲角,太簇爲徵,姑洗爲羽,作文舞之舞樂,舞六成。（圜鐘三奏,黄鐘、太簇、姑洗各一奏。）偃麾,戛敔,樂止。（凡樂,皆協律郎舉麾,工鼓柷而後作,偃麾、戛敔而後止。）"因而協律郎在儀式中,擔任的是樂隊指揮一職,當然其履行職務,是在整個祭祀或饗燕的過程中。這與太樂令掌樂懸與樂舞安排等,顯然是各有分工的。

但伶官帥不同。由於前引伶官帥既須"展軒懸於殿庭""引二舞以次入作",又明確承擔"伶官帥舉麾,樂作止如式"的指揮,可以知道其在東宫舉辦的禮儀

---

[1]《大唐開元禮》卷四,公善堂本,36、38、40、44頁。
[2]《大唐開元禮》卷五三、五四、五五、七四,公善堂本,292、298、303、372頁。
[3]《唐六典》卷一四《太常寺》,398—399頁。
[4]《大唐開元禮》卷四,公善堂本,36—37頁;下引文見40頁。

中,基本上是合大朝太樂令與協律郎的兩種職務而任之。這應當是東宮的儀式規模較中朝要小很多之故,也是此官所以稱"帥"的根由。但總的來看,伶官帥在性質和功能上與朝廷樂官並無差別,祇不過就東宮的樂隊和樂事指揮而言,其權力及作用或者更集中一些。

七、唱上幡──→告止幡──→唱止幡

《大唐開元禮》卷二《序例中·親王鹵簿》出現了一類以往很少見到的物名,就是在鼓吹之後,有"次唱上幡四,次傳教幡四,次信幡八"。其中唱上幡各本原同,惟静嘉堂本、公善堂本改爲"告止幡"[1],《新唐書·儀衛志下》亦作"告止幡"[2]。按從中華書局點校本注得知,《通典》北宋本、傅校本、遞修本、明鈔本皆作"唱上幡"[3],則静嘉堂本、公善堂本《大唐開元禮》當從《新唐書》或《通典》浙江書局本、明刻本、殿本等他本改之。

但唱上、告止兩詞似毫不相干,唱、告二字字形也不同,那麼爲何會有此替代,似乎還是要從其來源上搞清楚。按幡本爲帶圓頂的幡幢之類,在鹵簿之中,作爲標誌易於識別,也易於被前後所見。但此類物名初僅見於唐鹵簿,唐以前不見,宋代史料中"告止幡"之名才較多見,但《政和五禮新儀》只提到執幡人所著服飾[4]。《玉海》卷八三引《本朝志》統言幾種幡説:"幡本幟也,古之徽號。貌幡幡然。皆絳帛錯采爲字,上有朱緣小蓋,四角垂羅之佩,繫龍頭竿,上畫錯采,字下'告止'爲雙鳳。傳教爲雙白虎,信幡爲雙龍,又有絳引幡,制頗同。作五色間暈,無字,兩角垂佩。"又説:"景祐五年改制旛旐,易爲小篆。"注釋曰:"舊用隸字。《古今注》曰:'信旛用鳥書。'《漢志》曰:'蟲書書旛信。'"[5]

後代史籍對幡的解釋更明白些。如《元史·輿服志二·儀仗》:"告止幡,緋帛錯彩爲告止字,承以雙鳳,立仗者紅羅銷金升龍,餘如絳引。"又説:"傳教旛,制如告止旛,錯彩爲傳教字,承以雙白虎,立仗者白羅繪雲龍。""信旛,制如傳教旛,錯彩爲信字,承以雙龍,立仗者繪飛鳳。"[6]所以三種幡以字爲別,名皆書於

---

[1] 見静嘉堂本,葉59;公善堂本,26頁。
[2] 《新唐書》卷二七《儀衛志下》,505頁。
[3] 見《通典》卷一〇七《親王鹵簿》點校本注[72],2796頁。
[4] 《政和五禮新儀》卷一三《序例·鹵簿·六引》第一引,《景印文淵閣四庫全書》第647册,176—177頁。
[5] 《玉海》卷八三《唐六色氅 告止旛 傳教幡 五色幡》,大化書局,1977年,1605頁。
[6] 《元史》卷七九《輿服志二·儀仗》,中華書局,1976年,1958頁。

幡上,上面的圖樣也是鳳、虎、龍不同的。《明集禮》對三種幡均有配圖解説,釋義最詳。其中告止幡是:"按《開寶通禮義纂》曰:'唱止旛,所以從行也,以爲行止之節。'宋制緋帛錯采爲'告止'字,承以雙鳳。下有横玉板,作碾玉文。上有朱緑蓋,四角,每角垂羅文佩,繫於金銅龍頭鉤,朱漆竿。元制用紅羅銷金升龍,錯采爲'告止'字,今制與宋同。"[1]可知雖然朝代不同,但告止幡的型制大同小異。並且知道《開寶通禮》和《義纂》的時代,告止幡的名稱還是唱止幡,也就是唐直至宋初都是唱止幡,所以《大唐開元禮》中的"唱上幡"應該是唱止幡之訛。大約後來宋人改其名爲告止幡。其作用按《義纂》的説法,是從行而"以爲行止之節",也就是揮動起來有節制行進或停止的作用。

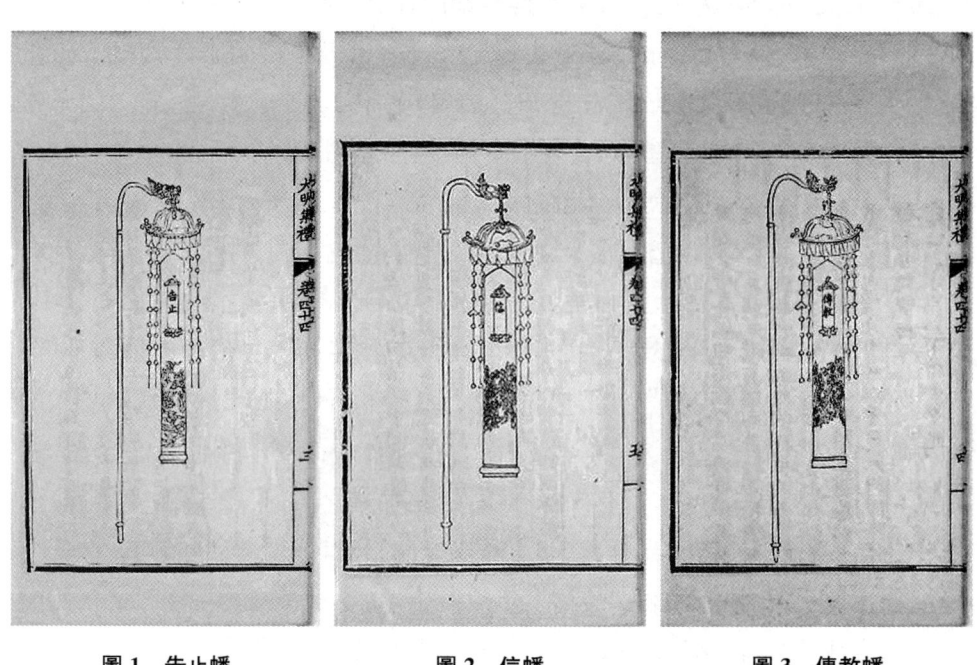

圖1 告止幡　　　圖2 信幡　　　圖3 傳教幡

另外關於傳教幡《明集禮》也有曰:"按《開元禮義鑑》曰:'傳教旛、信旛皆取飛騰輕疾之義。'《開元禮義羅》曰:'若行幸征討,軍機有速教令之所不及。但相去三隊置旛以傳教,謂之傳教旛。宋制如告止旛,錯彩爲傳教字,承以雙白虎。元制用白羅繪雲龍,今制與宋同,但下繪金雙龍。"[2]則傳教幡的作用是代表傳達教令。而信幡則是"按崔豹《古今注》曰:'信旛古之徽號也,題表官號以爲符信。'《宋書》曰孝武詔:'信旛,非省臺官,悉用絳。'《古今注》又曰:'信旛用鳥書,

---

[1]《大明集禮》卷四四《儀仗》,明嘉靖九年(1530)内府刻本,葉3a,國家圖書館藏本,索書號04471。
[2]《大明集禮》卷四四《儀仗》,葉4a。

取飛動輕疾,一曰以鴻雁、燕乙有去來之信。'舊用隸字,宋景祐五年改制麾旛,易以小篆。錯采爲信,旛字承以雙龍,餘同傳教旛。元制下繪雙鳳,今制與宋同,但下繪金雙龍"。[1]信幡看來也是傳遞消息所用。此三幡皆與軍事行動有關,在鹵簿中出現應有象徵意義。不過不知道爲何唐鹵簿三種幡僅見親王。宋制則是皇帝大駕、法駕鹵簿,王公及一至三品鹵簿乃至文德殿發册的儀仗中均見之,所以即使在鹵簿和儀仗中,其實際出現的場合恐怕也會更多。

以上是《大唐開元禮·序例》校勘中遇到的一些辭彙,巧的是大都存在於鹵簿部分。內中以官制名詞居多,個別爲鹵簿行進中的用物。本文試圖爲這些辭彙找到來源,通過考證對原有的訛誤加以糾正。在此過程中可以發現,包括對唐史的官制和其他制度的瞭解和研習,是正確解讀和校勘《大唐開元禮》不可或缺的。所以這類微小的考證希望能夠獲得研究者的關注和理解,對其中的疑問提供更多的意見和幫助。

(吴麗娱,中國社會科學院古代史研究所、
敦煌學研究中心研究員)

---

[1]《大明集禮》卷四四《儀仗》,葉5a。

《天一閣藏明鈔本天聖令》注文研究（一）
Research on Annotation of *Ming Manuscript Tian-sheng Ling Collected in Tian-yi Ge* Ⅰ

牛來穎

摘　要：以《天聖令》的注文爲審視對象，關涉其功用、特點，以及與正文的關係，作出令文形成過程的時間判斷，進而通過與其他政書的比較，期冀獲得更貼近原貌的文本，揭示出制度上的差異與變化。

關鍵詞：《天聖令》；《通典》；《唐六典》；注文

注文形式的産生，是因應"除煩則意有所吝，畢載則言有所妨"的兩難的解決方法[1]。從訓詁學上討論注文，大多聯想到儒家經典的經傳別行或經傳相附，本文非涉及後人對前著的所謂傳注、集解、義疏等，僅以《天聖令》爲例討論其自注問題，以及相關典制體政書的注文問題。

陳寅恪先生曾經就《洛陽伽藍記》的注文論道：

　　……而楊書原本子注亦必甚多，自無疑義，若凡屬子注，悉冠以"注"字，則正文之於注文分别瞭然，後人傳寫楊書，轉應因此不易淆誤。今之注文混入正文者，正坐楊書原本其子注大抵不冠以"注"字，故後人傳寫牽連，不可分別，遂成今日之本。[2]

陳寅恪先生所説的正文與注文的混淆問題，在《天聖令》中亦如此。往往覺得前

---
[1] 劉知幾《史通通釋》卷五《補註》，上海古籍出版社，2009年，122頁。
[2] 陳寅恪《讀〈洛陽伽藍記〉書後》，《金明館叢稿二編》，生活・讀書・新知三聯書店，2001年，177頁。

後文之間内容上的不連貫,就易聯繫到或許是注文的原因。所以,以《天聖令》注文爲審視對象,分析其特點,非常有意義。

一、《天聖令》注文概述

長期以來,中國法典中唐律保存下來,而令則佚失不存,承自唐令形成的日本《大寶令》《養老令》留存了唐代令文的珍貴材料,仁井田陞、池田温先生根據傳統史籍與日本令文復原的《唐令拾遺》《唐令拾遺補》,成爲我們研究唐令重要的參考文獻。《天一閣藏明鈔本天聖令》(以下簡稱《天聖令》)的發現,在傳世的唐代律、格、式等法典之外,保留了部分唐代令典的樣貌,儘管是摻雜了宋代修改的内容以及明人抄寫的痕迹。在此之外,寫本文書中也有個别令典殘片倖存於世,大致涉及《職員令》《祠令》《户令》《公式令》《醫疾令》《喪葬令》,吉光片羽,甚爲珍貴。

如何認識今天我們所見的《天聖令》? 除了令典正文以外,各卷都有相當數量的注文,從《唐律疏議》中,可以參見注文的樣式與功用,也可以參考其他相關史籍的文本書寫形式。天一閣現存殘本10卷的《天聖令》(全部12篇令,有宋令293條,唐令221條,共有令文514條)含有注文的條目有111條,其中《田令》8條,《賦役令》9條,《倉庫令》9條,《廄牧令》17條,《關市令》5條,《捕亡令》1條,《醫疾令》3條,《假寧令》11條,《獄官令》17條,《營繕令》2條,《喪葬令》12條,《雜令》17條。這中間唐令共54條,宋令共57條(附喪服歲月除外),宋令與唐令注文在條數統計上看大體相當。集中在個别令中,宋令較多,具體地説,宋令注文較爲集中的有《假寧令》《獄官令》《喪葬令》和《雜令》,從一個側面説明了相關制度在宋代較之唐代發生了較大的變化。而《田令》等唐令佔據絕對優勢,又反向説明宋制與唐代制度的徹底割裂,唐令大部分爲宋制所拋棄。詳見表1。

表1 《天聖令》各卷含注文統計

令　名	含注總條目	宋　令	唐　令
田　令	8	1	7
賦役令	9	3	6
倉庫令	9	2	7

(續表)

令　名	含注總條目	宋　令	唐　令
廄牧令	17	3	14
關市令	5	4	1
捕亡令	1	1	0
醫疾令	3	0	3
假寧令	11	7	4
獄官令	17	12	5
營繕令	2	2	0
喪葬令	12	12	0
雜　令	17	10	7
	111	57	54

注:《喪葬令》末尾附《五服制度》中有9條中都夾雜注文,但是《五服制度》在嚴格意義上不屬於令的内容,"它從性質上是禮而不是令"[1],更多的是以敕的形式出現的[2],所以不計入統計。

《天聖令》中存在的百餘條注文,亦或可爲我們提供更多的史料信息。首先,《天聖令》中的唐令原本已經不是嚴格意義上的唐令,有宋代人根據實際制度的改寫,也有明代抄寫者的恣意而爲,更多可能是在歷史沿革、輾轉抄寫過程中的變數。其次,同時代的注文格式也並非一律,樣式多樣複雜的因素也要考慮在内。即便如此,《天聖令》保留下來的這一半數量的唐令却是目前唯一可以依賴的原始的令典文本,值得珍視。

本文聚焦《天聖令》中的注文,從一個側面入手開始唐令相關材料的研究,希望可以作爲今後研究的起點,拓展開來,首先要搜羅各種現存的令典,相互參照,一窺原貌或推測其原來應有之貌。其次,在注文上的不同書寫也會啓發我們關注和理解《天聖令》的成文過程。更期冀在令文正文與注文之間的關聯性探討與闡發中,從文字形式表層入手,透示出形式背後的制度性變遷。作爲正文内容的補充和説明,注文往往與正文並非出自同時,更多的是後來者的補充、

---

[1] 吴麗娱《唐喪葬令復原研究》,見天一閣博物館、中國社會科學院歷史研究所天聖令整理課題組校證《天一閣藏明鈔本天聖令校證: 附唐令復原研究》,中華書局,2006年,706頁。

[2]《宋朝諸臣奏議》卷八九韓琪等《上英宗請集三省御史臺官再議》中"及按《令》文與《五服年月敕》"(上海古籍出版社,1999年,959頁)。

解釋,從注文入手,不失爲探究令文形成的時間性、發展脉絡乃至制度的完善過程之要津。同時也不失爲考察《天聖令》版本的一個有意義的嘗試。

二、《天聖令》注文類別及功用

從書式上判定或總結《天聖令》的時代特性,難免不準確,因爲這包括了唐宋兩個時代的令文的雜糅,又經過明代書手的抄寫,難脱當代的痕迹,更何況,鈔本在抄寫格式上並非一律,錯訛之處多見,所以,結合文本内容的研究才更趨嚴謹。

《天聖令》在内容上分爲前後兩個部分,前面是依據唐令修改完善而形成的宋令,後面是遺棄不用的唐令,所以,令典注文也有唐、宋令之分。問題主要是宋令部分,其中的注文又分爲繼承唐令而保留下來的原注文,還有的是新增的宋注。總觀《天聖令》的注文,大致有如下作用。

(一) 釋辭旨之難解者

注文最基本的釋解功能,包括正文中的詞和用語,須加詳説,闡明具體所指;或須延展。注文中多有"謂……",是最典型的句式。如《賦役令》唐15條:

> 諸正、義及常平倉督,縣博士,州縣助教,視流外九品以上,州縣市令,品子任雜掌、親事、帳内,國子、太學、四門、律、書、算等學生,俊士,無品直司人,衛士,庶士,虞候,牧長,内給使,散使,天文、醫、卜、按摩、咒禁、藥園等生,諸州醫博士、助教,兩京坊正,縣録事,里正,州縣佐、史,倉史,市史,外監録事,府、史,牧尉、史,雜職,驛長,烽帥,烽副,防閤,邑士,庶僕,傳送馬驢主,采藥師,獵師,宰手,太常寺音聲人,陵户,防人在防、及將防年非本州防者,徒人在役,流人充侍(謂在配所充侍者,三年外依常式)、使,並免課役。其貢舉人誠得第,並諸色人年勞已滿,應合入流,有事故未叙者,皆准此。其流外長上三品以上及品子任雜掌並親事、帳内,以理解者,亦依此例。應叙不赴者,即依無資法。[1]

――――――――
[1] 《天一閣藏明鈔本天聖令校證》,中華書局,2006年,392頁。

注文對"流人充侍"中的"流人"作了進一步詳解,即具體指其在配所,以區別於未遣送的流人(唐律中的"未上道"者)和在途中的流人(唐律中的"流配人在道")。

《倉庫令》唐 3 條:

> 諸給糧,皆承省符。丁男一人,日給二升米,鹽二勺五撮。妻、妾及中男、女(中男、女謂年十八以上者),米一升五合,鹽二勺。老、小男(謂十一以上者),中男、女(謂年十七以下者),米一升一合,鹽一勺五撮。小男、女(男謂年七歲以上者,女謂年十五以下),米九合,鹽一勺。小男、女年六歲以下,米六合,鹽五撮。老、中、小男任官見驅使者,依成丁男給,兼國子監學生,針・醫生,雖未成丁,依丁例給。〔1〕

注文中詳細標注了黃、小、中、丁各類年齡界限劃分。

《獄官令》宋 29 條:

> 諸告言人罪,非謀叛以上者,受理之官皆先面審,示以虛得反坐之罪,具列於狀,判訖付司。若事有切害者,不在此例。(切害,謂殺人、賊盜、逃亡,若強姦及有急速之類)不解書者,典爲書之。若前人合禁,告人亦禁,辯定放之。即鄰伍告者,有死罪,留告人散禁;流以下,責保參對。〔2〕

這條宋令依據的唐令,見《通典》卷一六五《刑》三《刑制下・大唐》:

> 諸告人罪,非叛以上者,皆令三審,應受辭牒官司,並具曉示,並得叛坐之情,每審皆別日受辭(若使人在路,不得留待別日,受辭者聽當日三審)官人於審後判記審訖,然後付司。若事有切害者,不在此例(切害,謂殺人、賊盜、逃亡,與強姦良人及更有急速之類)。不解書者,典爲書之。前人合禁,告人亦禁,辯定放之。即鄰伍告者,有死罪,流告人散禁;流以下,責保參對。誣告人者,各反坐,即糾彈之官,挾私彈事不實亦如之。

從注文可見,宋令的注文也是源自唐注文略事修改而成的。

---

〔1〕《天一閣藏明鈔本天聖令校證》,396 頁。
〔2〕《天一閣藏明鈔本天聖令校證》,417 頁。

一些注文並未冠以"謂……",即省略"謂",注文文字直接作爲正文的釋解。如：

《廄牧令》唐21條：

> 諸州有要路之處,應置驛及傳送馬、驢,皆取官馬驢五歲以上、十歲以下,筋骨強壯者充。如無,以當州應入京財物市充。不充,申所司市給。其傳送馬、驢主,於白丁、雜色（邑士、駕士等色）丁内,取家富兼丁者,付之令養,以供遞送。若無付者而中男豐有者,亦得兼取,傍折一丁課役資之,以供養飼。[1]

《假寧令》宋1條：

> 元日、冬至、寒食,各給假七日（前後各三日）。[2]

注文是解釋七日的具體所指,即假期除節日當日外,包括前後各放三日,共計七日。

(二) 詳義理之未備者

注文一般被用作對正文的補充和細化。在唐律當中,包括正文和注文,律疏對上述兩部分都予以詮解,冠以"議曰"形式。《唐律疏議》重點在正文及注文之釋解未備者,常常看到如"過失之事,注文論之備矣"[3],"事須追究者,備在注文"[4]。注文旁推詳説之功用一目了然。而注文不與正文並列,故不爲繁文,而且,注文發明處居多。

《獄官令》宋6條：

> 諸決大辟罪皆於市,量囚多少,給人防援至刑所。五品以上聽乘車,並官給酒食,聽親故辭訣,宣告犯狀,皆日未後乃行刑。(犯惡逆以上,不在乘車之限。決經

---

[1]《天一閣藏明鈔本天聖令校證》,401頁。
[2]《天一閣藏明鈔本天聖令校證》,412頁。
[3]《唐律疏議》卷二三《鬭訟律》。
[4]《唐律疏議》卷二四《鬭訟律》。

宿，所司即爲埋瘞。若有親故，亦任收葬。）即囚身在外者，斷報之日，馬遞行下。[1]

指犯惡逆以上的五品排除在外。

《賦役令》宋 9 條：

> 諸縣令須親知所部富貧、丁中多少、人身強弱。每因外降戶口，即作五等定簿，連署印記。若遭災蝗旱澇之處，任隨貧富爲等級。差科、賦役，皆據此簿。凡差科，先富強，後貧弱；先多丁，後少丁。（凡丁分番上役者，家有兼丁者，要月；家貧單身者，閑月）。其賦役輕重、送納遠近，皆依此以爲等差，豫爲次第，務令均濟。簿定以後，依次差科。若有增減，隨即注記。里正唯得依符催督，不得干豫差科。若縣令不在，佐官亦准此法。[2]

這段文字又見於《唐律疏議》卷一六《擅興律》"丁夫差遣不平條"疏議曰：

> 差遣之法，謂先富強，後貧弱；先多丁，後少丁。凡丁分番上役者，家有兼丁，要月；家貧單身，閑月之類。

注文內容幾乎一樣，只是未提及注文（《唐律疏議》在所有注文都特別注明，或"注云""注"等，以與正文區別開），而是作爲正文出現的。或許認爲在《唐律疏議》中"之類"出現，前引令文往往並非依據原令文格式嚴格書寫，如正注文字區分。但是，《養老令·賦役令》："凡差科，先富強，後貧弱；先多丁，後少丁。其分番上役者，家有兼丁者，要月；家貧單身者，閑月。"亦作爲正文。由此看來，宋令將原唐令的正文改爲了注文。

（三）綴正文之有未盡者

《喪葬令》宋 5 條：

---

[1]《天一閣藏明鈔本天聖令校證》，415 頁。
[2]《天一閣藏明鈔本天聖令校證》，390 頁。

> 諸內外文武官遭祖父母、父母喪,及以理去官或〔致仕?〕身喪者,並奏。百官在職薨卒者,當司分番會哀,同設一祭。其在京薨卒應敕葬者,鴻臚卿監護喪事(卿闕則以它官攝),司儀令示禮制。(今以太常禮院禮直官攝。)[1]

值得注意的是,"司儀令示禮制"原出隋令,見於《通典》卷八六。按照戴建國先生的結論,唐令承繼貞觀令的框架而進行,那麼這裏又可說明唐宋令遠眺隋制以及對隋制的繼承性,並延續至宋代。太常禮院,宋初置。"太常禮院(禮直官自補副禮直官後,六經大禮,出西頭供奉官。禮生補正名後理,六選出簿、尉)。"[2]

《喪葬令》宋17條:

> 諸引、披、鐸、翣、挽歌,三品以上四引、四披、六鐸、(有挽歌者,鐸依歌人數。以下准此。)六翣,挽歌六行三十六人;四品二引、二披、四鐸、四翣,挽歌四行十六人;五品六品(謂升朝者,皆准此)挽歌八人;七品八品(謂非升朝者)挽歌六人;九品挽歌四人(檢校、試官同真品)。其持引、披者,皆布幘、布深衣,挽歌者白練幘、白練褲衣並鞋襪,執鐸絼。[3]

"有挽歌者,鐸依歌人數。以下准此"是唐原注文。以下宋令又加新注。如升朝官,唐代爲常參官,此爲宋代所加。

爲了正文不至出現枝蔓,在一些需要注明的同類或參照同類處理的問題時,注文中注明"(亦)准此"或"(皆)准此"等字樣,示比照施行之意。

比如《關市令》宋4條:

> 諸乘遞馬度關者,關司勘聽往還。若送囚度關者(防援人亦准此),其囚驗遞移聽過。[4]

《假寧令》宋4條:

> 諸婚,給假九日,除程。朞親婚嫁五日,大功三日,小功以下一日,並不給程。

---

[1]《天一閣藏明鈔本天聖令校證》,424頁。
[2]《宋史》卷一六九《職官志》,中華書局,1985年,4045頁。
[3]《天一閣藏明鈔本天聖令校證》,425頁。
[4]《天一閣藏明鈔本天聖令校證》,404頁。

朞以下無主者,百里内除程(禮、婚、葬給假者,並於事前給之,它皆准此)。[1]

《喪葬令》宋22條:

> 諸謚,王公及職事官三品以上,錄行狀申省,考功勘校,下太常禮院擬訖,申省,議定奏聞(贈官亦准此)。無爵者稱子。若藴德丘園、聲實明著,雖無官爵,亦奏錫謚曰"先生"。[2]

(四) 注今古之有變者

《關市令》宋1條:

> 諸欲度關者,皆經當處官司請過所(今日公憑。下皆准此),具注姓名、年紀及馬牛騾驢牝牡、毛色、齒歲,判給。還者,連來文申牒勘給。若於來文外更須附者,驗實聽之。日别總連爲案。若已得過所,有故不去者,連舊過所申納。若在路有故者,經隨近官司申牒改給,具狀牒關。若船筏經關過者,亦請過所。[3]

唐代過所到宋代在名稱上發生了變化。《容齋隨筆》四筆卷十"過所":

> 《刑統衛禁律》云:"不應度關而給過所,若冒名請過所而度者。"又云:"以過所與人。"又,《關津疏議》:"關謂判過所之處,津直度人,不判過所。"……然"過所"二字,讀者多不曉,蓋若今時公憑引據之類,故哀其事於此。[4]

按洪邁所説,對於宋人而言,過所已不常用,爲了便於當時人們理解,所以,宋令加了注文。注文中在首次出現時明確標注以表示兩事爲一事。由此可知,宋代在修訂唐令時,新的内容是以注文形式摻入的,添加注文以説明名稱變化,告知當朝人,不至産生疑問。

《喪葬令》宋31條:

---

[1]《天一閣藏明鈔本天聖令校證》,412頁。
[2]《天一閣藏明鈔本天聖令校證》,425頁。
[3]《天一閣藏明鈔本天聖令校證》,404頁。
[4] 洪邁《容齋隨筆》四筆卷十"過所",孔凡禮點校,中華書局,2005年,745頁。

諸百官身亡者，三品以上稱薨，五品以上稱卒，六品以下達於庶人稱死（今三品者，惟尚書、節度以上則稱薨）。[1]

這條内容是《開元禮》的原文，以禮入令，此處宋令直接因襲唐令，所加注文是宋令對唐制的改變。

三、《天聖令》注文與相關史籍注文

　　按照唐宋令區分來看，宋令中要區分兩部分，一是宋令所依據的唐令注文的繼承移用，二是宋令的新注文。所以《天聖令》的注文，如前所述，實際上包括三個部分：唐令原有注文、宋令延續保留的原唐令注文、宋令中新添入的注文。

（一）《通典》與唐令

　　以與《通典》關係最爲密切的《天聖令·田令》來看，因爲唐代田令至宋變化最大，幾乎所有相關令文都被遺棄，致使成爲保留唐令内容最多的一卷（其中宋令7條，唐令49條）。在所有有注文的令文中，涉及宋令一條除外，其餘皆爲唐令，包括唐4、唐7、唐9、唐17、唐30、唐32、唐34條，共計7條。其中唐30條在"諸公私田荒廢三年以上……私田不合"一段是全新内容，僅見於《天聖令》。接後的"令其借而不耕"至該條結束一段見於《令集解》卷一二《田令·公私田荒廢條》。仁井田陞先生《唐令拾遺》據此復原，定年代爲開元七年令。所以，此條中的注文沒有相關史料佐證。此外的各條，經與《通典》卷二、《册府元龜》卷四九五相比對，基本一致。唐32條"其有管署、局、子府之類，各准官品、人數均配"，《通典》《册府元龜》雖無，然《唐六典》卷七有載，只是無"之類"二字，餘同爲注文。唐34"親王府文武官隨府出藩者，於所在處給"，《通志》卷六一作正文。

　　《田令》宋7條，從前半部分來看，即"諸職分陸田……准租分法"一段[2]，《通典》卷二《食貨·田制》、卷三五《職官·職田公廨田》、《册府元龜》卷五〇六《邦計部》俸禄二、《文獻通考》卷六五《職官·職田》同，而均無注文内容。或原

---

[1]《天一閣藏明鈔本天聖令校證》，426頁。
[2]《天一閣藏明鈔本天聖令校證》，385頁。

本爲唐令原文,至後來(開元二十五年令以後)植入注文。由田令注文來看,除唐30條外,其他皆與開元二十五年令同。這無疑爲我們判定《天聖令》所本唐令的年代提供了一份依據。

再以《賦役令》爲例,其中含有注文的9條,分別是宋9、宋13、宋15共3條宋令,以及唐3、唐7、唐15、唐16、唐22、唐24共6條唐令。值得注意的是,宋9條《唐律疏議》卷一六、《令集解》同爲正文大字,唐7條《通典》卷三和《文獻通考》卷二五八作正文大字。

宋26條"其文皆須實録,不得濫有褒飾"是"諸碑碣"的注文[1],又見於《白氏六帖事類集》卷一九碑銘四五(帖册五)"立碑令"下注曰:"喪葬令,諸碑碣,其文須實録,不得濫有褒飾。五品已上碑,螭首龜趺,趺上高不得九尺。七品已上立碑(碣),趺高四尺,圭首方趺。若隱淪道素,孝義聞著,無官得立。""其文須實録,不得濫有褒飾"與前文字同大,因是注文,所以無法再作細的區分。

靠字體大小來判斷是注文還是正文,並不可靠,因爲除了夾行小注形式以外,的確有注文格式並不嚴格,古籍中也有大字注文,與正文難以區分開。在聯繫上下文意時,往往會發現,有些接續正文的内容,判斷應該爲注文。俟後詳論。

《獄官令》宋6條"犯惡逆以上,不在乘車之限。決經宿,所司即爲埋瘞。若有親故,亦任收葬",《通典·刑》六《考訊附》與之基本一致。《五代會要》卷一〇《刑法雜録》:"准《獄官令》,諸大辟罪,官給酒食,聽親故辭訣,宣告犯狀,日未後行刑。注云:決之經宿,所司即爲埋瘞,若有親故,亦任收葬。"[2]明確注明注文自"決之經宿"始,當如前文所引正文採取節録方式,故其注文亦或未全引。而且,從該條也反映了宋令將唐令的注文徑直照録,保留原有唐注。

但是,也有例外。如《獄官令》唐4條:

> 諸囚死,無親戚者,皆給棺,於官地内權殯。(其棺並用官物造給。若犯惡逆以上,不給棺。其官地去京七里外,量給一頃以下,擬埋諸司死囚,大理檢校。)置磚銘於壙内,立牓於上,書其姓名,仍下本屬,告家人令取。即流移人在路,及流、徒在役死者,亦准此。[3]

注文内容在《通典》卷一六八《刑法典·考訊》作"其棺,在京者,將作造供;在外

---

[1]《天一閣藏明鈔本天聖令校證》,425頁。
[2]《文獻通考》卷一六六同《五代會要》,注文亦自"決之經宿"始,當源自《會要》。
[3]《天一閣藏明鈔本天聖令校證》,420頁。

者,用官物給。若犯惡逆以上,不給官地,去京七里外,量給一頃以下擬埋。諸司死囚,隸大理檢校"[1]。《通典》給棺分"在京"和"在外"兩種,與《獄官令》不同,《獄官令》不分內外,可擇官地又"去京七里外",不如《通典》明確。今檢《新唐書》卷五六《刑法志》"凡囚已刑,無親屬者,將作給棺,瘞於京城七里外,壙有磚銘,上揭以榜,家人得取以葬"[2]。其中明確"將作給棺"和"瘞於京城七里外"之間的關係,當是指《通典》中的在京而言。此處值得關注的是,《新唐書》與《通典》相合,而《通典》和《天聖令》之間似乎非同一版本,如果是開元二十五年令作底本,那麼,這條令文是什麼年代的唐令,《通典》這條是否經過了改動?《通典》自身正文注文問題也有,如:

  謁者引告官 按:自此至"請行事",屬有司攝事告廟禮中質明後之行事儀節,且與以下正文禮同,不應入注。[3]

(二)《唐六典》與唐令

  《雍錄》的作者程大昌在對《唐六典》一書的評價中有對該書注文的探討。因爲貶損李林甫之爲人,而牽延到李林甫所主持的《唐六典》注文編修,認爲書中大凡有涉獻媚不實之辭,多出自李林甫所修。《雍錄》卷四《興慶池》記載:

  《六典》者,中書令張九齡之所領撰,已上而罷令,李林甫繼之,仍加注以奏。凡此掩飾增損,實皆注文,而本文無之,則是諂辭皆出林甫,而非九齡之得知也。以其人想之,則飾虛成有,自可見矣。[4]

從時間上來看,李林甫主持編修的注文在時間上晚於正文。按照《雍錄》卷一《唐六典》所推算:

  其書蓋張九齡之所上,而李林甫之所注。今其卷首直冠林甫之名,而九齡如

---

  [1] 杜佑《通典》卷一六八《刑法六·考訊》,王文錦、王永興、劉俊文、徐庭雲、謝方點校,中華書局,1988年,4349—4350頁。
  [2] 《新唐書》卷五六《刑法志》,中華書局,1975年,1410頁。
  [3] 杜佑《通典》卷一一八《禮七十八·開元禮纂類十三·吉禮十》,3029頁。
  [4] 程大昌《雍錄》卷四,黃永年點校,中華書局,2002年,80頁。

無預。惟會要能言其(所)以,曰開元二十七年中書令張九齡所上,則其書成於九齡爲相之日矣。然於其間有異,九齡二十三年已罷中書令,而林甫代爲之,則注成而上,或在二十七年,而書之進御,當在二十四年也。[1]

多年前,本人在對《唐六典》的相關研究中[2],曾經依據《通志略》中《開元十道圖》的內容與《唐六典》户部卷中開元十道的内容作對比,發現《唐六典》因爲正、注文之間時間上的差距所出現的矛盾,主要是因爲李林甫在主持《唐六典》編纂工作之後,曾經採取了以注文對正文補充和修正的做法,由此從正、注文内容上的不一致可以反觀不同時期唐朝疆域區劃建制的變化。

  開元十年,起居舍人陸堅被旨修六典,上手寫白麻紙凡六條,曰"理、教、禮、政、刑、事典",令以類相從,撰錄以進。張説以其事委徐堅,思之歷年,未知所適。又委毋煚、餘欽、韋述(參撰),始以今式入六司,象周禮"六官"之制,其沿革併入注,然用功艱難。[3]

以《廄牧令》爲例。《廄牧令》所涉17條令文帶有注文,其中有宋1、宋2、宋3共3條宋令,唐1、唐3、唐7、唐8、唐9、唐10、唐11、唐14、唐18、唐21、唐27、唐33、唐34、唐35共14條。而與《唐六典》卷一七諸牧監相對應。

又,《唐六典》兩條關係密切且内容相近的材料,一爲注文,一爲正文。

材料1《唐六典》卷三〇州士曹司士參軍條注文:

  凡州界内有出銅、鐵處,官未采者,聽百姓私采。若鑄得銅及白鑞,官爲市取;如欲折充課役,亦聽之。其四邊,無問公私,不得置鐵冶及采銅。自餘山川藪澤之利,公私共之。[4]

材料2《唐六典》卷二二少府監掌冶署條:

  凡天下諸州出銅鐵之所,聽人私采,官收其稅。若白鑞則官爲市之。其西邊、北邊諸州禁人無置鐵冶及采鉚(礦),若器用所須,則具名數,移於所由,官供之;私

---

[1]《雍録》卷一,第6頁。
[2]《〈唐六典〉户部卷與〈開元十道圖〉》,《首都師範大學學報》1994年第5期,101—107頁。
[3] 韋述《集賢注記》卷中,陶敏輯校,中華書局,2015年,255頁。
[4]《唐六典》卷三〇州士曹司士參軍條注,中華書局,1992年,749頁。

者，私市之。凡諸冶所造器物，皆上於少府監，然後給之。[1]

《舊唐書》卷四四《職官三》與《唐六典》材料2《少府監》同："凡天下出銅鐵州府，聽人私采，官收其稅。若白鑞，則官市之。其西北諸州，禁人無置鐵冶及采鐵。若器用所須，具名移於所由官供之。"[2]《新唐書》卷四八《百官志》文省，作："銅鐵人得采，而官收以稅，唯鑞官市。邊州不置鐵冶，器用所須，皆官供。凡諸冶成器，上數於少府監，然後給之。"[3]

如何理解兩處記載，即唐代百姓開採的銅鐵究竟收不收稅，看似矛盾的兩處記載，引起不同的解讀。涉及《天聖令・雜令》宋10條的唐令復原問題，已另文探討[4]。從另一個角度看，提示了應該是不同時期的制度。

以上以《通典》《六典》與《天聖令》的比較，從注文入手，試圖考察令典文本傳抄與流存的軌跡，一窺唐宋令文承繼的過程與實際操作修訂上留下的痕跡，以及文本之外的制度性差異，詳見另篇。僅僅臚列幾種，未及充分展開，特別是諸多的比較並非僅作文字功夫，其背後的制度因素與嬗替的探索，才是文本比較的意義和目的，也是解開文本差異原因的根本所在。

(牛來穎，中國社會科學院古代史研究所、
敦煌學研究中心研究員)

---

[1]《唐六典》卷二二少府監掌冶署條，577頁。
[2]《舊唐書》卷四四《職官三》，中華書局，1975年，1894頁。
[3]《新唐書》卷四八《百官三》，中華書局，1975年，1271頁。
[4]《唐宋山澤之禁的律令與實踐——兼論〈唐六典〉令文的時間性》，《隋唐遼宋金元史論叢》第12輯，上海古籍出版社，2022年，30—38頁。

跋國圖藏敦煌文書 BD15777 號[*]
A Study of the BD15777 in National Library of China

陳麗萍

摘 要: 中國國家圖書館藏敦煌文書 BD15777 號由三組殘片組成,其中 A、B 組殘存文字,C 組爲素紙。A 組極可能是以東胡渠爲主要灌溉水源的懸泉鄉籍。B 組主要由一件婚嫁糾紛的狀文、一件人口質典或買賣的文書組成。雖然因爲缺少收藏背景,對 BD15777 號的解讀還很粗淺,但關注到這組文書將會對敦煌田籍和訴訟、契約類社會文書的整體研究有所裨益。

關鍵詞: 國圖藏;文書;田籍;狀文;質典

中國國家圖書館藏敦煌文書 BD15777 號,分爲 A、B、C 三組,其中 C 片皆爲素紙,[1]本文不討論。BD15777A 舊編"簡 068076"號,由兩塊殘片組成,第一片長 12.5、高 29.5 釐米,正面存字 5 行,背面無字,擬名《沙州田籍》,時代爲 7—8 世紀。第二片長 3.2、高 10.3 釐米,素紙。據"條記目錄",它與第一片卷首古代補紙的紙質相同,當爲脱落的補紙。爲方便行文論述,先將 BD15777A1 號過錄如下:

(前殘)
1 □□□畝永業□□□□□□□□□□阿施　南渠　北茹衛?
2 □□□畝永業　城東卅里胡渠　東王彦　西胡什善　南渠　北胡什善
3 □□貳畝永業　城東卅里胡渠　東王遷　西渠　　　南氾羅伽　北渠

---

[*] 本文是國家社會科學基金冷門絶學研究專項個人項目(項目批准號 20VJXG035)"中國國家圖書館藏敦煌社會經濟文書的整理與研究"的階段性成果。

[1] 中國國家圖書館編《國家圖書館藏敦煌遺書》144 册,北京圖書館出版社,2012 年,圖版 215—216 頁;條記目録 53—54 頁。

4 □□陸畝永業　城東卅里胡渠　東自田　西道　　南自田　北渠
5 □□□□□□□里辛渠□□□□西□□□　南渠　　北渠
（後殘）

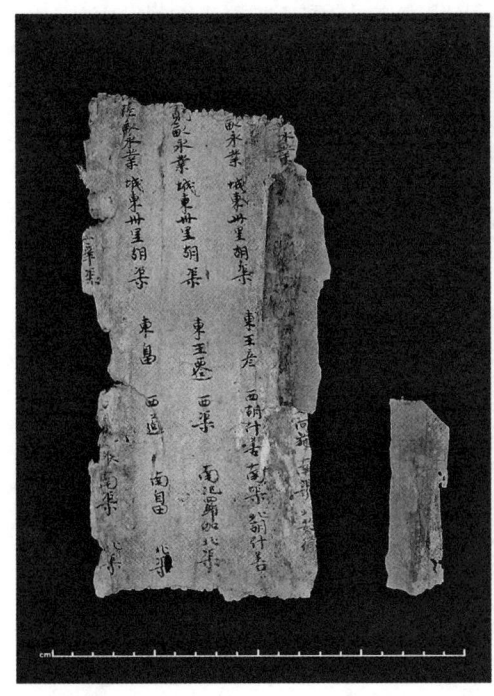

图1　BD15777A 與 BD15777Av

BD15777A1號卷首部分的補紙遮蓋了"永業"與"□阿施"間的字迹。第2、3行的"胡渠"後皆有朱筆標記，而第1行之"畝永業"上和"北茹衛？"右側部位有朱印痕迹，但因存留部分太少，已很難辨識，若以所見其他敦煌籍帳類文書比對，或爲"某州某縣之印"。

BD15777A1號中出現了"胡渠"和"辛渠"。唐宋時期的敦煌緑洲經濟發達，形成了一套覆蓋面很廣的灌溉體系，現存敦煌文書如 P.2005《沙州都督府圖經》中就提到了敦煌周邊的自然水系與人工渠道若干。還如 P.3560v《沙州敦煌縣行用水細則》，殘存敦煌水渠八十條、渠口五處，以及"循環澆溉，其行水時"的用水細則，是後人瞭解敦煌古代灌溉體系的主要資料。具體來看，據李正宇、鄭炳林二位先生考證，[1]敦煌存在兩個"胡渠"：一屬都鄉渠水系，自城西南十里都

---

[1] 李正宇《唐宋時代敦煌縣河渠泉澤簡志（一）——附〈唐宋時代敦煌縣諸鄉位置及渠系分佈示意圖〉》，《敦煌研究》1988年第4期，89—97頁；《唐宋時代敦煌縣河渠泉澤簡志（二）——附〈唐宋時代敦煌縣諸鄉位置及渠系分佈示意圖〉》，《敦煌研究》1989年第1期，54—63頁。鄭炳林《敦煌地理文書匯輯校注》，甘肅教育出版社，1989年，90—100頁。

鄉干渠西岸引水，西北流，至州城西南七里，長約四里，灌溉龍勒鄉，見載於Дx.00476A、Дx.05937A、Дx.06058Av《唐開元七年沙州敦煌縣龍勒鄉籍》之"城西十里胡渠"，P.3354《唐天寶六載敦煌郡敦煌縣龍勒鄉都鄉里籍》之"城西七里胡渠"等。一屬東河水系，又名"鵑渠"，自州城東二十里三支渠上分水，東流，至城東三十里，長約十里，灌溉懸泉鄉，見載於Φ.336v《唐天寶十載前後沙州敦煌縣退田簿》之"城東卅里胡渠"；S.514《唐大曆四年沙州敦煌縣懸泉鄉宜禾里籍》之"城東廿里胡渠"；P.3290+S.4172《宋至道元年正月一日沙州曹妙令等請地狀》之"請東河鵑渠地壹段共伍拾柒畝"等。

據同上考證，"辛渠"又名"新渠"，屬北府水系，爲北府渠東行之子渠，與東河水系某渠相通，以受東河洩水，爲溝通東河、北府水系的紐帶。見載於P.3560v"北府大河母五渠口：北府渠、神龍渠、大渠、辛渠、宜穀渠"；P.4989《沙州安善進等户口田地狀》之"又請北府新渠地壹段兼舍壹分拾壹畦共拾捌畝　東至子渠　西至程多胡　南至張珍　北至新渠"；S.4491《沙州安如岳等户口數地畝計簿》之"二十五畝辛渠，四十畝十九畦陽開渠"等。

我們看到，屬於都鄉水系的"胡渠"於所在户籍的方位皆爲"城西"，而屬於東河水系的"胡渠"於所在户籍的方位皆爲"城東"。東胡渠與屬於北府水系的辛渠相鄰，而東胡渠主要灌溉的是懸泉鄉，故推測BD15777A1號所登記的極可能也是懸泉鄉的田籍。

我們發現還有兩件同類文書與BD15777A1號可能有關。第一件是BD15647《沙州敦煌縣某鄉手實殘片》，[1]無原始編號，長2.6、高7.9釐米，存文字2行：

（前殘）
1　南渠　　北渠
2　南渠　□□
（後殘）

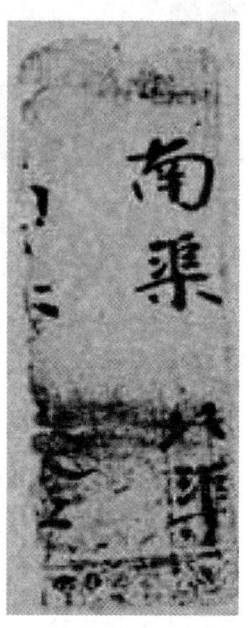

圖2　BD15647

BD15467號僅存"南渠　北渠"，雖然敦煌田籍文書中不少土地的四至也出現有"南渠　北渠"，如P.3877《開元四年沙州縣慈惠鄉籍》第6行"一段壹拾捌畝永

---

[1]《國家圖書館藏敦煌遺書》144册，圖版118頁；條記目録32頁。

業 城東廿里千渠 東渠 西渠 南渠 北渠"等。BD15777A1號第5行的田地四至也有"南渠　北渠",且兩件文書的字迹非常接近,推測或許BD15467號與BD15777A1號本爲一件碎裂所致。

第二件是S.11446Hv＋A《沙州敦煌縣籍(開元年間)》。[1] S.11446號由數塊殘片組成,其中與田籍相關者爲A、B、H、I四塊。Hv片約長19.7、高3.2釐米,存字7行。Iv片約長2.5、高3.2釐米,僅存"畝已"字。A片約長17.1、高3.6釐米,存字5行。B片約長3.5、高3.5釐米,僅存"一"字。總體上看這四塊殘片皆爲某田籍中的一部分,Iv、B片的銜接部位應在田籍首部,Hv片却與A片能直接綴合,應位於A片的下方,綴合部位正好可補A片殘存之"受"與"渠"字,[2] 綴合後的録文如下:

(前殘)
1 ＿＿＿＿＿＿受＿＿＿＿
2 ＿＿＿＿里無窮渠　東＿＿
3 ＿＿＿＿里無窮渠　東自＿
4 ＿＿＿＿里無窮渠　東自＿
5 ＿＿＿卅里胡渠　東栰＿
6 ＿＿＿卅里胡渠　東＿＿
7 ＿＿＿卅里长酉渠＿＿＿
(後殘)

S.11446綴合本中出現了"卅里胡渠",以及無窮渠和長酉渠。無窮渠屬北府水系,灌溉洪池、效穀、玉關三鄉。長酉渠屬宜秋水系,灌溉洪潤鄉境。據李正宇先生所繪《唐宋時代敦煌縣諸鄉位置及渠系分佈示意圖》,東胡渠、無窮渠、長酉渠之間的距離頗遠,分別位於城東、城北和城西北部,故難以確定S.11446號中所登記的究竟是哪一鄉里的田籍。但作爲在敦煌田籍文書中較少出現的"(城東)卅里胡渠"的記録,該件與BD15777A1號顯然對探究東胡渠周邊的田畝開墾灌溉情況有所幫助。

---

[1]《英藏敦煌文獻(漢文佛經以外部分)》13册,四川人民出版社,1995年,圖版270頁。S.11446號由多塊殘片組成,《英藏敦煌文獻》編號以A、B……區分。但在IDP網站中,已改由(1)、(2)……區分。其中與本文相關的S.11446A與S.11446B新編爲S.11446(7)號,S.11446Hv與S.11446Iv新編爲S.11446(1)v號。這兩個編號中的四塊殘片皆殘存文字,但僅其中兩塊存在綴合關係,故本文仍沿用《英藏敦煌文獻》的編號更易區分諸殘片的位次。

[2] S.11446號在 Tun-huang and Turfan Documents Concerning Social and Economic History Supplement (the TOYO BUNKO, 2001, (A) p.36; (B), p.40)中已有綴合並復原爲一份以家庭爲單位的完整受田模式的録文,可資參考。

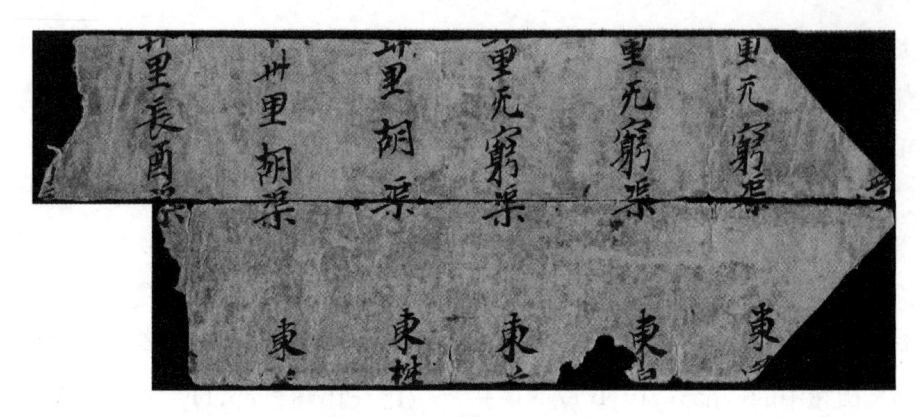

圖 3　S.11446A＋S.11446Hv

　　BD15777B 舊編"簡 068706"號，由十一塊殘片組成，依次爲 BD15777B1 號長 18、高 18 釐米，正面存字 9 行，背面存字 7 行；B2 長 21.5、高 17，正面存字 4 行，背面存字 3 行；B3 長 5.5、高 4.5，存字 2 行；B4 長 5.5、高 2.7，存字 2 行；B5 長 7.5、高 5.5，存字 2 行；B6 長 2.5、高 2.5，存字 1 行；B7 長 3、高 2.5，存字 1 行；B8 長 4.5、高 1，殘字痕；B9 長 0.7、高 1，殘字痕；B10 長 6、高 6，正面存字 2 行，背面存字 2 行；B11 長 3、高 2.5，殘字痕，統一擬名《文書殘片》，時代爲 9—10 世紀。"條記目錄"雖然指出這十一塊殘片並非出自同一文獻，其中三塊正背面皆有文字，但沒有進一步分析殘片的具體內容或有錄文，文書的背面現在因爲修復托裱也無法看到，圖版僅有正面圖，先將可識讀的文字依據圖版排序過錄如下：

BD15777B1：

（前殘）

1　□□□□□□遂接□貴□□□□

2　□□□□並欲自□□賤宋二娘夫婦和□□□

3　□□□遂設禮序度財一百貫又見□□

4　□□□倉潘中立等廿一人口同知見文□□

5　□□□見二娘回此恐□下狀沙州□□□

6　□□□□緣阿張有娠母又在建康□□□

7　□□□□□四娘發□到建康十一月十三日就□□□

8　□□□□□□□□氈布毯□□□□

9　□□□□□□□□□妻□□□□

（後殘）

44

BD15777B2：

（前殘）

1　　　　家生奴典樂年拾□□□□
2 奉　狀　今　　□□□
3 □□□□□買人年□□□
4 □□□□□□三年□□□

（後殘）

除了 B1 和 B2 片尺寸較大外，BD15777B 號其餘都過於殘損，尤其 B8、B9、B11 片中的字迹已無法辨識，其餘諸片錄文依次爲 B3：□予竟／□承嗣。B4：□十千／在便。B5：典與蓋／□同。B6：諸□。B7：向忝。B10：□見□在書／□□兩離。

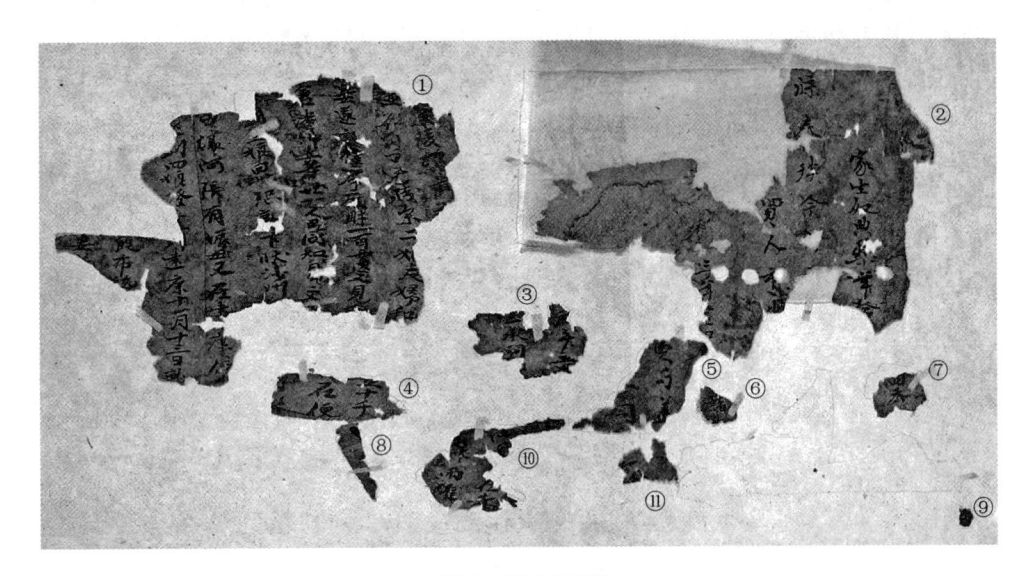

圖 4　BD15777B

我們從內容和字迹大致判斷，BD15777B1 號是一件有關婚姻嫁娶的訴訟文書，而 BD15777B2 號爲一件人口質典（買賣？）文書。其餘諸片中，似乎只有 B5 片與 B2 片內容有關，其餘如 B3、B4、B6、B7、B10 片皆與 B1 片有關，但都無法找到具體銜接的部位。

將 BD15777B1 號爲首的諸片結合起來釋讀，出現了宋二娘夫婦、潘中立、阿張、阿張母、□四娘、廿一人知見等人物，一百貫彩禮，建康、沙州兩地，以及某年十一月三日。文書通篇不太容易釋讀，但顯然是因爲婚嫁出現了某些糾紛而

45

訴諸官府的狀文，這應該是案件一方的陳述，或可將其擬名《某年十一月三日宋二娘等爲婚嫁事狀》。敦煌文獻中有關婚嫁糾紛的罕見，我們曾研究過的S.11456B-F《開元十三年陳思、李齊娶妻案卷》，是李齊因爲婦家過多索要彩禮而一直拖延婚期的訴狀，[1]或與BD15777B1諸號可資對比研究。

將BD15777B2、B5片結合起來釋讀，應該是某人將某家生奴名典藥者出典（賣）的文書。敦煌文獻中人口質典或買賣的契約有十多件，其中如P.3150《癸卯年慈惠鄉百姓吴慶順典身契》、S.3877v《丙子年正月廿五日赤心鄉百姓阿吴賣兒契稿》等或可資對比研究。

BD15777號中包含諸多殘片，除了皆爲素紙的C號，A、B兩號中的信息極爲豐富，我們判斷A號爲懸泉鄉的田籍，B號中則又分爲一件訴訟狀文，一件人口質典（買賣？）文書。因爲原始收藏等信息有所缺失，文書也都過於殘缺，本文僅能先做出初步的録文和釋讀，以期拋磚引玉，引起學界對這組文書的關注。

(陳麗萍，中國社會科學院古代史研究所、
敦煌學研究中心副研究員)

---

[1] 陳麗萍《中古時期敦煌地區財婚風氣略論》，《麥積山石窟藝術文化論文集》下，蘭州大學出版社，2004年，259—268頁。

《禮閣新儀》輯佚初探

A Preliminary Study on the Scattering of the Repertory of *Ligexinyi*(禮閣新儀)

趙 洋

摘 要：唐韋公肅編修的《禮閣新儀》收錄了開元以後、元和以前禮典新儀，是對舊儀進行補訂的禮儀類詔令彙編的重要文本。惜該書後來散佚殆盡，但五代宋元時期禮官多徵引該書以論禮儀之變，我們還是能通過殘存的隻言片語稍加輯佚。現從傳世史籍中輯出該書23條條目，另有存疑4條，其篇幅可能不到該書原本篇目百分之一。不過，根據輯佚所見，該書最標準的條目體例應先敘舊儀，再條陳其後世新儀，尤以敕令爲主。

關鍵詞：禮閣新儀；輯佚；禮儀

有唐一代，尤重禮典。五禮備具的禮典就有貞觀禮、顯慶禮、《大唐開元禮》、《貞元新集開元後禮》、《禮閣新儀》、《曲臺禮》、《續曲臺禮》，其中《禮閣新儀》在五代宋初頻見著錄徵引。據《新唐書·禮樂志》載："元和十一年，秘書郎、修撰韋公肅又錄開元已後禮文，損益爲《禮閣新儀》三十卷。"[1]韋公肅在《新唐書·儒學傳》有傳，其人出身京兆杜陵韋氏，熟稔禮典儀注，所草儀典也爲時人稱善[2]。相比《大唐開元禮》一百五十卷的巨大篇幅，《新唐書·禮樂志》"儀注類"稱《禮閣新儀》爲三十卷，但同書《藝文志》和《通志二十略·藝文略》則稱二十卷[3]，然曾鞏《禮閣新儀目錄序》云：

---

[1]《新唐書》卷一一《禮樂志》，中華書局，1975年，309頁。
[2]《新唐書》卷二〇〇《儒學·韋公肅傳》，5721—5722頁。
[3]《新唐書》卷五八《藝文志》，1491頁；《通志二十略·藝文略第二》，中華書局，1995年，1502頁。

《禮閣新儀》三十篇，韋公肅撰，記開元以後至元和之變禮。史館秘閣及臣書皆三十篇，集賢院書二十篇。以參相校讐，史館秘閣及臣書多復重，其篇少者八，集賢院書獨具。然臣書有目錄一篇，以考其次序，蓋此書本三十篇，則集賢院書雖具，然其篇次亦亂。既正其脱謬，因定著從目錄，而《禮閣新儀》三十篇復完。[1]

　　北宋時，《禮閣新儀》其實就已有散亂，其中在史館秘閣存三十篇，在集賢院存二十篇，或重複或錯亂，曾鞏則根據三十卷目錄重新編定是書。金章宗明昌六年（1195）禮部尚書張暐等所進《大金集禮》還能見到檢索該書的記載，《宋史·藝文志》"史類"也曾載該書三十卷，其後再無著録[2]。可見，經過唐末五代的戰亂，《禮閣新儀》在宋代已然出現錯簡，宋元以後該書更是完全散佚，只有一些條目因禮官討論禮制被引用而被史書記載下來。

　　根據下文輯佚條目所見，《禮閣新儀》的內容更加偏重於實用性的儀注，與《大唐開元禮》等禮書還是有很大不同，故《新唐書·禮樂志》將其歸入"儀注類"也是恰如其分。這些儀註條目大多來自開元至元和年間的皇帝敕令條文，如太清宮條，直接引用開元二十九年詔；又如"七太子廟"條直接摘抄天寶六載詔等。此外，該書既名"新儀"，其最為標準的體例，筆者以為應該是"舊儀，無貢舉人謁先師之文"條和"舊儀，禮神玉器，皆依周禮所制"條，都是先述"舊儀"，再用新的規定對"舊儀"或"舊儀"所無的禮儀進行補充說明[3]。可見，《禮閣新儀》更像是一本對舊儀進行補訂的禮儀類詔令彙編，同時也是一本唐代禮儀沿革發展的"故事"匯總。因而，五代宋初禮官討論禮制時尤為喜歡援引該書所載"故事"來討論新舊禮儀之變，這可能也或多或少影響了宋代《太常因革禮》的體例。

《禮閣新儀》輯佚

　　（孝敬皇帝廟）開元七年，建廟于東都從善里。天寶之後，祠饗遂絕。

　　出處：徐松輯《河南志·永樂大典本河南志》（21頁）：孝敬皇帝廟。（《禮閣新儀》曰："開元七年，建廟于東都從善里。天寶之後，祠饗遂絕。"）

---

[1] 曾鞏《曾鞏集》卷一一《序·禮閣新儀目錄序》，陳杏珍、晁繼周點校，中華書局，1984年，181頁。
[2] 《宋史》卷二〇四《藝文志》，中華書局，1985年，5131頁。清代徐松《唐兩京城坊考》的相關條目基本抄自北宋宋敏求《長安志》，並非親眼得見《禮閣新儀》。
[3] 因材料所限，下文輯佚無法完全依照此標準體例進行復原，特此說明。

按：此條又見於《唐兩京城坊考》卷五《東京》(165頁)。

(貞順武皇后廟)開元二十五年立廟，乾元之後祠享遂絶。

出處：《長安志》卷七《唐皇城》(260頁)云：貞順武皇后廟。(《禮閣新儀》曰："開元二十五年立廟，乾元之後祠享遂絶。")
按：此條又見於《唐兩京城坊考》卷二《西京》(39頁)。

(太清宫)開元二十九年，始詔兩京及諸州各置玄元皇帝廟一所，依道法醮。天寶元年正月，陳王府參軍田同秀上言玄元皇帝降見于丹鳳門之通衢，以"天下太平，聖壽無疆"之言傳於玄宗，仍告賜靈符尹喜之故宅。上遣使就桃林縣函谷關令尹臺西得之。於是置廟於大寧坊，東都於積善坊。九月，改廟爲太上玄元皇帝宫。二年正月，加號"大聖祖"。三月，敕西京改爲太清宫，東都爲太微宫，諸州爲紫極宫。十三載二月〔1〕，加號"大聖祖高上大道金闕玄元天皇大帝"，每歲四時及臘，修朝獻之禮〔2〕。

出處：《長安志》卷八《唐京城》(287—288頁)：〔太清宫〕在大寧坊。《禮閣新儀》曰："開元二十九年，始詔兩京及諸州各置玄元皇帝廟一所，依道法醮。天寶元年正月，陳王府參軍田同秀上言玄元皇帝降見于丹鳳門之通衢，以'天下太平，聖壽無疆'之言傳於玄宗，仍告賜靈符尹喜之故宅。上遣使就桃林縣函谷關令尹臺西得之。於是置廟於大寧坊，東都於積善坊。九月，改廟爲太上玄元皇帝宫。二年正月，加號'大聖祖'。三月，敕西京改爲太清宫，東都爲太微宫，諸州爲紫極宫。十二載二月，加號'大聖祖高上大道金闕玄元天皇大帝'，每歲四時及臘修朝獻之禮。"
按：此條又見於《類編長安志》卷五(70頁)和《唐兩京城坊考》卷三《西京》(71頁)，文字略有差異。亦可參《舊唐書》卷九《玄宗本紀》(213頁)、《新唐書》卷五《玄宗本紀》(142頁)、《太平御覽》卷一一一《皇王部·唐玄宗明皇帝》(543頁)和《唐會要》卷五〇"尊崇道教"條(1013—1014頁)。

---

〔1〕 十三載二月：《長安志》《類編長安志》作"十二載二月"，然兩唐書《玄宗本紀》、《資治通鑑》卷二一七和《唐會要》卷五〇"尊崇道教"條等史籍均將此次加號繫於"十三載二月"，據改。
〔2〕 每歲四時及臘，修朝獻之禮：《類編長安志》卷一〇作"每歲四時修朝獻之禮"，《唐兩京城坊考》作"每歲四時及臘終行廟獻之禮"。《長安志》此條校記云："'修廟獻之禮'，'修'原作'終'，據成化、嘉靖、四庫諸本改。"(300頁)故從。

（讓皇帝廟）開元二十九年，建廟于啓夏門内立政坊。上元二年，禮儀使杜鴻漸請停四時享獻[1]，每至禘祫之月，則一祭焉。

出處：《長安志》卷九《唐京城》(312頁)：讓皇帝廟。(《禮閣新儀》曰："開元二十九年，建廟于啓夏門内立政坊。上元二年，禮儀使杜鴻漸請停四時享獻，每至禘祫之月，則一祭焉。")

按：此條又見於《唐兩京城坊考》卷三《西京》(90頁)。亦可參《唐會要》卷一九"讓皇帝廟"條(439頁)。

（德明興聖廟）天寶二載建，在安化門内道西。貞元十九年祔獻祖、懿祖神主于廟。

出處：《長安志》卷一〇《唐京城》(327頁)：德明興聖廟。(《禮閣新儀》曰："天寶二載建，在安化門内道西。貞元十九年祔獻祖、懿祖神主於廟。")

按：此條又見於《唐兩京城坊考》卷四《西京》(102頁)。

（七太子廟）天寶六載，詔章懷、節愍、惠莊、惠宣、惠文太子，雖官爲立廟，比來子孫自祭，或時物有闕，禮儀不備，宜與隱太子及懿德太子列次諸室，簡擇一寬處[2]，同爲一廟。遂於永崇坊東街，就懿德太子同立廟，呼爲七太子廟。寶應三年停享。大曆三年，又加靖恭太子一室。

出處：《長安志》卷七《唐皇城》(284頁)云：東南隅，七太子廟。(其地本萬、夔六州之邸，總章中以爲明堂縣，後徙縣於永樂坊。神龍初，立懿德太子廟，即中宗之長子。《禮閣新儀》曰："天寶六載，詔章懷、節愍、惠莊、惠宣、惠文太子，雖官爲立廟，比來子孫自祭，或時物有闕，禮儀不備，宜與隱太子及懿德太子列次諸室，同爲一廟。遂於永崇坊東街，就懿德太子同立廟，呼爲七太子廟。寶應三年停享。大曆三年，又加靖恭太子一室。")

按：此條又見於《唐兩京城坊考》卷三《西京》(64—65頁)。亦可參《唐會

---

[1] 禮儀使杜鴻漸：《唐會要》卷一九"讓皇帝廟"條作"禮儀使、太常卿劉晏"，《長安志》和《唐兩京城坊考》皆作"禮儀使杜鴻漸"。考諸史籍，劉晏精於財政，且上元二年任京兆尹(《資治通鑑》卷二二)；杜鴻漸則曾"具儀注草奏"，約在上元二年"徵拜尚書右丞、吏部侍郎、太常卿，充禮儀使"(《舊唐書》卷一〇八《杜鴻漸傳》)。《唐會要》當誤，從《長安志》。

[2] 簡擇一寬處：此句《長安志》無，據《唐會要》卷一九"諸太子廟"條和《册府元龜》卷八六《帝王部·赦宥》所載天寶六載敕文補。

要》卷一九"諸太子廟"條(444頁)和《册府元龜》卷八六《帝王部·赦宥》(949—951頁)。

（元獻皇后廟）乾元元年，立廟於太廟之西。寶應二年，遷神主於太廟。貞元三年修葺，奉安昭德皇后神主。永貞元年，祔於太廟。

出處：《長安志》卷七《唐皇城》(251頁)云：元獻皇后廟。(韋公肅《禮閣新儀》曰："乾元元年，立廟於太廟之西。寶應二年，遷神主於太廟。貞元三年修葺，奉安昭德皇后神主。永貞元年，祔於太廟。")

按：此條又見於《唐兩京城坊考》卷一《西京》(14頁)。又《類編長安志》卷五(158頁)載："〔太廟〕在皇城安上街東。其地本隋太府寺玉作坊。先天中，廢坊置廟。韋公肅《禮閣新儀》曰：'乾元元年，立中宗廟。寶應四年，遷神主於太廟。昭德皇后，永貞元年祔于太廟。'今廢爲乾明尼寺。"但中宗廟立於開元年間，寶應只有兩年並無四年，故疑《類編長安志》可能傳抄有誤，不從。

大曆十四年，代宗神主祔廟就享來，將來奉安，亦合行享禮。

出處：《大金集禮》卷二二"別廟"(227頁)云：十五年三月十九日，擬奏："今年三月二十七日戊申，奉安武靈皇帝、悼皇后於別廟。檢討到唐《禮閣新儀》：'大曆十四年，代宗神主祔廟就享來，將來奉安，亦合行享禮。'緣代宗自太極殿具鹵簿奉迎神主，至太廟升祔，今來奉安神主，依前代典禮并本廟已行升祔禮數，止合就本廟西南隅設幄恭造。參酌典故，神主幄次在本廟西南隅，相去廟殿甫近，難以排列儀仗，擬攝太尉行事，百官後從，仍用享禮。前一日丁未，奏告太廟十一室，及祭告昭德皇后廟。"從之。

（韓國貞穆公主廟）[1]德宗女，自唐安公主追册。貞元十七年祔廟。

出處：《長安志》卷七《唐皇城》(266頁)云：韓國正穆公主廟。(《禮閣新儀》曰："德宗女，自唐安公主追册，貞元十七年祔廟。")

按：此條又見於《唐兩京城坊考》卷二《西京》(47頁)，應引自《長安志》。亦

───────

[1] 貞穆公主廟：《長安志》作"正穆公主廟"，《唐會要》卷一九"公主廟"條、《新唐書》卷八三《諸帝公主傳》和《文獻通考》卷二五八《帝系考》均作"貞穆公主廟"，據改。

可參《唐會要》卷一九"公主廟"條(448頁)、《新唐書》卷八三《諸帝公主傳》(3664頁)和《文獻通考》卷二五八《帝系考》(7013頁)。

(鄭國莊穆公主廟)德宗女,自義章公主追册[1],貞元十七年祔廟。

出處:《長安志》卷一〇《唐京城》(339頁):鄭國莊穆公主廟。(《禮閣新儀》曰:"德宗女,自義章公主追册,貞元十七年祔廟。")

按:此條又見於《唐兩京城坊考》卷四《西京》(120頁)。亦可參《唐會要》卷一九"公主廟"條(448頁)、《新唐書》卷八三《諸帝公主傳》(3664頁)和《文獻通考》卷二五八《帝系考》(7013頁)。

(文敬太子廟)貞元十五年置[2],在常安坊[3],後徙于此。

出處:《長安志》卷一〇《唐京城》(339頁):文敬太子廟。(《禮閣新儀》曰:"貞元十七年置,在長安坊,後徙于此。")

按:此條又見於《唐兩京城坊考》卷四《西京》(121頁)。亦可參《唐會要》卷一九"諸太子廟"條(444—445頁)、《册府元龜》卷二九六(3341頁)和卷五九一(6780頁)。

(惠昭太子廟)元和八年置。

出處:《長安志》卷九《唐京城》(319頁):惠昭太子廟。(《禮閣新儀》曰:"元和八年置。")

按:此條又見於《唐兩京城坊考》卷四《西京》(101頁)。

唐天寶五載,詔享太廟宜祭料外,每室加常食一牙盤。

---

[1] 自:《唐兩京城坊考》作"曰",《長安志》此處校記云:"'自'原作'曰',成化、嘉靖本作'目',據四庫本改。"故從。
[2] 貞元十五年:《長安志》和《唐兩京城坊考》均作"貞元十七年",《唐會要》和《册府元龜》則繫於"貞元十五年"。《資治通鑑》載:"(貞元十五年)冬,十月,乙丑,邕王諒薨。太子之子也,上愛而子之,及薨,諡曰文敬太子。"故從。
[3] 常安坊:《長安志》和《唐兩京城坊考》均作"長安坊",《唐會要》和宋本《册府元龜》均作"常安坊",故從。

出處：《宋史》卷一〇八《禮志》（2593頁）云：時享。太祖乾德六年十月，判太常寺和峴上言："按《禮閣新儀》，唐天寶五年，詔享太廟宜祭料外，每室加常食一牙盤。將來享廟，欲每室加牙盤食，禘祫、時享亦準此制。"

按：此條又見於《宋會要輯稿·禮一七》"時饗"條（910頁），《續資治通鑑長編》卷三一八亦記此條，但未言出自《禮閣新儀》，只云"案唐天寶中"（211頁）。又此條天寶五載詔，據《通典》《唐會要》《唐大詔令集》《册府元龜》《文獻通考》等云，爲天寶五載四月乙亥詔。

太微宫使卯時行事。

出處：《舊五代史》卷一四三《禮志》（1915頁）云：（長興）四年二月，太常博士路航奏："比來小祠已上，公卿皆著祭服行事。近日唯郊廟、太微宫具祭服，五郊迎氣、日月諸祠，並祇常服行事，兼本司執事人等，皆著隨事衣裝，狼藉鞋履，便隨公卿升降于壇墠。按祠部令，中祠以上，應齋郎等升壇行事者，並給潔服，事畢收納。今後中祠已上，公卿請具祭服，執事升壇人並著履，具緋衣幘子。又，臣檢《禮閣新儀》，太微宫使卯時行事。近年依諸郊廟例，五更初便行事，今後請依舊以卯時。"從之。

按：此條又見於《五代會要》卷四"緣祀裁製"條（56頁），《册府元龜》卷五九三《掌禮部·奏議》（6810—6811頁），《全唐文》卷八四八題《申嚴祀典議》（8913頁）。

貞元二年十月七日，御史臺奏："每有慶賀，及須上表，並令上公行之[1]；如無上公，即尚書令、僕已下行之；其嗣王合隨宗正，若有班位[2]，合依三品[3]。"

出處：吕祖謙編《宋文鑑》卷一〇五（1450頁）：《左右僕射東宫三師爲表首議》（竇儀）："得尚書省牒，奉前月二十八日敕節文：御史臺、太常禮院定左右僕射東宫三師爲表首，未有所從，令臣等參議以聞者。臣等今詳東宫三師爲表首，討論故實，全無證據，其左右僕射，援引制敕，合爲表首者，其事有六：謹按《周

---

[1] 並令上公行之：《唐會要》和《五代會要》作"並合上公行之"。"令"與"合"形近，且用"令"更爲通順，不改。
[2] 若有班位：《唐會要》作"若有班立"。"班立"似爲"班位"錯簡，不改。
[3] 合依三品：《宋文鑑》《宋會要輯稿》《宋史》和《全宋文》均作"合依王品"，《唐會要》則作"合依三品"。唐代尚書令爲正二品，左右僕射爲從二品，而諸王爲正一品或從一品，據出處文獻後文所言"此則嗣王雖一品，不得爲表首二也"，故嗣王雖品高於尚書令僕，但"若有班位"時須依照三品排位，此即嗣王不得爲表首之緣由。據此，此處依《唐會要》改。

官》先叙六官,又準《六典》,尚書爲百官之本。今自一品至六品常參官,每班以尚書省官爲首,則僕射合爲表首,一也。又按《唐會要》及《禮閣新儀》,貞元二年十月七日御史臺奏,每有慶賀及須上表,並令上公行之;如無上公,即尚書令僕已下行之;其嗣王合隨宗正,若有班位,合依王品,此則嗣王雖一品不得爲表首,二也。又據故事,僕射位次三公,則僕射合爲表首,三也。又準故事,僕射是百寮師長,即無東宮一品爲師長之文,是知上臺表章,僕射當爲表首,四也。"

按:此條又見於《宋會要輯稿·儀制七》"拜表儀"條(2427頁)、《全宋文》卷一四引《皇朝文鑑》卷一〇五,又《五代會要》卷四"牋表例"條亦載此條但只引第一句(70頁),《宋史》卷一二〇《禮志》有所節略且云"又唐制"(2819頁),另御史臺奏文還可參《唐會要》卷二五(559頁),文字略有差異。

  唐令,王正一品,嗣王、郡王、國公從一品。貞元二年五月勑,御史中丞竇參等奏文武官辭見、宴集,請依天寶三年禮部詳定勑。親王、嗣王任卑官職事仍依王品,郡王任三品以下職事者,在同階品上。自外無文武官者,嗣王在太子太保下,郡王次之,國公在正三品下,郡公在從三品下,縣公在正四品下。貞元四年五月勑,御史中丞竇參等奏文武官辭見,爵雖高官或下,列於上官之上非制也,自今以後宜列於本官班之上。貞元二十一年五月勑,御史臺奏准公式,今諸文武官朝參行立,各依本職事官品爲序。緣有檢校官高職事卑及嗣王、郡王任職事官高卑不等,今請應檢校僕射及尚書以上及嗣王、郡王任職事官者,一切在職事本品之上。

出處:《蘇魏公文集》卷一七"論王公封爵故事"(232頁):唐令,王正一品,嗣王、郡王、國公從一品。貞元二年五月勑,御史中丞竇參等奏文武官辭見、宴集,請依天寶三年禮部詳定勑。親王、嗣王任卑官職事仍依王品,郡王任三品以下職事者,在同階品上。自外無文武官者,嗣王在太子太保下,郡王次之,國公在正三品下,郡公在從三品下,縣公在正四品下。貞元四年五月勑,御史中丞竇參等奏文武官辭見,爵雖高官或下,列於上官之上非制也,自今以後宜列於本官班之上。貞元二十一年五月勑,御史臺奏准公式,今諸文武官朝參行立,各依本職事官品爲序。緣有檢校官高職事卑及嗣王、郡王任職事官高卑不等,今請應檢校僕射及尚書以上及嗣王、郡王任職事官者,一切在職事本品之上。已上書見《禮閣新儀》。

  舊儀,禮神玉器,皆依周禮所制。自開元格郊祀鎮謝,非親行事,並用珉玉充。

天寶十年詔曰："禮神以玉，蓋取其精潔。自馮正紹正奏後，有司用珉。禮所謂君子貴玉而賤珉，是珉不可用也。朕精禋郊壇，嚴恭宗廟，安可以珉代玉。惜費事神，況國家有萬方之助祭，豈容天地宗廟奠玉有虧。以後禮神六器，宗廟奠玉，並用真玉，諸祠用珉。如以玉難得大者，寧小其制度，以取其真。"于是今之所用形，制並不得依古。大曆六年敕："諸祭真玉，内中尚供。珉玉，少府監供。以後宜令準舊例據尺寸供，不得小惡。"

出處：《太常因革禮》卷一四"祭玉"條（77頁）云：唐《禮閣新儀》曰：舊儀，禮神玉器，皆依周禮所制。自開元格郊祀鎮謝，非親行事，並用珉玉充。天寶十年詔曰："禮神以玉，蓋取其精潔。自馮正紹正奏後，有司用珉。禮所謂君子貴玉而賤珉，是珉不可用也。朕精禋郊壇，嚴恭宗廟，安可以珉代玉。惜費事神，況國家有萬方之助祭，豈容天地宗廟奠玉有虧。以後禮神六器，宗廟奠玉，並用真玉，諸祠用珉。如以玉難得大者，寧小其制度，以取其真。"于是今之所用形，制並不得依古。大曆六年敕："諸祭真玉，内中尚供。珉玉，少府監供。以後宜令準舊例據尺寸供，不得小惡。"

貞元元年十一月十一日，德宗有事郊廟，太常博士陸質奏請准禮用祝版，祭畢焚之，制曰可。

出處：《大金集禮》卷三八"沿祀雜錄"（375—376頁）云：陵廟祝板，自來行禮之後，並藏諸匱，奏告祝板則焚之。大定四年定到，岳瀆等祝版並燔於齋所。檢討到《唐郊祀錄》："凡告宗廟祝版，焚之齋坊。"又《禮閣新儀》："貞元元年十一月十一日，德宗有事郊廟，太常博士陸質奏請准禮用祝版，祭畢焚之，制曰可。"擬享廟祝版，太常卿於齋所監視焚之；祭山陵祝版，提點山陵所官監視焚燎。

公主出降前一日，行五禮。古者結婚，始用行人告以夫家采擇之意，謂之納采；問女之名[1]，歸卜夫廟[2]，卜而獲吉，以告女家，謂之問名、納吉。

出處：《續資治通鑑長編》卷一八六《仁宗·嘉祐二年》（4485頁）：嘉祐初，禮官言："《禮閣新儀》：'公主出降前一日，行五禮。古者，結婚始用行人，告以夫

---

[1]女：《續資治通鑑長編》作"女子"，《文獻通考》《宋朝事實》《宋史》和《全宋文》引文皆作"女"，據改。
[2]夫：《續資治通鑑長編》作"于"，《文獻通考》《宋朝事實》《宋史》和《全宋文》引文皆作"夫"，據改。

家采擇之意,謂之納采;問女之名,歸卜夫廟,吉,以告女家,謂之問名、納吉。'今選尚一出朝廷,不待納采;公主封爵已行誕告,不待問名。若納成則既有進財,請期則有司擇日。宜稍依五禮之名,存其物數,俾知婚姻之事重、而夫婦之際嚴如此,亦不忘古禮之義也。"

按:此條又見於《文獻通考》卷二五八《帝系考》(7024頁)、李攸《宋朝事實》卷一三《儀注三》(209頁)、《宋史》卷一一五《禮志》(2732—2733頁)和《全宋文》卷九八五引《國朝諸臣奏議》卷三三(46冊32頁),文字略有差異。

　　皇太子受册後,前二日,尚舍設次於崇明門外,南向,又設師、傅、保、中書門下文武百官,東西相向,以北為上。宮臣及皇親陪其後。次左庶子奏"外備"。中官褰簾,皇太子常服出次,南向立,侍從如常儀。次中書門下就北向位再拜訖。禮官贊,皇太子再拜訖。中書門下班首一人前進賀訖,復位,再拜。皇太子答賀訖,又再拜。皇太子揖中書門下訖,相次退。通事舍人、禮官贊,皇太子再拜。師、傅等少避位訖。師、傅為班首者一人進賀訖,復位,再拜。皇太子答賀訖,又再拜。皇太子揖師、傅退出。内侍奉引皇太子就座,南向座訖,通事舍人引文武官臣三品以下入,就北向重行異位立定。奉禮曰"再拜訖"。左庶子一人進,跪奏:"具官臣某等言賀訖。"復位,皆再拜,各分班東西序立。奉禮曰:"再拜",在位官皆再拜訖。左庶子少前跪奏:"具官臣某言禮畢。"近侍垂簾,皇太子降座,宮臣侍衛仗散如儀。

出處:《五代會要》卷四"皇太子親王見三師禮"(67頁)云:又準《禮閣新儀》:"皇太子受册後,前二日,尚舍設次於崇明門外,南向,又設師、傅、保、中書門下文武百官,東西相向,以北為上。宮臣及皇親陪其後。次左庶子奏'外備'。中官褰簾,皇太子常服出次,南向立,侍從如常儀。次中書門下就北向位再拜訖。禮官贊,皇太子再拜訖。中書門下班首一人前進賀訖,復位,再拜。皇太子答賀訖,又再拜。皇太子揖中書門下訖,相次退。通事舍人、禮官贊,皇太子再拜。師、傅等少避位訖。師、傅為班首者一人進賀訖,復位,再拜。皇太子答賀訖,又再拜。皇太子揖師、傅退出。内侍奉引皇太子就座,南向座訖,通事舍人引文武宮臣三品以下入,就北向重行異位立定。奉禮曰'再拜訖'。左庶子一人進,跪奏:'具官臣某等言賀訖。'復位,皆再拜,各分班東西序立。奉禮曰:'再拜',在位官皆再拜訖。左庶子少前跪奏:'具官臣某言禮畢。'近侍垂簾,皇太子降座,宮臣侍衛仗散如儀。"

舊儀，無貢舉人謁先師之文。開元二十六年，詔諸州貢舉人見訖，就國子監謁先師，官爲開講，質問疑義，所司設食。昭文、崇文兩館學士及監內諸舉人，亦準此。

出處：《宋史》卷一〇五《禮志》（2553頁）云：其謁先師之禮：建隆二年，禮院準禮部貢院移，按《禮閣新儀》云："舊儀無貢舉人謁先師之文。開元二十六年，詔諸州貢舉人見訖，就國子監謁先師，官爲開講，質問疑義，所司設食。昭文、崇文兩館學士及監內諸舉人，亦準此。"自後諸州府貢舉人，十一月朔日正衙見訖，擇日謁先師，遂爲常禮。

祭圖設位，曾祖在西壁下，東向。祖北壁下，南向。父阼階上，北向。

出處：《朱子全書・晦庵先生朱文公文集》卷四二《與吴晦叔》（1907頁）：唐《禮閣新儀》："祭圖設位，曾祖在西壁下，東向。祖北壁下，南向。父阼階上，北向。"

合中書侍郎詣殿西取表升奏，置於香案。侍中升殿，承旨宣曰："朕其受之。"蕃使再拜以退。禮部尚書出奏其國所貢方物，未審付所司。侍中承旨又宣曰："制可。"然後引方物付所司。

出處：《全唐文》卷八七三《陳致雍・奏蕃國使朝見儀狀》云：右，伏以九州之外，蕃國來朝。正朔之統不加，賓客之儀有異。周禮有大行人小行人之職，而總其屬，即今鴻臚四方館之任也。今月十三日，占城國獻馴象使朝對，列方物爲庭實，所司引進，按皇唐《六典》及《開元禮》《禮閣新儀》，合中書侍郎詣殿西取表升奏，置於香案。侍中升殿，承旨宣曰："朕其受之。"蕃使再拜以退。禮部尚書出奏其國所貢方物，未審付所司。侍中承旨又宣曰："制可。"然後引方物付所司。今未見其儀狀，請下禮部指揮，自今以後，以遵常式。臣職忝禮司，合具奏舉。

後附存疑：

上辛祀昊天，吉亥享先農。

出處：《宋史》卷一〇二《禮志》（2490頁）云：景德四年，判太常禮院孫奭言：

"來年畫日,正月一日享先農,九日上辛祈穀,祀上帝。《春秋傳》曰:'啓蟄而郊,郊而後耕。'月令曰:'天子以元日祈穀于上帝。乃擇元辰,親載耒耜,躬耕帝籍。'先儒皆云:元日,謂上辛郊天也;元辰,謂郊後吉亥享先農而耕籍也。《六典》《禮閣新儀》並云上辛祀昊天,次云吉亥享先農。望改用上辛後亥日,用符禮文。"

按:此條又見於《續資治通鑑長編》卷六七(1513頁)、《文獻通考》卷八七《郊社考》(2662頁)、《太常因革禮》卷四〇"有司攝事"條(250頁)和《宋會要輯稿·禮一九》"先農壇"條(983頁)。根據出處所言,此條並非原文,暫且附後。

貞觀九年將祔高祖於太廟,國子司業朱子奢請准禮立七廟,是時乃立六廟,而行禘祫。……高宗上元三年,有司祫享於太廟,止有七室,未有遷主。

出處:《五代會要》卷三"禘祫"條(44、46頁):……唐禮:貞觀九年將祔高祖於太廟,國子司業朱子奢請准禮立七廟,是時乃立六廟,而行禘祫。今檢《會要》及《通典》並《禮閣新儀》皆載此禮,並與實錄符同,此乃廟亦未備而行禘祫,其證四也。……高宗上元三年,有司祫享於太廟,止有七室,未有遷主,《通典》《會要》及《禮閣新儀》,俱明此禮,其證八也。

按:此條爲聶崇義討論太廟禘祫之制,不知是否爲原文,故暫且存疑。

天地、宗廟、別廟、日月、社稷皆爲大祀。

出處:《大金集禮》卷三八"沿祀雜録"(371頁)云:十四年四月,以隨處申稟大祭祀及致齋日,檢討到《開元禮》并《禮閣新儀》,天地、宗廟、別廟、日月、社稷皆爲大祀。

按:此條出處只云檢討,不能明確是否爲原文,故暫且存疑。

鹵簿,天子出,車駕次第,謂之鹵簿。有大駕,有法駕,有小駕。大駕則公卿奉引,大將軍參乘,太僕御,屬車八十一乘,作三行,尚書、御史乘之,備千乘萬騎。

出處:《類編長安志》卷二(70頁):《禮閣新儀》:"鹵簿,天子出,車駕次第,謂之鹵簿。有大駕,有法駕,有小駕。大駕則公卿奉引,大將軍參乘,太僕御,屬車八十一乘,作三行,尚書、御史乘之,備千乘萬騎。"

按：此條爲漢代鹵簿的儀注解説，《三輔黄圖》與此條幾乎全同，且"御史乘之"續云"備千乘萬騎出長安，出祠天於甘泉備之，百官有其儀注，名曰'甘泉鹵布'"（何清谷校注《三輔黄圖校注》卷六《雜録》，三秦出版社，2006年，447頁）。《類編長安志》此處可能誤將《三輔黄圖》記作《禮閣新儀》，或《禮閣新儀》轉引《三輔黄圖》，但《類編長安志》引用不完整，故此條暫且存疑。

(趙洋，中國社會科學院古代史研究所、
敦煌學研究中心助理研究員)

王安石奏對稱經條按

A Study on Confucian Classics in the Dialogue Between Wang Anshi(王安石) and Song Shenzong(宋神宗)

尹　承

摘　要：《續資治通鑑長編》等書中保存了大量王安石熙寧時君前奏對之語，其文大都源自王氏自著的《日録》。其間王安石時常稱引經傳，這是在其《三經新義》之外展現"經術所以經世務"之最直接的一部分資料。今摘録彙集，分條爲之説明。

關鍵詞：《日録》；經術；新學；宋神宗

　　王安石在北宋神宗熙寧爲相時，所推行的政策措施與其經學有莫大關係，主要的新法措施，無不是以"經術"來"經世務"的體現。認知王氏"經術"的面貌，新法的政策層面固然是一重要部分，從研究可操作層面，還有另一重要部分在于其君前奏對時所稱經傳，多爲王安石自己記録下來。這是王安石"經術"作用于政治的最直接的一面。今將王安石奏對稱經文本從《續資治通鑑長編》等書中摘録彙集，分條略加按語，揭出所引經傳出處，并間舉相關資料爲之説明。[1]

1. 楊仲良《通鑑長編紀事本末》[2]卷五九《王安石事迹上》熙寧二年二月。

　　凡欲美風俗，在長君子，消小人，以禮義廉耻由君子出故也。《易》以《泰》者通而治也，《否》者閉而亂也。閉而亂者，以小人道長；通而治者，以小人道消。小人道

――――――――
　　[1] 本文所引據之書，除今人書及部分宋人著作開具版本信息及頁碼等，其餘常見典籍悉用通行版本，不另出注，以避冗贅。
　　[2] 楊仲良《通鑑長編紀事本末》，臺灣文海出版社，1967年，影印廣雅書局光緒十九年(1893)刻本。

消,則禮義廉耻之俗成,而中人以下變爲君子者多矣。禮義廉耻之俗壞,則中人以下變爲小人者亦多矣。

《周易·序卦傳》:"泰者,通也。"《周易·否卦·象傳》:"小人道長,君子道消也。"《周易·泰卦》象傳:"君子道長,小人道消也。"此用《泰》《否》象義,意在説明變風俗、立法度二者以變風俗爲本、爲主,于經説非新義。

2. 《通鑑長編紀事本末》卷六六《三司條例司廢置》熙寧二年二月甲子;《楊時集》卷六《王氏神宗日録辨》,第109頁。[1]

泉府一官,先王所以摧折兼并、均濟貧弱、變通天下之財,而使利出于一孔者,以此也。(《通鑑長編紀事本末》止此)國事之財用取具焉。蓋經費則有常賦以待之,至于國有事則財用取具于泉府。

泉府見《周禮·地官》。是時在王安石議置制置三司條例司之先,神宗問陝西錢重事。是神宗以具體措施爲問,王氏以通盤理財爲答。楊時有相關辯論。

3. 《通鑑長編紀事本末》卷五八《吕誨劾王安石》,熙寧二年五月。

高宗用傅説,起于匹夫版築之中,所以能成務者,以旁招俊乂,列于庶位故也。

此因神宗説"朕與卿相知,如高宗、傅説,亦豈須他人爲助"。"旁招俊乂,列于庶位",《尚書·説命下》傅説語。

4. 《通鑑長編紀事本末》卷六六《三司條例司廢置》熙寧二年十一月乙丑;《楊時集》卷六《王氏神宗日録辨》,第114頁。

于文,反后爲司。后者,君道也;司者,臣道也。臣固宜稱司。……三公無官,惟以六卿爲官。如周公,即以三公爲冢宰。蓋其他三公,或爲司馬,或爲司徒,或爲司空。古之三公,猶今三師;[2] 古之六卿,猶今兩府也。宰相雖無所不統,然亦不過如古冢宰而已。冢宰惟掌邦治,至于邦教、邦政、邦禮、邦刑、邦事,則雖冢宰,亦有所分掌矣。

制置條例,是人主職業,所謂制度也。《禮記》曰"非天子不制度",臣不知制置條例使宰相領之,有何不可。

---

[1] 《楊時集》,中華書局,2018年。
[2] "師"字原作"司",據《楊時集》卷六《王氏神宗日録辨》改。

此係在神宗前與陳升之討論制置三司條例司之名。陳氏以爲宰相不可專領一司,王安石所説見《説文》,"司"字"从后反"。《説文》雖以君臣釋后司二字,然未言"君道也;司者,臣道也"。"三公無官,惟以六卿爲官"者,謂《周官》三百六十官無三公之官。《大司徒》:"二卿則公一人。"鄭注:"三公者,内與王論道,中參六官之事,外與六卿之教。"是坐而論道,無正職。"猶今三師",謂司徒、司空、太尉,是宋之三公。餘説《周官·冢宰》義。意謂宰相當如古冢宰,雖曰無所不統,而亦有所專領之務。《禮記·中庸》:"非天子不議禮不制度不考文。"

5.《通鑑長編紀事本末》卷六六《三司條例司廢置》熙寧二年十一月乙丑。

先王制事,各因事勢所宜。唐虞兵、刑皆在士官,以皋陶一人領之。

《尚書·舜典》:"帝曰:皋陶,蠻夷猾夏,寇賊奸宄。汝作士,明于五刑。"五刑,王氏不用《孔傳》義,而采正義所引《國語·魯語上》"温之會晋人執衛成公"篇"大刑用甲兵"語,以爲皋陶兼掌兵刑,故林之奇《尚書全解》卷三引王氏云:"在周,大司馬之職,當舜之時以士官兼之。"

《易》曰:"理財正辭。"先理財然後正辭,先正辭然後禁民爲非,事之序也。孔子曰:"既庶矣富之,既富矣教之。"孟子亦曰:"喪使無憾,王道之始也。"

此説《周易·繫辭下》"理財正辭,禁民爲非曰義"。正義以理財、正辭、禁民爲非,前此之説皆爲并列,王説以爲有序。龔原《周易新講義》卷九《繫辭下》猶襲其迹:"理財以富之,正辭以教之,然後禁民爲非。"《孟子·梁惠王上》:"不違農時,穀不可勝食也;數罟不入洿池,魚鱉不可勝食也;斧斤以時入山林,材木不可勝用。穀與魚鱉不可勝食,材木不可勝用,是使民養生喪死無憾也。養生喪死無憾,王道之始也。""不可勝食""不可勝用"謂理財方可辦,理財乃可使養生喪死無憾,然後教之,故是王道之始。衛湜《禮記集説》卷三二引臨川王氏:"富之者,王道之始也。"

6.《通鑑長編紀事本末》卷五九《王安石事迹上》熙寧三年三月已未。

苟當于理義,則人言何足恤?故《傳》稱:"禮義不愆,何恤于人言?"鄭莊公以人之多言亦足畏矣。故小不忍致大亂,乃詩人所刺,則以人言爲不足恤,未過也。

傳謂《左傳·昭公四年》子產引《逸詩》。鄭莊公云者,《詩·鄭風·將仲子》序謂"刺莊公也。不勝其母,以害其弟。弟叔失道而公弗制,祭仲諫而公弗聽。小不忍以致大亂焉。"詩末章:"將仲子兮,無逾我園,無折我樹檀。豈敢愛之? 畏人之多言。仲可懷也,人之多言,亦可畏也。"王氏以謂此詩乃設爲莊公所作,莊公以畏人言而不忍,于是害弟,故致大亂。人言可畏即恤人言,故其稱人言不足恤不爲過。

7.《續資治通鑑長編》卷二一〇熙寧三年四月癸未,第5111頁。[1]

> 堯御衆以寬,然流共工、放驩兜。驩兜止是阿黨,共工止是"静言庸違,象共滔天"。如吕公著真所謂"静言庸違,象共滔天"。

此用《尚書·堯典》及《舜典》,"帝曰:敬敷五教在寬",故稱堯寬,王説以爲堯之事,自來以爲舜事。驩兜止是阿黨,謂《堯典》載驩兜舉共工治水。此係神宗因程顥罷御史辭京西任而慮人情紛紛,安石則欲神宗法堯舜,去異論之人。

8.《長編》卷二一三熙寧三年七月壬辰,第5167頁。

> 《書》曰"惟辟作威",又曰"去邪勿疑",陛下赫然獨斷,發中詔暴其所奏,明其不知邪正是非,必撓國政,而罷黜之,則内外自知服矣。

惟辟作威,見《尚書·洪範》;去邪勿疑,見《尚書·大禹謨》。此因權御史中丞馮京奏疏論薛向事,欲神宗法堯舜,去異論之人。

9.《長編》卷二一四熙寧三年八月丙子,第5211頁。

> 養民在六府,六府以水土爲終始,治水土誠不可緩也。

《尚書·大禹謨》禹曰:"政在養民。水、火、金、木、土、穀惟修。……地平天成,六府三事允治。"自來以水火等六者爲六府,除穀以外爲五行,水在先而土居末,故爲終始。水土平乃能藝穀,故水土之治不可緩。此因東南治水事而言。

10.《長編》卷二一四熙寧三年八月戊寅,第5217頁。

---

[1] 李燾《續資治通鑑長編》,中華書局,2004年。以下引用此書簡稱"《長編》"。

> 乾,君道也。非剛健純粹,不足以爲乾。

此因論邊事而及"朝廷綱紀未立,人趣向未一"。又《長編》卷二一四熙寧三年八月辛未條(第5207頁):"天以陽氣興起萬物,不須物物澆灌,但以一氣運之而已。陛下剛健之德長,則天下不命而自隨;若陛下不能長剛德,則流俗群黨日强,陛下權勢日削。"

11.《長編》卷二一五熙寧三年九月壬子,第5245頁。

> 革,巳日乃孚。革然後亨。若既亨,則安用革耶?

"巳日乃孚"是《周易·革卦》卦辭,"革然後亨"是檃栝卦辭意。此係與神宗讀制科孔文仲卷時語。《皇朝文鑒》卷一一〇孔文仲《制科策》:"古之爲治,相與謀謨于廟堂之上,至于風移俗易,徙善遠罪而天下不知其措置之迹者,必亨而後革,必當而後變也。"王安石指此與《易》意相反,即神宗手詔所謂"援正先王之經而輒失義理"者。

12.《長編》卷二一八熙寧三年十二月丙寅,第5299頁。

> 募兵不可全無。《周官》,國之勇力之士,屬于司右,有事則可使爲選鋒,又令壯士有所羈屬,亦所以弭難也。

《周官新義·夏官·司右》:"先王既合萬民之卒伍,以時習之,皆使知戰。又屬勇力之士能用五兵者于司右,使掌其政令,則軍旅之事,有選鋒以待敵,齊民得免死焉。無事之時,武夫皆寓于官府,無所奮其私鬭矣。"[1]與此義同。王安石意保甲之外募兵,爲精銳部隊。

13.《長編》卷二二一熙寧四年三月癸卯,第5385—5386頁。

> 《易》稱"君子藏器于身,待時而動"。是以"動而不括"。今動無成算,又非其時,宜其結括也。先王惟知時,故文王事昆夷。方夷狄未可以兼之時,尚或事之,此乃所以爲文王也,豈害其爲聖乎!

―――――――――――
[1] 程元敏《三經新義輯考彙評·周禮》,華東師範大學出版社,2011年,427頁。後文稱引此書,簡稱"程書"。

《周易·繫辭下》:"君子藏器于身,待時而動,何不利之有? 動而不括,是以出而有獲。"《孟子·梁惠王下》:"惟仁者爲能以大事小,是故湯事葛,文王事昆夷。"文王伐昆夷,見《詩·大雅·緜》"混夷駾矣",謂昆夷奔突而逃。此因論囉兀城是否棄守事而言,王安石謂:"今人材未練,財用未足,風俗未變,政令未行,出一令尚患州縣不肯服從,則其未能兼制戎狄固宜。"

> 宣王當周衰之後,風俗壞,人材少。《詩》曰"德輶如毛,維仲山甫舉之,愛莫助之",當是時惟一仲山甫能好德,群臣無助之者。宣王能與仲山甫協力,以養育成就天下之人材,人材既足,然後征伐,故宣王征伐之時,首曰"薄言采芑,于彼新田,于此菑畝。"言宣王先成就天下之材,采而用之,所以能征伐也。

《詩·大雅·烝民》:"人亦有言,德輶如毛,民鮮克舉之。我儀圖之,維仲山甫舉之。愛莫助之。袞職有闕,維仲山甫補之。""德輶如毛"謂德如輕毛。"薄言采芑"云云見《小雅·采芑》,序謂"宣王南征也"。王安石説以采芑喻采擇人材,與舊説是"興"者不同,乃是"索物以托情"之"比"。[1] 此仍爲神宗説"兼夷狄"的條件是練人才、足財用、變風俗、政令行。

14.《長編》卷二二一熙寧四年三月戊子,第 5371 頁。

> 《禮記》以爲"事前定則不跲",今天下事要須前定,不可臨時爲人論議所移也。

《禮記·中庸》:"凡事豫則立,不豫則廢。言前定,則不跲;事前定,則不困;行前定,則不疚;道前定,則不窮。"

15.《長編》卷二二一熙寧四年三月丁未,第 5391 頁。

> 《説命》曰:"若藥不瞑眩,厥疾弗瘳。"苟欲瘳疾,豈能避瞑眩。

引句見《尚書·説命上》高宗語,《孟子·滕文公上》亦引此句。瞑眩,正義解爲"令人憒悶",可對應此處神宗所説推行保甲致民斬指事,王安石謂"就令有之,亦不足怪"。

16.《長編》卷二二一熙寧四年五月乙未,第 5424 頁。

---

[1] 參看錢鍾書《管錐編·毛詩正義》"興爲觸物以起"條,生活·讀書·新知三聯書店,2008 年,110 頁。

> 周公戒成王："當識其所不享,唯不役志于享,惟事其爽侮。乃惟孺子,頒朕不暇。"今人臣各懷利害愛憎之心,敢誣罔人主,無所忌憚,其爲不享甚矣。陛下固容有所未察,雖復察見,亦無所懲,即與不察見無以異。如此,則事實何由不爽?小人安能無侮?雖以周公爲相臣,恐徒紛紛不暇,無緣致平治也。

周公云者出《尚書·洛誥》,《孟子·告子下》亦引此。《新義》云:"王不能敬識享與不享,則事爽侮,而周公受其愁勞,乃惟成王賜我以不暇也。"(程書第184頁)此說陳薦爲開封,因人謂不便而奏罷淤田,王安石以爲陳于淤田利害不能辨,不可爲君主股肱耳目。

17.《長編》卷二二四熙寧四年六月乙丑,第5451頁。

> 今日之患,正爲君子道不長,小人道不消。所以然者,由陛下察君子、小人情狀不盡,若陛下能明道以御衆,如日之在天,則小人如雨雪之自消,《詩》曰:"雨雪浮浮,見晛曰流。"此之謂也。若不然,則小人道長,無義何所不至!宗廟社稷之計,臣誠爲陛下憂之。《詩》曰:"如蠻如髦,我是用憂。"此之謂也。

《詩·小雅·角弓》:"君子有徽猷,小人與屬。……雨雪浮浮,見晛曰流。如蠻如髦,我是用憂。"《新義》:"君子自昭明德以在民上,則民之惡德消矣。"(程書第211頁)宗廟社稷之計,《詩序》:"父兄刺幽王也。不親九族,而好讒佞,骨肉相怨。"此與神宗論人材時所發,謂神宗察君子、小人情狀不盡,故誤大事。

18.《長編》卷二二四熙寧四年七月戊子,第5474—5475頁。

> "姤,后以施命告四方",上下相遇,以命而已。見"大哉王言",乃所以知"一哉王心"。今天下所以未肯一心趨上所爲者,以好惡是非不著于天下故也。爲天下,要知事本。孔子曰:"名不正則言不順,言不順則事不成,事不成則禮樂不興,禮樂不興則刑罰不中,刑罰不中則民無所措手足。"然則民無所措手足,其本在于名不正。孟子曰:"楊、墨之道不息,孔子之道不著。邪説誣民,充塞仁義,仁義充塞,則率獸食人,人將相食。"然則人將相食,其本在楊、墨之道不息。

語出《周易·姤》之《象傳》。象曰:"姤,遇也,柔遇剛也。"《周易新講義》卷六:"以一人而臨四方……施命以誥之,則莫不遇矣。"《尚書·咸有一德》:"善無常主,協于克一。俾萬姓咸曰:'大哉王言。'又曰:'一哉王心。'"則王安石說謂萬姓皆與王同一心,乃能稱王之命爲"大哉"。衆稱美王言,乃知衆皆一心。孔、孟云者,見《論語·子路》《孟子·滕文公下》。此因論及富弼制辭多褒美,王安石以爲正論不立,是名未正而異論未去。

19.《長編》卷二三三熙寧五年五月丙戌,第5651頁。

今民間爭養馬,亦足見朝廷政事粗爲百姓所信,知其後無擾害故也。《易》曰:"觀民也。"但觀民如此,即我所生可知也。

《周易·觀卦》九五"觀我生",《象傳》:"觀我生,觀民也。"我所生謂朝廷政事。程氏《易傳》同。

20.《長編》卷二三三熙寧五年五月丁亥,第5652頁。

文王"是伐是肆,是絶是忽",故能"四方以無拂",然後民始附,可以有臺沼之樂。先王以《天保》以上治内,《采薇》以下治外,未嘗不始于憂勤,然後終于逸樂。今木征,河州刺史也,以區區萬人之聚,乃敢陵侮如此,我以天下之大,四夷不敢伐,不敢忽,非文王之事也。且"元后作民父母",使疆場之民爲夷狄所陵,豈爲得已?然此事要以謀,不可以力,當居萬全之地以制夷狄之命而已。

引《詩》見《大雅·皇矣》,《詩序》:"周世世修德莫若文王。""《靈臺》,民始附也。"先王云云,出自《詩序·魚麗》。"元后作民父母",出《尚書·泰誓上》。此因討論取木征事,馮京言漢文帝不與較,王安石則以文王事回應。

21.《長編》卷二三三熙寧五年五月壬辰,第5657頁。

先王所以澤及鳥獸草木,非特政事而已,其德義之至,乃能至天地協應,故"興雨祁祁,有渰淒淒"者,周人盛時之詩;及其衰也,饑饉札瘥,應其政事,變雅所刺是也。蓋人和則天地之和應,人不和則天地之和不應,自然之理也。

《詩·小雅·大田》"有渰萋萋,興雲祈祈",宋人多作"雨"。王安石謂此是周人盛時之詩,與《毛詩序》所云"刺幽王"者不同。後朱熹《詩集傳》云:"非盛德其孰能之。"是亦不以爲末世之詩。《詩·小大雅譜》:"《大雅·民勞》《小雅·六月》之後,皆謂之變雅。"孔疏:"《勞民》《六月》之後,其詩皆王道衰乃作,非制禮所用,故謂之變雅也。"《小雅·六月》以下,多刺宣王、幽王之作;《大雅·民勞》以下多刺厲王。刺饑饉,在《楚茨》。此是坐而論道,議論齊桓公、漢武帝政事。

22.《長編》卷二三五熙寧五年七月己亥,第5716頁。

> 自古作事,未有不以大勢驅率衆人而能令上下如一者。今連十數萬人爲保甲,又使之上番,乃人人取狀,召其情願,此乃以陛下每事過謹,故須如此。陛下誠思前代創府兵,乃令討高麗、党項,豈是所願? 但以勢驅之,人不得已,久之自聽服,習以爲常爾。天下之事,皆成于勢,故《老子》曰:"物形之,勢成之。"……湯、武革命,名爲應天順人,然湯衆皆以謂湯不恤我衆,而湯告以必往,誓之以孥戮。湯其所以爲順人者,亦不須待人人情願然後使之也。

《老子》第五十一章:"道生之,德畜之,物形之,勢成之。"王雱《訓傳》卷下:"勢者物之理。"[1]《尚書·湯誓》:"王曰:……今爾有衆,汝曰:'我后不恤我衆,捨我穡事,而割正夏。'……爾不從誓言,予則孥戮汝,罔有攸赦。"王安石以爲面對不能夠自主進行理性選擇的衆多"愚民",有必要強制推行政策。

23.《長編》卷二三六熙寧五年閏七月辛酉,第5742頁;《楊時集》卷六《王氏神宗日録辨》,第134頁。

> 陛下正當爲天之所爲。知天之所爲,然後能爲天之所爲。爲天之所爲者,樂天也,樂天然後能保天下。不知天之所爲,則不能爲天之所爲。不能爲天之所爲,則當畏天。畏天者不足以保天下,故戰戰兢兢,如臨深淵,如履薄冰者,爲諸侯之孝而已。所謂天之所爲者,如河決是也。天地之大德曰生,然河決以壞民產而天不恤者,任理而無情故也。故祈寒暑雨,人以爲怨,而天不爲之變,以爲非祈寒暑雨不能成歲功故也。孔子曰:"惟天爲大,惟堯則之。"堯使鯀治水,鯀汩陳其五行九載。以陛下憂恤百姓之心,宜其寢食不甘,而堯能待如此之久,此乃能爲天之所爲,任理而無情故也。

《孟子·梁惠王下》:"以大事小者,樂天者也;以小事大者,畏天者也。樂天者保天下,畏天者保其國。""戰戰兢兢"句出《詩·小雅·小旻》,《孝經·諸侯章第三》引此説"諸侯之孝"。天地之大德曰生,見《周易·繫辭下》。"孔子曰"句出《論語·泰伯》。《尚書·洪範》:"箕子乃言曰:'我聞在昔,鯀陻洪水,汩陳其五行。'"《堯典》:"九載,績用弗成。"此對神宗言不當以民所習慣與否而摇擺。

---

[1] 王水照主編《王安石全集》第9册《外編》,復旦大學出版社,2017年,121頁。

24.《長編》卷二三六熙寧五年閏七月壬戌,第5744頁。自注引《日録》。

> 臣聞"天造草昧"。天之所造,其初尚草而不齊,昧而不明,及其成功,然後可觀。如保甲事,初已見效如此,矧及其成功?今縱小可未如人意,猶宜遲之待其成就。計天下事,當于未成之時,逆見其必成之理,乃可以制事;不然,須其已成然後悦懌,即事于未成之時,已爲人所破壞矣。

"天造草昧",出《周易·屯卦》彖辭。王安石僅説此四字義,而不及《屯卦》其上下之文。"草而不齊,昧而不明",與注疏舊解"天造萬物于草創之始,如在冥昧之時"不同。此解亦當與王安石《易解》同,《周易新講義》卷二:"草有生而未齊,昧有形而未明,則天造之事也。"龔義明從王氏義來。

25.《長編》卷二三八熙寧五年九月丁未,第579—5793頁。

> 先是,雄州差北界口鋪人户借車般銀絹,涿州不聽。樞密院欲牒涿州,稱誓書内明言屬南朝口鋪,慶曆間,北界不合修,請詳累牒毁拆。僉以爲如此,示以必争。舊口鋪猶欲拆毁,即必不敢更立新口鋪也。王安石曰:"契丹欲移口鋪,其事有無未可知。若果有之,緣張利一生事,故如此。今罷却利一,差馮行己,行己到後,正是北人觀其舉措之時。若有依前妄占兩屬地,稱是南界所管,又令拆慶曆五口鋪,即與張利一生事無異,何由使契丹帖息?"彦博固争,以爲自來須如此,國不競亦陵。安石曰:"若要用壯,亦柔之俟其不可柔服,然後用壯,即曲在彼,彼或自反;若便用壯,恐不能止其争氣。"上以爲馮行己初至,正是愛惜人情之時,又恐更生契丹疑惑,遂至交兵。彦博曰:"交兵何妨?"安石曰:"河北未有備,如何交兵無妨?"彦博曰:"自養兵修備到今日,如何却無備?"上曰:"朕實見兵未可用,與契丹交兵未得。"彦博曰:"契丹若移口鋪,侵陵我,如何不争?"安石曰:"朝廷若有遠謀,即契丹占却雄州,亦未須争,要我終有以勝之而已。"彦博曰:"彼占吾地,如何不争?占雄州亦不争,相次占瀛州又不争。四郊多壘,卿大夫之辱!"安石曰:"太顛、閎夭之徒爲文王卿大夫,文王事昆夷不以爲辱,以爲昆夷強,非由我不素修政刑以致如此故也,要之吾終有以勝昆夷而已。自古大有爲之君,其歙張取與必有大過人者。……若但一口鋪尺寸之地而必争,恐非大有爲之略。"

用壯,出《周易·大壯》九三爻辭"小人用壯",《象》云:"剛以動,故壯",則壯是剛的呈現,王氏《易解》卷二謂是"很(同狠)壯"。[1] 但王安石此言與"小人"無關。

---

[1] 王水照主編《王安石全集》第1册《易解》,73頁。

太顛、閎夭者,《尚書·君奭》:"惟文王尚克修和我有夏,亦惟有若虢叔,有若閎天,有若散宜生,有若泰顛,有若南宫括。"《孟子·梁惠王下》:"惟仁者爲能以大事小,是故湯事葛,文王事昆夷。"前引《詩·綿》"混夷駾矣"正義云:"混夷伐周,……文王閉門修德而不與戰。"

  (文)彦博曰:"須先自治,不可略近勤遠。"安石曰:"文彦博言須先自治固當,若能自治,即七十里、百里可以王天下。孟子曰:'未有千里而畏人者也。'今以萬里之天下而畏人,只爲自來未嘗自治故也。"……彦博曰:"要服契丹,即先自治,當令人臣不爲朋黨。"安石曰:"小人乃爲朋黨,君子何須爲朋黨?言天事則有命,言人事則有義,義、命而已,何須爲朋黨?"彦博曰:"言有義、命者,未必知義、命。"

《孟子·梁惠王下》:"七十里爲政于天下者,湯是也。未聞以千里畏人者也。"同書《公孫丑上》:"王不待大,湯以七十里,文王以百里。"又《萬章上》:"萬章問曰:'或謂孔子于衛主癰疽、于齊主侍人瘠環,有諸乎?'孟子曰:'否,不然也。……于衛主顏讎由。……孔子進以禮,退以義,得之不得曰有命。而主癰疽與侍人瘠環,是無義無命也。'"《王安石文集》卷七二《答王深甫書》:"正己而不期于正物,是無義也;正己而期于正物,是無命也。……物正焉者,使物取正乎我而後能正,非使之自正也。"[1]觀此,則君子不須爲朋黨者,以君子皆能取義而自正,即能自治,然後治人,治人之成否則知有命而已。故不須爲朋黨。

  安石曰:"君子、小人情狀亦易考。但誕謾無義理,前言不復于後,後言不掩于前,即是小人。忠信有義理,言可復,即是君子。若果是君子,即須同心。蓋國所以固,以有人,故曰'無競維人'。人所以强,以同心,故紂有億兆夷人,離心離德,即爲武王所勝;武王有亂臣,三千惟一心,即能勝紂,三千人一心,非爲朋黨也。高宗戒傅説:'惟曁乃僚,罔不同心,以正乃辟。'高宗非教傅説爲朋黨。但同心爲義,即是武王所稱、高宗所戒;同心爲不義,即是朋黨。"彦博曰:"人所見豈可盡同?"上曰:"天下義理豈有二也!"上卒從安石言,改定牒本。

無競維人,出《詩·大雅·抑》。《尚書·泰誓中》:"受有億兆夷人,離心離德;予有亂臣十人,同心同德。"三千,乃是"虎賁三千"。高宗戒傅説,見《尚書·説命上》。正字原作匡,此以避宋太祖諱改爲正。此爲與文彦博争論語。王安石以

---

〔1〕《王安石文集》,中華書局,2021年,1261頁。

爲君子無黨,但同心爲義,則非朋黨。

26.《長編》卷二三八熙寧五年九月丁未,第5793頁。

  《詩》稱高宗"奮伐荆楚,深入其阻","如火烈烈,則莫我敢遏"。非是不入險阻;如火烈烈,其師必衆。師衆必用糧食,非是不費饋運。

引《詩》出《商頌·殷武》及《長發》。此爲在上前與文彦博爭論木征事,文以爲非義,且涉險轉運成本高。王安石意理當如此,用兵不計成本。

27.《長編》卷二三八熙寧五年九月己酉,第5794—5795頁。

  惟象共善柔,能窺伺陛下眉睫之間爲欺者,……《書》以爲"僕臣正",僕臣要正,亦不專取温柔。况陛下所謂温柔,又或象共誕謾,非實温柔。

點校本誤以爲人名"象、共",實爲《堯典》"象恭滔天"省語。《尚書·冏命》:"僕臣正,厥後克正;僕臣諛,厥後自聖。""温柔"即《詩序》所謂"温柔敦厚",而"善柔"則《論語·季氏》"損者三友"之"善柔"。此爲王安石與神宗爭宦者程昉除官事。

28.《長編》卷二三八熙寧五年九月己酉,第5796頁。

  古者民居則爲比,比有比長,及用兵即五人爲伍,伍有伍司馬,二十五家爲閭,閭有閭胥,二十五人爲兩,兩有兩司馬,兩司馬即是閭胥,伍司馬即是比長,但隨事異名而已。今令二丁即爲義勇,與兩丁之家同籍爲保甲,居則爲大小保長,征戍則爲義勇節級、指揮使,此乃三代六卿六軍之遺法。此法見于《書》,自夏以來至于周不改。

《周官·地官·族師》五家爲比,又五人爲伍。用兵云云軍事編制,見《夏官大司馬》叙官。《周禮》舊注不言有伍司馬,亦不言兩司馬即是閭胥。六卿六軍,《尚書·甘誓》:"大戰于甘,乃召六卿。"《胤征》:"胤侯命掌六師。"《尚書新義》無説。林之奇《尚書全解》卷一二引李子真曰:"此所謂六卿非自冢宰至于司空之六卿也。《周禮·地官·鄉大夫》每鄉卿一人,蓋王之六鄉別有此六卿,平居無事則各掌其鄉之政教禁令,屬于大司徒;有事出征則率其鄉之萬二千五百人而爲之將,屬于大司馬。所謂軍將皆命卿,即此卿也。……凡戰而言六卿者,皆六鄉之六卿也。"此與王安石意合。時爲與馮京議論義勇指揮使,京以爲不可又作大保長,王安石以爲自古所命官掌政教亦兼兵事。

29.《長編》卷二三九熙寧五年九月癸巳,第5813頁。

> 盤庚無敢伏小人之攸箴,小人之言不可忽。況此輩選擇親近,所寄亦不輕,非爲小人也,則其言豈可忽。然古人以言爲箴者,爲其由正道以治病故也。若不由正道治病,乃妄刺要害,即箴亦能有殺人之理。陛下受小人攸箴,亦恐不可不審。

《尚書·盤庚上》盤庚云:"無或敢伏小人之攸箴。"《新義》:"無或敢伏小人之攸箴者,斅之以無自用而違其下。……治形之疾以箴,治性之疾以言。小人之箴雖不可伏,然亦不可受人之妄言。妄言適足以亂性,有至于亡國敗家者。猶受人之妄刺,非特傷形,有至于殺身者矣。故古之人聖讒説,放淫辭,使邪説者不得作,而所不伏者嘉言而已。"(程書第87頁)。此爲神宗説程昉問題,與《新義》大同。但"小人"所指不同,亦非爲拒諫。

30.《長編》卷二三九熙寧五年九月癸巳,第5815頁。

> 蓋先王于君子、小人之言無所不聽,亦無所偏聽,雖堯于舜亦詢事考言,決其是非,然事有難知,此浸潤所以得行,故先王難任人,畏"巧言令色孔壬"。

《尚書·舜典》:"帝曰:格!汝舜。詢事考言,乃言底可績,三載。"《尚書·皋陶謨》禹曰:"咸若時,惟帝其難之。知人則哲,能官人。安民則惠,黎民懷之。能哲而惠,……何畏乎巧言令色孔壬。"孔壬,《新義》解爲"包藏禍心"(程書第35頁)。時爲神宗言對待近習。

31.《長編》卷二四〇熙寧五年十一月丁巳,第5827—5828頁。

> 《周官》固已征商,然不云須幾錢以上乃征之。泉府之法,物貨之不售,貨之滯于民用者,以其價買之,以待買者,亦不言幾錢以上乃買。又珍異有滯者,斂而入于膳府,供王膳,乃取市物之滯者。周公制法如此,不以煩碎爲恥者,細大并舉,乃爲政體,但尊者任其大,卑者務其細,此先王之法,乃天地自然之理。如人一身,視、聽、食、息,皆在元首,至欲搔癢,則須爪甲。體有小大,所任不同,然各不可闕。……陛下朝夕檢察市易務事,乃似煩細,非帝王大體,此乃《書》所謂"元首叢脞"也。陛下修身,雖堯、舜無以加,然未能運天下者,似于大體未察,或代有司職,未免叢脞。《書》稱"庶績咸熙",又曰"庶績其凝"。帝王收功,當如陽之熙,如陰之凝。陛下于

> 政事尚未能熙,固未能凝。

征商、珍異,見《周禮·地官·廛人》。"庶績咸熙",出《尚書·堯典》帝堯語。"庶績其凝",出《皋陶謨》皋陶語。則王安石説以此熙爲緝熙之熙(《周頌·敬之》),謂光明;凝如《周易·坤》初六《象傳》"陰始凝"之凝,謂固結。此爲與神宗論市易煩碎,王安石意立法不避煩碎,且皇帝不必措意于民間細務;今于政事尚未能大明于照察,則未能成。

> 臣以謂陛下不當擾之使怠惰因循,令細民受弊也。"王省惟歲","歲、月、日、時無易","乂用明,俊民用章"。今陛下未見叢脞,乃責市易務煩細,此乃所謂"歲月日時既易"。士之有能、有爲者畏縮不敢有爲,俊民與怠惰無能之人同,即微而不章矣。

《尚書·洪範》:"王省惟歲,卿士惟月,師尹惟日。歲月日時無易,百穀用成,乂用民,俊民用章,家用平康。日月歲時既易,百穀用不成,乂用昏不明,俊民用微,家用不寧。"王安石《洪範傳》:"自王至于師尹,猶歲、月、日三者相繫屬也。歲、月、日有常而不可變,所總大者亦不可以侵小,所治少者亦不可以僭多。自王至于師尹,三者亦相繫屬,有常而不可變,所總大者亦不可以侵小,所治少者亦不可以僭多。故歲、月、日者,王及卿士、師尹之證也。……既以歲、月、日三者之時爲王及卿士、師尹之證也,而王及卿士、師尹之職,亦皆協之歲、月、日時之紀焉,故歲有會,月有要,日有成。大者省其大而略,小者治其小而詳,其小大、詳略得其序,則功用興,而分職治矣,故百穀用成,乂用明,俊民用章,家用平康。小大、詳略失其序,則功用無所程,分職無所考,故百穀用不成,乂用昏不明,俊民用微,家用不寧也。"[1]此仍申前説,謂神宗着意于細務,乃侵下職而非君道。

32.《長編》卷二四〇熙寧五年十一月戊辰,第5846頁。

> 上曰:"韓維昨言文、武之功起于后稷,以'起'爲因,故推后稷配天。"安石曰:"經稱文、武之功,非稱后稷之功;稱尊祖,非稱尊有功。言起于后稷者,謂非文、武之功不能有天下,則不得行祭天之禮。文、武非后稷焉出,故行祭天之禮,則以后稷配天,此乃所謂尊祖也。"

---

[1]《王安石文集》卷六五,1138頁。

《詩·大雅·生民》序:"《生民》,尊祖也。后稷生于姜嫄,文武之功起于后稷。故推以配天焉。"按王安石不從古來所謂"祖有功而宗有德"之説,其説見于《史記》載漢景帝詔書及《賈子新書》等,乃傳記之言而非經説。故神宗問及此事,而王氏謂"此事于先儒無説,于三代亦未有此,但義理當然耳"。

上曰:"維又引'王不待大',以爲亦有待小國而王者。"安石曰:"孟子論湯、文王不待大國然後有天下。前代固有不待有國而王天下者,禹是也,故揚雄以爲禹以舜作土。"上曰:"鯀治水,或有封國亦未可知。"安石曰:"若據《書傳》,即封于有夏,氏曰有姒者,禹也,無與鯀事。"上曰:"尊祖不計有功無功,此理無疑。"安石曰:"……古無所謂遷廟主東向之理。又古者言遷主,皆升合食,今乃降合食,古亦無此理。"

《孟子·公孫丑上》:"以德行仁者王。王不待大,湯以七十里,文王以百里。"《梁惠王下》:"七十里爲政于天下者,湯是也。"《揚子法言·重黎》:"舜以堯作土,禹以舜作土。"汪榮寶義疏謂禹得舜之薦,與得百里地者同。羅泌《路史》卷二二《後紀》曾引此,謂《連山易》稱鯀封于崇,《國語》稱之爲"崇伯",王氏云云爲妄。揆王氏意,一則稱據《書傳》而非他傳記,再者謂禹雖始封于夏而郊祀鯀,則不因始封而受祀。

上曰:"此兩事不可,明甚,但疑郊配當如何耳。"安石曰:"前代郊配亦不一,如商則祖契而郊冥,與周祖文王而郊后稷不同。然以理言之,若尊僖祖始祖,即推以配天,于理爲當。先王之制禮,事亡如存,事死如生。"

《禮記·祭法》:"殷人禘嚳而郊冥,祖契而宗湯。周人禘嚳而郊稷,祖文王而宗武王。"按契爲商始祖,文王則非周始祖,而爲有天下之前王。古經傳于虞夏商周禘郊祖宗何人,互有異同。王氏謂祖、郊皆取僖祖。

上曰:"宗祀明堂如何?"安石曰:"以古言之,太祖當宗祀。今太祖與太宗共一世,若迭配明堂,亦于事體爲當。"上曰:"今明堂乃配先帝,如何?"安石曰:"此乃誤引'嚴父'之説,故以考配天。《孝經》所謂'嚴父'者,以文王爲周公之父,周公能述父事,成父業,得四海歡心,各以職來助明堂宗祀,得嚴父之道故也。若言宗祀,則自前代已有此禮。"上曰:"周公宗祀,乃在成王之世,成王以文王爲祖,則明堂非以考配,明矣。"

《孝經》:"周公郊祀后稷以配天,宗祀文王于明堂以配上帝。"據上引《禮記·祭法》,宗祀不始于周公,而商周皆宗祀開國之先王,故王安石謂當宗太祖以配明堂。

又呈孫固議,上復疑配天事,安石曰:"萬物本乎天,人本乎祖,故王者以太祖配天。以祖,非以有功。若以有功,即鯀以無功殛死,豈得謂之有功?然夏后氏郊鯀,其非有功可知也。"上又疑禹因鯀功,安石曰:"鯀障水,禹道之,是革也,非因也。"上又疑僖祖非始祖,安石曰:"僖祖非始祖,誠是也。然僖祖與稷、契事既不盡同,即郊與不郊,裁之聖心,無所不可,緣于逆順之理無害故也。若藏其主夾室,下附子孫,即逆尊卑之叙,不可不改。"

《禮記·郊特牲》:"萬物本乎天,人本乎祖,此所以配上帝也。"太祖謂宗廟中始祖。

安石又言:"……自古無爲祖立別廟之禮,姜嫄所以有別廟者,蓋姜嫄,禖神也,以先妣,故盛其禮與歌舞,皆序于先祖之上。不然,則周不立嚳廟而立嫄廟,何也?"

《詩·魯頌·閟宮》傳:"先妣姜嫄之廟在周常閉而無事。孟仲子曰:'是禖宮也。'"此明姜嫄非周始祖,僖祖事不可準之。

安石曰:"野人曰父母何算焉?都邑之士則知尊禰矣,學士大夫則知尊祖矣。詩人稱'奉璋峨峨,髦士攸宜',蓋奉祖廟,供祭祀,當擇學士大夫之髦俊者與之從事,豈可以合野人爲當?"……安石本議以僖祖配天,上頗難之,故更以配感生帝。

《儀禮·喪服》:"禽獸知母而不知父,野人曰父母何筭焉?都邑之士則知尊禰矣,大夫及學士則知尊祖矣。諸侯及其大祖,天子及其始祖之所自出。"神宗謂士大夫以宋太祖當東向爲太祖,王氏以謂諸人不知禮爲野人。學士大夫當知尊祖,乃可稱爲髦俊之士。"奉璋峨峨,髦士攸宜",出《詩·大雅·棫樸》。王安石主張,多自《詩》《書》,但不爲時論所與,神宗亦終從衆。

33.《長編》卷二四一熙寧五年十二月丙申,第5886頁。

> 事不在廟堂,乃皆在聖心。聖心辨君子小人情狀分明,不爲邪説所蔽,即無事不成。天授陛下利勢,自秦以來,未有如今日,人民蕃庶,内外無事,天下四鄰一皆庸愚疲弱無可徵之敵;且又天錫陛下聰明,亦自秦、漢以來鮮及。若每以道揆事,了無不可爲者。《尚書》歷代所寶,以爲大訓,其言乃孔子、孟子所取以證事。言服四鄰,必先曰"食哉惟時","惇德允元而難任人"。言兼弱攻昧,必先曰"佑賢輔德,顯忠遂良"。

《尚書·舜典》:"食哉惟時! 柔遠能邇,惇德允元而難任人,蠻夷率服。"下兩條亦引此。《新義》:"若治之則自身至于家,自家至于國,自國至于天下四海之外。未有不始乎近而後及乎遠也。"(程書第23頁)《尚書·仲虺之誥》:"佑賢輔德,顯忠遂良,兼弱攻昧,取亂侮亡,推亡固存,邦乃其昌。"此處王安石將并列關係轉化爲條件關係。

34.《長編》卷二五〇熙寧七年二月己巳,第6081頁。

> 若不"惇德允元,而難任人",誰爲陛下盡力推行"食哉惟時"之政事?

35.《長編》卷二六三熙寧八年閏四月,第6419頁。

> 沈括壬人,不可親近。《書》"畏孔壬""難壬人",以爲"難壬人",然後"蠻夷率服"者,壬人所懷利害與人主所圖利害不同。人主計利害不審,又爲壬人所敝,則多失計,多失計,此蠻夷所以旅拒也。天下事有疑而難明之處,陛下意有偏而不悟之時,以偏而不悟之意決疑而難明之事,而壬人内懷奸利之心,獎成陛下失計,此危殆之道也。

36.《長編》卷二四五熙寧六年五月甲子,第5958頁。

> 《周官》亦有掌固之官,但多侵民田,恃以爲國,亦非計也。

《周禮·夏官·掌固》有"任其萬民,用其材器",又可"移甲與其役財用",可以調用萬民器用。時與神宗論北邊塘泊事。

……"告汝德之説于罰之行",人悦德乃在于罰行,罰行則誕謾偷墮暴橫之人畏戢,公忠趨事之人乃有所赴訴,有所托命。

此係同段對話中語。《尚書·康誥》王曰:"封,予惟不可不監,告汝德之説于罰之行。今惟民不静,未戾厥心,迪屢未同,爽惟天其罰殛我,我其不怨。惟厥罪無在大,亦無在多,矧曰其尚顯聞于天。"《新義》:"民悦汝德乃以汝罰之行。有罪而不能罰,則小人無所懲艾,驕陵放橫,責望其上無已。雖加以德,未肯心説,故于罰行然後説德也。"(程書第159頁)。此亦變舊解之并列關係爲條件關係,以"罰之行"爲"民悦德"的條件。時與神宗論周世宗之御下。

37.《長編》卷二四五熙寧六年六月丙子,第5964頁。

武王用庸、蜀、微、盧、彭、濮人,但爲一法。

《尚書·牧誓》"稱爾戈,比爾干,立爾矛",是八國與周人同一法。時與神宗論待蕃漢兵爲一法。又《長編》卷二三八熙寧五年九月甲戌條:"武王伐商用庸、蜀、彭、濮人,豈有蜀人不可教以干戈之理!"(第5804頁)此係對神宗辯趙抃謂保甲教兵將失蜀人心。

38.《長編》卷二四六熙寧六年八月乙亥,第5989頁。

自古未有令服讒蒐慝,小人與君子參相檢制,而致百姓昭明,黎民于變時雍者。

服讒蒐慝,見《左傳·文公十八年傳》,謂"少皞氏有子不才",其族"以至于堯,堯不能去"。《尚書·堯典》:"克明俊德,以親九族。九族既睦,平章百姓。百姓昭明,協和萬邦,黎民于變時雍。"《新義》:"親九族之道,賢不肖能鄙有不辯也,則無事乎平。"(程書第7頁)謂堯親九族能去其凶族,乃克萬邦協和。此因與神宗論王韶事,及説朝廷,反對異論相攪。

"長子帥師,弟子輿尸,凶"。軍旅之事,尤宜聽于一。

所稱出《周易·師卦》六五爻辭,王氏《易解》以輿爲衆,尸爲主。"師之命,貞夫一也。不一則師惑矣。"此解與漢唐人不同,而與《程傳》及宋以後解多同,洪邁《容齋續筆》卷七"將帥當專"條:"爻意謂用兵當付一帥,苟其儔雜然臨之,則凶矣。輿尸者,衆主也。"則王安石此解已是當時主流。後朱子《本義》不取。此是王安石與神宗論王韶事,謂當統一指揮權,不使有妨功害能者。

39.《長編》卷二四六熙寧六年八月己卯,第5991頁。

> 民所以多僻,以散故也。故曰:"上失其道,民散久矣。"

《詩·大雅·板》:"民之多辟,無自立辟。"《論語·子張》曾子曰:"上失其道,民散久矣。"此是爲神宗説立保甲則少變亂之患。

40.《長編》卷二四八熙寧六年十一月庚子,第6038頁。

> 《詩》以夷狄强、中國弱爲"牂羊墳首",明非天地之常理也。

《詩·小雅·苕之華》:"牂羊墳首,三星在罶。"《新義》:"牡羊則首大,牂羊則首小。"(程書第218頁)《詩序》謂:"幽王之時,西戎東夷交侵中國。"《毛傳》:"牂羊墳首,言無是道也。"時與神宗泛論制夷狄。

41.《長編》卷二四八熙寧六年十一月丁未,第6042頁。

> 《易》所謂"毒天下而民從之"者,以其雖毒之,終能使之安利。故祈寒暑雨非不毒也,若無祈寒暑雨亦無以成物也,故亭之毒之,乃爲天道,豈可但亭之而已!

《周易·師卦》彖辭:"師……以此毒天下而民從之。"王氏《易解》:"凡藥之攻疾者謂之毒。"《老子》第五十一章:"故道生之,德畜之;長之育之,亭之毒之,養之覆之。"亭之毒之乃王弼本,吕惠卿注正文作"成之熟之"。此對神宗論治河勞民。

42.《長編》卷二四八熙寧六年十二月乙亥,第6053頁。

> (上)又曰:"高宗伐鬼方三年,而周公東征亦三年,何其久也?"安石曰:"古人欲其師之完,故不急務,又其敵有强弱,故難克也。如管、蔡乃武王所使以監商人,其任至重,必非常才,于周之盛時,乃能率衆叛,幾危王室,蓋非易克者也。"上曰:"君子小人各有道,所以能相敵。"安石曰:"誠如此,以黄帝之聖神,而與蚩尤七十戰而後能勝者,由此故也。"

周公東征三年,見《毛詩序》。

43.《長編》卷二四八熙寧六年十二月乙亥,第6054頁。

> 上曰:"以武王、周公大聖人,商之餘俗,至歷三紀,然後世變風移,衛文公《蝃蝀》之詩乃能止奔,何也?"安石曰:"商人之俗習于紂惡之日久矣,爲其所化,如怨望周人,不使之如商革夏,有服在庭,以利口亂正,非如止奔之易也。"上曰:"文王江、漢之域無思犯禮,衛文公亦能止奔,使國人不齒,何以異此。"安石曰:"衛文公區區一國之君耳,但能正身以禦下,得賢才而任之,其地至狹,苟能躬行禮義廉恥,而所置卿大夫同德協心,則彼淫奔之俗,衆人之所惡者,止之固不爲難。非若文王之時,身爲諸侯,而能使江、漢之人無思犯禮也。"

《長編》卷二四七熙寧六年十月辛卯條神宗語:"昔商之頑民,本居中國,又以畢公主之,《尚書》'既歷三紀,世變風移',況蕃夷乎?但日漸月摩,庶幾有就耳。"(第6029頁)引《書》見《畢命》康王語。"不使之如商革夏,有服在庭"者,用《尚書·多士》周公語:"今爾又曰:夏迪簡在王庭,有服在百僚。"意殷商頑民謂周不能如殷之革夏命後簡擇其多士,使在王庭列于百僚。《詩·鄘風·蝃蝀》序:"《蝃蝀》,止奔也。衛文公能以道化其民,淫奔之恥,國人不齒也。"《幹旄》序:"衛文公臣子多好善。"故王安石以爲衛文公得賢才而能止淫奔。文王云者,《詩·周南·漢廣》序:"《漢廣》,德廣所及也。文王之道被于南國,美化行乎江漢之域,無思犯禮,求而不可得也。"此純爲坐而論道,神宗仍以爲後世或可達于先王,而王安石以爲後人不足與先王相較,是神宗仍有苟且之思,而王于先王信之尤篤。

44.《長編》卷二四八熙寧六年十二月庚辰,第6057—6058頁。

> 先王雖曰"張皇六師","克詰戎兵",其坐而論道,則未嘗及戰陣之事。蓋以爲三軍五兵之運,德之末不足道也。孔子亦曰:"俎豆之事,則嘗聞之矣;軍旅之事,未之學也。"以爲苟知本矣,末不足治也。

《尚書·康王之誥》:"張皇六師,無壞我高祖寡命。"《尚書·立政》周公語:"其克詰爾戎兵,以陟禹之迹。"此是針對馮京面諫神宗論兵高遠之語。

> ……宣王所以北伐,乃以能分別君子小人,用吉甫、張仲故也。若十步之内,君子小人曾無所分別,不知如何能勝獫狁。然則宣王所務又有在北伐之先

者。……《詩》曰:"思無疆,思馬斯臧","思無邪,思馬斯徂"。人君苟出于誠正,則馬可使臧,可使徂,而況于人乎?

此對神宗言"宣王乃以北伐爲先"。《詩·小雅·六月》序:"《六月》,宣王北伐。"本詩稱"薄伐玁狁"。《新義》:"吉甫爲將于外,而內無忠順之臣與之同志者輔王耳目而迪其心,則妨功害能之人至矣。妨功害能之人至,則若吉甫者身之不閱,而何暇議勝敵哉?"(程書第146頁)引《詩》見《魯頌·駉》。《新義》:"思無邪,一出于正。"(程書第299頁)是亦要求神宗自誠意正心。

45.《長編》卷二四八熙寧六年十二月庚辰,第6058頁。

天地乃爲陰陽五行所使,通陰陽五行之理,是所謂"精義入神以致用",所爲無不可者,何但兵而已。

《周易·繫辭下》:"精義入神,以致用也。"此對神宗說通陰陽五行之理而用兵。

46.《長編》卷二五〇熙寧七年二月丁丑,第6089頁。

王安石既言郭逵不可用……上意猶欲用逵,安石曰:"……逵頃節制一路,不知有何斬獲西賊勞績,既無斬獲西賊勞績,不知訓練得士卒精于餘路否。臣又不聞逵訓練士卒精于餘路。'如有所譽,其有所試',逵所試之效如此,然則陛下何以知逵緩急了契丹事?"

《論語·衛靈公》子曰:"吾之于人也……如有所譽者,其有所試矣。"

47.《長編》卷二五〇熙寧七年二月丁丑,第6090頁。

上曰:"只是修水利,又不似王繼恩平西川。"安石曰:"人材各有用,'民功曰庸',乃先王所甚貴,何必能平西川然後能保。"

又見《長編》第6017頁原注。《周禮·夏官·司勳》:"民功曰庸,……凡有功者,銘書于王之大常,祭于大烝,司勳詔之。"此對神宗論用程昉盡力。

48.《長編》卷二五〇熙寧七年二月癸未,第6097頁。

"帝謂文王,無然畔援,無然歆羨,誕先登于岸",見侮而怒,動不思難,非謂誕

> 先登于岸也。

引《詩》見《大雅·皇矣》。《新義》:"人心未嘗不正也,有所畔援,則不得其正;有所歆羨,則不得其正。無畔援、歆羨,則使之正其心也。……不得其欲而怒,則其怒也私而已。文王之怒,是乃與民同患。"(程書第233頁)此對神宗謂"王赫斯怒"意"非忿速人見侮而怒",謂自己思考能否克服畔援歆羨之難,乃能登岸。是又較神宗意深了一層。

49. 《長編》卷二五○熙寧七年二月辛卯,第6101頁。

> "師出以律,否臧凶",用王韶節制于景思立。"長子帥師,弟子輿尸,貞凶",則李憲又同三軍之政。如此任將,恐難責成功。

引文見《周易·師卦》初六及六五爻辭。《長編》卷二五○熙寧七年二月辛卯條王安石對神宗語:"若王韶能正景思立違節制之罪斬之,則士衆自是肅然知法,臣敢保王韶五分可以平夏;若河州城下復能盡斬所獲殺降之卒,臣敢保王韶七分可以平夏。景思立違節制不能治,故士卒無忌憚,而有河州殺降之事。"(第6103頁)則此以律爲律法之意,與其《易解》不同。此時神宗命李憲往王韶軍監軍。

50. 《長編》卷二五○熙寧七年二月庚辰,第6102頁。

> 上曰:"(高)遵裕言不去既不罪,即李憲要去有何罪?"安石曰:"先王制政,先時、不及時皆殺無赦,遵裕爲不及時,則李憲亦爲先時,何則？河州之役,兵未集乃遽出,誠爲倉卒也。"

《尚書·胤征》:"《政典》曰:先時者殺無赦,不及時者殺無赦。"林之奇《全解》謂《政典》蓋《周官》大司馬法,"先時者,謂先前師期而進,是邀功也……不及時者,謂後期而至,是逗留也"。與此意同,可參。

51. 《長編》卷二五一熙寧七年三月壬寅,第6110頁。

> 趙充國言,羌人所以畔,亦以漢兵不分黑白,故曰"撫我則后,虐我則讎"。此古今夷夏之大情。

所引見《尚書·泰誓下》古人之言。時對神宗論待蕃部。

52.《長編》卷二五一熙寧七年三月癸丑,第6119頁。

> 陛下觀《詩》《書》所載,豈有函容小人誕妄都不考實而能治者?不惟《詩》《書》如此,律上書"詐不實,徒二年",曰奏亦是。……陛下治身比堯、舜,實無所愧,臣誠無復可以論諫,至于難任人,疾讒説,即與堯、舜實異。

《詩》《書》并稱。意要排異論。

53.《長編》卷二五一熙寧七年三月己未,第6127頁。

> 先是,上欲赦以救旱災,僉謂一歲三赦非宜。是日,上復欲赦,王安石曰:"湯旱以六事自責,首曰'政不節歟',若一歲三赦,即是政不節,非所以弭災也。"乃已。

《荀子·大略》湯旱而禱曰:"政不節與?……"此雖係引子書,而内容則爲先王。

54.《長編》卷二五一熙寧七年三月己未,第6127頁。

> 《詩》曰:"亂之初生,僭始既涵。"臣之所憂乃在于此,陛下試思《詩》《書》之言不知可信否?如不可信,即歷代不當尊而寶之,開設學校以教人,孔子亦不當廟食。如其可信,即亂之生乃實在此。齊威王三年不治國事,一旦烹阿大夫,即舉國莫敢不以情實應上,國遂治,兵遂強。僭之生亂弱,信之生治強,如此,願陛下熟計。

引《詩》見《小雅·巧言》,王安石以僭爲不信,與鄭《箋》同。意爲讒僞之言如被涵容,乃生亂弱。此爲王安石對神宗言兩宫憂致亂之語。

55.《長編》卷二五一熙寧七年三月己未,第6128頁。

> "陛下必欲財用足,須理財,若理財,即須斷而不惑,不爲左右小人異論所移,乃可以有爲。"上曰:"古者什一而税足矣,今取財百端,不可爲少。"安石曰:"古非特什一之税而已,市有泉府之官,山林、川澤有虞衡之官,其廛布、總布、質布、廛布之類甚衆。關市有征,而貨有不由關者,舉其貨,罰其人。古之取財,亦豈但什一而已。"

《周禮·天官·大宰》:"七曰關市之賦。"《周禮·地官》泉府掌以市之征布。《司關》:"掌國貨之節。以聯門市,司貨賄之出入者,掌其治禁,與其征廛。凡貨不出于關者,舉其貨,罰其人。凡所達貨賄者,則以節傳出之。國凶札,則無關門之征。"《周禮》又有山虞、林衡、川衡、澤虞之官,澤虞"守其財物,以時入之于玉府,頒其餘于萬民"。《新義》:"山林川澤皆有財物,惟澤入于玉府者,澤物最小也,所以自養取薄,所以養人從厚,夫是謂之王德。"(程書第263頁)《周禮·地官·廛人》:"掌斂市欱布、總布、質布、罰布、廛布而入于泉府。"

56.《長編》卷二六三熙寧八年閏四月己未,第6426—6427頁。

上論宣王時無不自盡以奉其上,……安石曰:"宣王盛時乃能如此,及其用心差,則'我友敬矣,讒言其興'。善人君子方念亂不暇,至'念彼不迹,載起載行',則豈復有'自盡奉上'之事?此一人之事,而前後不同,如此用心當無差故也。……宣王用吉甫征伐,則非張仲在內,吉甫無以成其功。《詩》稱吉甫以能明哲保身,則宣王之德薄于先王,亦可知矣。"

神宗説見《詩·小雅·吉日》序。王安石引《小雅·沔水》:"嗟我兄弟,邦人諸友。莫肯念亂,誰無父母?……念彼不迹,載起載行。"尹吉甫事在《小雅·六月》,《毛傳》謂孝友之臣處內,指張仲。明哲保身見《大雅·烝民》,《新義》:"是時吉甫、張仲、申伯之徒皆見于《詩》,而曰'愛莫助之',則以方先王'莫不好德,賢者衆多'之時爲莫助耳。"(程書第266頁)

57.《長編》卷二六三熙寧八年閏四月己亥,第6433頁。

上曰:"無虐煢獨而畏高明,極難事。"安石曰:"天討有罪,天叙有德。陛下非有私心,奉承天之所爲而已,何難之有?且任之重,遇之厚,則責之尤宜厚。"

神宗所稱見《尚書·洪範》,王安石所稱爲《皋陶謨》:"天命有德,五服五章哉!天討有罪,五刑五用哉!"

58.《長編》卷二六〇熙寧八年三月戊寅,第6342頁。

王安石《日錄》:八年三月十九日,上用李靖法作陳圖,隊爲四部,將居中,有親兵而無部。前此呂惠卿極論其不可,安石亦爲上言其非是。是日又進呈,僉順上意以爲善,獨安石與惠卿共難,而王珪不言,安石曰:"先王伍法恐必不可改,今作四部,即兵以分合爲變,不知四部分,則大將在中何所依附?若附四部中,則一部乃有兩人大將;若不附四部中,大將反無以自衛,如何待敵?"上默然,乃且令試教。

《長編》卷二六四熙寧八年五月己巳條(第6462頁)同此。《周禮·小司徒》："五人爲伍,五伍爲兩,四兩爲卒,五卒爲旅,五旅爲師,五師爲軍。以起軍旅。"楊簡《慈湖先生遺書》卷一六《家記十論兵·軍法》："軍法本于伍法,五人爲伍,四人四隅,長居其中。長即四人之將也。……自此而上皆五,五卒爲旅,旅有師;五旅爲師,師有帥;五師爲軍,軍有將,皆伍法之推也。"

59.《長編》卷二六二熙寧八年四月己丑,第6411頁。

斬馬刀局有殺作頭、監官者,以其役苦,又禁軍節級强被指射就役,非其情願,故不勝忿而作難。王安石常與同列白上,以爲宜稍寬之。至是,僉爲上言其事,上以不可,因此遽輟,亦且了矣。安石曰:"凡使人從事,須其情願,乃可長久。"上曰:"若依市價,即費錢多,那得許錢給與?"安石曰:"餼廩稱事,所以來百工。餼廩稱事,來之則無强役之理。且以天下之財,給天下之用,苟知所以理之,何憂不足,而于此靳惜!"

《禮記·中庸》："日省月試,既廩稱事,所以勸百工也。"

60.《長編》卷二六三熙寧八年閏四月己酉,第6444頁。

寬恤百姓,固是美名好事,人臣優爲之。然如近歲,上下大小争以此爲事,無復屯其膏者,恐國用不繼,緩急却不免刻剥百姓爾。

屯其膏,《周易·屯卦》九五爻辭。《易解》無釋,味此意似以"屯"爲屯聚膏澤。此是王安石謂監司倚擱、寬貸而不以用度爲急。

61.《長編》卷二六三熙寧八年閏四月壬子,第6447頁。

范百禄言徐禧論滕甫事過當。上謂王安石,甫不合移鄧州,甫元無罪,因禧有言故移。安石曰:"甫移鄧州,臣尚未至,不與此議。然甫奸憸小人,陛下若廢棄之于田里,乃是陟降上合帝心。今令安撫一路,而妻弟謀反于部中,豈得無不覺察罪?且因妻弟反獄在其部,移與别路安撫,有何所苦于公議,有何不允?"上曰:"若明其平生罪狀,廢放可也,不當因此事害之。"安石曰:"移鄧州安撫,害甫何事?"上又言:"有言逆于汝心,必求諸道;有言遜于汝志,必求諸非道。"安石曰:"此固然,但恐以非道爲道,以道爲非道,即錯處置事矣。"

《詩·周頌·訪落》"紹庭上下,陟降厥家",鄭箋謂厥家爲群臣。神宗引句見《尚書·太甲下》。

62.《長編》卷二六三熙寧八年閏四月癸丑,第6449頁。

> 上亦以爲論事或出于好己勝,未必皆忠。安石曰:"若據理言事,乃疑其好勝,即須違理以從衆,不知于陛下何利?文王陟降庭止,恐陟降如此,非所謂直。"

《詩·周頌·閔予小子》"念兹皇祖,陟降庭止",毛傳:"庭,直也。"鄭箋:"念此君祖文王。上以直道事天,下以直道治民,信無私枉。"王安石謂陟降乃升黜臣僚意,意同上條引《詩·周頌·訪落》"紹庭上下,陟降厥家"。《新義》:"紹庭,紹皇祖之直。"(程書第292頁)

63.《長編》卷二六三熙寧八年閏四月甲寅,第6451頁。

> 《周官》什伍其民,有軍旅,有田役,至于五溝、五塗、封植,民皆有職焉。若止令習兵,不可貳事,即不知餘事令誰勾當?……先王作法,爲趨省便,爲趨煩擾?若趨省便,則至周公時極爲省便,然尚不能獨令習兵而無貳事,則今日欲止習兵無貳事,恐不可得。

《周禮·小司徒》:"五人爲伍,五伍爲兩,四兩爲卒,五卒爲旅,五旅爲師,五師爲軍。以起軍旅,以作田役。"《夏官·司險》:"設國之五溝、五塗,而樹之林以爲阻固,皆有守禁,而達其道路。"此與神宗辯論保丁催稅當否。神宗以爲保丁只合習兵事,不可做他事。至云:"周公之法,因積至成王之時,非一代之力。今豈可遽如此?"

64.《長編》卷二六四熙寧八年五月戊辰,第6461頁。

> 昨臣論奏范百禄、徐禧事,不顧上下禮節,犯陛下顔色者,誠激于事君之義也。"子路行行如也",然孔子教之事君,曰"勿欺也而犯之"。子路雖行行然,至于衛君以正名爲迂,于孔子則欲以門人爲臣,未免爲欺也。然則不欺而犯,人臣之所難,臣所以如此,徒以報陛下故爾。陛下于徐禧等事,何須遽有適莫?此兩人相訟,自當有曲直。陛下有適莫,小人承望,便于曲直有所撓。曲直有所撓,即害朝廷政事。臣備位執政,政者,正也,今曲直有所撓,即害臣職事,此臣所以不免犯顔論奏。

子路事見《論語·先進》。同書《憲問》:"子路問事君,子曰:'勿欺也,而犯之。'"又《子罕》:"子疾病,子路使門人爲臣。病間,曰:'久矣哉,由之行詐也!無臣而爲有臣。吾誰欺?欺天乎?……'"《子路》:"子路曰:'衛君待子而爲政,子將奚先?'子曰:'必也正名乎!'子路曰:'有是哉?子之迂也!奚其正?'……"

65.《長編》卷二六四熙寧八年五月癸酉,第6463—6464頁。

> 因進呈福建茶事,上謂王安石曰:"財利須因物勢自然,輔之以法,乃可從。若強以法制,即不可久。"安石曰:"輔萬物之自然而不敢爲,乃聖人所以治天下,非特財利事而已。"上曰:"薛向多作小鈔賣解鹽,不知久則壅而不泄,亦非通曉解鹽本末者。"安石曰:"非薛向不知解鹽,乃朝廷不察薛向,故向以此欺朝廷爾。"上曰:"由此言之,須久任,則如此不得。"安石曰:"要官有闕,則才者當進遷,豈可以其材更留滯而不使進?"上曰:"如陳恕堪執政,以其曉財利,令依參政恩例,且主計可也。"安石曰:"若能分別是非邪正,以大德役小德,則人臣雖在事一日,亦不敢爲欺。若其不能,則雖久任,孰與照姦!"上曰:"要在上之人曉事。"安石曰:"若但曉事,而不免有養望持祿之心,則雖見如薛向者,安肯點檢?"上曰:"以此要知序德,乃能序爵。"

《孟子·離婁上》:"天下有道,小德役大德,小賢役大賢。""輔萬物之自然而不敢爲",見《老子》第六十四章。

66.《長編》卷二六五熙寧八年六月甲寅,第6516頁。

> 上與王安石論及官員不肅事,安石曰:"震驚百里,乃能不喪匕鬯。"上曰:"造言法令不便者,官員耳。朝廷但見官員紛紛,而百姓便于新法之情無由上達。"安石曰:"誠如此,此所以要耳目得人。"(原注:此據《日錄》二十四日事。)

"震驚百里,不喪匕鬯",出《周易·震卦》卦辭。《易解》謂"嚴刑以震天下,所以守宗廟社稷",[1]《周易集解》引鄭玄:"雷發聲聞于百里,古者諸侯之象。諸侯出教令,能警戒其國,内則守其宗廟社稷,爲之祭主,不亡匕與鬯也。"王安石意仍爲嚴肅處理異論者。

67.《長編》卷二六九熙寧八年十月戊戌,第6597頁。

> 天道遠,先王雖有官占,而所信者人事而已。天文之變無窮,人事之變無已,

---

[1]《王安石全集》第1册,101頁。

上下傅會，或遠或近，豈無偶合？此其所以不足信也。周公、召公豈欺成王哉？其言中宗所以享國日久，則曰"嚴恭寅畏天命，自度，治民不敢荒寧"。其言夏、商所以多歷年所，亦曰德而已。裨竈言火而驗，及欲禳之，國僑不聽，則曰不用吾言，鄭又將火。僑終不聽，鄭亦不火。有如裨竈未免妄誕，況今星工豈足道哉？所傳占書，又世所禁，謄寫訛誤，尤不可知。伏惟陛下，盛德至善，非特賢于中宗、周、召所言，則既閱而盡之矣。豈須愚瞽復有所陳？

《周官・春官・保章氏》："掌天星，以志星辰日月之變動，以觀天下之遷，辨其吉凶。"《尚書・無逸》周公曰："昔在殷王中宗，嚴恭寅畏天命，自度，治民祇懼，不敢荒寧。肆中宗之享國七十有五年。……肆高宗之享國五十有九年。……（文王）厥享國五十年。"《新義》："貌嚴、行祇、心敬，其畏天也，豈徒然哉？自度者，自治以法度也，猶所謂身爲法度也。"（程書第190頁）此與奏對語可互相發明，主于人事。《左傳・昭公十七年傳》："鄭裨竈言于子産曰：'宋、衛、陳、鄭將同日火，若我用瓘斝玉瓉，鄭必不火。'子産弗與。"又《昭公十八年傳》："裨竈曰：'不用吾言，鄭又將火。'鄭人請用之，子産不可。……子産曰：'天道遠，人道邇，非所及也，何以知之？竈焉知天道？是亦多言矣，豈不或信？'遂不與，亦不復火。"此時彗星出，神宗詔臣僚言朝政闕失。

68.《長編》卷二七五熙寧九年五月癸酉，第6732頁。

天子敕諸侯"稼穡匪懈"，"如何新畬"；群臣戒天子"張皇六師，無壞我高祖寡命"，"克詰戎兵，以陟禹之迹"。則生民所務，誠如陛下所言而已。然非明于道術，則不能役群衆，孰與成此功者！……不易乎世，大人之事，故于《乾卦》言之。

"稼穡匪懈"見《詩・商頌・殷武》。《新義》："農事乃諸侯之急務也。諸侯苟能勤于稼穡，則可免禍責矣。"（程書第311頁）《周頌・臣工》"嗟嗟臣工"，傳："嗟嗟，敕之也。""如何新畬"，出《臣工》。傳謂"田二歲曰新，三歲曰畬"，箋稱"急其教農趨時也"。《尚書・康王之誥》："張皇六師，無壞我高祖寡命。"《尚書・立政》周公語："其克詰爾戎兵，以陟禹之迹。"皆謂大治軍事而服有天下。此爲對神宗語"以耒耜養生，以弧矢防患，生民之道如此而已"，意上對下敕農事，下對上言治戎。此二則并出前引《長編》卷二四八熙寧六年十二月庚辰條。《周易・乾・文言》："初九曰'潛龍勿用'，何謂也？子曰：'龍德而隱者也。不易乎世，不成乎名。'"此乃王安石對神宗"所以好名譽，止爲識見無以勝流俗爾。……無以勝俗則反畏俗,俗共稱一事爲是,而己無以揆知其爲非,則自然須從衆,若有以揆其爲非,則衆不能奪其所見矣"。"不易乎世",即畏俗從衆;不成乎名,即"好名譽"。

69.《長編》卷二七六熙寧九年六月壬辰,第6746頁。

> 先是,詔安南招討司招降楊光僭等,于是招討司言:"蔡燁申楊光僭等必以死拒命,恐未易招降,頓兵挫銳,妨討交阯,兼無故貪其地,非義,不如候招討司回兵討定。"王安石曰:"燁前遣趙楊諭光僭等內附,又與蒲宗孟言,燁不去一兩月須了。今以大兵脅之,乃云必以死拒,又以取其地爲不義,却候回軍討定,何其前後反覆也?"上曰:"燁在任自不能了,今恐功在他人,故如此。其爲人險薄,大似其父。"安石曰:"'迨天之未陰雨,綢繆牖戶',不及今脅取,恐南師既行,彼見中國無如我何,因交阯未服間,連結撫水,更爲湘潭之患。"

點校本誤置"迨"字於引號之外。《詩·豳風·鴟鴞》:"迨天之未陰雨,徹彼桑土,綢繆牖戶。"王安石謂我方須不待大軍逼使楊光僭降而當有所準備。

70.《楊時集》卷六《王氏神宗日錄辨》,第105頁。

> 周公之功,衆人之所不能爲;天子禮樂,衆人所不得用。若衆人不能爲之功,報之衆人所不得用之禮樂,此所以爲稱也。然周用騂而祭周公以白牡,雖用天子禮樂,亦不嫌于無別。

《詩·魯頌·閟宫》:"皇祖后稷,享以騂犧,是饗是宜。……白牡騂剛,犧尊將將。"毛傳:"白牡,周公牲也。"衛湜《禮記集說》卷五五引臨川王氏:"魯有周公之功而用郊,不亦可乎?魯之郊也可乎?曰:有伊尹之心,則放其君可也;有湯、武之仁,則絀其君可也;有周公之功,用郊不亦宜乎?"按此化自《孟子·盡心上》所云"有伊尹之志則可"。

71.《楊時集》卷六《王氏神宗日錄辨》,第110頁。

> 經或言知仁勇,或言仁智勇,未有先言勇者,獨稱湯曰"天乃錫王勇知"者,何也?《書》曰:"肇我邦于有夏,若苗之有莠,若粟之有秕,小大戰戰,罔不懼于非辜,矧予之德言足聽聞?"湯以七十里起于衰亂之中,其初爲流俗小人不悦,艱難如此,若非勇知,何能自濟?所以能自濟,尤在于勇。

《尚書·仲虺之誥》："仲虺乃作誥,曰:……有夏昏德,民墜塗炭,天乃錫王勇智,表正萬邦,纘禹舊服。兹率厥典,奉若天命。……肇我邦于有夏,若苗之有莠,若粟之有秕,小大戰戰,罔不懼于非辜,矧予之德言足聽聞?"《孟子·公孫丑上》:"以德行仁者王。王不待大,湯以七十里,文王以百里。"《梁惠王下》:"七十里爲政于天下者,湯是也。""其初爲流俗小人不悦",蓋指《尚書·湯誓》:"王曰:……今爾有衆,汝曰:'我后不恤我衆,捨我穡事,而割正夏。'"此謂當勇于排去異論。

72.《楊時集》卷六《王氏神宗日録辨》,第111—112頁;《宋史全文》卷一一熙寧二年九月戊辰。

> 上問:"程顥言不可賣祠部添常平本錢事,如何?"余曰:"顥所言,以爲王道之正,臣以爲顥所言未達王道之權。男女授受不親,禮也;嫂溺援之以手,權也。嫂溺不援,是豺狼也。今祠部所可致粟四五十萬,若凶年人貸三石,可全十五萬性命。……以爲不可,是不知權也。"

《孟子·離婁上》:"淳于髡曰:'男女授受不親,禮與?'孟子曰:'禮也。'曰:'嫂溺,則援之以手乎?'曰:'嫂溺不援,是豺狼也。男女授受不親,禮也;嫂溺援之以手者,權也。'"

73.《楊時集》卷六《王氏神宗日録辨》,第113頁。

> 上因問:"'誠則明矣,明則誠矣',何謂也?"余曰:"能不以外物累其心者,誠也。誠則于物無所蔽,于物無所蔽則明矣。能學先王之道以解其心之蔽者,明也。明則外物不能累其心,外物不能累其心則誠矣。人之所以不明者,以其有利欲以昏之。如能不爲利欲所昏,則未有不明也。明者,性之所有也。"

此説《中庸》第二十一章,純爲坐而論道。"能學先王之道以解其心之蔽者,明也",衛湜《禮記集説》卷一二三引臨川王氏云:"性雖均善而不能自明,欲明其性,則在人率循之而已。……修之則必以古聖賢之教爲法而自養其心。"

74.《楊時集》卷六《王氏神宗日録辨》,第116頁。

> 凡興事造業,振救衰弊,誠須臨事而懼。若顧恤流俗人情,畏其不安,即不能爲周公所爲。商人與三監畔,征之三年。若畏人情不安,則必大赦以安之。及事

平,乃更遷其世族庶士,居之洛邑,彰善癉惡,以教訓之。初無畏衆之意。此所以能制禮樂而成周之太平也。

《尚書序》:"成周既成,遷殷頑民,周公以王命告,作《多士》。"

75.《楊時集》卷六《王氏神宗日録辨》,第123頁。

> 上論不尚賢。余曰:"尊尊親親賢賢并用,先王之政事也。老子不尚賢,是道德之言。"

《老子》第二章:"不尚賢,使民不爭。""是道德之言",即與"先王之政事"不在同一層面。《王氏神宗日録辨》後條引王安石説即謂"老子言道德,乃人主所以運天下……非所以訓示衆人者也"。

76.《楊時集》卷六《王氏神宗日録辨》,第134頁。

> 三代以前,盛王未有無征誅而治也。文王侵阮徂共,以至伐崇,乃能成王業。用凶器,行危事,尚不得已,何況流俗議論?

《詩·大雅·皇矣》:"密人不恭,敢距大邦,侵阮徂共。……以伐崇墉。"此欲神宗强力排斥異論。

77.《楊時集》卷六《王氏神宗日録辨》,第138頁。

> 濮王不稱皇乃御史之力。上曰:"稱皇使不得耶?"余曰:"無臣而爲有臣,孔子以爲欺天。濮王以人臣終而稱皇,是無臣而爲有臣之類。且孝子慈孫,事死如事生,事亡如事存。推濮王之心,豈敢當褒崇?然則如此褒崇,非事死亡如生存之道也。"

《論語·子罕》:"子疾病,子路使門人爲臣。病間,曰:'久矣哉,由之行詐也!無臣而爲有臣。吾誰欺?欺天乎?……'"王氏謂當如實。

78.《楊時集》卷六《王氏神宗日録辨》,第141頁。

> 潞言人多言仁義鮮能行。上曰:"實能言仁義者不爲多,仁義之實亦自難知。"余曰:"楊朱不知義,墨翟不知仁,惟孟子乃能知仁義。"

《孟子・盡心上》：“楊子取爲我，拔一毛而利天下不爲也。墨子兼愛，摩頂放踵利天下爲之。”王氏謂楊朱不以利爲義爲不知義，墨子均其愛爲不知仁。此義發自《孟子》，《盡心上》：“親親，仁也。”又曰：“堯舜之仁不遍愛人。”墨子既兼愛，不能親親，則是不知堯舜之仁。故《王荆文公詩》卷六《讀墨》“惜乎不見正，遂與中庸詭”，李壁注：“儒者之道，理一而分殊，親親而仁民，仁民而愛物，……固自有等差之辨，墨翟蓋似是而非也。”理學家多以楊朱不知仁，墨翟不知義。

79. 陳瑾《四明尊堯集》卷五《理財門》。

> 理財誠不可緩，然以理財爲先，以使能爲急，則人將機巧趨利，此俗成則非人主之利，非天下之福。天下事譬如和羹，當令酸鹹適節，然後爲和。今偏于理財與使能，非所以爲和。明禮義廉耻以示人，崇進忠良，恐不可緩。

《尚書・説命下》：“若作和羹，爾惟鹽梅。”傳：“鹽鹹梅醋，羹須咸醋以和之。”

（尹承，山東師範大學歷史文化學院副教授）

《元史・忠義傳》石珪入傳考

A Fence-Sitter in the Loyalist Biography: General Shi Gui's Images in Jin-Yuan-Ming Period

董　衡

摘　要： 石珪初爲金末活躍於山東、淮北區域的地方武裝首領，一度兩屬於宋、蒙，《元史》却以之爲忠臣良將，將他列入《忠義傳》中。然揆諸史載，石珪的南下北上實多出於自保之需，其忠義形象可能始自至元年間石氏子弟所撰先祖行狀、家傳類文本的構建。石珪最終得以入列《忠義傳》，或既受源出文本忠義書寫的影響，也與編修官宋濂"闔家死忠"的忠義認同相關，亦體現了明初朱元璋"慰死者而勵生人"的政治意圖，是三方意志下元、明忠義觀念與需求的"層累式"疊加。

關鍵詞： 石珪；《元史・忠義傳》；史料編纂

石珪原是金末山東據險自保的地方武裝首領，一度活躍於金、宋、蒙間，入蒙後爲木華黎所遣守曹州，後因金軍攻曹被擒時不降被蒸殺於市。因其陣前英勇、被俘不屈，《元史》將之列入《忠義傳》。然清末錢大昕却對此有所質疑，謂"珪起於盜賊，背金歸宋，又背宋降元，雖死於非命，豈宜廁諸忠義之列"[1]，屠寄亦言石珪等人"守土至身死而不悔"乃是因爲"好奇喜功"[2]。以往研究多在討論金末紅襖軍事迹時對石珪有簡要提及[3]，有關《元史・忠義傳》編纂的研究

---

[1] 錢大昕《廿二史考異》卷一〇〇《忠義傳一》，《嘉定錢大昕全集》，鳳凰出版社，2016年增訂本，1620頁。
[2] 屠寄《蒙兀兒史記》卷五四《石珪傳》，上海古籍出版社，1989年，417—418頁。
[3] 參見趙儷生《南宋金元之際山東、淮海地區中的紅襖忠義軍》，《趙儷生文集》第1卷，蘭州大學出版社，2002年，211—224頁；孫克寬《南宋金元間的山東忠義軍與李金》，《蒙古漢軍與漢文化研究》，文星書店，1958年，11—43頁；黄寬重《經濟利益與政治抉擇——宋、金、蒙政局變動下的李全、李璮父子》，《南宋地方武力——地方軍民間自衛武力的探討》，東大圖書股份有限公司，2002年，275—306頁；符海朝《南宋楚（轉下頁）

亦較少[1]。本文即辨析石珪的忠義形象,釐清其兩屬之事,並試圖探究他被列入《元史·忠義傳》的原因。

一、石珪忠義形象在元代的書寫與構建

元時有關石珪的記述散見於《兩朝綱目備要》《大金國志》《齊東野語》《宋史》及《通鑑續編》中,這些史料多以之爲金末山東義軍"紅襖軍"中的一員,言石珪初爲金末山東地方武裝頭目劉二祖麾下將領,劉二祖死後繼歸霍儀統領,又隨季先附於南宋楚州,最終因與義軍中李全等部火拼,北上投蒙[2]。這些散落的記載多直述史事,鮮見對石珪輾轉多方行爲的價值判斷,然在明初所修《元史·忠義傳》的《石珪傳》中,其忠義形象却得到了凸顯。

(一)《石珪傳》忠義形象之書寫

《石珪傳》開篇即諱言石珪由金入宋之舉,僅謂金貞祐南渡,珪"率少壯負險自保""與滕陽陳敬宗聚兵山東",又"破張都統、李霸王兵於龜蒙山",後"敗宋將鄭元龍於亳州""遂乘勝引兵入盱眙"[3]。此後對石珪忠義形象的凸顯則集中於其一心投蒙與不屈於金兩方面。

據《石珪傳》,石珪入蒙乃早有謀劃,戊寅年(1218)宋蒙議和後僅一年,石珪便遣麾下劉順覲見元太祖,述其歸附之意。二人相見後,太祖曾敕珪"如宋和議

(接上頁)州知州與山東忠義關係之辨析》,《殷都學刊》2005年3期;彭鋒《李全亂亡事件再研究》,上海師範大學碩士學位論文,2013年;姜錫東《宋金蒙之際山東楊、李係紅襖軍領導人及其分化考論》,《中國史研究》2015年第1期;曹文瀚《紅襖軍李全集團成員構成研究》,《宋史研究論叢》2019年第2期;李春圓《紅襖—忠義軍與"益都李氏"之生成新考》,《暨南史學》2019年第2期。

[1] 參見陳高華《〈元史〉纂修考》,《歷史研究》1990年第4期;王慎榮《〈元史〉列傳史源之探討》,《吉林大學社會科學學報》1990年第2期;方齡貴《〈元史〉纂修雜考》,《社會科學戰線》1992年第2期;陳新元《〈元史〉列傳史源新探》,《中國史研究》2020年第2期。

[2] 參見《續修兩朝綱目備要》卷一六寧宗皇帝嘉定十三年八月甲申、十二月壬申,中華書局,1995年,294、295頁;周密《齊東野語》卷九《李全》,上海古籍出版社,2015年,146—148頁;《宋史》卷四〇三《賈涉傳》、卷四七六《李全傳》,中華書局,1985年,12207—12208、12817—13822頁;陳樫《通鑑續編》卷二〇乙亥八年金貞祐三年太祖皇帝十年三月,戊寅十一年金興定二年太祖皇帝十三年春正月,己卯十二年金興定三年太祖皇帝十四年閏三月、九月,庚辰十三年金興定四年太祖皇帝十五年六月、十二月,辛巳十四年金興定五年太祖皇帝十六年五月甲申,壬午十五年金元光元年太祖皇帝十七年冬十月,《文淵閣四庫全書》本,11頁a、23頁,26頁b—27頁a、30頁、33頁b—34頁a、35頁a、40頁b。

[3] 《元史》卷一九三《石珪傳》,中華書局,1976年,4378—4379頁。

不成,吾與爾永結一家,吾必榮汝"。石珪由此"感服""日夜思降"。後在庚辰年(1220),"宋果渝盟",石珪乃借機因孛里海歸於木華黎。石珪提兵歸順時,宋將曾以其妻兒性命相挾,謂"太尉回,完汝妻子",然珪仍一心附蒙,不顧妻兒被沉於淮。也正因其棄妻子附蒙古之舉,癸未年(1223)太祖曾下詔嘉獎,認爲他"棄妻子,提兵歸順,戰勝攻取",故"加授金紫光禄大夫、東平兵馬都總管、山東諸路都元帥"[1]。

石珪附蒙後,受木華黎之命隨征山東。辛巳年(1221)七月他受命攻打曹州,與金將鄭從宜連戰數日,"援兵不至",全軍雖已"彈盡糧絕",仍未有叛意,最終石珪"臨陣馬僕被擒"。爲金軍所俘後,石珪被囚送至汴,金主"壯其爲人",曾試圖"誘以名爵",然其不僅不從,表明自己"身事大朝,官至光禄,復能受封他國耶!",還叱罵金主"假我一朝,當縛爾以獻",金主大怒,欲蒸殺於市,面對如此酷刑,石珪仍"色不變",終"怡然就死"[2]。

(二)石珪忠義形象之構建

觀傳記叙事,石珪對蒙古早已心嚮往之,甚至"日夜思降",爲了北上入蒙不惜犧牲妻子性命;成功附蒙後,更爲之衝鋒陷陣以至力竭,被俘亦英勇不屈,面對名爵之誘、蒸殺之刑,仍面不改色,欣然赴死,儼然一忠臣良將。然若考之細節,則《石珪傳》所載事迹尚有不實之處,石珪的忠義形象亦有存疑。

首先,石珪早與蒙古約定歸降一事不實。如《石珪傳》所言,早在己卯年(1219)石珪就曾遣僚屬劉順遠抵尋斯干城覲見元太祖,定下"永結一家"之約,似早已效忠蒙古。然《聖武親征録》中簡記有成吉思汗西征行蹤,己卯年始"總兵征西域",兩年後(即辛巳年)方攻至卜哈兒、薛迷思干等城[3];《太祖紀》所言稍異,但亦載己卯年夏六月成吉思汗始"率師親征",達尋斯干城也已在庚辰年夏五月[4];《世界征服者史》中《撒麻耳干的陷落》一章同載成吉思汗攻打尋斯干城始末,並將尋斯干城被攻克繫於618年刺必阿Ⅰ月[5],與《太祖紀》相合;雖

---

[1]《元史》卷一九三《石珪傳》,4379頁。
[2]《元史》卷一九三《石珪傳》,4379頁。
[3]《聖武親征録》己卯、庚辰、辛巳,中華書局,2020年,282、283、285頁。
[4]《元史》卷一《太祖紀》,20頁。
[5] 譯者注中將此時間更正爲617年,即西元1220年5月至6月,故正文言與《太祖紀》所載相合。參見志費尼著,何高濟譯《世界征服者史》,商務印書館,2017年,132、134頁。

然諸史所載在細節上稍有出入，但己卯年成吉思汗尚未至尋斯干城當可確定，則劉順於此地覲見太祖更是無從談起。又木華黎已於丁丑年（1217）全面接管漢地，太祖曾有諭"太行之北，朕自經略，太行以南，卿其勉之"，且賜大駕所建九斿大旗，誡諸將曰"木華黎建此旗以出號令，如朕親臨也"[1]，石珪若想投誠，只需向木華黎表忠心即可，如此越過木華黎直接覲見成吉思汗顯得捨近求遠，於情理不合。木華黎在石珪來降時曾言"汝不憚跋涉數千里，慕義而來，尋當列奏，賜汝高爵，爾其勉之"[2]，文辭中亦體現石珪乃初次來歸之意。不僅如此，石珪與太祖的約定内容亦有待推敲。彼時石珪不過僅據一隅的漢人小軍閥，與史氏、張氏等尚且無法相提並論，遑論與黄金家族"永結一家"，所謂約定不免有誇大之嫌。

其次，石珪入蒙之因亦待細考。本傳言"宋果渝盟"，珪遂提兵北上，將其附蒙歸因於家國大義。然檢尋諸史，宋蒙合議攻金在辛巳年（元太祖十六年，1221年）[3]，而非"宋果渝盟"之辛卯年。又宋、蒙彼時並未開戰，"議和"之説不確，兩國遣使所商應爲合力攻金之事，對當時身處南宋的石珪來説，兩國關係變化對其無甚影響，爲此離宋入蒙更是空談。正如屠寄所言，將石珪來降繫於宋蒙議和不成乃是"無故生釁"[4]。

如上所言，《石珪傳》所載多有不實，令人懷疑由此所展現之石珪忠義形象。若嘗試上溯史源，或許可知其中虛實。石珪在面對金主招降時曾言"吾身事大朝，官至光禄"，呼元爲"大朝"而不稱"大元""元"等。"大朝"乃是"大蒙古國"與"大元"間國號的過渡形式，在中原漢地士民中使用最爲廣泛，至元八年（1271）以"大元"爲國號後，"大朝"逐漸失去國號作用，此後僅見的兩例也是在至元年間[5]。《石珪傳》此處用"大朝"而非"大元"暗示該傳所本可能爲蒙元早期的材料，或即史臣未改淨之痕迹遺留。此外，《石珪傳》對其入宋以前的行迹記載詳盡，爲更早的《宋史》《通鑑續編》等文本所無，又在述及石珪家世時，溯至北宋石介，言珪爲"宋徂來先生守道之裔孫也"，對其妻兒姓名也記載甚詳，云"妻孔氏、子金山"，這些家世信息若非家族子弟當難知曉。《石珪傳》或即源於石氏子孫

---

[1]《元史》卷一一九《木華黎傳》，2932頁。
[2]《元史》卷一一九《木華黎傳》，2932頁。
[3] 耶律鑄《雙溪醉隱集》載"辛巳歲夏，駐蹕鐵門關，宋主寧宗遣國信使苟夢玉通好乞和，太祖皇帝許之"，《元史》卷一《太祖紀》同載此事，參見耶律鑄《雙溪醉隱集》卷二《凱歌樂詞九首》，《文淵閣四庫全書》本，1頁a；《元史》卷一《太祖紀》，21頁。
[4] 屠寄《蒙兀兒史記》卷五四《石珪傳》，上海古籍出版社，1989年，417頁。
[5] 蕭啓慶《説"大朝"：元朝建號前蒙古的漢文國號》，《内北國而外中國：蒙元史研究》，中華書局，2007年，71、77頁。

爲之所撰的行狀、家傳類文本。《元史》載石珪有子石天禄,先襲爵爲"龍虎衛上將軍、東平路元帥,佩金虎符",後又憑戰功"授征行千户,濟、兗、單三州管民總管",石天禄有子十人,十子中石興祖襲其千户,官武略將軍[1],石天禄、石興祖等即生活於至元初年及以前,又仕途稍顯,石氏子弟記家族源流以資傳世並非没有可能。又明天啓年間所編《新泰縣誌》載石珪墓"在東都西南",且"有碑"[2],既有墓有碑,彼時很可能留存有石珪之神道碑或墓誌銘,只是今不得見而已。同治年間《金鄉縣誌》卷一五《秩祀》亦言其縣有石將軍廟,"在儒學前,元至元十年建石像,高七尺,戎衣撫劍,《通志》元忠義總管石珪也。珪總管山東諸路,守曹州,爲金人所得,不屈死,麾下爲立祠"[3]。若方志所言爲實,則對石氏先祖歷史記憶的重塑很有可能即是至元年間對石珪立廟祭祀、立石紀念等活動的組成部分,這類文化工程亦進一步促使石珪相關文字的書寫與流傳。

姚大力曾對元代君臣關係有所專論,指出"元人將大汗—皇帝和他的臣僚們的關係,看作與使長和奴婢相類似的關係",認爲"很普遍地存在於13世紀初葉被成吉思汗統一的蒙古草原社會内部的那種主奴關係,給元代社會關係的某些領域,包括君臣領域關係在内,帶來一種主奴觀念泛化的趨向"[4]。元時石氏在山東一帶頗有勢力,後人構建其與太祖"永結一家"之約,或即意在以主奴關係比附之,以示太祖與石珪間早有私屬關係的聯結,由此樹立石珪早已效忠蒙古之形象。在石珪入蒙之因上亦刻意改寫,以國家向背彌合其曾兩屬之事,也由此造成本傳與他史不合之象。

二、石珪南下北上兩屬蒙宋之實情

誠如上文所言,石珪本傳所載多有不確之處,或即出自石氏後人改寫,然石珪兩屬之事始末、南下北上動機仍有待細考。石珪事迹主要見於《通鑑續編》《宋史》及《元史》本傳中,其中《通鑑續編》《宋史》記事相近,《石珪傳》自成一系,顯出自不同史源,可藉二系互證以釐清石珪兩屬史事。爲對比方便,現將兩系史料按時間條列如下。

---

[1] 《元史》卷一五二《石天禄傳》,3602—3603頁。
[2] 天啓《新泰縣誌》卷一○《邱墓》,3頁a。
[3] 同治《金鄉縣誌》卷一五《秩祀》,5頁b。
[4] 姚大力《論蒙元王朝的皇權》,《蒙元制度與政治文化》,北京大學出版社,2011年,167、170頁。

表1 《元史·石珪傳》與《通鑑續編》《宋史》所載石珪史事對照表

時　間	《元史·石珪傳》	時　間	《通鑑續編》《宋史》
時間未明，大致在金貞祐南渡後	兵戈四起，珪率少壯，負險自保，與滕陽陳敬宗聚兵山東，破張都統、李霸王兵於嶧蒙山。宋將鄭元龍以兵迎敵，珪敗之於亳陽，遂乘勝引兵入盱眙。會宋賈涉誘殺漣水忠義軍統轄季先，人情不安，衆迎珪爲帥，呼爲太尉。	乙亥 太祖十年（1215）	劉二祖死，石珪附霍儀。
		丁丑 太祖十二年（1217）	霍儀爲金將完顔霆所殺。
戊寅 太祖十三年（1218）	太祖使葛葛不罕與宋議和。	戊寅 太祖十三年	季先招石珪歸宋楚州。
己卯 太祖十四年（1219）	珪令麾下劉順抵尋斯干城入覲太祖，與珪相約"永結一家"。	己卯 太祖十四年	石珪發動南渡門之亂，爲賈涉招諭後援兵濠州，後或屯於盱眙。
庚辰 太祖十五年（1220）	宋果渝盟，珪棄其妻孔氏、子金山，杖劍渡淮，因字里海歸木華黎。	庚辰 太祖十五年	賈涉、李全殺季先，欲收先軍。季先舊部潛迎石珪爲帥。賈涉等繼分石珪軍，石珪不受而入蒙古。
辛巳 太祖十六年（1221）	木華黎承制授珪光祿大夫、濟兗單三州兵馬都總管、山東路行元帥。	辛巳 太祖十六年	蒙古取金東平府，嚴實、石珪分治之。石珪移治曹州。
		壬午 太祖十七年（1222）	冬十月，金王庭玉復曹州，殺蒙古石珪。
癸未 太祖十八年（1223）	秋七月，珪領兵破曹州，與金將鄭從宜連戰數晝夜，糧絶，援兵不至，軍無叛意，珪臨陣馬僕被擒。		

由上表可知，《元史》與《宋史》《通鑑續編》中的石珪記載大致可以逐一對應，唯在石珪南下附宋與北上入蒙事上稍有出入，可藉二者互證一窺其入元始末。

（一）缺錢少糧，南下附宋

由上表可知，石珪原爲劉二祖一系山東地方武裝，入宋前曾在山東境內活躍,入宋後則集中在漣水、楚州、盱眙一帶活動。有研究認爲劉二祖一系武裝並不具備嚴密的組織性,"更爲合適的是把他們看作活動於鄰近地域、互通聲氣的武裝力量群"[1],從石珪在太祖十年至十三年間的活動來看當即如此。《宋史》《通鑑續編》對石珪在這段時間內的活動記載較爲模糊,僅述其由劉二祖所領轉入霍儀麾下。《石珪傳》雖未明言其早期活動時間,然所記事迹相對豐富,載珪"與滕陽陳敬宗聚兵山東",後"破張都統、李霸王兵於龜蒙山",在敗宋將鄭元龍於亳陽後即屯兵於盱眙。史料有載,劉二祖死後山東地區仍有多次義軍叛亂,其中金興定元年(元太祖十二年,1217年)"濟南、泰安、滕、兖"等地曾發生一次規模較大的叛亂[2],所涉區域與石珪的活動範圍基本相合,或許即包含此次叛亂。綜合三史記載,石珪早期活動相對分散,也並無明確的"抗金"意圖,《石珪傳》謂其"負險自保"更爲恰當。

石珪此後渡淮附宋,恐怕亦未必出自對南宋政權的認同,不過是避禍就食的求生之舉。經歷了長期的天災人禍,金末的華北早已殘破凋零[3],1211年蒙古南下後山東地區更是屢遭兵禍,州縣殘毀,以致"寶貨山委而不得食,相率食人"[4],金貞祐南渡後更是"河朔爲墟,蕩然無統,强焉弱陵,衆焉寡暴","大河之北,民失稼穡,官無俸給,上下不安,皆欲逃竄。加以潰散軍卒,還相剽掠,以致平民愈不聊生"[5]。對於"負險自保"的石珪來説,無論是爲了維持自身生計還是避免被其他武裝力量吞併,錢糧都是關鍵。彼時恰逢南宋"依武定軍生券例,放錢糧萬五千人,名'忠義糧'"[6],意圖以此招攬散落山東、淮北一帶的民間武裝,石珪南下附宋應即欲乘此股"東風"。然而由於"山東忠義來歸者日衆",權楚州梁丙"無以贍之""欲省其糧使自潰",石珪見錢糧之需不被滿足,遂發動"南渡門之變",奪取"運糧之舟渡淮",大掠至楚州南渡門,沿路"焚毀幾盡"[7]。劉克莊曾指出"此曹名爲忠義,實以饑驅"[8],所言甚當。錢穀之事不僅對身爲首領的石珪至關重要,對他麾下的軍士而言亦是如此。南渡門之變發生後,宋廷爲鎮壓石珪部衆,同樣也採取了以錢糧爲餌的策略,稱"來者增錢糧,

---

[1] 李春圓《紅襖—忠義軍與"益都李氏"之生成新考》,《暨南史學》2019年第2期。
[2] 參見《金史》卷一五《宣宗紀中》、《金史》卷一〇七《侯摯傳》,中華書局,2019年,329、2387頁。
[3] 黄寬重《南宋時代抗金的義軍》,聯經出版事業公司,1988年,2頁。
[4] 《宋史》卷四七六《李全傳上》,13818頁。
[5] 參見劉因《静修先生文集》卷一七《易州太守郭君墓誌》,上海涵芬樓藏元刊小字本,6頁b;《金史》卷一〇八《侯摯傳》,2385頁。
[6] 《宋史》卷四七六《李全傳上》,13818頁。
[7] 《宋史》卷四〇三《賈涉傳》,12207頁。
[8] 劉克莊著,辛更儒箋校《劉克莊集箋校》卷一二八《庚辰與方子默僉判書》,中華書局,2011年,5204頁。

不至者罷支給",成功使衆心離散,叛亂遂平。一叛一服間,變化皆因錢糧而起。

事實上,對於衆多活躍於山東、淮北一帶的地方武裝而言,錢糧都是不小的誘惑。南宋以"忠義糧"招兵買馬的消息傳開後,"東海馬良、高林、宋德珍等萬人輻湊漣水",李全等人亦"俱起羨心"[1]。另一方面,以錢爲餌意味著國費日增,宋人對此常有議論,劉克莊曾言"今日招納山東,是擔錢擔米出去做事","山東已納者,歲費緡錢五百萬,米四十萬斛"[2],可見花銷之大;吳潛亦對如此巨額開支表示擔憂,認爲"壽春以北,強壯之散在對境者,淮西欲有招納,必須錢糧,若源源不已,恐無以爲繼"[3];李宗勉更是對此進行批評,直言"今山東之旅,坐糜我金穀"[4];葉適亦云"六七年間牽引山東、河北,破壞關外,未有毫髮之益,而所喪巨億萬計"[5]。這些議論雖多爲對靡費錢糧的批評,但也暗含著"欲招攬山東地方武裝必以錢糧爲之"的前提,恰從反面說明了錢糧手段乃是宋廷招攬常法,亦體現出山東"忠義"們對此策略的受用。

然以錢糧誘之畢竟是以利相聯,利益之下效忠關係相對脆弱,無非是看哪一方開出的籌碼更高而已,南宋對此並非毫無認識,負責節制漣水義軍的賈涉即曾言"金人所乏惟財與糧",謂之"饑則噬人,飽則用命,其勢然也"[6],陳珌亦言義軍歸宋"不過苦於北方饑饉,及畏敵人殺戮""丐一飽以逃生耳",歎其"豈復有長志宏略,可以角逐中原哉"[7],二人所言甚爲精當。對於石珪來說,錢糧乃是叛服向背的關鍵,政治立場的改易取決於利益條件的權衡,面對缺錢少糧的窘迫境況,只要宋方可以滿足他的錢糧之需,便可效忠於宋,爲之衝鋒陷陣,同樣若金、蒙能提供更多的好處,改換立場也並非全無可能。

(二) 進退維谷,北上投蒙

誠如上文所言,"宋果渝盟"並非實情,雖然《元史》本傳對石珪附蒙之因語焉不詳,但《宋史》《通鑑續編》對石珪入蒙的過程記載甚細,將之歸因於義軍內部力量的火拼,石珪入蒙與同爲忠義軍的李全崛起息息相關。石珪與李全原同

---

[1] 《宋史》卷四七六《李全傳上》,13818頁。
[2] 《劉克莊集箋校》卷一二八《庚辰與方子默僉判書》,5205頁。
[3] 吳潛《許國公奏議》卷一《應詔上封事條陳國家大體治道要務凡九事》,《十萬卷樓叢書》本,42頁。
[4] 《宋史》卷四〇五《李宗勉傳》,12233頁。
[5] 葉適《葉適集》卷一六《後總》,中華書局,2010年,845頁。
[6] 《宋史》卷四〇三《賈涉傳》,12207頁。
[7] 陳珌《洺水集》卷二《輪對劄子》,明崇禎元年刻本,23頁。

爲"輻輳漣水"的義軍將領,之後經由南渡門之變、援兵淮西等事,忠義軍在宋節制淮東路京東忠義人兵賈涉的整合下大體分化爲李全、季先兩股勢力[1]。其中賈涉與李全關係近密,石珪軍則爲季先所領。彼時李全與季先同駐楚州,季先"嘗策戰勳",在軍中威望甚高,李全對此深爲忌憚,遂暗中結交賈涉手下的吏員莫凱,"以季先反側聞於朝",譖死之[2]。季先死後,賈涉、李全隨即著手進一步分化、打壓他麾下的勢力,石珪首當其衝,被調離漣水這一季先勢力的盤踞地,屯駐於淮西盱眙,處境不甚樂觀。賈涉進而又派統制陳選前往漣水,意在以宋方新將總領舊軍,然季先舊部裴淵、宋德珍、孫武正、王義深、張山、張友等皆拒而不受,反"潛迎石珪於盱眙,奉爲統帥"。賈涉雖表面妥協,實際仍欲借頒"脩武、京東路鈐轄印告"之機六分其軍,然裴淵等雖受印,仍奉石珪爲主,分軍之策落空。賈涉見和平收編未成,遂將李全軍"布南度門,移淮陰戰艦陳於淮岸",意欲以武力威懾,後又以"來者增錢糧,不至罷支"的收買之策分化各部,內外夾擊下,石珪無力抵抗,終"殺淵而挾武正、德珍與其謀主孟導歸大元"[3]。

除了忠義軍內部火拼直接導致的生存危機外,南宋對北來義軍的忌憚態度與分化政策產生的隱形壓力亦間接驅使了石珪的北上。相較之下,李全方實力固然不容小覷,但南宋朝廷在背後的支持亦需關注。宋廷對北來的忠義軍一直存有忌憚之心,雖需倚仗他們的力量却並不能完全信任之,崔與之即有"今邊聲可慮者非一,惟山東忠義區處要不容緩","山東新附,置之内地,如抱虎枕蛟,急須處置"之言,且"前後累疏數千言,每歎養虎將自遺患"[4]。張忠恕亦持消極態度,認爲"山東之地既歸,而未稟正朔;忠義之徒雖附,而異服自如",招納山東義軍"得之無補,只以示弱"[5]。在這一猜忌態度的影響下,宋廷對南下的山東"忠義"往往採取"以主勝客"的分化手段。方信儒曾建議"宜選有威望重臣,將精兵數萬,開幕府山東,以主制客,重馭輕磨"[6];曹彥約也提出以"以正軍制降卒"之法,認爲"正軍者,忠義之主宰,有三萬之正軍,然後可以制一萬之降卒,有十萬之正軍,然後可以制三萬之忠義"[7]。徐鳳還曾提議效仿賈誼"衆建諸侯之策",如此"力少則易使其義,黨與散則無邪心"[8]。石珪所在的漣水義軍亦

---

[1] 李春圓《紅襖—忠義軍與"益都李氏"之生成新考》,《暨南史學》2019年第2期。
[2] 《宋史》卷四七六《李全傳》,13821頁。
[3] 參見《宋史》卷四〇三《賈涉傳》、卷四七六《李全傳》,12207—12208、12817—13822頁。
[4] 參見《宋史》卷四〇六《崔與之傳》,12260頁;崔與之《清獻公言行錄》卷一,《嶺南遺書》本,4頁a。
[5] 魏了翁《渠陽集》卷一四《直寶章閣提舉冲佑觀張公墓誌銘》,張京華校點,嶽麓書社,2012年,207頁。
[6] 《劉克莊集箋校》卷一六六《寶謨寺丞詩境方公》,6462頁。
[7] 楊士奇編《歷代名臣奏議》卷六一《治道》,上海古籍出版社,2012年,854頁。
[8] 真德秀《西山先生真文忠公文集》卷四六《秘書少監直學士院徐公墓誌銘》,《四部叢刊初編》本,14頁a。

難逃被分化的命運,賈涉即"分珏、孝忠、夏全爲兩屯,李全軍爲五砦,又用陝西義勇法涅其手,合諸軍汰者三萬有奇,涅者不滿六萬人,正軍常屯七萬餘,使主勝客"[1],以達到"衆建諸侯而少其力"的目的。石珏或即在這一"分化"的手段下夾縫求存,最終北上附蒙。非獨石珏如此,金末南下附宋的衆多義軍將領們也大多在之後北上入蒙,如劉整即因不堪賈似道、呂文德、俞興等人的猜忌與傾軋而選擇降蒙,金將汪世顯亦因南宋方面的猜疑不納轉而投蒙,包括與石珏相爭的李全本人最終也因南宋對之"剿撫並用"而叛宋入蒙[2]。故而退一步説,即使石珏與李全未有矛盾,在南宋的猜忌氛圍下他也未必能於此長留。與之相對,木華黎受成吉思汗之命經略中原,廣招地方豪傑厚待之,吸引來河朔、山東地區的諸多人衆。兩相比較之下,離宋入蒙對石珏而言不失爲相對理想的出路。

一言以概之,石珏乃是金末山東據險自守的地方武裝之一,最初在金山東境内興兵,後或因錢糧問題南下附宋,繼而又因義軍内部的火拼與宋方的猜忌北上投蒙。綜觀石珏的兩屬過程,生存問題始終縈繞於他的抉擇中,輾轉於金、宋、蒙間更多是出於實用主義層面的考量,權衡四方以求自保而已。

三、石珏入列《忠義傳》原因蠡測

如前所述,石珏的忠義形象或源自石氏後人的有意塑造,其在宋、蒙、金間數度輾轉實是出於自保之需,然爲何明初修《元史》時却忽略了《宋史》等史籍中關於石珏的記載,而採取石氏後人的記録,將之列入忠義類傳中?若欲對此進行解釋,還需從《忠義傳》的編纂中尋求答案。

上文已言,《石珏傳》可能源自石氏子弟爲先祖所撰之行狀、家傳類文本,然畢竟是私家撰述,《元史》修纂又極爲倉促,在這種情況下石珏仍得以進入明初修史者的視野中,則或許在行狀、家傳類文本與《元史》中的《石珏傳》間還有一官方收録的更成熟版本。文宗天曆年間曾修《經世大典》,其中的《臣事》篇當是明初首次開局修《元史》時列傳部分的主要史源之一,可稱元代中前期人物傳記

---

[1]《宋史》卷四〇三《賈涉傳》,12207—12208 頁。
[2] 參見《元史》卷一六一《劉整傳》,3785 頁;《宋史》卷四一三《趙彦吶傳》、卷四四九《曹友聞傳》、卷四七六《李全傳》,12400、13237、13836—13839 頁。

的總録[1]。編纂《臣事》時史臣曾搜訪各家,用力甚勤,虞集嘗言其"承詔撰《經世大典》",修纂過程中"必移文其家,按其文字、石刻與簡册不謬,又詢其子孫,至於故老,而後謹書之"[2]。除了史臣搜輯外,亦有主動提供祖先事迹者,元初處士杜瑛的行狀中曾載"天曆己巳(1329),文宗皇帝開奎章閣,詔修《經世大典》,凡國初勳臣故老行事悉登載之。秉彝方爲丞相東曹掾,録公遺事送官"[3],杜秉彝即杜瑛之孫,可見如杜氏一般爲求先祖得入史册者當不在少數,《臣事篇》序録亦云"期月之間,其以書來告者,既取其大係諸聖典,而其事有不可棄遺者,著《臣事》之篇"[4]。或經史臣搜訪輯録,或由石氏後人"録事送官",原先尚在私家領域流傳的石珪事迹可能即在此時得以進入官修史籍的内容中,爲明初修史者所注意[5]。

《忠義傳》的編纂者爲宋濂和王褘,其中王褘負責書寫潤色,宋濂負責篩選人物,鄭玉的入選即是一例。鄭玉自殺乃因朱元璋之徵召,故在是否入選《忠義傳》的問題上存在爭議,陳高華在《〈元史〉纂修考》中曾引徐增生之語,言鄭玉之入選是因"總裁宋景濂是之",指出《忠義傳》的取捨最後决定於宋濂[6]。《浦陽人物記》是元末宋濂自編的一本地方性傳記,采郡志、行狀、墓碑等材料,收録有浦陽地方人物二十九人,並將之分爲忠義、孝友、政事、文學、貞節五目。宋濂在每一目前後都撰有總論與贊,從中可窺知其本人的忠義觀念。在《忠義》總論中,宋濂曾發"自古忠臣能殺身徇義者,何代無之?求其一門而再見者,曷其少哉"之感慨,認爲隋張季珣"家素忠烈,兄弟俱死國難",北宋末梅溶、梅執禮一門亦皆"殺身徇義",如此"闔家死忠"者,比起一人之死更爲難得,宋濂"慕其氣節",欲"備書其事"以勸不忠[7]。由此可見,宋濂本人對於臨難時能全家忠死者十分讚賞,當忠孝不能兩全時,忠先於孝,國家之情高於家庭之親,屈孝全忠以至大義滅親都是忠義的表現。石珪投靠元太祖時,面對宋軍以妻兒爲質的要

---

[1] 陳新元《〈元史〉列傳史源新探》,《中國史研究》2020年第2期。
[2] 虞集《道園類稿》卷三四《跋曾氏世譜》,《元人文集珍本叢刊》,新文豐出版公司,1985年,138頁。
[3] 蘇天爵《滋溪文稿》卷二二《元故征士贈翰林學士謚文獻杜公行狀》,陳高華、孟繁清點校,中華書局,1997年,376—377頁。
[4] 趙世延等撰,周少川等輯校《經世大典輯校》第五《政典·臣事》,中華書局,2020年,63頁。
[5] 除如文中所言石珪可能經"家傳行狀—《經世大典》'臣事'篇—《元史》"的路徑入傳外,石珪所在的《元史·忠義一》中,元前期的人物傳記(李伯温、李守正、李守忠、石珪、攸哈剌拔都、任志、耶律忠末、耶律天祐)呈現出相似點,一是《任志傳》中亦提及"大朝",則其原始文本的形成時間當在元初,與《石珪傳》類似;二是多含棄親以全忠的情節;三是文學色彩突出,多有情緒鮮明的對話和慘烈的犧牲場面。又《元史》之《忠義二》《忠義三》實以張鷟《忠義傳》爲藍本,或許《忠義一》中的這些金元之際的人物傳記也與之類似,此前已獨立結集,明初修史從中擇選人物入傳。但由於目前證據仍較薄弱,姑且作爲猜想附於注中。
[6] 參陳高華《〈元史〉纂修考》。
[7] 宋濂《浦陽人物記》上卷《忠義篇》,《宋濂全集》,浙江古籍出版社,2014年,2025、2028頁。

挾,不顧他們即將被沉於淮水,毅然仗劍北上,姑且不論這一"大義滅親"之舉是否確實出於忠孝之慮,但它至少符合宋濂"闔家死忠"的忠義觀念,加之此後石珪被俘不屈之舉,宋濂將之列入《忠義傳》中不難理解。事實上,《忠義傳》四卷中,闔門死忠之人頻頻而見,尤其死事之人中多有闔家死忠之況(見下表),不少人還發有"忠孝不能兩全""不能全忠孝者"之語[1],這固然有元末理學教化下闔門忠死之風盛行的影響,但他們在《忠義傳》中如此集中出現,與宋濂本人對闔門死忠的認可當有關聯。

表2 《元史·忠義傳》人物入傳原因統計簡表[2]

	陣前英勇	被執不屈	爲國守節	闔家死忠
死事(7人)	4人	3人	0人	5人
死節(78人)	20人	44人	12人	27人
合計(85人)	24人	47人	12人	32人

但宋、王二人畢竟只是修史工作的具體承辦人,最終的"總裁"當是朱元璋無疑[3]。朱元璋在詔修元史伊始即對修史之法作過訓示,云"務直述其事,毋溢美,毋隱惡,庶合公論,以垂鑒戒"[4],《進〈元史〉表》亦有"特詔遺逸之士,欲求論議之公。文辭勿致於艱深,事迹務令於明白。苟善惡了然在目,庶勸懲有益於人。此皆天語之丁寧,足見聖心之廣大"。[5]可見"議論""文辭""事迹"均需以朱元璋之意志爲準繩,尤其在"忠義"這一相對敏感的問題上,人物能否被擇選入傳,朱元璋的意見當更爲重要。石珪得以列入《忠義傳》,或許與當時朱元璋需對附明而身死者作出評價相關。與石珪類似,元末明初亦有許多追隨朱元璋後效忠身死之人,這些人常被加以追封、立廟祭祀之賞。如五河人耿再成,他於至正十三年(1353)投奔朱元璋,與胡大海破元將石抹宜孫於處州後鎮守該地,至正二十二年(1362)金華降將叛亂,耿再成上馬收兵不及,迎賊罵曰:"賊

---

[1] 參見《元史》卷一九六《普顏不花傳》《申容傳》,4429—4430頁。
[2] 本表依據《元史·忠義傳》所載人物事迹整理而來,首先按人物是否曾兩屬分爲死事、死節二類,再根據入傳的不同原因進行分類統計,其中陣前英勇指歿於戰者,被執不屈指爲敵所俘後不屈至死者,爲國守節指雖未被俘但不願改事他人自裁者,闔家死忠指犧牲家人以全節或攜家人同死者,需要注意的是,闔家死忠者通常兼有被執不屈或爲國守節之行爲。
[3] 參陳高華《〈元史〉纂修考》。
[4] 《明太祖實錄》卷三九,洪武二年二月丙寅,臺灣"中央研究院"歷史語言研究所1962年校刊本,784頁。
[5] 《明太祖實錄》卷四四,洪武二年八月癸酉,864頁。

奴！國家何負汝,乃敢反?",被賊刺頸死,朱元璋對此"嗟惋不已""立廟以祀",同在處州之亂中不爲賊屈的處州知事孫炎亦被追封爲丹陽縣男,並有塑像於耿再成祠[1]。又如葉琛,原屬元石抹宜孫麾下,處州被克後因舉薦被徵召至應天,升任洪都知府,後因至正二十二年降將祝宗、康泰叛亂,葉琛被俘不屈,大罵於賊,最終爲賊所殺,朱元璋聞之"悼痛",遣使祭之,又"塑像於院判耿再成之祠,令有司歲祀"[2]。除單獨封賞外,朱元璋還在多地立忠臣祠以示表彰,如甲辰年(元至正二十四年,1364年)四月丙申於鄱陽湖之康郎山上建忠臣祠,謂"自古兵争,忠臣烈士以身殉國,英風義氣雖死猶生",爲在鄱陽湖與陳友諒作戰而死事之臣三十五人立像祠之[3]。類似之舉還有同月乙巳於江西南昌立忠臣祠[4],同年九月辛巳"又命中書省繪塑功臣像於卞壺及蔣子文廟,以時遣官致祭,南昌府及康郎山、處州府、金華府、太平府各功臣廟亦令有司依期致祭",還命對未褒贈者"論功定擬以聞"[5]。朱元璋身處元末明初群雄並起之局,隊伍中既有收服歸附之將,亦有降後復叛之人,對效忠於己的死事之人加以褒獎,不僅可因對死者的慰藉收攏人心,亦可爲與之有類似經歷的人樹立榜樣,激勵他們繼續效忠,正如朱元璋自己所言"慰死者之心,而激生者之志"[6]。明初開史局一脉承之,強調忠心與氣節,而不甚關注其來歷,故而也對金末元初經歷相類的石珪一併以"死事"視之。此外,不僅石珪一人如此,《忠義傳》第一卷中的任志、耶律忒末、耶律天祐皆原爲他屬、附元後身死效忠者[7],以"死事"之人入列《忠義傳》以作標榜之用可見一斑。

綜上所論,或可推測出石珪事迹被編纂成傳後列入《忠義傳》的大致過程。《石珪傳》的原始文本應即至元年間石氏子弟所撰行狀、家傳類文本,或通過《經世大典》等編修工程,原先的私家撰述得以被整合入官修典籍中,至明初修《元史》時爲宋濂、王褘等人所注意。而石珪在入元時的大義滅親之舉與宋濂"闔家死忠"的忠義觀念相合,作爲《忠義傳》人選的實際擇選者,石珪得以被初選入傳。最後,作爲《元史》編修的最高總裁者,朱元璋亦需以石珪等"死事"之人樹立典型、表明態度,慰死者而勵生人,因此在三方意志的疊加之下,"兩屬"之人

---

[1]《明太祖實録》卷一〇,壬寅年二月丁亥,133頁。
[2]《明太祖實録》卷一一,壬寅年三月癸亥,138—139頁;《明史》卷一二八《葉琛傳》,中華書局,1974年,3788—3789頁。
[3]《明太祖實録》卷一四,甲辰年四月丙申,190頁。
[4]《明太祖實録》卷一四,甲辰年四月乙巳,192頁。
[5]《明太祖實録》卷一五,甲辰年九月辛巳,203頁。
[6]《明太祖實録》卷一四,甲辰年四月丙申,190—191頁。
[7] 參見《元史》卷一九三《任志傳》《耶律忒末傳》《耶律天祐傳》,4381—4383頁。

石珪最終得以保留於《忠義傳》中。

四、餘論

《元史·忠義傳》中石珪形象的忠義書寫或源自石氏後人對其先祖經歷的有意構建，實際多有不確之處。通過排比《元史》與《宋史》《通鑑續編》中的記載，可以發現石珪曾一度兩屬於宋、蒙之間，且其南下北上多出於自保需求，而非忠義認同。石珪最終得以入列《忠義傳》乃是元、明雙方合力的結果，既受源出文本忠義形象塑造的影響，也與編修官宋濂"闔家死忠"的忠義認同相關，更體現了明初朱元璋"慰死者而勵生人"的政治意圖，是元明忠義觀念與需求的"層累式"疊加。

若進一步將《石珪傳》置於忠義類傳的視野中綜合考察，並將之與其他正史的忠義類傳，尤其是《宋史·忠義傳》相對比，可以發現其在書寫模式上延續了《宋史·忠義傳》敘事文學色彩突出的特點。孫廷林曾指出《宋史·忠義傳》相比於此前的正史忠義類傳呈現出更爲突出的文學色彩，"通過語言、動作、行爲、心理等頗具文學性的筆法，呈現激烈的戰鬥場景和悲壯的殉國過程，達到忠義事迹動人心魄的效果"[1]。這一特點在《元史》的忠義類傳中得以延續，縱觀《元史·忠義傳》所載人物書寫，大多都有臨終發憤之語，以及英勇就義的壯烈場面。如耶律忒末在面對金將武仙誘降時勸誡其子耶律天祐，言"仙賊狡猾，汝所知也，毋以我故，墮其機穽，以虧忠節。且忠孝難兩全，汝能固守，不失國家大計，我視刀鋸甘如蜜矣"[2]，最終全家十八口人盡爲武仙所殺；蕭景茂在南勝縣民亂中爲賊首所執，有"狗盜！我生爲大元民，死作隔洲鬼，豈從汝爲逆耶！"之語，賊怒而縛之於樹，"臠其肉""以刀決其口"，景茂罵不絕聲而死[3]；行平陽元帥府事李伯溫在城破後"拔劍殺家屬，投井中，以刃植柱，刺心而死"[4]；劉天孚在陝西行省阿思罕兵亂中被執，於"天寒河冰方堅之時"，以所佩刀"斫冰開，北望爲國語若祝謝者"，再拜投水而死[5]。《石珪傳》亦是如此，石珪被囚至金汴

---

[1] 孫廷林《正史忠義類傳的新變化———論〈宋史·忠義傳〉的纂修體例、入傳標準及文學色彩》，《歷史教學問題》2020年第4期。
[2] 《元史》卷一九三《耶律忒末傳》《耶律天祐傳》，4381—4383頁。
[3] 《元史》卷一九三《蕭景茂傳》，4388頁。
[4] 《元史》卷一九三《李伯溫傳》，4377頁。
[5] 《元史》卷一九三《劉天孚傳》，4388頁。

京後，面對名爵之誘，"憤然"曰"吾身事大朝，官至光禄，復能受封他國耶！假我一朝，當縛爾以獻"，且"怡然就死，色不變"，生動描寫出他在生死抉擇前的行爲與心理，渲染出强烈的捨身取義、忠君報國的忠義特性。

雖然在書寫模式上延續了《宋史》忠義類傳文學特性强的特點，但在忠義觀念上，二者却呈現出細微的不同。《宋史·忠義傳》序中曾言"死節、死事，宜有别矣"，區分忠義程度高下分爲五等，然在《元史·忠義傳》中，死節、死事却被不加區分地列入傳中。《宋史》《元史》之修所隔不到三十年，此間固有明初修史倉促之因，但亦展現出元末至明初忠義觀念之細微變遷。對忠義的認定服務於當朝的政治需求，《宋史》修於元末至正年間，正值兵禍四起之時，亟待樹立更爲嚴格的忠義標準以激勵士人效忠於元，故有對忠義程度的細緻區分。明初甫一立國即開局修史，正處樹立正統、歸攏人心之際，仍對忠義進行嚴格區分不甚現實，遂有死節、死事被混記一氣。石珪即是一例，不僅體現元人觀念，入傳過程亦暗含了明時認同。也正因《元史》將石珪認定爲忠義，明清時期對石珪的評價一以貫之，明人汪子卿於嘉靖年間所撰《泰山志》中全文輯録《元史·石珪傳》的記載，並在其後議論石珪之死"烈哉"，認爲"夫殺其妻子者宋人，而所以殺之者，珪也"，並將之與吴起、樂羊子之忍相提並論[1]。王蓂同在嘉靖年間編有《歷代忠義録》一書，將石珪收録其中，明清時期山東地區的方志亦皆將石珪列入忠義類目中[2]，直至乾嘉考據之風興起，錢大昕方對此提出異議，迨至清末易代之際，又有屠寄發"好奇喜功"之論。從元末分置死節、死事，到明初一概以忠義待之，繼而在清末又有新論，對石珪的忠義評價一變再變，然誠如上文所證，石珪輾轉於諸政權之事並不會隨忠義認定的變化而變，變與不變之間，實際上展現出異代間政治需求與忠義認同的互動與變遷。

(董衡，清華大學人文學院歷史系碩士研究生)

---

〔1〕 王子卿撰、周郢校證《泰山志校證》，黄山書社，2006年，625頁。
〔2〕 參見嘉靖《山東通志》卷二五《名宦上》，8頁a；天啓《新泰縣誌》卷一〇《邱墓》，3頁a；同治《金鄉縣誌》卷一五《秩祀》，5頁b。

【專題研究】

隋有《格》《式》考
On There Being Regulation (*ge*) and Ordinance (*shi*) in the Sui Dynasty

黃正建

摘　要：本文是對樓勁先生《隋無〈格〉、〈式〉考》的商榷。文章認爲如果《式》的性質是一個部門或一類事務的辦事細則，隋朝就制定過《式》。唐初《禮部式》繼承的應當就是隋《式》。就《格》而言，隋朝不僅有非制敕編輯類的《勳格》等《格》，也有以"立"的方式編定的制敕編輯類《格》。特別是《隋書》中有4條資料直接寫有"律令格式"，且其中一條並非後人撰寫，而是當時人即隋文帝留下的遺詔。遺詔中明確寫有"律令格式"，證明隋朝確實存在著《格》和《式》。

關鍵詞：隋《格》；隋《式》；律令格式；遺詔

一般認爲，隋朝已經編撰了律、令、格、式，初步形成律令格式體系。但是前幾年樓勁先生在《歷史研究》上發表了《隋無〈格〉、〈式〉考——關於隋代立法和法律體系的若干問題》一文(以下簡稱爲"樓勁文")[1]。樓勁在文章中分析了《隋書》中幾乎所有涉及格、式的史料，分析縝密，最後的結論是：[2]

第一，隋代出現了以"格式"來指代《律》《令》等各種法律，甚至出現了以"律令格式"來泛指各種法律或規章的現象[3]。

―――――――――
　[1]　樓勁《隋無〈格〉、〈式〉考——關於隋代立法和法律體系的若干問題》，《歷史研究》2013年第3期，41—54頁(簡稱樓勁文)。以下爲節省篇幅，樓勁先生省略敬稱。
　[2]　此處只引與是否編撰格式有關的結論，至於文章對整個立法趨勢以及相關法律體系的看法則從略。
　[3]　樓勁《隋無〈格〉、〈式〉考》，53頁。樓勁文明確區分帶書名號的《格》《式》和不帶書名號的格式，認爲前者才是編纂成法典的格式。41頁注①。

107

这一條結論實質就是說隋代的"格式"並非《格》和《式》,是一種泛指。

第二,隋代出現的各種"格""式"語例,包括煬帝大業四年(608)十月頒行而稱爲"新式"的法律規定在内,其實都是隨時隨事形成的單行敕例或條制[1]。故當時雖有可以分稱爲"格""式"或合稱爲"格式"的法律規定,却未統一編纂與《律》《令》並行的《格》《式》這兩部法律,也就並未形成《律》《令》《格》《式》並行的法律體系[2]。

這一條結論實質就是說隋代的"格""式"都是隨時隨事形成的單行敕例或條制。

那麽,到底隋朝有没有《格》《式》呢?既然樓勁文認爲存在可分稱爲"格""式"或合稱爲"格式"的法律規定(注意,這裏使用的是"法律規定"),那這種"法律規定"的格、式與文後所說的兩部"法律"的《格》《式》區别何在?這種"法律規定"爲何要採用"格""式"的稱呼而不用其他如科、比、故事等稱呼呢?怎麽證明這些"法律規定"的格、式不是律令格式中的《格》《式》呢?總之,作爲所謂"法律規定"的格、式爲何就不是作爲"法律"的《格》《式》呢?

退一步說,即使我們承認存在著兩種格式,即作爲"法律規定"的格、式,和作爲"法律"的《格》《式》,前者是隨時隨事形成的敕例或條制,後者是經過整理而統一編纂的法典,那我們也要問:隋朝到底有没有制定過以法典形式而非制敕形式出現的(即整理或編纂過的)《格》《式》呢?

我的基本觀點是:既然這些"法律規定"被稱爲"格""式"而非其他,它們就一定具有"格""式"的性質而非具有其他如律令、科比的性質。這些被稱爲"格""式"的所謂"法律規定"並非單行的制敕,而就是經過編輯整理的,作爲"法律"的《格》《式》,否則直接稱爲"制敕(或敕例條制)"豈不更準確?

我們先看《式》。

《隋書》中有關"式"的記載不少,它們都是指單行敕例或條制嗎?

首先想指出的是,《式》的性質是一個部門或一類事務的辦事細則,成熟的唐代的《式》主要以尚書省二十四司命名即可證明。這種規章制度細則的《式》,既然被稱爲"式",就應該是經過編纂的、成條理的部門法規,而不應該是呈現單行敕例或條制形式。

如果關於《式》的這個定義能夠成立,《隋書》中記載的一些"式"就應該是經

---

[1] 敕例或條制,是樓勁自己概括出來的兩個類名,基本是指隨時隨事處理相關政務的制敕,其中内容較爲系統的稱條制。44頁注①。

[2] 樓勁《隋無〈格〉、〈式〉考》,53頁。

過編纂的部門法規了。

例如：《隋書·后妃》記"開皇二年(582)，著內官之式，略依《周禮》，省減其數"。[1]這條記載講得很明白：第一，這是編纂的法典，所以用了"著"字。第二，這個法典是一個部門即有關内官的規章制度。第三，這個法典的敘述形式依據的是《周禮》，並非詔敕形式。因此這個"内官之式"一定是編撰後形成的《式》。我們雖然不清楚這個內官之《式》是否整個《式》法典（例如後來的"新式"）的一部分，但不能否認在開皇二年編纂過《式》。

因此，《隋書》中提到的那些"宜依舊式"[2]"宜改兹往式"[3]"所司依式"[4]一類字樣，都出自當時皇帝的詔書，說明"式"已是當時人頭腦中固定的一種法律形式，其中的"舊式""往式""依式"很可能指編纂完成的《式》類法典。"舊式""往式"是以前的法典，"依式"中的《式》就是現行法典。從"所司依式"看，這個《式》可能就是某司需要參照執行的本司的規章制度。同理，大業四年(608)十月"乙卯，頒新式於天下"[5]中的"新式"，很大可能就是新編纂完成的《式》[6]。《隋書》中提到了那麼多的"式"[7]，如果只是指單行敕例或條制的話，爲何不用"制敕"一類詞語呢？顯然"式"已經是有固定含義的一種法典的名稱了。特別是《隋書·房暉遠傳》説他在隋高祖時"預修令式"[8]，不僅可證明當時已有"修"式的舉措，而且證明這個"式"是與"令"一起修撰的，並非單行的敕例或條制。

戴建國最近發表了《唐代法律體系中"式"的緣起與功能演變》一文[9]。文章贊同樓勁隋朝沒有"式"的觀點，所以只談唐代"式"的緣起。文章指出："唐式最初是作爲官司特別法來修纂的……式最初源於各官司制定的規則條例……式從最初的官司特別法逐漸向著兼容普通法的方向演化。"[10]反覆强調"式"起

---

[1]《隋書》卷三六《后妃》，中華書局，1973年，1106頁。
[2]《隋書》卷二《高祖下》開皇十年(590)五月詔，35頁。
[3]《隋書》卷二《高祖下》開皇十七年(597)十月詔，43頁。
[4]《隋書》卷三《煬帝上》大業三年(607)四月詔，67頁。
[5]《隋書》卷三《煬帝上》，72頁。
[6] 樓勁文雖然對"新式"作了很多分析，但也承認可能是一種"式"。只不過這種新式不是與律令同時修撰而通盤籌劃之物。樓勁《隋無〈格〉、〈式〉考》，50頁。
[7] 除上面列舉的"式"外，還有如"樂依舊式"(《隋書》卷一五《音樂下》，374頁)；"尋詔門下、內史、御史、司隸、謁者五司，監受表，以爲恒式"(《隋書》卷二八《百官下》，796頁)；高祖時尚宫局的司令"掌圖籍法式"，煬帝時尚宫局的司正"掌格式推罰"(《隋書》卷三六《后妃》，1106—1107頁)；"格式已頒，義須畫一"(《隋書》卷四二《李德林傳》，1200頁)；"金革奪情，蓋有通式"(《隋書》卷四七《韋沖傳》1270頁)；等等。這些"式"均非泛稱，特別是"格式"連稱，更顯示了二者性質的相同。
[8]《隋書》卷七五《房暉遠傳》，1717頁。
[9] 戴建國《唐代法律體系中"式"的緣起與功能演變》，《雲南社會科學》2019年第6期，128—134頁。
[10]《唐代法律體系中"式"的緣起與功能演變》，134頁。

源於各官司制定的規則條例。如果這個定義可以成立的話，前述隋朝的"內官之式"顯然也是一個官司制定的規則條例，那不就可證明隋朝也存在作爲官司特別法的"式"了嗎？何況，文章從唐初《禮部式》所規定的服色等級與隋煬帝大業六年（610）規定的服色等級類似出發，提出"《唐律疏議》所載的《禮部式》是唐早期的尚不成熟的式。這個唐式沿用了隋舊制"。"永徽修纂的《禮部式》沿用的當是隋以來的舊制。"[1]雖然文章避免使用隋式這樣的字眼，但從邏輯上説，既然最早的唐"式"（這個"式"不會憑空而出）沿用的是"隋舊制"，爲什麼不能説沿用的就是隋朝的"式"呢？因此這篇文章反而可以證明隋朝是有"式"的，且這個式影響到了唐式。

現在看《格》。

我們知道，《格》有兩種。一種是某司或某事的行事規則或相關標準。這種《格》隋朝是制定過的。例如"勳格"。隋煬帝被圍雁門，樊子蓋諫曰："'願暫停遼東之役，以慰衆望。聖躬親出慰撫，厚爲勳格，人心自奮，不足爲憂。'帝從之。其後援兵稍至，虜乃引去。納言蘇威追論勳格太重，宜在斟酌。"[2]《勳格》就是授勳的標準。又，繁畤縣令敬釗遇賊盜堅守不降，煬帝"付有司將加褒賞，會虞世基奏格而止"。[3]這裏的《格》是有關褒賞的標準。

另一種《格》，若從唐朝成熟的"律令格式"中的《格》看，就是對制敕中有長久效力者的整理。我們要討論的主要是這種性質的格。樓勁文否認隋朝有整理制敕的舉措[4]，但實際上隋朝並非没有對詔敕的整理。《隋書·劉炫傳》説："高祖之世，以刀筆吏類多小人，年久長奸，勢使然也。又以風俗陵遲，婦人無節。於是立格，州縣佐史，三年而代之，九品妻無得再醮。"[5]正如樓勁文考證的那樣，這裏所説州縣佐史三年而代，出自開皇十四年（594）十一月詔書；九品妻不得再嫁，出自開皇十六年（596）六月詔書，但樓勁文却以此證明"格"也是以制敕形式下達的單行敕例或條制[6]。我的看法正好相反。我以爲開皇十四年和十六年下的詔書，才是單行的敕例，此後通過"立"的程序，將兩個詔書（可能還有其他詔書）中的規定進行整理刪削歸納，"立"成了《格》。這個《格》包括了若干詔書中的内容。這種《格》正是對詔敕的整理，是真正意義上的《格》。就此

---

[1]《唐代法律體系中"式"的緣起與功能演變》，133、134頁。
[2]《隋書》卷六三《樊子蓋傳》，1492頁。
[3]《隋書》卷七一《誠節·敬釗傳》，1643頁。
[4] 樓勁《隋無〈格〉、〈式〉考》，53—54頁。
[5]《隋書》卷七五《儒林·劉炫傳》，1721頁。
[6] 樓勁文，51頁。

而言,隋朝應該是編纂過《格》的了。如果不是這樣,已有詔書在,爲何還要"立格"呢?此外,《隋書·后妃》説尚宫局的司正,"掌格式推罰";《李德林傳》説"格式已頒",這裏面的"格"應該都是實有其《格》的。

這裏還可以介紹日本學者中村裕一的觀點。中村裕一擅長從文書學的角度研究唐代法制史。他認爲唐代文獻中寫有"制:云云"者,是唐格的可能性很大。他舉的例子是:《舊唐書·高宗紀》咸亨三年(672)正月辛未條記載:"制:雍洛二州人,聽任本州官。"[1]這個"制"就是格的一條。證據是《劉禹錫集·爲京兆李尹答于襄州第一書》所載:"謹按永徽格,貫在兩都者,無害爲本部官。"[2]據此,他在研究了《隋書》中的"制:云云",特别是前引《隋書·劉炫傳》"立格"的文字來自"制:云云"和"詔:云云"後,得出結論説:"《隋書》中寫有'制:云云'者,全部都是隋格。"[3]雖然中村裕一得出的結論("全部都是隋格")尚待驗證,但完全可以説他從文書學的角度證明了"隋格"的存在。

最後來看看樓勁文具體分析過的《隋書》中4條帶有"律令格式"字樣的史料。

第一條:

> 漢初,蕭何定律九章,其後漸更增益,令甲已下,盈溢架藏。晉初,賈充、杜預删而定之,有律,有令,有故事。梁時,又取故事之宜於時者爲《梁科》。後齊武成帝時,又於麟趾殿删正刑典,謂之《麟趾格》。後周太祖,又命蘇綽撰《大統式》。隋則律令格式並行。自律已下,世有改作,事在《刑法志》。《漢律》久亡,《故事》《駁議》,又多零失。今録其見存可觀者,編爲刑法篇。[4]

這條出自《經籍志》刑法篇的後叙,其中明確提到"隋則律令格式並行"。樓勁文認爲《經籍志》中没有記録隋朝的《格》《式》,而不可能恰恰隋朝的《格》《式》都亡佚了。這一質疑或有道理,但如果隋朝没有《格》《式》的話,《隋書》作者爲何要寫"律令格式並行"呢?唐初完成《經籍志》時距隋亡不過二三十年,許多作者都在隋朝生活過,他們這麽寫,應該還是有根據的。也就是説,《隋書》作者並

---

[1]《舊唐書》卷五《高宗下》,中華書局,1975年,96頁。標點依中村裕一所引文字。
[2]《劉禹錫集》卷十《爲京兆李尹答于襄州第一書》,中華書局,1990年,122頁。標點依中村裕一所引文字。中村裕一《唐代公文書研究》第二部第九章《唐初の"制"について》,汲古書院,1996年,526頁。譯文爲筆者所譯,下同。
[3]《唐代公文書研究》第二部第九章《唐初の"制"について》,533—534頁。又,中村裕一認爲含有"詔:云云"的史料與含有"制:云云"的史料,其性質是一樣的(546頁)。
[4]《隋書》卷三三《經籍二》,974頁。

非隨意泛泛而寫,用語其實是有選擇性的,例如文中説"《漢律》久亡,《故事》《駁議》,又多零失",用的就是"故事"和"駁議"而不用"格式",説明《隋書》作者的用詞有其時代依據。何况,隋朝《格》《式》全部亡佚的可能性也不是没有[1]。作爲旁證,例如我們從日本《令集解》中可知唐朝有許多解釋令文的著作,如《唐令私記》《唐令釋》《紀氏傍通》,以及唐儒張某、唐儒宋某的著作等[2],但這些著作在《舊唐書·經籍志》和《新唐書·藝文志》中均無,即全部亡佚了。難道能因爲《經籍(藝文)志》中没有,就説唐代没有編撰過解釋令文的著作了嗎?

第二條:

> 隋承戰爭之後,憲章踳駁,上令朝臣釐改舊法,爲一代通典。律令格式,多(蘇)威所定,世以爲能。……所修格令章程,並行於當世,然頗傷苛碎,論者以爲非簡允之法。[3]

樓勁文認爲這裏前面説"律令格式",後面説"格令章程",可證這裏的"律令格式"只是泛稱。但是我以爲,《蘇威傳》前面説的"律令格式"是正規稱呼,是史官叙述史實時的用語;後面的"格令章程"是泛稱,是史官評論事件人物時的用語。而且,如果我們承認"式"就是"章程"的話,"格令章程"其實就是"令格式"的另一種非正規説法,並不能以此否認正規的"律令格式"的説法。

第三條:

> (趙軌)既至京師,詔與奇章公牛弘撰定律令格式。[4]

樓勁文認爲從《牛弘傳》看不到他修律令格式的記載,只有修撰禮書的記載,所以趙軌參與的應該是與牛弘共同修禮。其實參與修撰法典的人,在其本傳中没有記載的情况是大量的。例如根據《唐會要·定格令》等史料,唐高祖時參與修撰《武德令》的前後有十餘人:裴寂、殷開山、郎楚之、沈叔安、崔善爲、蕭瑀、李綱、丁孝烏、陳叔達、王敬業、劉林甫、顔師古、王孝遠、靖延、房軸、李桐客、

---

[1] 據《隋書》卷三二《經籍一》,隋朝典籍主要存放在洛陽。"大唐武德五年(622),克平僞鄭,盡收其圖書及古迹焉。命司農少卿宋遵貴載之以船,泝河西上,將致京師。行經底柱,多被漂没,其所存者,十不一二。"908頁。
[2] 瀧川政次郎《令集解に見える唐の法律史料》,載《支那法制史研究》,有斐閣,1940年,119—122頁。
[3] 《隋書》卷四一《蘇威傳》,1186頁,1190頁。
[4] 《隋書》卷七三《趙軌傳》,1678頁。

徐上機等,其中有《傳》的如裴寂、殷開山、崔善爲、蕭瑀、陳叔達、顔師古等,兩《唐書》本傳都没有他們參加修撰律令的記載[1],但不能否認他們參加了對律令的修定[2]。何况《隋書·刑法志》明確説到"(開皇)三年(583)……又敕蘇威、牛弘等,更定新律"[3],《隋書·劉炫傳》也明確説過"牛弘引(劉)炫修律令"呢[4]。因此牛弘不僅參加過修禮,也參加過律令或者律令格式的修撰,應該是可以肯定的。

第四條:

>(仁壽四年(604)七月)遺詔曰:……自古哲王,因人作法,前帝後帝,沿革隨時。律令格式,或有不便於事者,宜依前敕修改,務當政要。[5]

樓勁文對此没有什麽分析,只説這裏的"律令格式"與前幾條一樣,是泛指各種規章制度[6]。但是我以爲這一條是最有説服力的史料。因爲前3條涉及"律令格式"的史料,都可能是《隋書》作者所寫,而只有這一條出自隋文帝的《遺詔》,是當時皇帝的話,反映的是隋朝最高統治者對法典的看法,即詔書中並没有用故事、科比、敕例、條制等用語,而明確使用了"律令格式"。這不應是隨便説説,恰恰證明在最正規的詔書中使用的最正規語言是"律令格式"。"律令格式"一定是當時統治者認可的四種法律形式,所以才會出現在《遺詔》中。這就足證當時的最高統治者確實是將"格、式"與"律、令"並列的,也就足證當時確實存在著"律、令、格、式"四種法典。

總之,通過以上討論,若回應樓勁文標題所定義的問題的話,我以爲可以説隋朝是有《格》《式》的,是編纂過《格》《式》的,"式"不能説是單行的制敕,"立"的"格"也是整理過的制敕。至於《格》《式》和《律》《令》是同時編纂,還是有前後時差,都可以討論,從《新式》單獨頒行看,可能並非一起修撰(從房暉遠參加修令式的史料看,"令式"是一起修的。其實不僅《格》《式》,就是《律》和《令》也未必

---

[1] 分見《舊唐書》卷五七《新唐書》(中華書局,1975年)卷八八《裴寂傳》;《舊唐書》卷五八《新唐書》卷九十《殷開山傳》;《舊唐書》卷一九一《新唐書》卷九一《崔善爲傳》;《舊唐書》卷六三《新唐書》卷一百一《蕭瑀傳》;《舊唐書》卷六一《新唐書》卷一百《陳叔達傳》;《舊唐書》卷七三《新唐書》卷一九八《顔師古傳》。
[2] 參見拙作《有關唐武德年間修定律令史事的若干問題》,原載《隋唐遼宋金元史論叢》第3輯,上海古籍出版社,2013年,後收入《唐代法典、司法與〈天聖令〉諸問題研究》,中國社會科學出版社,2018年,1—18頁。
[3] 《隋書》卷二五《刑法志》,712頁。
[4] 《隋書》卷七五《儒林·劉炫傳》,1721頁。
[5] 《隋書》卷二《高祖下》,53頁。
[6] 樓勁文關於這4條"律令格式"記載的分析和看法,見文章42—46頁。

一定同時修撰);從"格式已頒"看,《格》也是要頒行的,且與《式》一起頒行。

　　無論如何,不僅《隋書》中有4條關於"律令格式"的記載,還有大量關於"格""式"的詞語,且這些"格""式"的性質與唐代的"格""式"大體相同。所以,結論就是隋朝是編纂過《格》和《式》的。當然,這個《格》《式》是綜合性的、大型法典,還是某部某司的《式》(即如前引戴建國所言,"式"此時還只是官司特別法,尚没有演變到普通法的地步),或處理若干事務的《格》,還可以討論,也許此時的《格》《式》還是初級的,規模不大的,不成熟的,但我們不能因此而否認隋朝編纂過作爲法典的《格》和《式》。

(黄正建,中國社會科學院古代史研究所、
敦煌學研究中心研究員)

試論五禮制度中諸禮間的關係
——以《開元禮·軍禮》爲中心*

A Discussion of the Relationship Between All Rites in the Five Rites System – Focusing on the Kaiyuan Rites – Military Rites

王 博

摘 要:五禮制度自魏晉南北朝形成以來,在歷代王朝的禮制改革中不斷發生變化。一直以來,人們都將五禮視爲一個整體,但換一個視角,在五禮内部,吉禮、凶禮、軍禮、賓禮、嘉禮之間的關係也值得我們予以關註。五禮之間看似彼此獨立,其内在却存在著十分緊密的聯繫,早在五禮制度成型期間的魏晉南北朝,五禮之間各儀式就存在不確定性,雖然自隋唐開始,特别是唐《開元禮》纂定後趨於穩定,但在此後仍伴隨著諸多調整,其背後則是各王朝對相關儀式理解的差異。

關鍵詞:《開元禮》;五禮制度;禮制改革

序

成書於唐代玄宗朝開元二十年(732)的《大唐開元禮》(後文略稱《開元禮》),被譽爲是一部集前朝之大成的國家禮典[1]。這部禮典共150卷,由152個獨立的儀式所構成,其中吉禮55個(祭祀類)、賓禮6個(外交類)、軍禮23個(軍事類)、嘉禮50個(和睦上下類)、凶禮18個(喪葬賑災類),儼然形成了一個

---

* 本文爲國家社科基金一般項目"唐代嘉禮研究"(批准號:22BZS027)的階段性成果。
[1] 池田温《〈大唐開元禮〉解説》,古典研究會編《大唐開元禮附大唐郊祀録》,汲古書院,1981年。

十分龐雜,且組織完備的儀式群像。我國素來被稱作禮儀之邦,"禮"的歷史源遠流長,但在國家制度層面,"五禮"框架的形成則出現較晚。據梁滿倉先生的研究,就五禮制度的發展而言,漢末三國可視作孕育階段,兩晉——南朝齊宋爲發育階段,梁天監及北魏太和年間是成熟階段[1]。丸橋充拓氏在梁氏的基礎上進一步通過整理分析《晉書》《宋書》《南齊書》《魏書》《五代史志》等《禮志》,梳理了五禮框架逐漸由模糊到明晰的發展過程[2],相較於唐《開元禮》所呈現的五禮制度盛況,魏晉南北朝時期的五禮制度中不少儀式都存在諸多不確定性,或不完備、或不固定於五禮之中的某一禮中,從中隱約可以窺測到五禮制度在發展過程中所面臨的種種困惑。這也提醒我們,唐人所編纂的《開元禮》是經由三百餘年來禮制的不斷改革後形成的一種成熟體,在此前更早的很長一段時期裏,五禮之間的彼此框架並不像隋唐時期那樣明朗和獨立,本文試以軍禮爲著眼點,梳理五禮間所存在的三個主要關係,以期尋求對五禮制度的進一步思索和探討。

一、祭祀對象的重合

説到五禮制度,自然首先要注意到軍禮與吉禮、凶禮、賓禮、嘉禮等其他四禮之間的關聯。雖然五禮制度看似彼此相互獨立,互不相關,但實際情况却並非如此。管見所及,最早記載"五禮"一詞的典籍當爲《尚書·舜典》所云"舜修五禮"[3],西漢孔安國認爲這裏的"五禮"即指"修吉、凶、賓、軍、嘉之禮"。據《周禮·春官·大宗伯》載,吉禮爲"事邦國之鬼、神、祇"之禮,凶禮爲"哀邦國之憂"之禮,賓禮爲"親邦國"之禮,軍禮爲"同邦國"之禮,嘉禮爲"親萬民"之禮,杜佑《通典》中將其概括爲:五禮之中,除吉禮是事天地之禮外(祭祀類),其餘四禮都是針對於"人事"的禮[4]。通過唐《開元禮》,可以看出在吉禮和軍禮的祭祀對象上存在諸多重合。

---

[1] 梁滿倉《魏晉南北朝五禮制度考論》,社會科學文獻出版社,2009年。
[2] 丸橋充拓《魏晉南北朝隋唐時代における〈軍禮〉確立過程の概觀》,《社會文化論集》第七編,2011年,53—61頁。
[3] 《漢書》卷三〇《藝文志》中可見"《軍禮司馬法》百五十五篇",這應當是史料中最早所見的軍禮著作。(中華書局,2002年,1709頁)
[4] 《通典》卷四一《禮一·沿革一·禮序》:"堯舜之時,五禮咸備,而直云'典朕三禮'者,據事天事地與人爲三耳。其實天地唯吉禮也,其餘四禮並人事兼之。"(中華書局,1988年,1119頁)

表 1 《開元禮》吉禮、軍禮重合儀式一覽表

祭祀對象	吉　　禮	軍　　禮
昊天上帝	卷4《皇帝冬至祀圜丘》[1] 卷56《皇帝巡狩告於圜丘》	卷81《皇帝親征類於上帝》
社稷神	卷33《皇帝仲春仲秋上戊祭太社》 卷58《皇帝巡狩告於太社》	卷82《皇帝親征宜於太社》(凱旋獻俘時亦同，即獻俘禮)
皇帝祖靈	卷37《皇帝時享於宗廟》 卷60《皇帝巡狩告於宗廟》	卷83《皇帝親征造於宗廟》 (凱旋獻俘時亦同，即獻俘禮)
山川神	卷35《祭五嶽四鎮》、卷36《祭四海四瀆》	卷84《親征及巡狩告所過山川》
齊太公	卷55《仲春仲秋釋奠於齊太公廟》	卷88《制遣大將出征有司告於齊太公廟》

在《開元禮》軍禮中規定對一系列神靈進行告祭，其中的昊天上帝、社稷、皇帝祖靈、齊太公、山川神在吉禮中於平時也受到祭祀，反映出這些神靈不僅在平時發揮作用，於王朝對外的征伐行動中也同樣發揮著重要作用[2]。關於神靈在軍事活動中的應用，《左傳》桓公二年條載：

> 冬，公至自唐，告於廟也。凡公行告於宗廟，反，行飲至，舍爵，策勳焉。禮也。

此外，《周禮·春官·大祝》載：

> 大師，宜於社，造於祖，設軍社，類上帝。

記載了出征之前對於鬼(告於祖)、神(類上帝)、祇(宜於社、設軍社)進行祭祀的必要性。其原因正如《白虎通義》所載：

> 王者將出，辭於禰，還格於祖禰者，言子辭面之禮，尊親之義也。……出所以告天何，示不敢自專也，非出辭反面之道也。與宗廟異義。[3]

---

〔1〕由於相關儀式較多，在此僅列舉其中一項，見《大唐開元禮附大唐郊祀錄》總目，汲古書院，1981年，7—9頁。

〔2〕事實上，吉禮中諸神的作用除軍禮外，還體現在嘉禮等儀式中，如《開元禮·嘉禮》《皇帝加元服》中就有告圜丘、告方澤、告宗廟等儀式。

〔3〕《白虎通疏證》卷五《三軍》，中華書局，1997年，203頁。

在宗廟所實施的告禮是"王者"作爲子以示尊親之義的"辭面之禮",而對於天則用來表示征伐行動中"不敢自專"。這段記載之後又有:

> 國必三軍何。所以戒非常,伐無道,尊宗廟,重社稷。

也就是説出征前舉行的一系列儀式是爲將自己軍事行爲所處的立場予以正當化的必然過程[1]。

對於山川(五嶽四鎮、四海四瀆)的祭祀也於平時一年一祭[2],於戰時則對於進行親征的皇帝車駕在途經路上三十里範圍内的山川,由所在州進行告祭[3]。雖然按照《開元禮》的設定,對於山川的告祭只在戰前進行,但從實際狀況來看,在戰後也有對山川告祀的情況[4]。

總的來説,將作爲日常維護王朝統治秩序來源的天地諸神置於軍事活動之中,是讓王朝所實施的充斥著暴力的軍事活動得以昇華的重要因素,也是發動戰爭正當性的理論依據所在。

此外,值得注意的一個儀式便是巡狩,這也是唯一一項既屬於吉禮,又屬於軍禮的儀式。這種複合型特質與巡狩所具有的雙重性質有直接關係。按照吉禮的巡狩規定:

> 五月南巡狩至於南嶽,如東巡狩之禮。八月西巡狩至於西嶽,如南巡狩之禮。十有一月北巡狩至於北嶽,如西巡狩之禮。歸格於宗禰,用特,如别禮。[5]

其中除對泰山的祭祀、望秩山川外,還有"肆覲東後"(接見刺史)及"考制度"(考察當地政績)的内容,分别實施於五、八、十一月(非每年),正所謂"巡所守也",所以

---

[1] 丸橋氏指出,告天的理由是"代行天罰",高廟出征時舉行的天、廟、社的告禮,最初起源各不相同,……戰時發動武力討伐的主將並非君主個人,而是天、地神、祖靈的旨意,討伐本身被看作"天罰",對地神、祖靈的告禮則體現了皇帝在征伐中"不敢自專"的身份和態度。見丸橋充拓《中國古代的戰爭與出征儀禮——〈禮記〉王制與〈大唐開元禮〉のあいだ一》,《東洋史研究》72-3,2013年,收入丸橋充拓《唐代軍事財政與禮制》,張樺譯,西北大學出版社,2018年。

[2] 《開元禮》卷三五《祭五嶽四鎮》載:"諸嶽鎮,每年一祭,各以五郊迎氣日祭之。"卷三六《祭四海四瀆》載:"凡四海、四瀆,每年一祭,各以五郊迎氣日祭之。"

[3] 《五禮通考》卷二三八《軍禮六·出師》引南宋真德秀語載:"王者之師,代天致罰,……必以其人所積之惡,所犯之罪可告於皇天后土,軍旅所至之地,所經過之山川,皆必致吾所以興師及彼不可不討之意,以告於神明。"

[4] 《舊唐書》卷一二五《張鎰傳》記載德宗建中三年(783)正月,隴右節度使張鎰與吐蕃尚結贊載清水結盟,其盟文載:"今二國將相受辭而會,齋戒將事,告天地山川之神,惟神照臨,無得愆墜。其盟文藏於郊廟,副在有司,二國之誠,其永保之。"(中華書局,1975年,3548頁)

[5] 《大唐開元禮附大唐郊祀録》卷六二《皇帝巡狩》,汲古書院,1981年,328頁。

《孟子·告子下》載:"天子適諸侯曰巡狩,諸侯朝天子曰述職。"而且,巡狩之際在山嶽祭祀天地以宣示"受命改制""告成於天",與封禪具有相似的吉禮性質[1]。

巡狩的軍事性主要來自兩方面。

一是巡狩與皇帝率軍親征在目的上有相同之處。如《禮記·王制》載周王在巡狩過程中有對不服從王權的勢力進行征伐以行使懲處之權,即所謂"革制度衣服者爲畔,畔者君伐"。而且巡狩與親征都需要皇帝本人離開首都,這就必然伴隨著護駕軍隊的調動,所以《禮記·王制》云:"王者將出,類於上帝,宜於社,造於禰。"天子外出,必載廟主、社主,此所謂"用命賞於祖,弗用命戮於社[2](《尚書·甘誓》)"。天子的活動一定興師動衆,此時就需要確定賞罰規則以約束軍隊,而社主陰,陰主殺,"社"的懲罰功能是天子出時要對社稷行祭祀的原因所在,即如孔安國所曰"親祖嚴社"。這與前文所述軍事征伐的做法相同。

二是巡狩本身還是一種對王朝軍事能力的宣示手段,如玄宗開元十一年(723)北巡狩並州,"振武耀威,並建碑紀德,以申永思之意"。以爲重置北都做準備[3]。而且巡狩也時常與皇帝畋獵以練兵的活動共同實施,帶有很强的軍事性[4]。這些都體現出巡狩是一個兼具吉禮和軍禮特性爲一體的複合型儀式。

齊太公廟也兼有吉禮和軍禮的特性。對於齊太公作爲武廟的官方祭祀始於唐代,並創新性的進入了國家禮典《開元禮》中,成爲於平時通過受祀武將的楷模示範作用警醒教育武將,於戰前出征之際則通過告禮授予用兵之謀的重要場所。

正如《左傳》成公三年條載"國之大事,在祀與戎",於王朝而言對於鬼、神、祇的祭祀性儀式(吉禮)與"和同"諸邦國的軍事性儀式(軍禮)都被視作國家的重大事情[5],從中也折射出兩者之間的密切聯繫。

---

[1] 李凱《先秦巡狩研究》第二章"先秦思想史上的巡狩觀念",北京師範大學出版社,2017年,171頁。又《舊唐書》卷二三《禮儀志三》載:"麟德二年二月,車駕發京,東巡狩,詔禮官、博士撰定封禪儀注。"巡狩與封禪的密切關係可見一斑。(中華書局,2002年,884頁)

[2] 清人陳立指出此亦是言天子巡狩之禮。《白虎通疏證》卷五《三軍》載:"《王制》曰:'王者將出,類於上帝,宜於社,造於禰。'禮王制注云:'類、宜、造,皆祭名。'春官大祝'六祈。一曰類,二曰造',是也。説文示部'類'作'禷','造'作'祰'。案此節是言天子巡守之禮,然其禮近,故亦得引之也。"(中華書局,1994年,203頁)

[3] 《唐會要》卷二七《行幸》:"十一年正月二日。發東都。北巡。二十五日。至並州,兵部尚書張説進言曰。太原是國家大業所起。陛下宜因行幸。振威耀武。並建碑紀德。以申永思之意。"(中華書局,2017年,520頁)

[4] 《舊唐書》卷四四《職官志三》載:"左右金吾衛之職,……從巡狩畋獵,則執其左右營衛之禁。"(中華書局,2002年,1901頁)

[5] 晉厲公三年(前578)三月,在晉的主導下討伐秦,此時對於宗廟、社稷實施行禮,代表周天子的劉康公、成肅公也出席了儀式。對於成肅公"受脤於社,不敬"的態度,劉康公批判道"國之大事,在祀與戎,祀有執膰,戎有受脤,神之大節也"。王學軍、賀威麗指出,這裏的"祀"意爲祭祀,但"戎"則並非軍事,而是指禮儀制度中的"軍禮"。只是或許由於《孫子兵法》及其相關注釋中將"戎"與"兵"等量齊觀,忽視了最初"國之大事,在祀於戎"的歷史背景和具體語境。王學軍、賀威麗《"國之大事在祀於戎"的原始語境及其意義變遷》,《古代文明》第6卷第2期,2012年4月。

二、五禮順序的變化

軍禮在五禮中的排序變化所體現出的一些特性也是我們需要關注的一個重要內容。五禮制度的任何變化，其背後都蘊含著王朝亦或當時人們對於五禮認知的異動，這其中五禮間順序的變動更是如此。《文獻通考》卷178《經籍考五》中引南宋晁公武云：

> 《周禮》爲本，聖人體之。《儀禮》爲末，聖人履之。爲本則重者在前，故《宗伯》序五禮，以吉、凶、賓、軍、嘉爲次。爲末則輕者在前，故《儀禮》先冠婚，後喪祭。

即《周禮》在爲五禮排序時採用"重者在前"的方法，依次爲吉、凶、賓、軍、嘉。自周以來，各時期禮典或儀注中五禮順序均有所不同，其變遷情況詳見下表《五禮篇目變化一覽表》(據《隋書》卷33《經籍志》史部儀注類、《舊唐書》卷46《經籍志上》乙部史類儀注類、《新唐書》卷58《藝文志二》乙部史類儀注類及禮典製作)。

表2 五禮篇目變化一覽表

	上奏時間	禮典(儀注)	篇　目
周		《周禮》	吉、凶、賓、軍、嘉
梁		梁儀注	吉、賓、凶、軍、嘉
陳		陳儀注	吉、賓、軍、嘉、凶
唐	太宗貞觀十一年(637)	《貞觀禮》	吉、賓、軍、嘉、凶、國恤
唐	高宗顯慶三年(658)	《顯慶禮》	吉、賓、軍、嘉、凶
唐	玄宗開元二〇年(732)	《大唐開元禮》	吉、賓、軍、嘉、凶
北宋	太祖開寶六年(973)	《開寶通禮》	吉、賓、軍、嘉、凶
北宋	英宗治平二年(1065)	《太常因革禮》	吉、嘉、軍、凶、廢禮、新禮、廟議
北宋	徽宗政和三年(1113)	《政和五禮新儀》	吉、賓、軍、嘉、凶
南宋	高宗淳熙十二年(1185)	《中興禮書》	吉、嘉、賓、軍、凶

從表中可以看出,唐雖然沿襲南朝陳的做法將凶禮從周以來的第二位移到最末位[1],但除此之外其餘四禮依然遵循了周形成的吉、賓、軍、嘉的順序。換句話說,自周以來的五禮順序中,除凶禮外,各朝代對於其餘四禮的排序都不存在爭議,原本因被認爲是性質接近而時常爲人們所相提並論的"吉凶",在唐代的五禮制度中成爲兩個互相對立的極端,這一理解爲後世所繼承。

對於賓禮始終位於軍禮之前,北宋王召禹《周禮詳解》卷17《春官宗伯》載:

> 先王以賓禮一天下,有不帥,則軍禮於是乎用矣。然則賓禮所以接外治,軍禮所以制外亂,而軍禮者所以待賓禮之變也,此軍禮所以次於賓禮。

賓禮與軍禮是皆以外部爲對象的禮儀,賓禮負責接待外部政務,而軍禮負責壓制外亂。當賓禮出現變故無法應對,則以軍禮應之進行鎮壓討伐,因此將軍禮置於賓禮之後,應該說王召禹對這一排序的理解很有道理,在我們理解賓禮和軍禮的内在聯繫時給予我們重要啓示。

北宋末編纂完成的《政和五禮新儀》也關注到五禮順序的歷代變化,在其卷首記載:

> 《周官》五禮以吉、凶、賓、軍、嘉爲序。自唐《貞觀》中,所列叙次與《周官》不同,《開元》因而不改,至本朝《開寶通禮》亦遵用之。

可以看出,北宋太祖朝編纂的《開寶通禮》依然沿襲了周以來的五禮順序。但此後,北宋破天荒地作出重大調整,將嘉禮改置於軍禮之前,這一做法意味著嘉禮的重要性得到了強調。究其原因或與冠禮受重視有關,非本文討論所涉,不作探討。到北宋末期的《新儀》,則又恢復到了周以來的"吉、賓、軍、嘉、凶"的排序,這當然與《新儀》是直接在《開寶通禮》的基礎上續修禮典有關[2]。總的來看,五禮的順序自周以來,除唐代對凶禮以及北宋前期對嘉禮的調整外,基本上十分穩定,體現了各時期對周制中五禮順序的認可,其中賓禮與軍禮的關係值得我們給予更多的關注。

---

[1] 由於北朝五禮制度的情況不明,無法判斷其對唐五禮順序的影響。關於《貞觀禮》以後對國恤禮予以刪除的討論,見吴麗娛《對〈貞觀禮〉淵源問題的再分析——以貞觀凶禮和〈國恤〉爲中心》,《中國史研究》2010年第2期;吴麗娛《終極之典——中古喪葬制度研究》上編第一章"從〈國恤〉到〈大唐元陵儀注〉",中華書局,2012年。

[2] 《宋史》卷九八《禮志一》,中華書局,2004年,2423頁。

對於五禮順序，杜佑在《通典》中提到自己的看法：

> 《通典》之所纂集，或泛存沿革，或博采異同，將以振端末，備顧問者也，烏禮意之能建乎。但前古以來，凡執禮者，必以吉凶軍賓嘉爲次。今則以嘉賓次吉，軍凶後賓，庶乎義類相從，始終無黷云爾。[1]

雖然國家頒佈了《開元禮》這樣的爲世人所廣泛讚譽的禮典，杜佑却並未完全遵循，而是按照"義類相從"的標準，在《通典》中重新採取了"吉、嘉、賓、軍、凶"的排序，在杜佑的理解中軍與凶的性質十分接近。由此折射出即便是在五禮順序這樣的大事上，在各方面調和平衡的基礎上完成的國家禮典也並不能代表當時所有高級知識分子對禮儀的認識這個側面。

三、五禮中部分儀式的歸屬變化

五禮之中的儀式並非完全一成不變，許多儀式都往往因爲不同時期人們的理解差異而發生調整變化，如部分儀式在五禮之間的歸屬長期變換不定。根據前引丸橋充拓氏整理的魏晉南北朝時期《禮志》所載五禮制度的框架[2]，射禮在三國至晉代爲嘉禮，到唐則爲軍禮，北宋末《政和五禮新儀》又爲嘉禮。顯然這種變化出自時人對射禮儀式認知的變化，但究根結底，這種變化與射禮的實際實施有著緊密聯繫。唐代射禮雖爲軍禮，但即便是高祖、高宗兩朝曾將其作爲賞賜戰利品的手段加以利用，藉助射禮來強化軍隊戰鬥力或選拔優秀將士的軍事目的始終並不明顯，更多的則是具有宣示新皇帝登基，體現天下太平等彰顯禮儀性和政治性的目的。從這一點看，《開元禮》在編纂初期便已經與實際狀況至少在一定程度上脫節了。自玄宗朝起，大射禮中的宴會內容得以加強，從而使得原本嚴謹的儀式變得充滿娛樂性，呈現出與前所截然不同的一面。北宋開始則更加重視射禮中"宴射"的一面，強調和合君臣、宗室關係的嘉禮性及外交功能的賓禮性雙重機能。這些都導致射禮在五禮系統之中的歸屬，長期在

---

[1]《通典》卷四一《禮一·沿革一·禮序》，1122頁。
[2] 丸橋氏所依據的《晉書》《宋書》《南齊書》《魏書》《五代史志》等《禮志》，雖然是後世王朝所編纂的，並不能完全將其視作當時的官方內容，但由於官方內容已佚失，所以其作爲可以依據的唯一參考，仍具有重要意義。

"軍事"與"和睦"之間搖擺[1]。射禮只是五禮之中變動較爲頻繁的具有代表性的一個案例,其餘類似儀式也有不少,如馬祭在唐《開元禮》、北宋前期《太常因革禮》中爲軍禮,但到北宋末期徽宗朝的《政和五禮新儀》中則被移入吉禮,其原因十分值得探討。

結語

通過上面的梳理,我們可以看出五禮制度雖然似乎各自獨立,但其實並非如此,其間彼此關係十分密切,各儀式系統有時協同發揮作用,有時内部儀式也會相互調整,甚至五禮順序這個大的方面也會産生變動。這一現象在魏晉南北朝至隋唐這一五禮制度從萌芽到發展成型的過程中尤爲明顯。從這一點來看,雖然梁滿倉氏曾指出五禮制度成熟於隋唐之前,但其並未指出所謂"成熟"的標準是什麽。而且從此後各時代不斷持續對五禮制度進行大刀闊斧的改革來看,或許梁氏的"成熟"改爲"成型"更爲妥當。

關於本文所指出的五禮制度中所存在的諸儀式關係的問題,目前已有不少學者注意到,如張文昌氏在探討唐宋禮書的編纂時就曾指出過個别儀式的歸屬問題[2],但尚未有學者將之作爲一個課題進行系統性論證討論,這也告訴我們雖然進入21世紀以來禮制研究得到了蓬勃發展,但仍處於初級階段,大量問題留待這一領域的學者予以重視和關註。

(王博,中國社會科學院古代史研究所、
敦煌學研究中心助理研究員)

---

[1] 王博《唐宋射禮的性質及其變遷》,《唐史論叢》2014年第5期。
[2] 張文昌《制禮以教天下——唐宋禮書與國家社會》第五章"唐宋禮典的性質",臺灣大學出版中心,2012年,297—317頁。

尚書刑部成立的魏齊因素
The Influence of the Northern Wei and Northern Qi Systems on the Establishment of the Shangshusheng-Xingbu

張　雨

摘　要：北朝後期新出現的根據職能相近原則歸併、整合尚書郎曹的制度邏輯，促使著尚書省機構緩慢調整。隋初繼承北周刑部中大夫之名而設置的刑部郎曹（屬都官尚書，隋唐之際曾一度改稱憲部郎，則沿自司憲中大夫之名），雖然從職掌上看是没問題的，但從司法政務集併角度看，却應視爲對北齊三公郎曹的繼承。同時，刑部曹地位也延續了舊制，低於都官曹。隨著隋初地方政務向中央集中，以及大理寺職能定位的模糊，造成掌刑法的子司——刑部曹地位隨之上升，並取代都官曹成爲頭司。這正是開皇三年將都官尚書改爲刑部尚書的原因。隱藏在這一變動背後的是，都官曹也由北齊時的監察機構重新成爲司法機構，負責管理徒隸。同時，此前原由左民郎曹（北魏、北齊屬度支尚書）所掌的良賤訴競之事也被集併入新的都官郎曹職掌中。魏晉南北朝時期分散的司法政務處理機制便被新的、統一的尚書刑部司法政務運行機制所取代。

關鍵詞：都官尚書；刑部尚書；政務集併

隋朝在建立之初，便"改周之六官，其所制名，多依前代之法"[1]，並於開皇二年（582）頒佈新令（《開皇令》）時[2]，已然確立了尚書省六尚書二十四司的體制。儘管這一制度被標榜爲"如漢之制"[3]，但實際上，其中僅有分置三十六尚

---
[1]《隋書》卷二八《百官志下》，中華書局，2019年，863頁。
[2] 王應麟《玉海》卷六五《詔令·律令上》："開皇元年冬十月戊子始行新律，二年七月甲午行新令。"廣陵書社，2016年，1275頁。
[3]《隋書》卷二八《百官志下》："尚書省，……凡三十六侍郎，分司曹務，直宿禁省，如漢之制。"864頁。

書侍郎(即尚書郎)或可稱爲是對漢制的模仿。至於隋初尚書郎曹之制,其實是將北周末年六官體制中六府二十四司的新組織架構[1],加諸北魏、北齊尚書省的制度實踐之上而形成的。此後不久,隋文帝於開皇三年"改度支尚書爲户(民)部尚書,都官尚書爲刑部尚書",並將尚書諸曹侍郎由正六品"加爲從五品"[2],由此奠定隋唐尚書省的基本結構。

爲理解隋唐尚書刑部及刑部四司(刑部、都官、比部、司門)體制產生的背景,筆者曾撰文探討這一變化的早期因素,試圖揭示南朝尚書三公、比部郎曹"主法制",都官郎曹"掌軍事刑獄"的制度內容及其演變過程,並在此基礎上思考都官尚書在魏晉南北朝司法政務運行機制發展過程中出現的意義及其局限:源於十六國制度實踐,而爲南朝宋所吸收設置的都官尚書,代表了尚書省發展的新因素,但這並未改變西晉以來呈零散態勢的司法政務運行機制[3]。因此,探討都官尚書向刑部尚書的轉變的實現,還要在北朝制度發展中去尋找新的線索。以下試述之。

一、都官、三公郎曹分掌司法政務在北魏後期的延續

北魏前期和後期的尚書省在組織形態上差異明顯,但都官、三公郎曹分掌司法政務的體制基本延續。

當然,無論是前期還是後期,史籍都未記載北魏都官郎曹的具體職掌。以前期而言,僅見《魏書》所載太武帝時,竇瑾任殿中、都官尚書,"典左右執法"[4]。筆者認爲這一記載宜理解爲殿中尚書、都官尚書職掌的並列表述,因此"執法"與都官郎曹職掌有關,但其實際內容難以詳知,或許與南朝宋都官郎曹兼掌刑獄而重在訊囚相關[5]。

不過,到了北魏後期至東魏,史傳中涉及都官郎曹職掌的事例有所增加。先來看肅宗朝(515—528)任都官尚書的封回:"靈太后臨朝,召百官問得失,群

---

[1] 拙文《尚書刑部成立的西魏、北周因素》,《國學學刊》2020年第3期,13—20頁。
[2] 《隋書》卷二八《百官志下》將此事繫於開皇三年四月詔左、右僕射各分掌三尚書事及十一月麗天下諸郡(參見同書卷一《高祖紀上》,開皇三年十一月甲午條,21頁)之間,882—883頁。尚書六曹,各置侍郎,"以貳尚書之職",諸曹侍郎並改爲郎,見於大業三年所定令(《大業令》),同前書卷二八《百官志下》,884頁。
[3] 拙文《從三公曹尚書到都官尚書:尚書刑部成立的早期因素》,《廈門大學法律評論》第34輯,廈門大學出版社,2022年,1—22頁。
[4] 《魏書》卷四六《竇瑾傳》,中華書局,2017年,1141頁。
[5] 拙文《從三公曹尚書到都官尚書:尚書刑部成立的早期因素》。

臣莫敢言。回對曰：'……頃來頗由長吏寬怠，侵剥百姓，盗賊群起。請肅刑書，以懲未犯。'太后意納之，而不能用。"[1]封回以都官尚書而建議"肅刑書，以懲未犯"，應與都官郎曹掌刑獄有關[2]。此職掌所涵蓋的内容，則可通過以下兩案來分析。《魏書·爾朱世隆傳》載：

> 此年(後廢帝中興二年，532)正月晦日，令、僕並不上省，西門不開。忽有河内太守田怙家奴告省門亭長云："今且(旦)爲令王借車牛一乘，終日於洛濱遊觀。至晚，王還省，將軍出東掖門，始覺車上無褥，請爲記識。"時世隆封王，故呼爲令王。亭長以令、僕不上，西門不開，無車入省，兼無車迹。此奴固陳不已，公文列訴。尚書都令史謝遠疑謂妄有假借，白世隆付曹推檢。時都官郎穆子容窮究之，……詰其虛罔……具以此對。世隆悵然，意以爲惡。未幾見誅。[3]

《北史·宋遊道傳》載：

> 魏安平王坐事亡，章武二王及諸王妃、太妃是其近親者皆被征責。都官郎中畢義雲主其事，有奏而禁，有不奏輒禁者。遊道判下廷尉科罪，(尚書令)高隆之不同，於是反誣遊道屬色挫辱己，遂枉考群令史證成之，與僕射襄城王旭、尚書鄭述祖等上言曰："……謹案：尚書左丞宋遊道……毀譽由己，憎惡任情。比因安平王事，……與郎中畢義雲遞相糾舉。又左外兵郎中魏叔道牒，……大將軍(按，指高澄)在省日，判'聽'。遊道發怒曰：'往日官府何物官府，將此爲例！'又云：'乘前旨格，成何物旨格！'依事請問，遊道並皆承引。……今依禮據律處遊道死罪。"是時朝士皆分爲遊道不濟。[4]

---

[1]《魏書》卷三二《封懿傳》附《封回傳》，848頁。
[2] 世宗朝(500—515)，撫軍將軍、朔州刺史楊椿"入除都官尚書，監修白溝堤堰。復以本將軍除定州刺史"。《魏書》卷五八《楊播傳》附《楊椿傳》，1407頁。嚴耕望認爲這是因爲北魏後期水部郎曹爲都官尚書下屬的緣故。見氏著《北魏尚書制度考》，"中央研究院"歷史語言研究所集刊》第18本，1948年，收入《嚴耕望史學論文集》，上海古籍出版社，2009年，138頁。南朝宋以來，水部即屬都官尚書，其說有理。又，太和十七年(493)遷都洛陽時，楊椿之兄楊播"參密謀焉。仍以左將軍與咸陽王禧，經始太極廟社殿庫。又修成千金堨，引瀔、洛二水以灌京師"。趙超《漢魏南北朝墓誌彙編》，《魏故使持節鎮西將軍雍州刺史華陰莊伯(楊播)墓誌銘》，天津古籍出版社，2008年，86頁。可見，楊椿擔任都官尚書，並非因爲擅長法律，而與其家通水利之學有關。
[3]《魏書》卷七五《爾朱彥伯傳》附《爾朱世隆傳》，1806—1807頁。"且"，《北史》卷四八《爾朱榮傳》附《爾朱世隆傳》作"旦"，中華書局，1974年，1771—1772頁。爾朱世隆卒於中興二年四月甲子，《魏書》卷一一《後廢帝紀》，331頁。
[4]《北史》卷三四《宋隱傳》附《宋遊道傳》，1273頁。參《北齊書》卷四七《酷吏·宋遊道傳》，中華書局，1972年，653—654頁。安平王元黃頭爲後廢帝子，傳附於《魏書》卷十九下《景穆十二王·章武王傳》，587頁。此事應在高隆之擔任尚書令後，參見《魏書》卷十二《孝靜帝紀》，武定二年(544)十一月甲申條，359頁；《資治通鑑》卷一五八，梁大同十年(魏武定二年)八月癸酉、九月甲申條後，中華書局，1976年，4923—4924頁。

穆子容審理田怗家奴論告一案,發生在都令史請示尚書令"付曹推檢"之後。由此可知,穆子容是由於擔任都官郎,職掌所在[1],故而負責此案。從"窮究""詰其虛罔"不難看出,所指正是拷掠鞫獄之事。這與安定王坐事逃亡後,都官郎中畢義雲"主其事"的内容相符,即將被征責諸人經奏或不奏收禁,並非斷獄。因爲後者是三公郎曹之職。

北魏建立尚書省之初,三公郎沿襲晉制掌律令、斷罪之事,參與"定律令,申科禁"。但所屬尚書曹不詳,或即如晉制爲吏部尚書所統,故道武帝天興元年(398)擬定制度時,由"吏部尚書崔玄伯總而裁之"[2]。雖然北魏太武帝之前尚書省存廢不常,且經歷了孝文帝改制的重大變動,但與都官郎曹掌刑獄一樣,三公郎曹掌斷罪、修律的職能[3],也延續了下來。

北魏後期三公郎曹掌斷獄,見於《崔鴻墓誌》:"尋除尚書三公郎中。大小以情,片言無爽。五流三就,各盡其宜。"[4]更詳細的情況,見於以下兩案:

延昌二年(513)春,偏將軍乙龍虎喪父,給假二十七月,而虎併數閏月,詣府求上。領軍元珍上言:"案《違制律》,居三年之喪而冒哀求仕,五歲刑。龍虎未盡二十七月而請宿衛,依律結刑五歲。"三公郎中崔鴻駁曰:"三年之喪,二十五月大祥。……或言二十七月,各有其義,未知何者會聖人之旨。龍虎居喪已二十六月,若依王、杜之義,便是過禫即吉之月。如其依鄭玄二十七月,禫中復可以從御職事。……既可以從御職事,求上何爲不可?若如府判,……理實未允。"下更詳辨。珍又上言:"……王、杜之義見敗者,晉武知其不可行故也。而上省……贊王,欲虧鄭之成軌,竊所未寧。更無異義,還從前處。"鴻又駁曰:"……喪事尚遠日,誠如鄭義。龍虎未盡二十七月而請宿衛,實爲匆匆,於戚之理,合在情責。……龍虎具列居喪日月,無所隱冒,府應告之以禮,遣還終月。……正如鄭義,龍虎罪亦不合刑,匆匆之失,宜科鞭五十。"[5]

---

[1] 所謂職掌所在,指並非因爲特殊命令而出現的臨時差遣。差遣如東魏時,畢義雲爲都官郎中,"性嚴酷,事多幹了。齊文襄作相,以爲稱職,令普勾偶官,專以車輻考掠,所獲甚多",及北齊河清二年(563),畢義雲累遷都官尚書後,"時武成酣飲終日,朝事專委侍中高元海,凡庸不堪大任。以(兼右僕射魏)收才名振俗,都官尚書畢義雲長於斷割,乃虛心倚仗"。《北史》卷三九《畢衆敬傳》附《畢義雲傳》,1427頁;《北齊書》卷四七《酷吏·畢義雲傳》,卷五六《魏收傳》,658、2034頁。

[2] 《魏書》卷二《太祖紀》,天興元年(398)十一月辛亥條,37頁。

[3] 北魏後期三公郎中掌修訂法律,見《北史》卷二四《封懿傳》附《封述傳》,900頁。參嚴耕望《北魏尚書制度考》,153—154頁。

[4] 趙超《漢魏南北朝墓誌彙編》,《魏故使持節鎮東將軍督青州諸軍事度支尚書青州刺史崔文貞侯(鴻)墓誌銘》,185—186頁。崔鴻,肅宗孝昌元年(525)卒,年四十八。傳附《魏書》卷六七《崔光傳》,1631—1632頁。

[5] 《魏書》卷一〇八之四《禮志四》,3048—3051頁。

神龜中(518—520),蘭陵公主駙馬都尉劉輝,與河陰縣民張智壽妹容妃、陳慶和妹慧猛,奸亂耽惑,毆主傷胎。輝懼罪逃亡。門下處奏:"各入死刑,智壽、慶和並以知情不加防限,處以流坐。"詔曰:"容妃、慧猛恕死,髡鞭付宮,餘如奏。"尚書三公郎中崔纂執曰:"伏見旨募若獲劉輝者,……案輝無叛逆之罪,賞同反人劉宣明之格。又尋門下處奏,以'容妃、慧猛與輝私奸,兩情耽惑,令輝挾忿,毆主傷胎。雖律無正條,罪合極法,並處入死。其智壽等二家,配敦煌爲兵'。天慈廣被,不即施行,雖恕其命,竊謂未可。……事必因本以求支,獄若以輝逃避,便應懸處,未有舍其首罪而成其末愆。流死參差,或時未允。門下中禁大臣,職在敷奏。昔邴吉爲相,不存闌甍,而問牛喘,豈不以司別故也。……案《律》,奸罪無相緣之坐。不可借輝之忿,加兄弟之刑。……既有詔旨,依即行下,非律之案,理宜更請。"尚書元修義以爲:"……明婦人外成,犯禮之愆,無關本屬。況出適之妹,豐及兄弟乎?"右僕射遊肇奏言:"臣等謬參樞轄,獻替是司,門下出納,謨明常則。至於無良犯法,職有司存,劾罪結案,本非其事。容妃等奸狀,罪止於刑,並處極法,準律未當。出適之女,坐及其兄,推據典憲,理實爲猛。又輝雖逃刑,罪非孥戮,募同大逆,亦謂加重。乖律之案,理宜陳請。乞付有司,重更詳議。"詔曰:"輝悖法亂理,罪不可縱。厚賞懸募,必望擒獲。容妃、慧猛與輝私亂,因此耽惑,主致非常。此而不誅,將何懲肅!且已醮之女,不應坐及昆弟,但智壽、慶和知妹奸情,初不防禦,招引劉輝,共成淫醜,敗風穢化,理深其罰,特敕門下結獄,不拘恒司,豈得一同常例,以爲通準。……崔纂可免郎,都坐尚書,悉奪禄一時。"[1]

以上兩案中的禮律歧義,兹從略。本節關注於案件的申報與裁決程序。將軍乙龍虎冒哀求仕一案,由領軍府元珍依律處以五歲刑後申上請裁,而被三公郎中崔鴻駁下。可見領軍府對於本府軍官有審斷之權,但府判還需要經尚書省詳檢是否與法令相應[2]。領軍元珍的判案雖以未允經律爲由被崔鴻駁回,但前者仍堅稱"更無異義,還從前處"。崔鴻認爲乙龍虎並非冒哀求仕,領軍府若據禮認爲其有錯,"告之以禮,遣還終月"即可。即便如鄭玄之義,龍虎也只需"科鞭五十",而不應重處五歲刑,故再次將府判駁回。雖然《魏書・禮志》並没有明載最後的判決,但應是以三公郎中駁下的意見爲斷[3]。這體現出尚書三公郎曹

---

[1] 《魏書》卷一一一《刑罰志》,3142—3144頁。參見同書卷五七《崔挺傳》附《崔纂傳》,1393頁。
[2] 南朝宋公文黄案式(關事儀)、符儀中有九卿以下官府上言尚書省請求"告報如所稱",而尚書省或奏(關)於皇帝(監國太子)稱"主者詳檢相應,請聽如所上",或直接下符稱"詳檢相應,令聽如所上處"者。拙文《南朝宋皇太子監國有司儀注的文書學與制度史考察》,《中華文史論叢》2015年第2期,35頁。北魏後期政務的申報裁決機制應與之類似。
[3] 楊華《論〈開元禮〉對鄭玄和王肅禮學的擇從》,羅家祥主編《華中國學》第1卷,華中科技大學出版社,2013年,23頁。

對上報案件具有斷決權。

而駙馬劉輝毆主傷胎一案，因受害人身份特殊，所以皇帝"特敕門下結獄，不拘恒司"。但在門下處奏、皇帝恩減之後，詔書行下，三公郎中崔纂却認爲案件處理有違律令，因而執奏。在他提出"非律之案，理宜更請"的意見後，尚書都省便進行集議。在綜合了崔纂和尚書元修義的意見後[1]，右僕射遊肇將集議結論上奏皇帝，但所述三點意見（劾罪結案，非門下之職，且處罪準律未當；出適之女，坐及其兄，乖律；募格加重）遭到詔書一一反駁，並導致崔纂被免官，在都坐（都省）集議的尚書皆"奪禄一時（季）"。從中不難看出，詔旨要經過尚書省，尤其是三公郎曹行下，反映了其所具有的執行（包括執奏）之權[2]。

總之，以上兩案正是北魏後期尚書省作爲宰相機構，處在司法政務運行的樞紐地位的體現，而三公郎曹的主要職掌，正是斷罪。除此之外，東魏末年所頒《麟趾格》中《三公曹》第六十六條曰："母殺其父，子不得告，告者死。"[3]從中亦可以看出，北魏後期三公曹"掌斷罪"是有格令依據的[4]。

那麼在當時的尚書省中，三公郎曹屬於哪一個尚書曹呢？在劉輝一案中，因尚書參與的是集議，故無需也無法對尚書元修義的身份作出進一步的判定，但北魏後期三公郎曹統於殿中尚書，應是可信的。如《魏書·刑法志》載延昌二年，尚書邢巒奏改《法例律》，允許五等列爵除名三年之後降等聽叙。其年，高仲賢兄弟等"坐弟季賢同元愉逆，除名爲民，會赦之後，被旨勿論"。邢巒奏稱："反逆坐重，故支屬相及。……且貨賕小愆，寇盜微戾，贓狀露驗者，會赦猶除其名。何有罪極裂冠，釁均毁冕，父子齊刑，兄弟共罰，赦前同斬從流，赦後有復官之理。依律則罪合孥戮，準赦例皆除名。……請依律處，除名爲民。"詔曰："死者既在赦前，……便可悉聽復仕。"[5]邢巒的尚書身份，據

---

[1] 元修義，名壽安，汝陽王天賜第五子，傳附《魏書》卷一九上《景穆十二王·汝陽王傳》，墓誌《魏故使持節侍中司空公都督冀瀛滄三州諸軍事領冀州刺史元（壽安）公墓誌銘》，見趙超《漢魏南北朝墓誌彙編》，190—192頁。修義，肅宗初爲秦州刺史，後征爲太常卿、都官尚書、殿中尚書、吏部尚書，正光五年（524）七月甲寅，兼尚書僕射，爲西道行台，率諸將西討。《魏書》卷九《肅宗紀》，282頁。因此無法確定，在集議劉輝一案時，元修義究竟是都官尚書還是殿中尚書。

[2] 《資治通鑑》卷一四九，梁天監十八年（魏神龜二年，519）："魏中尉東平王匡以論議數爲任城王澄所奪，憤恚，復治其故棺，欲奏攻澄。澄因奏匡罪狀三十餘條，廷尉處以死刑。秋，八月，己未，詔免死，削除官爵，以車騎將軍侯剛代領中尉。三公郎中辛雄案理匡，……未幾，復除匡平州刺史。"4654頁。參見《魏書》卷七七《辛雄傳》，1827—1828頁。

[3] 《魏書》卷八八《良吏·竇瑗傳》，2066頁。

[4] 神龜中，辛雄爲尚書三公郎，集議時自稱："雄久執案牘，數見疑訟，職掌三千，願言者六。"《魏書》卷七七《辛雄傳》，1828頁。《書·吕刑》："五刑之屬三千。"故"久執案牘""職掌三千"，均是三公郎曹掌刑斷之證。

[5] 《魏書》卷一一一《刑罰志》，3135—3136頁。

其本傳可知爲殿中尚書[1]。以殿中尚書奏改律文、對皇帝詔旨執奏,以及對廷尉斷案進行覆審,是其參與司法政務運行的主要內容(方式),正源於掌斷罪的三公郎曹從屬殿中尚書。這一統屬關係不同於南朝(屬吏部尚書),而爲北齊所繼承(見表1)。

表1 北齊《河清令》尚書統郎曹表[2]

尚書次第	郎曹次第
吏部尚書	統吏部(2)、考功、主爵
殿中尚書	統殿中、儀曹、三公(2)、駕部
祠部尚書	統祠部、主客、虞曹、屯田、起部
五兵尚書	統左中兵、右中兵、左外兵、右外兵、都兵
都官尚書	統都官、二千石、比部、水部、膳部
度支尚書	統度支、倉部、左民、右民、金部、庫部

二、北齊《河清令》與北朝司法政務運行機制的集併

北齊制度以《河清令》的頒佈爲標誌,可分爲前後兩期。尚書都官、三公郎曹的統屬關係雖然未變化,但兩者職掌却發生了比較明顯的變化。

北齊前期的都官尚書,以崔昂爲典型。墓誌記載了他在東魏末至北齊天保年間(550—559)的歷官和職任:

> 拜尚書左丞。理劇撥煩,名動朝列。俄兼度支尚書。能高優陟,時無横議。又

---

[1] 正始三年(506),邢巒以度支尚書出討徐兗,後以尚書行豫州事,"克懸瓠,斬白早生,擒齊苟仁等,俘蕭衍卒三千餘人"後,"遷殿中尚書,加撫軍將軍",至延昌三年卒。故知延昌二年時,邢巒即在殿中尚書任上。《魏書》卷八《世宗紀》,正始三年六月丁巳、永平元年(508)十月丁巳、十二月己未條,卷六五《邢巒傳》,242—247、1569—1574頁。前引楊椿擔任都官尚書前,爲朔州刺史,"在州,爲廷尉奏椿前爲太僕卿日,招引細人,盜種牧田三百四十頃,依律處刑五歲。尚書邢巒,據《正始別格》奏椿罪應除名爲庶人,注籍盜門,同籍合門不仕。世宗以新律既班,不宜雜用舊制,詔依寺斷,聽以贖論"。《魏書》卷五八《楊播傳》附《楊椿傳》,1407頁。事在永平元年十一月庚寅,楊椿率軍攻宿豫之後一段時間。同前書卷八《世宗紀》,247頁。可知邢巒同樣是以殿中尚書的身份參與楊椿盜種牧田案的裁決。

[2] 括號内爲郎曹所置郎中員額。其餘郎曹並置郎中一人,兹從略。《隋書》卷二七《百官中》,838—839頁。内"左民、右民",原作"左户、右户",係唐人諱改。參見中華書局點校本《北齊書》卷四三校勘記第8條,580頁。今據改。參拙文《唐宋間"子司"詞義轉換與中古行政體制轉型》,《中華文史論叢》2019年第3期,178頁。

敕攝都官事,以獄訟之重也。出兼太府卿。皇齊納禪,除散騎常侍兼大司農卿。以參禪代典禮,封華陽縣開國男,食二百戶。詔與朝士議定律令。仍受別旨,令相率約,部分裁綴,勤力居多。轉廷尉卿,敕典京畿詔獄。入爲度支尚書,轉(都)官,遷七兵,仍攝都官,遷中書令,猶攝都官,帶廣武太守,徙食濟北郡幹,(天保十年,559)兼尚書右僕射,仍便即正,俄遷兼焉。[1]

東魏末年,崔昂以尚書左丞兼度支尚書,更又以"獄訟之重",敕令其攝都官尚書事。中間因"出兼太府卿"等官,不在尚書,故未攝獄訟事。到了北齊天保初議定律令時,崔昂受別旨"令相率約,部分裁綴",出力頗多。此後轉廷尉卿,"入爲度支尚書,轉都官,遷七兵,仍攝都官,遷中書令,猶攝都官"。數年之間,歷官數任,却多攝都官尚書之職。這與其熟悉法律、刑獄之事關係密切。這反映出北齊前期都官職掌,沿襲北魏舊制未變,仍與刑獄相關。這與天保中,宋世軌爲都官郎中"執獄寬平,多所全濟"的記載相符[2]。

雖然目前尚未找到與北齊三公郎曹職掌相關的史料,但從前引《麟趾格》篇目,以及北齊初年對《麟趾格》的沿用來看[3],推測其沿襲北魏之制掌斷罪,亦應不至大錯。

但據《隋書·百官志》,北齊都官曹"掌畿内非違得失事",二千石曹"掌畿外得失等事"[4],而三公曹"掌五時讀時令,諸曹囚帳,斷罪,赦日建金雞等事"[5],與前面推斷不同。這源於《隋志》所載爲河清三年(564)頒令後的制度。雖然《隋書》載"後齊制官,多循後魏",但實際上北齊《河清令》在繼承魏制的前提下[6],仍然體現出不少新的變化。

就諸曹尚書之名而言,七兵尚書易名五兵尚書,正是《河清令》所改,因此遲

---

[1] 趙超《漢魏南北朝墓誌彙編》,《齊故祠部尚書趙州刺史崔公(昂)墓誌之銘》,433頁。括號内時間,據《北齊書》卷三〇《崔昂傳》,411頁。
[2] 《北史》卷二六《宋隱傳》附《宋世軌傳》:"世軌幼自修整,好法律。天保初,歷尚書三公、二千石、都官郎中,兼并州長史。執獄寬平,多所全濟。爲都官郎中,有囚事枉,將送,垂致法。世軌遣騎追止之,切奏其狀,遂免。"942頁。
[3] 關於北齊初年立法與《麟趾格》的情況,詳見樓勁《魏晉南北朝隋唐立法與法律體系》,中國社會科學出版社,2014年,35—37、296—315頁。
[4] 武平三年(577)七月戊辰,齊後主誅左丞相、咸陽王斛律光,"使二千石郎邢祖信掌簿籍其家。(左僕射祖)珽於都省問所得物,祖信曰:'得弓十五張,宴射箭一百,貝刀七口,賜槊二張。'珽又厲聲曰:'更得何物?'曰:'得棗子枝二十束,擬奴僕與人鬭者,不問曲直,即以杖之一百。'珽大慚,乃下聲曰:'朝廷已加重刑,郎中何可分雪?'及出,人尤其抗直。祖信慨然曰:'好宰相尚死,我何惜餘生!'"《北史》卷八《齊本紀下》、卷五四《斛律金傳》附《斛律光傳》,293、1971頁。
[5] 《隋書》卷二七《百官志中》,839頁。
[6] 嚴耕望指出,北魏後期尚書遷轉,以度支、都官、七兵、殿中、吏部爲序,與《隋書·百官志》北齊尚書次第相符。見氏著《北魏尚書制度考》,144—145頁。

至河清三年初，仍有七兵尚書封子繪[1]。而崔昂先後出任七兵尚書、五兵尚書的經歷，更反映了北齊前後期制度的繼承與變化[2]。就尚書八座體制而言，與北魏、南朝制度相比，北齊雖然仍保持祠部尚書與右僕射不並置的傳統，但却改變了在設置右僕射時，由其直接統領原屬於祠部尚書的郎曹，而是採取"祠部，無尚書則右僕射攝"（即右僕射攝祠部尚書事）的方式，確立了"録、令、僕射，總理六尚書事，謂之都省"，"六尚書，分統列曹"的内部組織架構[3]。這是對梁制以尚書令爲省主、"僕射副令"體制的吸收和發展[4]。

此外，北齊也繼續對尚書組織結構的調整方案進行探索，主要體現在北魏北齊尚書主客郎曹的分化與整合。《唐六典》叙主客郎中淵源時，引"後魏《職品令》：太和中，吏部管南主客、北主客，祠部管左主客、右主客。北齊《河清令》，改左主客爲主爵，南主客爲主客，掌諸蕃雜客事"[5]。嚴耕望認爲引文《職品令》中"祠部"當是儀曹之誤[6]，其説可從。但也不排除唐人所引"後魏《職品令》"並非原始文本，而是北齊初年改儀曹尚書爲祠部尚書後加以修訂的文本。進而，唐人所引《河清令》，重在記載郎曹名稱的改變，但實際上令文在改名的同時，還對郎曹統屬作出調整："改左主客爲主爵"[7]，並從屬祠部尚書改爲屬吏

---

[1]《齊故尚書右僕射冀州使君封公(子繪)墓誌銘》："河清二年，除儀同三司。三年，暫行懷州事。尋轉七兵尚書，仍換祠部。其年閏九月二十日遘疾終。"趙超《漢魏南北朝墓誌彙編》，424頁。按，《北齊書》卷二一《封隆之傳》附《封子繪傳》，不及墓誌銘詳細，306頁。《北齊書》卷四二《袁聿修傳》載其東魏末"兼尚書度支郎，仍歷五兵、左民郎中"，564頁。文中作"五兵"，應誤。《魏書》卷八五《文苑·袁躍傳》附《袁聿修傳》(2022頁)、《北史》卷四七《袁翻傳》附《袁聿修傳》(1718頁)載其魏末歷官皆甚簡略，無可對照。

[2] 見前引《崔昂墓誌》："(天保十年)兼尚書右僕射，仍便即正，俄遷兼焉。未幾，轉光禄勳，尋徙太常卿，假儀同三司，復除儀同三司，又兼御史中丞，以公事除名。徑年，授五兵尚書，復轉祠部。"天統元年(565)六月，崔昂卒於祠部尚書任上。趙超《漢魏南北朝墓誌彙編》，433—434頁。

[3]《隋書》卷二七《百官中》，838頁。

[4] 參見拙文《唐宋間"子司"詞義轉換與中古行政體制轉型》，179頁。

[5] 李林甫等撰、陳仲夫點校《唐六典》卷四《尚書禮部》，"主客郎中員外郎"條，中華書局，1992年，129、148頁。據校勘記，"祠部管左主"及"客爲主客，掌"五字，底本(正德本)原殘缺，整理者據近衛本校語及《通典》所載"後魏吏部管南主客，祠部管左主客。北齊改左主客爲主爵，南主客爲主客"(卷二三《職官五·尚書下》，中華書局，1988年，640頁)補。

[6] 嚴耕望《北魏尚書制度考》，151頁。嚴耕望還指出，至魏末將亡時，史籍所見主客郎極少，且頗有不冠南北左右爲稱者，故推測省四曹爲一，可能魏末已見其端。但正如其所使用的"未必然也"的表述，嚴耕望對上述論斷並不肯定，因爲《河清令》既然是將改左主客爲主爵，南主客爲主客，可見此前並非僅置一曹，應是史家省文之故。參見黎虎《漢唐外交制度史》，蘭州大學出版社，1998年，170頁。將主客郎中一析爲四(北、南、左、右主客郎中)是孝文帝太和二十三年復次《職令》(《職品令》)的結果。這應該是對西晉尚書郎曹分置的模仿。如《唐六典》引文北魏郎曹以"南主客、北主客"爲序，而照平元年(516)朝臣集議署名所見部分尚書郎曹次第(《魏書》卷一〇八之四《禮志四》，3068頁)來看，當以北、南主客爲宜，正與西晉次第完全相同。而且，將北南主客、左右主客分屬於不同尚書，也與西晉將北南、左右主客分爲兩組的作法有關。參見拙文《唐宋間"子司"詞義轉換與中古行政體制轉型》，表1《魏晉南北朝尚書郎曹變動表》，171—173頁；《從三公曹尚書到都官尚書：尚書刑部成立的早期因素》。

[7] 北齊尚書省主爵郎之名，雖然出現晚於北周六官主爵下大夫，但兩者應該皆是對北魏前期制度中主爵下大夫的繼承。俞鹿年《北魏職官制度考》，社會科學文獻出版社，2008年，65頁；拙文《尚書刑部成立的西魏、北周因素》。

部,同時改"南主客爲主客",並相應地由吏部改屬祠部(見表1),不過其職掌應未作大的改變。因此,從北齊主客郎"掌諸蕃雜客等事"、主爵郎"掌封爵等事"可推知,北魏後期所置四曹主客郎,形成了如下分工:北、南主客郎負責與北族、南朝聘使禮儀相關政務,而左、右主客郎負責與五等爵封贈、王國使者禮儀等相關政務〔1〕。北齊繼承了這一制度,並在政務集併的原則下,對主爵(左主客)、主客(南主客)歸屬做出了名實相符的調整。

當然,北齊制度至《河清令》爲之一變,也並非意味北齊前期對所繼承的北魏制度一無所改。如《河清令》所反映出來的以祠部尚書取代儀曹尚書,就發生在北齊之初,所以天保年間有銀青光禄大夫、判祠部尚書事王昕〔2〕。

以上討論了北魏後期至北齊時期都官、三公郎曹的職掌及其所屬尚書曹的變化情況。更值得注意的是:南朝所延續的司法政務分屬四郎曹處理(删定曹典定律令、三公曹主斷獄、比部曹掌律令、都官曹兼掌刑獄)的機制,在北魏後期已經簡化爲三郎曹。這源於北魏初年對西晉制度的模仿,故在一開始便已省去删定郎〔3〕,由三公郎兼掌斷罪、修律之事。至於都官郎曹,從北魏前期開始,職掌就已經由兼掌軍事、刑獄轉變爲只掌刑獄,因此較少看到其都官尚書參與軍事或征戰的記載〔4〕。儘管都官尚書仍沿襲南朝制度,統領水部郎曹,也會負責水利工程營造〔5〕,但其自身所包含的法官身份,也在進一步凸顯,故掌律令的比部郎曹也可能被劃歸都官尚書統領〔6〕。

隨著北齊《河清令》的頒佈,則又出現與司法政務裁決相關的法制、斷罪、刑獄等職掌被歸併入三公郎曹,都官郎曹轉變成爲畿內地區(鄴城近畿)監察部門的新變化。前引北齊三公曹職掌中,掌讀時令與斷罪是其因襲魏晉以來舊制基本未變的部分(當然也不排除中間有所變動,《河清令》在新的歷史條件下予以

---

〔1〕 前秦時有右主客郎,見《魏書》卷三三《李先傳》,875頁。按,嚴耕望指出,北魏南主客接待南朝聘使,故高選其才,於四曹中最爲劇要。故可知,北主客職在接待北方諸族之聘使。惟左右主客不知所掌,要皆不及南曹劇要。見氏著《北魏尚書制度考》,151—152頁。黎虎認爲,北魏遠效西晉制度,分設四曹主客郎,是其外交發展的需要,即與西晉立國相似,東西南北四方都需要發展外交關係。見氏著《漢唐外交制度史》,169頁。此説恐不準確。

〔2〕《北齊書》卷三一《王昕傳》:"(文宣)帝愈怒,乃下詔徙(昕於)幽州。後征還,除銀青光禄大夫,判祠部尚書事。"天保十年卒。416—417頁。

〔3〕 參見拙文《從三公曹尚書到都官尚書:尚書刑部成立的早期因素》。

〔4〕《資治通鑑》卷一五四,梁中大通二年(魏永安三年,530)正月"辛亥,魏東徐州城民吕文欣等殺刺史元大賓,據城反,魏遣都官尚書平城樊子鵠等討之"。4771頁。樊子鵠實際是以都官尚書兼右僕射,爲行臺,督軍討吕文欣。《魏書》卷一〇《孝莊紀》,永安三年正月辛丑條,312—313頁。

〔5〕 此外,左士郎亦屬於都官尚書。《河清令》改左士郎爲膳部郎,仍屬都官尚書。《唐六典》卷四《尚書禮部》,"膳部郎中員外郎"條,127頁。

〔6〕 北魏後期比部郎曹所屬,目前尚無法證實。但《河清令》確已改變了南朝比部郎與吏部尚書之間的統屬關係,形成都官尚書統比部郎的情況,這可能是對北魏後期制度的繼承。

重建的可能)[1]，而掌諸曹囚帳，則是在新的制度内容下，將都官掌刑獄之職移入三公曹的體現，是尚書郎曹分工的合理化調整，即筆者所謂的司法政務集併。這也是造成北齊尚書省中，唯有三公曹郎中與吏部郎曹一樣，均設置郎中二人的原因。

總之，儘管北魏時已經出現的尚書省政務分工合理化調整的趨勢在北齊《河清令》中被進一步擴大，尤其是司法政務的集併方面尤爲顯著，爲隋初刑部的出現提供了前提條件。但上述與司法政務運行機制相關的郎曹分屬不同尚書曹的體制尚未改變（殿中尚書統三公郎曹，都官尚書統都官、比部郎曹），司法政務運行機制有待於進一步整合。

三、隋朝尚書刑部的成立和司法政務運行機制的進一步集併

如筆者另文所述，西魏、北周制度影響及於隋唐者，決非微末。除了司勳、禮部、兵部、職方、刑部、司門、民部、工部諸名及職掌，皆直接來自西魏尚書省、北周六官制外，北周末年的六府二十四司新制則進一步爲隋唐尚書六部二十四司體制的出現提供了新的可能[2]。

但在組織結構上，六官體制畢竟與之前的三公九卿制和之後的三省六部制，可以説截然不同。因此，當隋文帝決定廢止六官，還依漢魏，重建天臺官儀之時，在很短時間内便恢復了尚書省體制。《隋書・高祖紀》載大定元年(581)二月甲寅（辛亥朔，四日甲寅），周静帝策楊堅爲相國，"以相國總百揆，去衆號焉。上所假節、大丞相、大冢宰印綬。隋國置丞相以下，一遵舊式"。於是，隋國建臺置官。至甲子(十四日)，楊堅受禪即位當日，遂任命了以尚書省官爲主體的新中央機構：

> 開皇元年(581)二月甲子，上自相府常服入宫，備禮即皇帝位於臨光殿。設壇於南郊，遣使柴燎告天。是日，告廟，大赦，改元。京師慶雲見。易周氏官儀，依漢、魏之舊。以柱國、相國司馬、渤海郡公高熲爲尚書左僕射兼納言，相國司録、沁源

---

[1] 比如東晉中期以後便已消失的二千石郎曹，在北魏後期被恢復（時尚未遷都），但職掌不詳（嚴耕望：《北魏尚書制度考》，161頁）。至《河清令》中，二千石郎曹職掌已從晉制掌賊盜變爲掌畿外得失。雖然仍與都官郎曹關係密切，但兩者的政務分工及其位次相鄰的制度邏輯已經完全不同於晉制。參見拙文《從三公曹尚書到都官尚書：尚書刑部成立的早期因素》。
[2] 拙文《尚書刑部成立的西魏、北周因素》。

縣公虞慶則爲内史監兼吏部尚書,相國内郎、咸安縣男李德林爲内史令,上開府、漢安縣公韋世康爲禮部尚書,上開府、義寧縣西元暉爲都官尚書,開府、民部中大夫、昌國縣西元巖爲兵部尚書,上儀同、司宗長孫毗爲工部尚書,上儀同、司會楊尚希爲度支尚書。[1]

恢復漢魏官儀,是少内史崔仲方的建議,發生在隋文帝受禪後召崔氏與高熲等討論正朔、服色事時[2]。這與《隋書·高祖紀》將恢復漢魏官儀繫於隋文帝受禪、即位、大赦、改元之後的記載方式一致,但從《禮志》所載來看,更新官名及相應職位任命,早在相關儀式之前便已論定,故在臨光殿即位儀上,已有禮部尚書進符命及祥瑞牒案、納言以聞、内史令宣詔大赦的環節[3]。

從隋國準舊式置丞相以下官來看,當時尚未決議恢復尚書省。因此崔仲方的建議從提出到落實,必然在甲寅至甲子這十日之内。系統性的官制轉換,完成地如此迅速,若沒有比較成熟的參照系,是不可能的。對於隋朝開國制度的設計者而言,消失僅僅四年的北齊尚書省舊制,是他們所能利用的首要資源[4]。

首先,隋初尚書次第說明隋制對北齊制度的模仿。前引隋文帝即位當日任命的六尚書,是以吏部、禮部、都官、兵部、工部、度支爲序,兼有北齊與北周制度因素的影響。比如吏部、禮部尚書之間,夾有内史令(中書令),符合北齊官品序列(内史監,從二品;吏部尚書、中書令、列曹尚書,第三品)[5],但其餘五部尚書,則是以勳官由高而低來排列的[6],因此也不同於元巖、孫毗、楊尚希三人前官在北周六官府中的次第[7]。應該說,此處的尚書次第未必反映鼎革之際尚

---

[1]《隋書》卷一《高祖紀上》,7—14頁。按,"民部中大夫"原文作"民部尚書",中華書局點校本校勘記指出,同書卷六二《元巖傳》作"民部中大夫",認爲是隋人諱改,唐史臣未回改,29頁。"司會"即"司會中大夫",見同前書卷四六《楊尚希傳》,1413頁。本紀或爲同前省略"中大夫"。

[2]《隋書》卷六〇《崔仲方傳》,1626頁。德運、服色之事,遲至開皇元年六月癸未始定,詔:"以初受天命,赤雀降祥,五德相生,赤爲火色,其郊及社廟,依服冕之儀,而朝會之服,旗幟犧牲,盡令尚赤。戎服以黃。"《隋書》卷一《高祖紀上》,15頁。

[3]《隋書》卷九《禮志四》:"周大定元年,靜帝遣兼太傅、上柱國、杞國公椿,大宗伯、大將軍、金城公熲,奉皇帝璽綬策書,禪位於隋。……椿等又奉策書進而敦勸,高祖再拜,俯受策,以授高熲;受璽,以授虞慶則。……有司請備法駕,高祖不許,改服紗帽、黃袍,入幸臨光殿。就閣内服袞冕,乘小輿,出自西序,如元會儀。禮部尚書以案承符命及祥瑞牒,進東階下。納言跪御前以聞。内史令奉宣詔大赦,改元曰開皇。是日,命有司奉册祀於南郊。"189—190頁。

[4] 陳寅恪指出,隋唐禮制與北齊人士有密切關係。見氏著《隋唐制度淵源略論稿》,生活·讀書·新知三聯書店,2001年,53頁。

[5]《隋書》卷二七《百官志中》,852頁。

[6]《舊唐書》卷四二《職官志一》:"勳官者,出於周、齊交戰之際。本以酬戰士,其後漸及朝流。階爵之外,更爲節級。周置上開府儀同三司、開府儀同三司、上同三司、儀同三司等十一號。"中華書局,1975年,1807頁。《周書》卷六《武帝紀下》,建德四年十月戊子,初置上柱國、上大將軍官,改開府儀同三司爲開府儀同大將軍,儀同三司爲儀同大將軍,又置上開府、上儀同官。中華書局,1971年,93頁。

[7] 司會爲天官府首曹,民部爲地官府首曹,司宗爲春官府首曹。王仲犖《北周六典》,中華書局,1979年,34、90、163頁。

書本身的次第,暗示了隋初剛剛恢復的尚書省體制,還處在"混亂"之中。此後經過一年多的調整,最終確立了以《開皇令》六尚書二十四郎曹三十六侍郎爲特點的嚴整有序的尚書省新體制,見表2。

表2 隋開皇二年尚書統郎曹表[1]

尚書次第	郎曹次第
吏部尚書	統吏部(2)、主爵(1)、司勳(2)、考功(1)
禮部尚書	統禮部(1)、祠部(1)、主客(2)、膳部(2)
兵部尚書	統兵部(2)、職方(2)、駕部(1)、庫部(1)
都官尚書	統都官(2)、刑部(1)、比部(1)、司門(2)
度支尚書	統度支(2)、民部(2)、金部(1)、倉部(1)
工部尚書	統工部(2)、屯田(2)、虞部(1)、水部(1)

隋初尚書省制度從"混亂"到有序的背後,恰表現出了對北齊尚書制度的參考。拋開居首的吏部尚書和新出之工部尚書不論,去比較梁[2]、北齊及隋開皇二年的尚書次第,便可得出如下結論:隋尚書以禮部、兵部、都官、度支爲次,不同於南朝度支、左民居前,都官、五兵居末的順序,而是對北齊尚書祠部、五兵、都官、度支次第的繼承。

其次,魏晉以來,尚書曹分置或五或六,這取決於尚書上省(都省)所置是左右僕射或僕射。因此,通常以祠部(儀曹)爲右僕射通職,兩者不並置。但至隋初頒佈《開皇令》,已確立"置令、左右僕射各一人,總吏部、禮部、兵部、都官、度支、工部等六曹事,是爲八座"的體制[3]。如前所述,這是對北齊都省"總理六尚書事"和置右僕射攝祠部尚書事制度的繼承和發展。同時,從制度層面看,隋初新制突破了尚書八座爲八員的職數限制,但在實踐層面,却隨著尚書令的長期不任命,實際並未突破八座體制。制度規定與實踐的不匹配,

---

[1]《隋書》卷二八《百官志下》,864頁。括號內爲郎曹所置侍郎員額。都官尚書所轄四司,至遲在開皇元年已形成(如隋文帝受禪後,張衡自掌朝大夫拜司門侍郎。開皇元年,高熲等人更定新律奏上,參與者有刑部侍郎韓浚、比部侍郎李諤。《隋書》卷五六《張衡傳》、卷二五《刑法志》,1568、787頁),開皇二年頒令,則是以法律的形式予以確認。

[2]《隋書》卷二六《百官志上》,801頁。參見拙文《唐宋間"子司"詞義轉換與中古行政體制轉型》,176頁。

[3]《隋書》卷二八《百官志下》,864頁。

與《開皇令》將南北朝以來尚書令"任總機衡"的"總統"職能轉變爲尚書省的"事無不總"有關[1]，也隱含著設計者的初心。這一初心很快落實在隋大興新城的城市政治空間之中：尚書都省遷出禁中，與下省所在合爲一處，職能也由宰相機構逐步向新宰相機構(三省制)下的政務匯總和執行機關轉變[2]。這也成爲唐代前期從制度上取消尚書令的先聲[3]。

不僅如此，隋初尚書省分曹，也明顯是根據北魏、北齊以來政務集併的原則，對北周、北齊官制進行整合的結果[4]。如吏部尚書所統，是在繼承北齊吏部、考功、主爵三曹的基礎上，增加北周夏官府司勳曹而成。禮部尚書所統，係整合北齊祠部、主客(屬祠部)、儀曹(屬殿中)、膳部(屬都官)而來。兵部尚書所統，是在北周夏官府兵部曹(對北齊五兵諸郎曹的合併)、職方曹基礎上，增加北齊駕部(屬殿中)、庫部(屬度支)曹而成。都官尚書所統，則是在繼承北齊都官、比部兩曹基礎上，整合三公曹(屬殿中，但改用北周秋官府刑部曹之名)[5]，以及北周地官府司門曹而成。度支尚書所統，只是將北齊原有的庫部曹調整至兵部尚書後，又將左、右民曹合而爲一形成的。工部尚書是在北齊祠部尚書所屬虞曹、屯田、起部(改用北周冬官府工部曹之名，並繼承了其首曹地位)的基礎上，增加水部曹(屬都官)而成。

隋初尚書省體制的確立，爲尚書刑部的形成奠定了基礎，但仍需進一步從都官、刑部兩曹的職掌演變，來考察開皇三年改都官尚書爲刑部尚書的原因。隋初都官郎曹，據《唐六典》掌"非違得失事"[6]。如果這個記載可靠的話，它應該是將北齊"掌畿内非違得失"的都官曹和"掌畿外得失"的二千石曹合併而成。隋初都官郎曹置侍郎二人，或與此有關。

---

[1]《宋書》卷三九《百官志上》，中華書局，2018年，1340頁；《隋書》卷二六《百官志上》、卷二八《百官志下》，801、864頁。

[2] 吳宗國《隋唐五代簡史》，福建人民出版社，2006年，39—41頁；雷聞《隋與唐前期的尚書省》，吳宗國主編《盛唐政治制度研究》，上海辭書出版社，2003年，69—71頁。

[3]《舊唐書》卷四二《職官志一》："《武德令》有尚書令，龍朔二年(662)省。自是正第二品無職事官。"1791頁。唐人亦言："今則以二丞相(即左、右僕射)、六尚書爲八座"，"國政樞密皆委中書，八座之官但受其成事而已。"《唐六典》卷一《尚書都省》，"尚書令"條，6頁。

[4] 雖然尚書之下分四郎曹，最早出現於梁制之中，但並不徹底(五兵尚書僅統中、外、都兵三曹，參見拙文《宋間"子司"詞義轉換與中古行政體制轉型》，176頁)，且南朝後期尚書分曹設置沿襲舊制，並未像北魏、北齊尚書省那樣按照政務集併的原則進行調整，因此不宜直接視爲隋唐制度的來源。參見吳宗國《隋唐五代簡史》，33頁。

[5]《唐六典》卷六《尚書刑部》，"刑部郎中員外郎"條，"後周秋官府有小刑部下大夫一人。隋初省三公曹，置刑部曹，掌刑法，置侍郎一人。煬帝除'侍'字，又改爲憲部郎，皇朝因之。武德三年改曰刑部郎中"。180頁。

[6]《唐六典》卷六《尚書刑部》，"都官郎中員外郎"條，"(北齊都官郎中)掌京師非違得失事，非今都官之任也。後周置秋官府，有司厲之職，掌諸奴男女。男子入於罪隸。女子入於春稾之事，蓋比今都官郎中之任也。隋初，置都官侍郎二人，猶掌非違得失事。開皇三年，改都官尚書曹曰刑部，其都官郎曹遂改掌簿錄配没官私奴婢，並良賤訴競、俘囚之事"。192頁。

另如前引《唐六典》將刑部郎中的淵源追述爲北周秋官府小刑部下大夫和北齊三公曹,並將隋初刑部曹職掌表述爲"掌刑法"。但從司法政務集併的視角來觀察,北齊三公郎曹已經整合了五時讀時令、諸曹囚帳、斷罪、赦日建金雞等事等職掌,爲即將出現的刑部司奠定了基礎。反觀北周官制中,在秋官府"掌刑邦國"的大司寇卿之下,不僅有掌刑罰、附民罪的司憲、刑部中大夫[1],還有掌奴男女及徒隸的司厲中士(屬於掌朝下大夫)和司隸下大夫[2]。從司法政務運行機制來看,仍是由四個機構分掌斷罪、刑獄。這與前文所論北朝以來尚書省的發展趨勢並不相符。可以説,隋初繼承北周刑部中大夫之名而設置的刑部曹(隋唐之際,曾一度改稱憲部郎,則沿自司憲中大夫之名),雖然從職掌上看是沒問題的,但從司法政務集併角度看,却應視爲對北齊三公郎曹的繼承[3]。

北齊都官、二千石郎分掌畿内外得失事,是東漢以來尚書機構擁有一定的監察權,從上省向下省延伸,落實在郎曹層面的反映。胡寶華認爲,尚書機構作爲行政機構,擁有監察權,從制度上説是不合理的,而且也對作爲監察機構的御史臺形成衝擊。不過,從另一方面説,官僚體系内部各部門都應受到他者的監察。這樣,在保障御史臺具有相對獨立的監察權的同時,又完善對御史臺的監察,應該是制度發展的一個合理化趨勢。開皇三年四月詔:"尚書左僕射,掌判吏部、禮部、兵部三尚書事,御史糾不當者,兼糾彈之。尚書右僕射,掌判都官、度支、工部三尚書事,又知用度。"[4]胡氏認爲這是監察制度上有意義的變化出現的轉捩點。新制度保留了尚書機構對御史臺的監察,避免出現没有其他機構監察的情況。從"御史糾不當者,兼糾彈之"來看,只有當御史失職的時候,尚書省纔有糾彈之權。言外之意就是在御史臺正常行使監察權時,尚書省不得加以干涉。從此,多元的監察系統最終消失,監察權終於統歸御史臺掌握[5]。值得

---

[1] 司憲中大夫,《唐六典》《通典》皆將其視爲御史中丞之任,同時以司憲上士、中士、下士分别對應治書侍御史、侍御史、監察御史。《唐六典》卷一三《御史臺》,378—381頁;《通典》卷二四《職官六·御史臺》,665—674頁。但從兩書所載司憲中大夫"掌丞司寇之法,以左右刑罰""掌司寇之法,辨國之五禁"來看,它與御史中丞職任不同,而應視作與刑部中大夫分掌刑罰之事。故令狐整、劉志任司憲、刑部中大夫,皆有"處法平允""執法平允"之譽。《周書》卷三六《令狐整傳》、《裴果傳》附《劉志傳》,643、649頁。參見《大隋使持節上柱國德廣郡開國公李使君(和)之墓誌銘》,李和爲司憲,"篤志平反,留情報讞,同景興之寬恕,有君達之哀矜"。另,《隋翊師大將軍儀同三司大内史大納言扶風郡太守護澤公(寇顒)之墓誌銘》:"遷掌朝下士,其任則御史之職,於是糾察非違,朝儀肅穆。"可見,應以掌朝下大夫諸職對應御史之任。參見王仲犖《北周六典》,407、414頁。

[2] 《通典》卷三二《職官十四·司隸校尉》:"後周有司隸下大夫,掌五隸及徒者,捕盗賊囚執之事,屬大司寇。"883頁。黄惠賢認爲,司隸下大夫是司法獄吏性質的官員,並不同於司隸校尉,見氏著《中國政治制度通史》第四卷《魏晉南北朝》,人民出版社,1996年,289頁。其説可從,故本文將司憲視爲與司厲一樣的掌刑獄之官。

[3] 參見拙文《新出唐胡演墓誌與初唐司法政務》,《中華文史論叢》2013年第3期,164—170頁。

[4] 《隋書》卷二八《百官志下》,882頁。

[5] 胡寶華《唐代監察制度研究》,商務印書館,2005年,1—18頁,尤其是17頁。

注意的是,開皇三年四月的這次調整,恰恰在隋文帝改都官尚書爲刑部尚書之前不久。因而開皇三年對都官郎曹職掌進行調整,不僅是尚書刑部成立的一部分,也應該是配合著監察權統歸於御史臺的一個舉措。從此,作爲尚書刑部子司的新都官曹"遂改掌簿録配没官私奴婢,並良賤訴競、俘囚之事"。

如果仔細對照都官郎曹的新職掌與北周司厲、司隸的職掌,就會發現兩者制度内容並不完全一致,即"良賤訴競"並不能在司厲、司隸職掌中得到體現。那麽,這一職掌又來自何處?《魏書·刑罰志》載:

> (延昌)三年(514),尚書李平奏:"冀州阜城民費羊皮母亡,家貧無以葬,賣七歲子與同城人張回爲婢。回轉賣於鄃縣民梁定之,而不言良狀。案《盜律》:'掠人、掠賣人、和賣人爲奴婢者,死。'回故買羊皮女,謀以轉賣。依律處絞刑。"詔曰:"律稱和賣人者,謂兩人詐取他財。今羊皮賣女,告回稱良,張回利賤,知良公買。誠於律俱乖,而兩各非詐。此女雖父賣爲婢,體本是良。回轉賣之日,應有遲疑,而決從真賣,於情不可,更推例以爲永式。"[1]

引文後還有集議環節和最終判決的情況,茲從略。費羊皮賣女葬母一案,是由冀州處罪之後上報的死刑案件[2]。經由尚書上奏後,詔書以爲"於情不可",更命集議,並"推例以爲永式"。儘管《刑罰志》没有明言李平所任尚書曹名,但據其歷官分析,李平時任度支尚書[3]。度支尚書奏處良賤訴競之事,應當與南朝"掌户籍,兼知工官之事"左民郎曹(屬左民尚書)[4],在北魏後期、北齊改爲度

---

[1]《魏書》卷一一一《刑罰志》,3137頁。
[2] 太保、高陽王元雍在集議中,提及"州處張回,專引《盜律》"。《魏書》卷一一一《刑罰志》,3138頁。故知此是冀州上報的死刑案件。
[3]《魏書》卷六五《李平傳》:"征(平東將軍、相州刺史李平)拜長兼度支尚書,尋正尚書,領御史中尉。(永平元年八月癸亥)冀北刺史、京兆王愉反於信都,(乙丑)以平爲使持節、都督北討諸軍事,鎮北將軍、行冀州事以討之。……(九月癸卯)冀州平,……征還京師,以本官領相州大中正。平先爲尚書令高肇、侍御史王顯所恨,後顯代平爲中尉,平加散騎常侍。顯劾平在冀州隱截官口,肇又扶成其狀,奏除平名。延昌初,詔復官爵,除其定冀之勳。前來良賤之訟,多有積年不決。(二年閏二月癸卯)平奏不問真僞,一以景明年前爲限,於是争訟止息。武川鎮民饑,鎮將任款請貸未許,擅開倉賑恤,有司繩以費散之條,免其官爵。平奏款意在濟人,心無不善,世宗原之。遷中書令,尚書如故。肅宗初(515),轉吏部尚書,加撫軍將軍。"1578—1579頁。按,括號内時間,據同書卷八《世宗紀》,246、254頁。"延昌初,詔復官爵",應當復其"以本官領相州大中正"之本官,即度支尚書(張金龍認爲,延昌初李平重新擔任的是御史中尉。見氏著《北魏政治史》第8册,甘肅教育出版社,2008年,193頁。此説應誤)。此後,李平遷中書令,仍兼任度支尚書。直至肅宗初,轉吏部尚書。這與李平此後奏定良賤之訟的時限,和奏原鎮將擅開倉賑恤饑民兩事相符。故知延昌三年,奏處費羊皮案時,李平所任即度支尚書。
[4]《唐六典》卷三《尚書户部》,"户部尚書"條,"東晉及宋、齊並置左民尚書,梁、陳並置左户尚書,並掌户籍,兼知工官之事。後魏、北齊有度支尚書,亦左民、左户之任也。"63頁。梁、陳所置亦應爲左民尚書,作"户"者,是唐初修史諱改。參見王鳴盛《十七史商榷》卷六〇,黃曙輝點校,上海古籍出版社,2013年,774頁。

支尚書所領諸曹之一有關[1]。由此可知,開皇三年改都官尚書爲刑部尚書的同時,將"良賤訴競"之事,歸於刑部尚書所統之都官曹所掌,也是職能歸口、政務集併的一個表現。

從上述討論可知,隋初尚書刑部及刑部四司體制的確立,與魏齊以來司法政務運行機制集併化趨勢有直接關係。但政務集併未必導致尚書曹頭司的變化。以北齊三公郎曹爲例,雖然已經基本完成了相關司法政務的歸併整合,但却並非頭司,甚至在殿中尚書所統郎曹中位置靠後。其中的原因,恐怕不能僅從尚書郎曹内部職掌的調整變化分析,需要著眼於南北朝隋唐之際國家政務重心的變化及其運行機制的變遷。

綜括言之,開皇三年之所以將作爲子司的刑部曹升爲頭司,以取代都官曹[2],原因不外乎以下三點:

一、西魏尚書省、北周六官府體制的影響。關於此,筆者另文已述,兹不具[3]。

二、南北朝以來府省並行體制廢止的影響。"府省"一詞,見於南北朝史籍[4],是府寺臺省諸機構中與政務運行關係最密切者[5]。本文所謂"府省並行",所指應如隋人劉炫所論,"齊氏立州不過數十,三府行臺,遞相統領,文書行下,不過十條"[6]。隋朝建立後,三公府及其僚佐便被省廢,全國政務便直接匯總至尚書省處理,所謂"朝之衆務,總歸於台閣"[7]。這與改都官尚書爲刑部尚書的時間相近。不難得知,隨著隋朝初年一系列加強中央集權舉措的落實[8],地方司法政務也需申報至尚書刑部曹處理。雖然由於隋代文獻保存不佳,有關隋《獄官令》的詳細規定無從得知,但從唐代相應規定來看,所有的徒以上罪都需要匯總至尚書刑部司覆審或裁决[9]。隋初刑部曹的情况亦應相當,故有開

---

[1] 北齊左民曹"掌天下計帳、户籍等事"。《隋書》卷二七《百官志中》,839頁。
[2] 《通典》卷二三《職官五·刑部尚書》:"開皇三年,改都官爲刑部尚書,統都官、刑部、比部、司門四曹。"644頁。這與早就形成的頭司與本曹尚書名一致的體制是不符合的,應誤。
[3] 參見拙文《尚書刑部成立的西魏、北周因素》。
[4] 《魏書》卷九三《恩倖·茹皓傳》,肅宗時,"皓既宦達,自云本出雁門,雁門人諂附者乃因薦皓於司徒,請爲肆州大中正。府、省以聞,詔特依許",2169頁。《北史》卷五五《房謨傳》:"征爲丞相右長史,……神武討關右,以謨兼大行臺左丞,長史如故,總知府省事。天平三年(536),行定州事",1992頁。《北齊書》卷四二《袁聿修傳》,武平中(570—576),自信州刺史解代"還京後,州民鄭播宗等七百餘人請爲立碑,斂縑布數百匹,托中書侍郎李德林爲文以紀功德。府省爲奏,敕報許之。尋除都官尚書,仍領本州中正",565頁。
[5] "府寺臺省",見《魏書》卷一四《神元平文諸帝子孫·高涼王孤傳》附《元子思傳》,411頁。
[6] 《隋書》卷七五《儒林·劉炫傳》,1930頁。參見拙文《南北朝三公府在政務運行中的作用與漢唐間政治體制的轉型》,《中國史研究》(韓國)第84輯,2013年,74—77頁。
[7] 《隋書》卷二八《百官志下》,863—864頁。
[8] 吴宗國《隋唐五代簡史》,36—37頁。
[9] 拙文《大理寺與唐代司法政務運行機制轉型》,《中國史研究》2016年第4期,81—83頁。

皇三年,隋文帝"因覽刑部奏,斷獄數猶至萬條。以爲律尚嚴密,故人多陷罪。又敕蘇威、牛弘等,更定新律"的記載[1]。應該說,如此多的司法政務需要刑部曹來處理,必然導致其地位的上升。這就與都官尚書下以都官曹爲頭司的體制產生了矛盾。

三、正在形成中的尚書省-寺監體制的影響。隋初從北齊《河清令》體制中繼承了大理寺,但受制於魏晉以來尚未理順的尚書省-寺監體制[2],在改置刑部尚書之前,還發生了"議置六卿,將除大理"的討論。雖然在北齊舊臣盧思道的建議下[3],大理寺被保留了下來,但在提升刑部曹爲頭司的同時,却"罷大理寺監、評及律博士員,加置正爲四人"[4]。隋初大理寺置正、監、評三官各1人(正六品下階),司直10人(從五品下階),律博士8人(正九品上階)[5]。因此,開皇三年雖加置正爲4人,但大理寺官仍大幅減少。這應該是此前"將除大理"討論的延續,反映了此時大理寺職能定位的模糊,由此導致設官員額的減少[6]。大理寺官的減少,進一步強化了尚書刑部曹在隋初司法政務運行機制中的地位[7]。

四、結語

雖然限於史料的不足征,對於南北朝時期三公、都官等涉及司法政務運行的尚書郎曹職掌及其演變的討論,只能借助於史傳碑刻中零星的記載,但也可爲我們勾勒出來一個大體的制度脉絡。而這一脉絡之中最突出的,就是北朝後期新出現的根據職能相近原則進行歸併、整合尚書郎曹的制度邏輯,從而促使

---

[1] 《隋書》卷二五《刑法志》,788頁。
[2] 拙文《唐宋間"子司"詞義轉換與中古行政體制轉型》,164—166頁。
[3] 《隋書》卷五七《盧思道傳》,1579頁。參見拙文《〈切韻〉成書緣起與長安論韻時間再探》,《唐史論叢》第26輯,三秦出版社,2018年,223—225頁。
[4] 《隋書》卷二八《百官志下》,883頁。
[5] 《隋書》卷二八《百官志下》,867、876頁。
[6] 隋煬帝時增大理正爲6人,置司直爲16人,降爲從六品,後加至20人,"掌承制出使推覆,若寺有疑獄,則參議之",並復置評事48人,"掌頗同司直,正九品",《隋書》卷二八《百官志下》,889頁;《通典》卷二五《職官七·諸卿上》,712—713頁。大業年間大理官員額的大幅增加,亦可反映此前寺内人少事多的狀況。
[7] 至開皇十二年,隋文帝又試圖讓大理寺成爲尚書刑部的輔助機構,用以案覆諸州死罪。《隋書》卷二《高祖紀下》載開皇十二年八月甲戌制:"天下死罪,諸州不得便決,皆令大理覆治。"卷二五《刑法志》載作:"(開皇)十二年,帝以用律者多致踳駁,罪同論異。詔諸州死罪不得便決,悉移大理案覆,事盡然後上省奏裁。"41、790頁。史志未記載這種體制的實施效果,但從三年之後,又制"死罪者三奏而後決"來看,極有可能廢止了大理寺覆治諸州死罪的體制,原因應當是解決上述機制極易出現的刑獄稽滯的弊端。因爲從唐前期制度來看,死罪覆奏是尚書刑部司職掌,且不存在大理寺審核(或重審)地方死刑案件的制度。參見拙文《大理寺與唐代司法政務運行機制轉型》,83頁。

尚書省機構持續而緩慢的調整。

北魏後期至北齊時期，不僅兼掌軍事、刑獄的都官郎曹被調整爲只掌刑獄，進而都官所掌的刑獄之事又被集併入《河清令》三公郎曹的職掌中。此外，魏晉以來，與司法政務相關的斷罪、五時讀時令、赦日建金雞等事也繼續由三公郎曹所掌。這就在職能上爲隋唐刑部郎曹及尚書刑部的成立提供了前提條件。同時，西魏大統十二年的尚書省和北周六官府的實踐，也成爲隋初刑部尚書及其四司體制的來源之一。這樣，當隋文帝決定廢止六官，還依漢魏之時，新的、作爲六部之一的都官尚書就明顯地體現出因襲北齊和北周舊制的雙重背景。

隨著隋初地方政務向中央集中，以及大理寺職能定位的模糊，造成都官尚書下掌刑法的子司——刑部曹地位隨之上升，並取代都官曹成爲頭司。這正是開皇三年將都官尚書改爲刑部尚書的原因。在都官曹降爲子司，並發生職能轉換——由北齊時的監察機構重新回歸爲司法機構，負責管理徒隸——的同時，原來由左民郎曹（北魏、北齊屬度支尚書）所掌的良賤訴競之事也被集併入新的都官郎曹職掌中。魏晉南北朝時期分散的司法政務處理機制便被新的、統一的尚書刑部司法政務運行機制所取代。

（張雨，中國政法大學法律古籍整理研究所副教授）

論唐代宿州之成立

On the Establishment of Suzhou(宿州)

沈國光

摘　要：唐代宿州初設於元和四年正月，初領符離、蘄、虹三縣，治符離，至九年再領臨涣，是一个兼具經濟與軍事雙重職能的政區。埇橋一直是運河上的一個重要碼頭。經劉晏改革而設置巡院後，埇橋承擔起了大量財政徵收與財貨轉運的經濟職能。與此同時，在中唐藩鎮林立的政治格局中，汴渠一綫一直受到淮西與淄青兩個藩鎮的侵擾，爲了保障漕運以及切斷淮西與淄青的勾結，憲宗在元和四年設置了宿州。淮西平定以及刺史的貪墨，以致於唐廷在崔群的建議下撤銷了宿州。自此之後，埇橋一帶的汴河歸武寧軍節度使管轄。王智興趁驅逐崔群之機，得以控制埇橋。直至崔珙任節度使後，穩定了徐州的驕兵，唐廷藉機再次成立宿州，並將埇橋設爲州治。直至王式臨徐，肢解了徐州的兵卒，降徐州爲團練使，並設置了宿泗觀察使。但不到一年的時間，爲了招募武寧軍餘部以赴邕州平叛，徐泗濠宿諸州再次歸一團練使統轄。在龐勛之亂中，宿州不僅成爲龐勛獲得戰略物資之地，同時也成爲徐軍與唐廷最重要的拉鋸之所。可以説，唐代宿州的命運與漕運以及徐州的軍事動向密切相關，是帝國東部政治地理格局變動中重要的一環。

關鍵詞：宿州；埇橋；汴渠；武寧軍；龐勛之亂

《舊唐書·地理志》載：

---

* 本文爲 2018 年國家社科基金重大項目"魏晉隋唐交通與文學圖考"（批准號：18ZDA247）的階段性成果之一。

> 宿州上，徐州之符離縣也。元和四年正月敕，以徐州之符離置宿州，仍割徐州之蘄、泗州之虹。九年，又割亳州之臨渙等三縣屬宿州。大和三年，徐泗觀察使崔群，奏罷宿州，四縣各歸本屬。至七年敕，宜準元和四年正月敕，復置宿州於埇橋，在徐之南界汴水上，當舟車之要。其舊割四縣，仍舊來屬。[1]

《舊唐書》詳述唐代宿州之興廢沿革，其中有三點需要說明。其一是宿州的屬縣問題。引文中"仍割徐州之蘄、泗州之虹。九年，又割亳州之臨渙等三縣"句讀疑誤，造成元和九年（814）又割三縣屬宿州之感。《舊唐書·地理志》"亳州"條下所列諸縣，唯"臨渙"下有稱"元和九年，割屬宿州"[2]。《唐會要》亦明載"元和九年五月敕：'亳州臨渙縣宜割屬宿州'"[3]。又，上引文中後稱"四縣各歸本屬""其舊割四縣"云云。即元和九年始，宿州領符離、虹及臨渙四縣。實則，"三縣屬宿州"，通上蘄、虹二縣而言。中華本標點不妥，當作："仍割徐州之蘄、泗州之虹，九年又割亳州之臨渙等三縣屬宿州。"[4]其二是宿州的廢置時間問題。引文稱太和三年（829），因徐泗觀察使崔群之奏，唐廷罷宿州。《太平寰宇記》同此說[5]。前彥已發現《唐會要》中崔群奏罷宿州的時間是長慶元年（821）三月，而崔群任徐泗節度使的時間正好是元和十五年九月至長慶二年三月[6]。可補充的是，太和三年二月時，崔群已由兵部尚書出任荊南節度使，至太和四年又檢校右僕射兼太常卿[7]。因此宿州之廢絕無可能在太和三年，當在長慶元年。其三，宿州復置時臨渙縣的歸屬問題。據《舊唐書·文宗紀下》載，太和七年復置宿州時，"割徐州符離縣蘄縣、泗州虹縣隸之"[8]，但未及臨渙。《唐鄭州原武縣令京兆王公墓誌銘并序》稱誌主在大中年間"初任宿州臨渙縣主簿，三年佐理，闔境安寧"[9]，知大中時期臨渙確屬宿州。臨渙當是如《舊唐書·地理志》所言，在太和七年再次從亳州割屬宿州，《舊唐書·文宗紀》所載有脫漏。據以

---

[1]《舊唐書》卷三八《地理志一》，中華書局，1975年，1448—1449頁。
[2]《舊唐書》卷三八《地理志一》，1438頁。
[3]《唐會要》卷七〇《州縣改置》，上海古籍出版社，1991年，1482頁。
[4]《太平寰宇記》對宿州沿革的記載較《舊唐書·地理志》相對準確。"宿州"條下稱"（元和）九年又割亳州之臨渙屬焉"，又"亳州"條下稱"一縣割出，臨渙（入宿州）"。但《太平寰宇記》前後記載不一。"臨渙"條下稱"太和元年隸宿州"，不知何據，當以元和九年爲是。見樂史《太平寰宇記》卷一二"亳州"條、卷一七"宿州"條，王文楚等點校，中華書局，2007年，230、326、332頁。
[5]《太平寰宇記》卷一七"宿州"條，326頁。
[6]《唐會要》卷七〇《州縣改制》，1487頁；《舊唐書》卷一六《穆宗紀》，481、496頁。治唐代沿革地理之學者對此已有論斷。可參看郭聲波《中國行政區劃通史·唐代卷》，復旦大學出版社，2017年，388頁。
[7]《舊唐書》卷一七上《文宗紀上》、卷一七下《文宗紀下》，531、536頁。
[8]《舊唐書》卷一七下《文宗紀下》，549頁。
[9] 周紹良、趙超主編《唐代墓誌彙編續集》，上海古籍出版社，2001年，1157頁。拓片見郝本性主編《隋唐五代墓誌彙編·河南卷》，天津古籍出版社，1991年，131頁。

上考證可知,唐代宿州始成立於元和四年正月,割徐州之符離、蘄及泗州之虹三縣而成,治符離[1],至九年再領亳州之臨涣。長慶元年,州廢。太和七年,復州,領原屬四縣。

對於行政區劃的成立,學界不乏總體性的宏觀研究與具體的個案研究,並且倡導從傳統的沿革地理、政區地理研究轉向政治地理研究。其中的關鍵之一,就是將改變政治地理格局作爲政治手段[2]。唐代宿州的成立是開展這類研究的一個較好的案例。因宿州所在位置正介於河北割據諸道與忠誠的東南八道之間[3],與唐後期徐州、淄青、淮西的政治動向,以及保障中央政局穩定的東南經濟密切相關。從職能來看,宿州是一個軍事型與經濟型相結合的政治區[4]。雖然前彦對宿州之地位與作用,及與徐州之關係已有討論[5],但對宿州成立、廢置又復置的沿革變化,與牽扯其中的政治軍事變動以及經濟功能之間複雜的聯繫尚未予以深刻檢討。

一、隋唐汴河與埇橋院補説

宿州在元和四年成立之時,治符離,二次成立時,史書稱"復置宿州於埇橋"。埇橋即在符離縣城南二十五里,屬符離轄下[6]。宿州最關鍵之地即是埇橋。這與隋煬帝開鑿通濟河後的隋唐水運系統格局相關。

雖然煬帝向來以"暴君"的形象出現在史籍之中,但其開鑿運河之功績對後世影響深遠。大業元年(605)三月,煬帝"發河南、淮北諸州郡民前後百餘萬,開通濟渠"[7],《元和郡縣圖誌》稱水出汴口後"從大梁之東引汴水入於泗,達於

---

[1] 又見《唐會要》卷七〇《州縣分望道》,1461頁。
[2] 周振鶴《範式的轉换——沿革地理-政區地理-政治地理的進程》,《華中師範大學學報(人文社會科學版)》2013年第1期,111—121頁。
[3] 周振鶴指出,唐後期介於割據與忠誠之間的兩種方鎮之一就是"在地域上介於河北割據諸道與東南忠誠八道之間,是中央政府防遏河朔割據諸道,與聯絡東南八道的交通命脉"。本文所要討論的宿州,雖然在政區層級上與方鎮不同,但周氏所指出的問題也是此地域内諸州的處境。見周振鶴《中國歷史上兩種基本政治地理格局的分析》,《歷史地理》第20輯,上海人民出版社,2004年,17頁。
[4] 軍事型與經濟型相結合的政治區最具代表性的就是南宋的制置使與總領所轄區的結合。見上揭周振鶴《中國歷史上兩種基本政治地理格局的分析》,14—15頁。這與本文所討論政區的層級依然有所差別。
[5] 盧建榮《咆哮彭城:唐代淮上軍民抗爭史(786—899)》,五南圖書出版股份有限公司,2008年;井紅波《唐代宿州的戰略地位》,《宿州教育學院學報》2007年第1期,45—49頁;井紅波、楊鈺俠《唐宋汴河與宿州的興起》,《宿州學院學報》2010年第1期,35—38頁。
[6] 《太平寰宇記》及《新唐書·地理志》皆以埇橋屬虹縣,實誤。郭聲波已有詳盡説明。見郭聲波《中國行政區劃通史·唐代卷》,388頁。
[7] 《資治通鑑》卷一八〇,中華書局,1956年,5618頁。

淮"[1]。通濟渠亦稱汴河,但並非由泗入淮,而是借用蘄水入淮[2]。據復原,汴渠在大梁以東經陳留、雍丘、襄邑、寧陵、宋城、穀熟、永城、臨涣、埇橋、虹縣至泗州入淮[3]。此後成立的宿州,有三個屬縣緊臨汴河。蘄縣因其"北屬徐州,疆界闊遠",但距汴河不遠,離蘄水/汴河僅三十里,因此被割屬宿州[4]。依此觀之,宿州實際上是圍繞著汴河臨涣至虹一段而設置。在徐州以及此後宿州轄區內,最重要的地方就是汴河邊的埇橋。尤其是置鹽鐵轉運使後,埇橋及唐代的汴河與漕運、鹽政的關係進一步緊密。日野開三郎就已經注意到,埇橋與宿州的設置關係密切[5]。因此,在討論宿州成立之前,需要釐清埇橋的意義。

管見史料最早記載與埇橋漕運相關者是穆寧。《新唐書·穆寧傳》載:

> 上元初,爲殿中侍御史,佐鹽鐵轉運,住埇橋。李光弼屯徐州,餉不至,檄取資糧,寧不與。光弼怒,召寧欲殺之。或勸寧去,寧曰:"避之失守,亂自我始,何所逃罪乎?"即往見光弼。光弼曰:"吾帥衆數萬,爲天子討賊,食乏則人散,君閉廩不救,欲潰吾兵耶?"答曰:"命寧主糧者,敕也,公可以檄取乎?今公求糧,而寧專饋;寧有求兵,而公亦專與乎?"光弼執其手謝曰:"吾固知不可,聊與君議耳。"時重其能守官。[6]

對此材料,李錦繡已有詳論[7]。其時,劉晏任度支使、判度支、鹽鐵等使,穆寧爲一地方鹽鐵轉運官員而住埇橋。從穆寧與李光弼的對話中可知,此時埇橋已

---

[1] 李吉甫《元和郡縣圖誌》卷五"汴渠"條,賀次君點校,中華書局,1983年,137頁。
[2] 學界對通濟渠水道的具體行經存有爭議。自武同舉始,即認爲通濟渠並非由泗水入淮,而是在泗州城故址入淮。武同舉指出:"(通濟渠)自商邱分汴河水,絶雎水而東南流。經今夏邑、永城、宿縣、靈璧、泗縣而東南通淮。一名汴河,仿佛蘄水故道,此道久湮。今宿、靈、泗有東西長隄,名隋隄,即汴河故迹……蘄水入淮之口似在盱眙對岸,汴河入淮之口亦在盱眙對岸。唐開元中移蘄預之泗州於此。嗣建兩城,汴河遂從泗州兩城間入淮。唐宋時,江淮漕運必由汴河達京師,即此道也。"(武同舉《淮系年表水道編》,《淮系年表全編》第4册,中國國家圖書館藏1928年鉛印本,49頁b)按武氏所言,汴河曾借道灉水,後借道蘄水入淮。譚其驤主編《中國歷史地圖集》中的隋唐汴河即按武氏所言繪製。(譚其驤主編《中國歷史地圖集》第5册,中國地圖出版社,1982年,5—6、44—45頁)岑仲勉認爲汴河中段借道涣水,但末段"或兼行蘄水"。(岑仲勉《隋唐史》,河北教育出版社,2000年,35頁)今從武、譚二氏之説。此外,青山定雄對隋唐汴河入淮位置的記載進行了詳細的考證,認爲隋唐汴河並非由泗入淮,諸條相關的錯誤記載是混淆了隋唐汴河與古汴河的流向。(青山定雄《唐宋の汴河》,收入《唐宋時代の交通地誌地圖の研究》,吉川弘文館,1969年,231—240頁)
[3] 涂相乾《宋代汴河行經試考》,中國水利學會水利史研究會主編《水利研究會成立大會論文集》,水利電力出版社,1984年,93—102頁;馬正林《論唐宋汴河》,《陝西師範大學學報(哲學社會科學版)》1986年第3期,78—81頁。
[4] 《元和郡縣圖誌》卷九"宿州"條,228頁。《太平寰宇記》卷一七"宿州"條則稱蘄水在蘄縣縣北四十里。(331頁)
[5] 日野開三郎《唐代藩鎮の跋扈と鎮將(2)》,《東洋學報》27卷第1號,1940年,36—37頁。
[6] 《新唐書》卷一六三《穆寧傳》,中華書局,1975年,5014頁。
[7] 李錦繡《唐代財政史稿·下卷》,北京大學出版社,2001年,98—99頁。

有儲糧倉廩,而以鹽鐵轉運使屬官負責埇橋的糧食管理與調配是由中央委任的。雖然穆寧最重要的任務可能是主管鹽利租庸輕貨[1],但轉運使一職自裴耀卿改革後便掌地方賦稅之征調,穆寧爲轉運使佐官,其職務必定也包含了負責糧食漕運的任務。埇橋地位的進一步突顯,則又與劉晏漕運改革中的巡院設置有關。寶應元年(762),唐廷"以寇盜未戢,關東漕運,宜有倚辦",命劉晏爲户部侍郎、京兆尹、度支鹽鐵轉運使[2],開始謀求恢復汴河漕運。至廣德二年(764)三月,劉晏任河南、江、淮以來轉運使[3],進行漕運與鹽政改革。在其改革中,十三巡院的設置至關重要。《新唐書·食貨志》載:

> 自淮北置巡院十三,曰揚州、陳許、汴州、廬壽、白沙、淮西、甬橋、浙西、宋州、泗州、嶺南、兗鄆、鄭滑,捕私鹽者,姦盜爲之衰息。[4]

此段史料"自淮北"當爲"自江淮北"[5],嶺南則可能是汝南之誤[6]。十三巡院的設置都是在漕運的交通要道上,隸屬鹽鐵轉運司。對埇橋院,有幾點需要特别指出。第一,此時之埇橋院實是上元初穆寧爲鹽鐵轉運使佐官所主之埇橋發展而來[7]。第二,埇橋是十三巡院中唯一一個不以行政區及產鹽區(如白沙)命名的巡院,這爲此後以埇橋爲中心成立宿州埋下了伏筆。第三,無論是《新唐書》還是《唐會要》《通鑑》對於十三巡院的記載都是夾雜在轉運鹽利的記叙中,另據盧方回墓誌稱"裴公總統薩務,奏公知埇橋院"[8],可知埇橋對於鹽鐵轉運的重要性。

關於巡院的功能,學界已有相當深厚的討論[9]。現在其基礎上,針對埇橋

---

[1] 李錦繡《唐代財政史稿·下卷》,98頁。
[2] 《唐會要》卷八七《轉運鹽鐵總叙》,1882頁。據《資治通鑑》記載,寶應元年十一月,劉晏以户部侍郎兼河南道水陸轉運都使。(《資治通鑑》卷二二二,7136頁)從此任職看,唐廷此時已開始計劃重開汴河漕運。
[3] 《資治通鑑》卷二二三,7164頁。
[4] 《新唐書》卷五四《食貨志四》,中華書局,1975年,1378頁。
[5] 高橋繼男《劉晏の巡院設置について》,《集刊東洋學》第28卷,1972年,1—27頁。
[6] 李錦繡《唐代財政史稿·下卷》,100頁。
[7] 李錦繡對此點已有說明。參見李錦繡《唐代財政史稿·下卷》,98—99頁。
[8] 李洮《唐故知鹽鐵汴州院事朝議郎檢校尚書主客員外郎兼侍御史上柱國范陽盧公(方回)墓誌》,毛陽光主編《洛陽流散唐代墓誌彙編三集》,國家圖書館出版社,2023年,638—639頁。
[9] 青山定雄《唐宋時代の轉運使及び發運使》,收入《唐代時代の交通地誌地圖の研究》,298—300頁。上揭高橋繼男《劉晏の巡院設置について》;全漢昇《唐宋帝國與運河》,商務印書館,1944年,42—77頁;高橋繼男《唐後半期に於ける度支使·塩鉄転運使系巡院の設置について》,《集刊東洋學》第30卷,1973年,23—42頁;高橋繼男《唐後半期における巡院と漕運》,《東洋大學文學部紀要·史學科篇》第36集第8号,1982年,53—72頁;高橋繼男《唐代後半期的巡院地方行政監察事務》,張韶岩、馬雷譯,收入《日本中青年學者論中國史·六朝隋唐卷》,上海古籍出版社,1995年,276—295頁;李錦繡《唐代財政史稿·下卷》,95—101、373—436頁。

院加以申説。唐代中後期設置在地方的巡院,可分鹽鐵與度支兩系。這並不是説地方上有兩處同名巡院,一屬鹽鐵,一屬度支,其名稱很長一段時間内是由其所屬最高管理財臣的職銜所決定。據李錦繡的研究,建中元年(780)至貞元八年(792),度支成爲這一時期國家財賦的最高管理機構,實現了度支對國家財政的一體化,所以這時期巡院均名度支院[1]。這一論斷,在新見墓誌對埇橋的相關記載中,可以得到進一步佐證。裴况墓誌載:

> 後爲轉運使、尚書劉公晏所辟,轉左領軍衛冑曹參軍。建中年,户部侍郎元公琇以逆朱初平,邊鎮猶梗,方圖委輸,以爲非府君則無以助之,遂薦聞,轉大理評事。假名憲府,因佐其務。又主度支埇橋院。初府君陷隔河朔,屈己遠害,竟仗順南歸。及爲劉公親重,常參要密,至於徐南埇上之職,事不時闕。然名不昭,宦不達,豈非命乎! 嗚呼! 以貞元四年九月十五日,遘疾殁于埇城之官舍,享年卌六。[2]

此墓誌記載略有訛誤。元琇以興元元年(784)九月十六日由嶺南節度使遷户侍,判度支,至貞元元年三月兼領諸道鹽鐵水陸運使,至二年二月罷判事[3],並不如墓誌中所稱其在建中時期即已爲户部侍郎。墓誌中關於裴况"主度支埇橋院"由誰招辟委任的表述曖昧不清,容易造成誤解,以爲裴况是因佐户部侍郎元琇而被差遣至埇橋院。實則不然。貞元二年,崔造進行財政改革廢除了諸道度支巡院。《舊唐書·崔造傳》載:

> 造久從事江外,嫉錢穀諸使罔上之弊,乃奏天下兩税錢物,委本道觀察使、本州刺史選官典部送上都;諸道水陸運使及(A)度支、巡院、江淮轉運使等並停;其度支、鹽鐵,委尚書省本司判;其尚書省六職,令宰臣分判。乃以户部侍郎元琇判諸道鹽鐵、榷酒等事;户部侍郎吉中孚判度支及諸道兩税事……諸道有鹽鐵處,依舊置巡院勾當;河陰見在米及諸道先付(B)度支、巡院般運在路錢物,委度支依前勾當,其未離本道者,分付觀察使發遣,仍委中書門下年終類例諸道

---

[1] 李錦繡《唐代財政史稿·下卷》,105—110、375—378頁。高橋繼男在《劉晏の巡院設置について》中已經指出,自至德至永泰前,諸道鹽鐵轉運使還帶有租庸使之職,並在此後逐步轉化爲留後、巡院。此時地方的租庸使隸屬於度支使,高橋氏所稱的"巡院"即是度支巡院。李錦繡則在其基礎上進一步説明了建中至貞元初留後與巡院合一的過程。如此,在建中元年兩税法實施前,巡院承擔了徵收租調之職。
[2] 裴通《唐故大理評事攝監察御史裴(况)府君墓誌銘并序》,中國文物研究所、千唐誌齋博物館編《新中國出土墓誌·河南(叁)·千唐誌齋(壹)》下册,文物出版社,2008年,164頁。圖版見上册,225頁。
[3] 嚴耕望《唐僕尚丞郎表》卷一二《輯考四下·户部侍郎》,中華書局,1986年,695—696頁。

課最聞奏。造與元琇素厚，罷使之後，以鹽鐵之任委之。而韓滉方司轉運，朝廷仰給其漕發。滉以司務久行，不可遽改。德宗復以滉爲江淮轉運使，餘如造所條奏。[1]

《册府元龜》繫此事於貞元二年[2]。上引中華書局標點本《舊唐書·崔造傳》凡兩處"度支、巡院"，句讀似有誤，均當作"度支巡院"。同書《德宗紀》作"其先置諸道水陸轉運使及度支巡院、江淮轉運等使並停"[3]，當從此。引文中與"度支巡院"（A）並稱的諸道水陸運使、江淮轉運使皆與漕運相關。若句讀爲"度支、巡院"則度支當指度支司，與"度支、鹽鐵，委尚書省本司判"中的"度支"指度支司，"鹽鐵"指鹽鐵司相同，而並非僅指度支使。而在下文中又稱"諸道先付度支、巡院般運在路錢物，委度支依前勾當"，若A處"度支"指度支司，則當已廢除，如何能將"在路錢物，委度支依前勾當"？同理，B處同樣當作"度支巡院"。由此可知，崔造之舉是要廢除主理地方兩税征收的度支巡院，同時在"諸道有鹽鐵處"又保留了鹽鐵巡院，以確保元琇判諸道鹽鐵之權。

　　崔造以及元琇的改革，在是年十二月以韓滉重掌江淮水運使之職而終告失敗[4]。因此，裴況供職度支埇橋院不可能出於元琇之招辟，任職時間也不會早於貞元二年十二月。此外，埇橋院雖然已被冠"度支"之名，當同樣存在鹽鐵業務。建中元年，鹽鐵單獨設使，"諸道財賦多輸京師者，及鹽鐵財貨，委江州刺史包佶權領之"[5]，直至貞元元年以浙西節度使、檢校左僕射平章事韓滉爲江淮轉運使，又加諸道度支鹽鐵轉運使[6]，鹽鐵復歸轉運使。貞元五年至八年間，竇參充鹽鐵度支使、諸道轉運使[7]。可知建中元年至貞元八年，包括元琇在內，一直有人任鹽鐵使之職，埇橋的鹽鐵業務當由其管轄。貞元八年，張滂與班宏分別以鹽鐵使、度支使分掌東、西部財政[8]，即學界貫稱的"分掌制"。那麼東南部度支兩税的財政事務歸鹽鐵使張滂負責，西北部的鹽利征收歸度支使班宏負責[9]。換言之，東南部的鹽鐵院此時還承擔了兩税的征收，西北部的度支

---

[1]《舊唐書》卷一三〇《崔造傳》，3626頁。
[2]《册府元龜》卷四八三《邦計部·總序》，中華書局，1960年，5770頁。
[3]《舊唐書》卷一二《德宗紀上》，352頁。
[4] 李錦繡《唐代財政史稿·下卷》，113—114頁。
[5]《唐會要》卷八七《轉運鹽鐵總叙》，1885頁。
[6]《册府元龜》卷四八三《邦計部·總序》，5770頁；同書同卷《邦計部·選任》，5775頁。
[7] 嚴耕望《唐僕尚丞郎表》卷一三《輯考四附考上·度支使》，768頁。
[8] 至九年裴延齡專判度支後，形成了所謂"度支與鹽鐵益殊途而治"的格局。《册府元龜》卷四八三《邦計部·總序》，5770頁。對裴延齡任職時間的考證，可參看嚴耕望《唐僕尚丞郎表》卷一二《輯考四下·户部侍郎》，697—698頁。
[9]《唐會要》卷八七《鹽鐵轉運總叙》，1886頁。

院則也承擔了鹽利的征收[1]。在"分掌制"下,包括埇橋院在內的東南巡院是集鹽鐵、度支職務於一身[2]。據此推測,自廣德時期始,東南巡院內部應該同時存在度支與鹽鐵兩套人事組織,分別隸屬度支司與鹽鐵司,相應負責兩稅財賦的征收及兩稅與鹽利的轉運,而巡院則因"分掌制"之故而統稱爲鹽鐵院。"分掌制"一直延續至唐末,穆宗以後在江淮普置度支巡院與分巡院,説明東部巡院在被稱爲鹽鐵巡院的同時依然有度支系的存在,或是將東部鹽鐵巡院中度支系組織的派出機構成立度支分巡院,但依然歸鹽鐵巡院管轄。不過到了太和二年七月,又有敕稱:"潼關以東度支分巡院,宜併入鹽鐵江淮、河陰留後院"[3],將東部度支分巡院併入了鹽鐵巡院。

從目前對於巡院的輯録來看,某巡院被記載爲鹽鐵、度支兩系的並不多[4],同時也有不少在"分掌制"確立之後的鹽運區設置的度支院[5]。例如,一向被認爲是鹽鐵區的河陰院,在大中時期又有"度支河陰院"之稱[6]。東都院與宣歙院的設置則可以爲釐清長慶以降巡院組織情況提供參考。管見所及,東都院最早出現是在貞元二年的記載中。《舊唐書·裴延齡傳》載:"崔造作相,改易度支之務,令延齡知東都度支院。及韓滉領度支,召赴京,守本官,延齡不待詔命,遽入集賢院視事。"[7]問題是,在崔造的改革中廢除了度支巡院,延齡所知之院或是東都鹽鐵院,亦或是因崔造之改革僅僅維持了不到一年的時間,在

---

[1] 這樣就不難理解爲何掌管鹽政重鎮河東兩池的河中院一直被稱爲度支院而不是鹽鐵院。與此同時,在元和六年再設兩稅使職時,"以揚子鹽鐵留後爲江淮已南兩稅使,江陵留後爲荆衡漢沔東界、彭蠡南及日(嶺)南兩稅使"。《唐會要》卷八七《轉運鹽鐵總叙》,1888頁。這裏的"留後"指的是鹽鐵留後,即鹽鐵巡院,也就是說此時東部的兩稅征收由東部的鹽鐵留後(鹽鐵巡院)直接負責,直至穆宗以後鹽鐵巡院不再監徵兩稅。關於河中院的討論,參見高橋繼男《唐代の地方鹽政機構—とくに鹽監・(鹽院)・巡院等について》,《歷史》第65卷第6號,1976年,33—35頁;妹尾達彦《唐代河東池鹽の生産與流通:河東鹽税機關の立地と機能》,《史林》第65卷,1982年,829—866頁。另參見李錦繡《唐代財政史稿·下卷》,307—312,384—387頁。不過李錦繡認爲"正因元和中變鹽鐵院爲度支征兩稅,度支在江淮未設置巡院",穆宗以後"度支則在東部鹽鐵轄區又開始設置自己的巡院、分巡院"。筆者以爲,元和時期不在江淮設置巡院(度支系)的原因在於,此時期在國家財政"分掌制"下江淮徵收兩稅的機構依然是鹽鐵巡院。

[2] 高橋繼男引杜牧大中五年至七年間所作《房次玄除檢校員外郎充度支靈鹽供軍使等制》中所稱"敕前度支河南院事"云云以説明東南部度支巡院的設置,以此表明此時期度支已經開始支配東南地方的財政。見高橋繼男《唐後半期に於ける度支使・鹽鐵轉運使系巡院の設置について》,《集刊東洋學》第30卷,1973年,34頁。李錦繡一方面承認文獻中的"度支巡院"與"鹽鐵巡院"之名是由負責該地區最高財臣的使職所決定的。如她在解釋山南東道、湖南、江南巡院爲度支巡院時,認爲雖然它們在鹽鐵範圍内,但稱其爲度支院,表明當時的鹽鐵使隸屬於度支。對此,筆者並無異議。但是她也注意到在"分掌制"下的東部鹽鐵區内有度支巡院的設置。這並没有很好地解決巡院兩系歸屬的問題。分見李錦繡《唐代財政史稿·下卷》,375、392頁。

[3] 《唐會要》卷八八《鹽鐵》,1905頁。

[4] 史籍所載元和末以降的東部度支巡院極少,只有度支雲陽院、度支東都院以及度支淮南院。見李錦繡《唐代財政史稿·下卷》,408頁。

[5] 李錦繡《唐代財政史稿·下卷》,407—408頁。

[6] 崔克一《唐攝度支巡官知河陰陸運院事監察御史裹行賜緋魚袋李公(庠)長女(顔)墓誌銘并序》,《洛陽流散唐代墓誌彙編三集》,628—629頁。

[7] 《舊唐書》卷一三五《裴延齡傳》,3720頁。

此前後由度支統領全國財政,故貫稱之度支院。東都度支院之名又出現在晚唐。開成三年(838),崔郾知度支東都擇善院[1]。李萱之夫崔某"職度支東都分巡院務",李氏卒於乾符四年(877),享年三十一[2],崔某職東都分巡院大抵在咸通時期。又鄭徽墓誌稱鄭徽"逮乎過笄,迺繼室于知度支東都分巡院事、檢校尚書工部郎中、兼御史中丞博陵崔公錡",卒於中和二年(882),壽三十一[3]。崔錡知東都分巡院大抵在咸通、乾符之際。李錦繡據韓偓《香奩集》輯出東都度支院,該文獻稱"丙寅年九月,在福建寓止,有前東都度支院蘇暐端公,挈余淪落詩稿見授"[4]。在天祐三年(906)之前,依然存在東都度支院。早在長慶四年(824)就有敕"東都、江陵轉運鹽鐵留後,並改爲知院官"[5]。東都轉運鹽鐵留後之性質即東都鹽鐵院。自長慶以後,鹽鐵東都院又屢屢出現。長慶二年,劉茂貞曾因"鹽鐵使聞公之才,署職東都院巡者"[6]。趙餘、崔侮在咸通年間任鹽鐵東都分巡院給納官兼勾押、倉庫官[7]。結合度支、鹽鐵兩種東都院稱謂出現的時間,或可推定在中晚唐兩者並存。還有宣歙巡院的例證。元和四年的詔書明言"鹽鐵使、揚子留後,宜兼充淮南、浙西、浙東、宣歙、福建等道兩稅使"[8],指明了宣歙在鹽鐵使轄區內。王播任鹽鐵轉運使時,以劉勝孫知宣歙池三州院事,因與觀察使不合而棄職,最終卒於元和十三年[9]。王播以禮部尚書充鹽鐵轉運使的時間在元和十年四月至十二年六月[10],則劉勝孫亦應在此期間知宣歙院事,而此時的宣歙院屬鹽鐵使轄下。在此前不久的元和六年,盧坦以鹽鐵轉運使轉戶部侍郎、判度支,並上奏稱"罷宣歙度支米"[11],可知當時宣歙有負責征收度支米的機構,應即鹽鐵巡院。在此後不久,又有楊球爲度支宣歙院巡

---

[1] 李林宗《唐試太子司議郎兼御史知度支東都擇善院事清河崔府君(郾)墓誌銘并叙》,毛陽光主編《洛陽流散唐代墓誌彙編續集》,國家圖書館出版社,2018年,674—675頁。

[2] 李洋《大唐故隴西李氏(萱)夫人墓誌銘并序》,《新中國出土墓誌·河南(叁)·千唐誌齋(壹)》下册,255頁。圖版見上册,336頁。

[3] 鄭峰《唐故滎陽鄭夫人(徽)墓誌銘》,《新中國出土墓誌·河南(叁)·千唐誌齋(壹)》下册,258—259頁。圖版見上册,340頁。

[4] 韓偓撰,吳在慶校注《韓偓集繫年校注》卷四《無題·序》,中華書局,2015年,943頁。李錦繡認爲此度支東都院存在於昭宗時期。見李錦繡《唐代財政史稿·下卷》,403—404頁。

[5] 《唐會要》卷八八《鹽鐵》,1905頁。

[6] 盧樅《唐故泗州司倉參軍諸道鹽鐵轉運等使巡覆官劉府君(茂貞)墓誌》,周紹良、趙超編《唐代墓誌彙編》,上海古籍出版社,1992年,2118頁。拓片圖版見《千唐誌齋藏誌》,文物出版社,1984年,1041頁。

[7] 魏匡仁《唐故鹽鐵東都分巡給納官兼勾押將仕郎試左金吾衛兵曹參軍天水趙府君(餘)墓志銘并序》,袁陝諲《唐故清河崔公(侮)墓誌并序》,趙君平、趙文成編《河洛墓刻拾零》,國家圖書館出版社,2007年,615、631頁。

[8] 《唐會要》卷八四《兩稅使》,1836頁。

[9] 《唐故河南府士曹彭城劉君(勝孫)墓志銘并序》,《新中國出土墓誌·河南(叁)·千唐誌齋(壹)》下册,201—202頁。拓片圖版見上册,270頁。

[10] 嚴耕望《唐僕尚丞郎表》卷一四《輯考四附考下·諸道鹽鐵轉運等使》,801頁。

[11] 李翺《故東川節度使盧公傳》,《全唐文》卷六四〇,中華書局,1983年,6464頁。

官兼任侍御史[1]。可以看到，在這一段時間內，宣歙同時存在鹽鐵巡院與度支巡院，其中鹽鐵院之稱是因其所處鹽鐵財區，度支院之稱是因宣歙巡院內除了鹽鐵系組織外同時存在度支系組織。以東都院與宣歙院的例證來看，東部鹽鐵區的巡院當一律稱爲鹽鐵巡院，只能認爲這一時期的度支院是巡院系統下存在的另一有別於鹽鐵系統的組織，即度支系統。據此推測，雖然地方巡院往往因該財區最高行政長官的領職而有鹽鐵、度支之别，但巡院當爲鹽鐵、度支二司共同在地方的行政衙署，内部存在兩套人事系統，這也便於提高地方財政運轉的行政效率。

通過以上論述，埇橋院雖然前後冠之以"鹽鐵""度支"之名，但在多數情況下，都擔負起了徵收、轉運鹽利與兩税的職能。雖然隨著唐代巡院的發展，其前後不同時期職能側重有所不同，但唐代巡院的職能除了以上兩項外，大體還包括禁捕私鹽買賣、糶糴鹽糧、監督地方等。由於埇橋院負責鹽糧糶糴等商業性事務，因此在晚唐分化出了專門的商業機構"務"。《子劉子傳》載劉禹錫之父劉緒曾爲"浙西從事，本府就加鹽鐵副使，遂轉殿中，主務於埇橋。其後罷歸浙右，至揚州，遇疾不諱"[2]。劉緒遇疾逝世於貞元十二年，則其"主務於埇橋"的時間應該截止於此時前不久。卞孝萱認爲這裏的"務"是指一機構[3]，但當作"事務"解更爲合理。鹽鐵副使之職來擔任"務"的管理者恐有違常理[4]。李商隱開成三年所作《爲濮陽公上楊相公狀二》，稱其岳父濮陽公王茂元之弟"自某年月日蒙今荆州李相公，差知埇橋院後，常所兢惶，每虞敗累，上虧國用，旁負已知。況又務控淮河，地鄰徐、汴，居然深薄，已歷炎涼"[5]。荆州李相公指李石，在開成元年四月至二年十一月間兼充諸道鹽鐵轉運使[6]，故王茂元之弟得以差知埇橋院。這裏"務控淮河"中的"務"應該是埇橋院下所設的官方商業機構。

---

[1]《新唐書》卷七一下《宰相世系表一下》，2373頁。楊球的任職時間的考證，見高橋繼男《唐後半期度支使・塩鉄転運使系巡院名增補攷》，《東洋大學文學部紀要・史學科篇》第39集第11卷，1986年，45頁。

[2] 劉禹錫《劉禹錫集》卷三九《子劉子傳》，《劉禹錫集》整理組點校，卞孝萱校訂，中華書局，1990年，590頁。

[3] 卞孝萱《關於劉禹錫的氏族籍貫問題》，《南開學報（哲學社會科學版）》1977年第3期，77—80頁。

[4] 趙璐璐認爲"務"成爲專門的機構已經到了五代十國時期。（趙璐璐《"務"的發展與唐宋間縣司職能的擴展》，《國學學刊》2018年第2期，5—9頁）周鼎曾考察了晚唐五代的"回圖務"，並指出自大曆以降已經出現了"知回圖"這樣的差遣。但據其所列材料，正式出現"回圖務"這一代表衙署機構的表述已經到了乾寧時期。同時，周氏也指出早期的"回圖務"僅僅是作爲藩鎮進行商業活動的負責部門，經晚唐五代發展後開始歸併財經類政務。（周鼎《晚唐五代的商人、軍將與藩鎮回圖務》，《中國經濟史研究》2020年第3期，109—121頁）

[5] 李商隱撰，劉學鍇、余恕誠校注《李商隱文編年校注》，中華書局，2002年，216頁。

[6] 嚴耕望《唐僕尚丞郎表》卷一四《輯考四附考下・諸道鹽鐵轉運等使》，803頁。

埇橋院自設置之後,承擔起了大量財政徵收與財貨轉運的經濟職能。那麼,何以選擇埇橋作爲巡院的設置地點呢?李錦繡認爲埇橋院的設置與揚州、白沙等巡院一樣,負責集散鹽場出糶鹽利以及買賣業務而發展起來[1]。埇橋一帶並不產鹽,亦非大型商業都會,亦非運河險處,現只知徐州節度境内有礦藏。元和六年,李愿爲徐州刺史充武寧軍節度,憲宗言道"今之徐方,控臨東極,淮海閩越,千里遥賴,地產堅金"云云[2],因此也有必要在徐州境內設置巡院。但之所以置之於埇橋,恐怕是因爲埇橋所處的位置與轉運的便利性[3]。從十三巡院設置的位置看,埇橋正好位於汴渠的中段。(參圖1)宋僧成尋在《參天台五臺山記》中記錄了他自泗州溯汴河而上的行程與日期[4]。自泗州至宿州約四百二十里,成尋乘船花費了八日(九月廿二日從泗州出發,是月三十日抵達宿州的艤舟亭,即埇橋);自宿州過亳州永城再至宋州約三百五十里,成尋花費了六日(十月一日從艤舟亭出發,是月七日抵達宋州州府)。要注意的是,成尋所乘之船在廿四、廿八、廿九行經宿州境内的三日是"終日牽船"而行[5]。此時爲九月末,已過雨季,因此汴渠在宿州境内流量較小,影響了行船速度。若排除汴渠流量所帶來的問題[6],宋州至埇橋、埇橋至泗州入淮兩段航程雖然相差七十里許,但所需時間幾乎相同,埇橋也就成爲徐州境內最合適的停泊處。因此,早在埇橋院設置之前,此地就已是漕運重鎮以及商船停泊點。十三巡院中,埇橋院上游與下游的兩個巡院,即宋州院與泗州院均是以州爲名,正是因兩地治所緊臨汴渠。徐州治所不臨汴渠,又據《舊唐書·食貨志》所載汴渠在宋州至泗州一段並未置轉運倉[7],但要轉運徐州租調以及此後的兩税,境内理應要有一停泊處,因此原本已是汴渠咽喉的埇橋也就成爲設置巡院的最佳地點。

---

[1] 李錦繡《唐代財政史稿·下卷》,97頁。
[2] 高瑀《使院新修石幢記》,王昶編《金石萃編》卷一〇七,《石刻史料新編》第1輯第3册,新文豐出版公司,1982年,1797頁。
[3] 吴麗娛指出:"巡院要承擔銷售之務,這也是由其設在通衢要道的特點所決定的。"郭正忠主編《中國鹽業史·古代編》,人民出版社,1997年,195頁。唐代部分由吴麗娛撰寫。筆者認爲正是因爲要進行銷售,因此巡院需設置於通衢要道。
[4] 李翱《來南録》以及日僧圓仁《入唐求法巡禮行記》都曾記載了通過汴渠的日期,但失之過簡。同時,他們的行記都是自上游順水而下,與漕運的方法相反。分見李翱《來南録》,《全唐文》卷六三八,6442頁;圓仁撰,白化文等校注、周一良審閲《入唐求法巡禮行記校注》卷四,中華書局,2019年,463—464頁。因此本文採用宋代日僧的記載爲據。當然,漕運的運輸要慢得多。
[5] 成尋撰、王麗萍校點《新校參天台五臺山記》卷三,上海古籍出版社,2009年,252—265頁。
[6] 唐人已經注意到了運河流量的月變化。開元十八年,裴耀卿上言稱"至四月已後,始渡淮入汴,多屬汴河乾淺,又般運停留,至六七月後始至河口,即逢黄河水漲,不得入河",因此採取緣河置倉、節級轉運的手段。《舊唐書》卷四九《食貨志下》,2114頁。江淮一帶四月以後爲枯水期,漕運行船一般在六七月方纔通行。漕運必是在豐水期,因此成尋所遇到"終日牽船"的問題並不太會出現在漕運中。
[7] 《舊唐書》卷四九《食貨志下》,2114—2115頁。

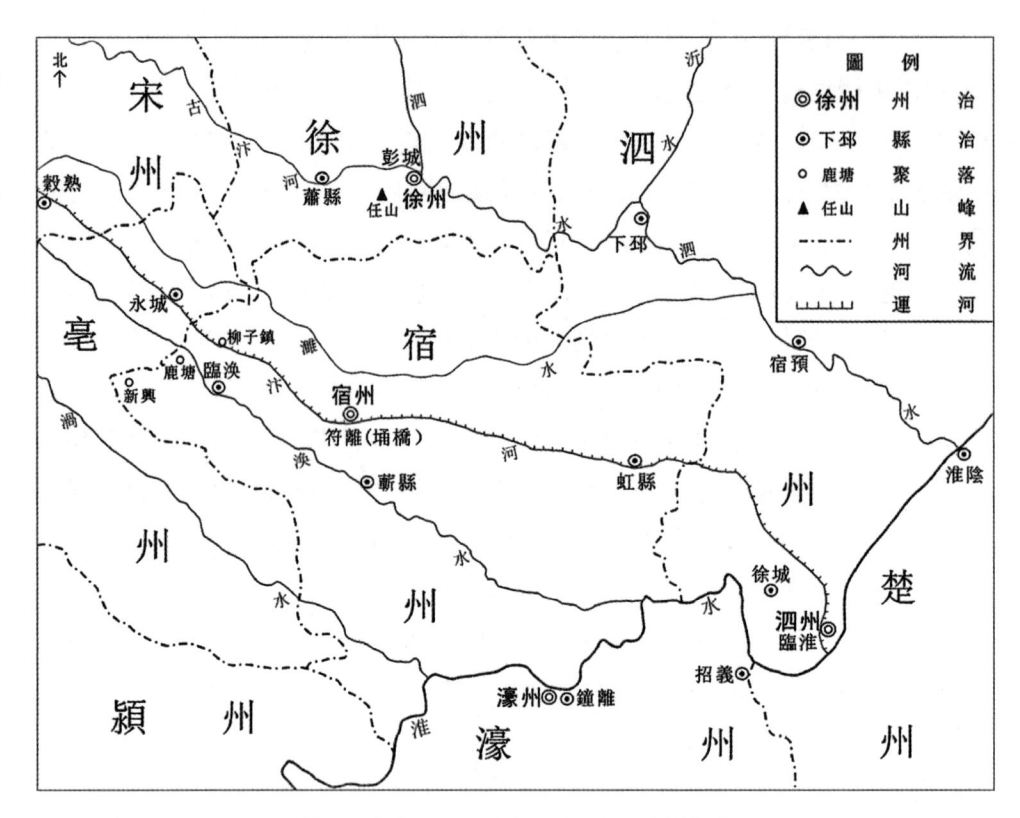

圖 1　唐代宿州及周邊行政區劃示意圖[1]

據譚其驤主編《中國歷史地圖集》第五冊"都幾道·河南道"改繪(中國地圖出版社,1982年,44—45頁)

二、藩鎮格局與宿州的沿革

元和四年正月,宿州成立。崔群在長慶元年上奏廢黜宿州時稱:

> 長慶元年三月,徐州觀察使崔群奏:"頃以蔡孽未平,遂割前件三縣,及徐州將士一千四百人,權置宿州。陡其奔軼,事關備禦,非務便人。今寰宇無虞,封圻罷警,權創支郡,理合併除。其宿州伏請却廢,三縣各還本州。"[2]

---

〔1〕《中國歷史地圖集》中將鹿塘、新興繪製在渙水以南,暫從。據《資治通鑑》載,咸通十年正月,康承訓屯"柳子之西,自新興至鹿塘三十里,壁壘相屬"。二月,王弘立"引兵渡渙水"而夜襲鹿塘寨,"官軍蹙之於渙水,溺死者不可勝紀。自鹿塘至襄城,伏尸五十里"。從中可知,鹿塘等寨應該是位於汴、雎之間。《新唐書·康承訓傳》則稱康承訓是"夾汴築壘"。如此看來,鹿塘、新興等寨應位於汴河以北,柳子之西。分見《資治通鑑》卷二五一,8138—8141頁;《新唐書》卷一四八《康承訓傳》,4777頁。

〔2〕《唐會要》卷七〇《州縣改置上》,1487頁。

從崔群的奏文中可知，宿州之置是因"蔡孽未平"，需"阨其奔軼，事關備禦"，與其時江淮間政治軍事動向關聯。

淮西自李希烈後一直處於半獨立狀態，且常與河北藩鎮連橫以對抗唐廷。夾在淮西與淄青兩大强藩之間的汴河，關係到東南財賦的轉運，維持汴渠的通暢成爲補給中央與各地唐軍的生命綫。因此，埇橋也成爲淄青與唐廷在汴河上争奪的一個焦點[1]。建中二年，爲了斷絕運路，李正己遣兵"扼徐州甬橋、渦口"。德宗以張萬福爲濠州刺史鎮渦口，"發進俸船"[2]。李洧與白季庚則"以徐州及埇口城歸國"，堅守城池四十二日[3]。白居易稱李洧以"一郡七城，歸國効順。棄一家百口，任賊誅夷。開運路之咽喉，斷兇渠之右臂。遂使逆謀大挫，妖寇竟消。從此徐州埇橋，至今永爲内地"[4]。直至是年十一月宣武節度使劉洽等大破淄青、魏博於徐州，"江、淮漕運始通"[5]。"運路之咽喉"即是埇橋。雖然徐州及埇橋自此以後成爲中央可控之地，但屢屢受到來自北方淄青的威脅。建中三年，淮西與河北藩鎮連橫，史稱：

> （建中三年）李希烈帥所部三萬徙鎮許州，遣所親詣李納，與謀共襲汴州；遣使告李勉，云已兼領淄青，欲假道之官。勉爲之治橋、具饌以待之，而嚴爲之備。希烈竟不至，又密與朱滔等交通，納亦數遣遊兵渡汴以迎希烈。由是東南轉輸者皆不敢由汴渠，自蔡水而上。[6]

李希烈佯裝赴任，實則交通淄青李納，"（李）納亦請數遣遊兵渡汴以迎希烈"，汴渠成爲了達成連橫所要佔據的一條交通綫。李納的遊兵可能一直活動在汴渠一帶，而不僅僅是此次迎接李希烈而專門派出。即使此時的徐州已爲"内地"，但依然在淄青與淮西所能影響的範圍之内。唐廷不得不改變漕運的綫路，暫時放棄汴渠這一條運路[7]。

---

[1] 學者在討論德憲汴渠時，主要圍繞以汴渠南部的藩鎮、州郡，以及汴州、宋州爲中心展開。辻正博《唐朝の對藩鎮政策について：河南「順地」化のプロセス》，《東洋史研究》第46卷第2號，1987年，118—120頁；李碧妍《危機與重構：唐帝國及其地方諸侯》，北京師範大學出版社，2015年，78—95頁。

[2] 韓愈撰，魏仲舉集注《五百家注韓昌黎集》外集卷九《順宗實録》卷四，郝潤華、王東峰整理，中華書局，2019年，1616頁；《資治通鑑》卷二二七，7302頁。

[3] 白居易撰，朱金城箋校《白居易集箋校》卷四六《襄州别駕府君事狀》，上海古籍出版社，2020年，2785頁。下文凡引白居易詩文，其繫年均參此書箋校。

[4]《白居易集箋校》卷六八《薦李晏韋楚狀》，3655頁。

[5]《資治通鑑》卷二二七，7312頁。

[6]《資治通鑑》卷二二七，7336—7337頁。

[7] 唐廷放棄汴渠的另一個重要的原因則是汴州的失守以及宋州的不穩定。參見李碧妍《危機與重構：唐帝國及其地方諸侯》，88—92頁。

貞元四年，唐廷以在平定淮西之亂中有突出表現的張建封爲徐州刺史、徐泗濠三州節度。李泌對德宗上言稱：

> 江、淮漕運以甬橋爲咽喉，地屬徐州，鄰於李納，刺史高明應年少不習事，若李納一旦復有異圖，竊據徐州，是失江、淮也，國用何從而致！請徙壽、廬、濠都團練使張建封鎮徐州，割濠、泗以隸之；復以廬、壽歸淮南，則淄青惕息而運路常通，江、淮安矣。及今明應幼駿可代，宜徵爲金吾將軍。萬一使他人得之，則不可復制矣。[1]

李洧在建中三年八月去世后，由其部將高承宗繼任刺史。但高承宗又於興元元年逝世，由其子高明應繼任刺史[2]。地方上這種"期以土地傳之子孫"的現象是唐廷最忌憚的，而徐州依然處於"地迫于寇，常困繊不支"的窘境[3]。在高明應之後任徐州刺史的分別是獨孤華與白季庚，但二人擔任的時間都非常短暫[4]。白季庚很快被撤掉的一個原因可能是他原本出於淄青一系。李泌所言切中了徐州的要害，也就是以甬橋爲中心的轉運系統是徐州的關鍵所在。一旦徐州不保，甬橋被據，那麼淄青不僅可以截獲大量財賦，亦可以順汴渠南下威脅江淮。因此，徐州刺史需要一位忠於唐廷的將領擔任。以張建封爲徐泗濠節度使的目的正是防止淄青節度使沿著汴河前進[5]。張建封的出任，不僅削弱了淄青對徐州的影響，反而使得徐州能夠與淄青形成對峙之勢。徐州在張建封克里斯馬式的統治下，平穩過渡，直至其去世又發生嘩變。徐州嘩變引起徐、泗、濠三州以及淮南的反應與唐廷的處置措施，此不詳論[6]，其中有一個細節值得注意。溫遜墓志稱：

> 及徐方草擾，小人附亂，或戕舟發梁者。公繾綣扶護過埇口，竊慮大變，未知所以。綃幕之外，忽有人聲曰："見義不爲，仁遠乎。"命僮視之，無所見。公即驚瞿，謂其埇正曰："何人臣道喪耶？尊君以自顯，損益明矣。"一言埇正不附亂，徐方草擾不成害。[7]

---

〔1〕《資治通鑑》卷二三三，7516—7517頁。
〔2〕《舊唐書》卷一二《德宗紀上》，334、342頁。
〔3〕《新唐書》卷一五八《張建封傳》，4940頁。
〔4〕郁賢皓《唐刺史考全編》，安徽大學出版社，2000年，924—925頁。據郁氏所考，高明應任期至貞元四年，而白季庚的下一任張建封又同樣是此年。
〔5〕辻正博《唐朝の對藩鎮政策について：河南「順地」化のプロセス》，113—114頁。
〔6〕參見拙作《家族譜系・政治參與・關係網絡：中晚唐士族的三個側影——從〈唐鄭遂誠墓誌〉談起》，《中華文史論叢》2023年第2期，164—174頁。
〔7〕溫速《大唐故至德縣令太原溫公（遜）墓誌銘并序》，《洛陽流散唐代墓誌彙編續集》，604—605頁。

其一,張建封去世後歸葬河陽縣太平鄉虢村[1],經由埇口,知埇橋是徐州通往河南路綫上的重要交通節點。其二,埇口附近佈有兵力,稱爲埇正。埇正很可能屬於巡院系統。此時府兵制早已崩壞,但從其名而言,埇正與府兵制下"五十人爲隊,隊有正"相似[2]。據史料,河中鹽政在歸兩池榷鹽使管轄下設有"防池官健"[3],大中時期的河中有"巡院弓矢"[4]。高橋繼男認爲兩者相當[5]。河陰轉運院則有"防院兵五百人"[6]。埇正是徐州境内一支重要的軍事力量,很可能是類似於"防院兵"的性質,隸屬於巡院。徐州嘩變發生後,"泗州刺史張伾以兵攻埇橋,與徐軍接戰,伾大敗而還"[7]。對照溫遜墓誌中所記"埇正不附亂",一可佐證埇正並不包括在"徐軍"之内,屬巡院系統,二又可説明埇橋是一個重要的交通點,乃至諸方勢力爭奪的焦點。之所以稱"埇正不附亂,徐方草擾不成害",正是因爲埇正維持了漕運的有序運行,把嘩變的影響限制在了徐州内部,埇橋也成爲了唐廷維繫漕運與淮北局勢穩定的關鍵。這種重要性在此後一系列的軍事事件中都有所體現。

張愔在嘩變後被授予徐州刺史、武寧軍節度使,主徐七年,"百姓稱理"。元和元年十二月甲寅,張愔以疾請代,唐廷以之爲工部尚書,又以王紹爲檢校右僕射,兼徐州刺史、武寧軍節度、徐泗濠等州觀察等使[8]。《舊唐書·張建封附張愔傳》載因唐廷將濠、泗二州復隸徐州,故"徐軍喜得二州,不敢爲亂"[9]。《兵部尚書王紹神道碑》記載略有不同:

> 元和初,徐方喪師,帥人怙亂,樂於禍以幸其利,鼓其變以成其私,氛祲已凝,氣焰方作。公授鉞以出,投袂而馳,倍道而乘其未備,輕騎而出其不意,先迷得主,大衆歸心。於是,安進達以三百騎叛於河城,械繫而行乎軍令;唐重靖以一千人奔於埇橋,檄召而收其武力。[10]

---

[1] 乾隆《孟縣志》卷二《地理下·塚墓》,河南省地方史志辦公室《河南歷代方志集成(焦作卷)》第22册,大象出版社,2018年,62頁。
[2] 《新唐書》卷五〇《兵志》,1325頁。
[3] 《唐會要》卷八八《鹽鐵使》,1910頁。
[4] 《册府元龜》卷四九四《邦計部·山澤二》,5907頁。
[5] 高橋繼男《唐代の地方鹽政機構—とくに鹽監·(鹽院)·巡院等について》,33—35頁。
[6] 《舊唐書》卷一五《憲宗紀下》,452頁。
[7] 《舊唐書》卷一四〇《張建封附張愔傳》,3832—3833頁。
[8] 《舊唐書》卷一四《憲宗紀上》,419頁。
[9] 《舊唐書》卷一四〇《張建封附張愔傳》,3833頁。
[10] 李絳《兵部尚書王紹神道碑》,《全唐文》卷六四六,6544—6545頁。

是年十二月乙亥,張愔卒於徐州[1]。按碑文所記,張建封逝世後的驕兵現象一直延續至張愔去世後、王紹任職初,徐州也有"兵驕難治"之稱[2]。王紹到任徐州之前,已有"帥人怙亂",至其到任後雖然"倍道而乘其未備,輕騎而出其不意",依然有安進達與唐重靖二支勢力的叛亂。唐重靖的動向很可能是要從徐州西渡汴河,或沿汴河而逃,證明了埇橋在徐州軍事體系中的重要性。此外,安進達叛變所在的"河城"現已不知確切位置,從地名上看,應該與埇橋一樣臨近汴河。

就區位而言,徐州北靠淄青、西臨淮西,又有汴渠與淮南聯通,無論是經濟上還是軍事戰略上,都對唐廷至關重要。尤其是埇橋,《元和郡縣圖誌》就稱:"隋氏鑿汴以來,彭城南控埇橋,以扼汴路,故其鎮尤重。"[3]從崔群的奏文來看,宿州自徐州劃出成立是針對淮西吳氏的叛亂。憲宗即位,力圖重建新的政治規範,特別是敉平河北與淮西獨立狀態。

憲宗自平定西川劉闢之亂後,就有平定淮西的打算[4]。意外的是,在元和二年又爆發了浙西李錡的叛亂[5],延緩了對淮西的軍事行動。憲宗對淮西採取軍事行動前的元和四年正月,宿州成立。這一舉措可以説是憲宗征討淮西的第一步,實際上也是爲了更好地保證前綫的軍糧供給。在此年末,吳少誠一病不起,李絳再次上言可安撫王承宗,再藉機討定淮西,以"獲申蔡之利"[6]。但這一進程又被王承宗自表爲成德節度使留後所打斷[7]。直至元和九年閏月,吳元濟在少陽去世後自領軍務,唐廷"易環蔡諸鎮將帥,益兵爲備",並在下一個月就以嚴綬爲申光蔡招撫使,督諸道兵討伐吳元濟[8],正式拉開了平定淮西的序幕。

從平定淮西的戰略上看,宿州成立的意義有二。其一,保障漕運以供前綫。元和十一年十二月,憲宗置淮、潁水運使。《舊唐書》載:

> 初置淮潁水運使,運揚子院米,自淮陰泝流至壽州,四十里入潁口,又泝流至

---

[1]《舊唐書》卷一四《憲宗紀上》,419頁;同書卷一四〇《張建封附張愔傳》,3833頁。
[2]《新唐書》卷一四九《王紹傳》,4805頁。
[3]《元和郡縣圖志》卷九"徐州"條,224頁。
[4]《資治通鑑》卷二三九,7705頁。
[5] 憲宗對西川劉闢與浙西李錡的平定,參見陸揚《西川和浙西事件與元和政治格局的形成》,《清流文化與唐帝國》,北京大學出版社,2016年,19—58頁。
[6]《資治通鑑》卷二三八,7664—7665頁。
[7]《資治通鑑》載:"上自平蜀,(胡注:元和初平蜀。)即欲取淮西。淮南節度使李吉甫上言:'少陽軍中上下攜離,請徙理壽州以經營之。'會朝廷方討王承宗,未暇也。"《資治通鑑》卷二三九,7705—7706頁。可知王承宗突然自稱留後,打斷了憲宗原有先取淮西的策略。李絳曾力薦先討平淮西、後取承德的規劃,但最終還是沒有被憲宗所採納。見《資治通鑑》卷二三八,7664—7665頁。
[8]《資治通鑑》卷二三九,7706—7707頁。

潁州沈丘界,五百里至于項城,又沂流五百里入溵河,又三百里輸于郾城。得米五十萬石,芻一千五百萬束。省汴運七萬六千貫。〔1〕

從"省汴運七萬六千貫"一句可見,在元和十一年十二月之前,供給前綫的物資都是自揚州通過汴河運至河南,再由河南用牛車運輸至前綫。淄青的李師道勾結吳元濟,在元和十年,其所養刺客建議李師道"今河陰院積江、淮租賦,請潛往焚之",並"攻河陰轉運院,殺傷十餘人,燒錢帛三十餘萬緡匹,穀三萬餘斛"〔2〕。河陰院是位於河南境內汴渠上的一處巡院,也證實了在元和十一年前江淮的轉運物資是通過汴渠先運至河陰。此外,平定淮西戰爭中,尤其是元和十一年,"州縣近淮西者,行輸尤苦,東畿供饋車常數千兩,相錯于路,每車駕三牛。將卒有副,所在霖潦。汝潁汎溢,饋車多阻,其至者或不以時歸之。于是東畿有以驢耕者"〔3〕。這條綫路不僅迂迴,又由於汝、潁泛濫而導致陸路運輸不便,也影響了河南的耕種。淮、潁運綫的設置,不僅節省了運輸費用,而且可以由水運直達偃城,可謂是一舉兩得〔4〕。由此可知,元和四年至元和十一年宿州的設立成功地保障了此期汴渠的有序運輸。而出於轉運成本,使得唐廷放棄汴渠水運,另設淮潁水運使以供淮西前綫糧草。值得注意的是,正是在開始平定淮西的元和九年,唐廷將亳州臨渙劃給了宿州。臨渙縣北四十五里有柳子鎮,在永城縣南〔5〕,緊鄰汴渠。將臨渙劃割於宿州,更有利於戰備物資的轉輸。臨渙縣城則緊鄰渙水。這樣,宿州在渙水一縣,就有蘄、臨渙二縣。渙水與汴渠一樣,同樣連接了淮水與汴州。五代天福五年(940)六月,後晉遣送南唐敗將回歸,"將自桐墟濟淮"。《資治通鑑》胡注引《九域志》稱"宿州蘄縣有桐墟鎮。自桐墟而南,至渦口則濟淮矣",又引《金人疆域圖》稱"桐墟在宿州臨渙縣"〔6〕。桐墟應該位於臨渙、蘄二縣之間,同樣緊鄰渙水。元和時期臨渙、蘄通淮究竟是由渙入淮,亦或是自桐墟轉由陸路南下自渦口入淮已不得而知。但至少可以說,當時有不少運綫可以自淮通往宋、汴地區,只是它們的吞吐量不及汴渠,但也不妨可以作爲一條後備綫路。將臨渙割屬宿州,是開始平定淮西的一項重要的軍事準備。

---

〔1〕《舊唐書》卷一五《憲宗紀下》,458頁。
〔2〕《資治通鑑》卷二三九,7711—7712頁。
〔3〕《册府元龜》卷五一〇《邦計部·重斂》,6114頁。
〔4〕關於淮潁水運的變遷與作用,可參王力平《唐後期淮潁(蔡)水運的利用與影響》,《河北學刊》1991年第2期,83—88頁;高正亮《唐後期黃淮海平原討藩戰爭後方糧草調撥地理》,《文史》2022年第4輯,111—140頁。
〔5〕《資治通鑑》卷二五一,唐懿宗咸通九年十二月條胡注引《九域志》《北使錄》《郴行錄》,8134頁。
〔6〕《資治通鑑》卷二八二,後晉高祖天福五年六月條胡注引《九域志》《金人疆域圖》,9215頁。

其二，切斷淮西與淄青之間的勾結。上文已經談及貞元時期淮西與河北之間的連橫以及徐州對其的控扼作用。憲宗平定淮西時，宿州的軍事意義進一步顯現。唐廷忙於平定淮西時，徐州北部的淄青李師道也在蠢蠢欲動，配合吳元濟的抵抗，史稱"師道素倚淮西爲援"[1]。李師道除了焚燒河陰院唐廷的戰略物資、擾亂東畿外，也趁唐廷忙於平定淮西之機採取軍事行動。《舊唐書·王智興傳》稱"李師道與蔡賊謀撓沮王師，頻出軍侵徐"[2]。元和十年三月，李師道遣大將帥兩千人趨壽春，"聲言助官軍討元濟，實欲爲元濟之援"。[3] 李師道若要至壽春，那麼汴、淮就是其一定要突破的地理屏障。趙纂墓誌載：

> 元和九年，元洪守泗州。淮右兵叛，李師道揚威東境，馳先聲假道助元濟。洪守老懦怯，有卒五千，不知所置。公爲太子通事舍人、兵馬從事，進曰："淮西旦夕纍懸，是力不能支。師道懷齒寒之懼，借其聲耳。況徐州壓其南，望虛伺取，自守不暇，何能西軼。且有備無虞，著在軍志，不如出汴口，率餘錢以賈勇士。"得甲馬三百疋，士卒酣利，□不習練。淮上卒無織，竊驚公之畫也。[4]

來自淮西、淄青南北壓力的困境同樣是宿州、徐州所面臨的。徐州方面自王紹任節度使後，暫時扭轉了半獨立的狀態而歸於中央。據夏侯昇墓誌所見，貞元十六年以降，徐州在夏侯昇的主持下，採取以商補軍、以工助軍的模式解決了藩鎮軍費問題[5]，成爲淄青南部的強藩。對李師道元和十年的入侵，泗州採取的防衛工作是招募勇士以守汴口，可知當時汴渠是重點防禦對象。宿州也不例外。宿州作爲武寧軍節度使的支州，防衛工作似乎也一直是由武寧軍節度使負責。夏侯昇墓誌載：

> 僕射王公臨戎，以公有饋餉之勤，表公銀青光祿大夫、泗州司馬。尋復少保李公節度徐州，嘉公之能，又奏遷宿州長史，兼充甬口鎮遏副使，兼管內營田都知兵

---

[1]《資治通鑑》卷二四〇，7745頁。
[2]《舊唐書》卷一五六《王智興傳》，4139頁。
[3]《資治通鑑》卷二三九，7711頁。
[4] 韋博《唐故侍御史內供奉知鹽鐵埇橋院趙府君（纂）墓誌銘》，趙文成、趙君平編《秦晉豫新出墓誌蒐佚續編》，國家圖書館出版社，2015年，1134頁。關於此墓誌中所涉相關問題的考證，可參看王昊斐、田乙《新見唐〈趙纂墓誌〉及相關問題》，《碑林集刊》第21輯，2015年，26—34頁。此墓誌拓片殘缺，王文已補部分闕文，本文引用時重新句讀，闕字部分參王文。下文不復出注。
[5] 賈志剛《唐代藩鎮供軍案例解析——以〈夏侯昇墓誌〉爲中心》，《中國社會經濟史研究》2011年第4期，1—8頁。

馬使並茶酒、渦口六渡及館驛等,兼中軍上兵馬使。洎相國李公節制魏郡,聞天請公詔從之,遷澶州長史。[1]

夏侯昇應該是在王紹節度徐州時,以"饋餉之勤"協助其穩定了安進達與唐重靖的騷動,因此遷爲泗州司馬。待到元和六年李愿爲徐州節度使後,夏侯昇又遷爲宿州長史,並且兼充埇橋鎮遏副使,同時還要負責渦口六渡、館驛的管理。夏侯昇的兼職,全是在交通要道之上,尤其是埇橋與渦口六渡,更是軍事要地[2]。在埇橋設置鎮遏使,大大增強了埇橋的防衛,同時也協助保障了埇橋巡院與漕運的安全。可以説,在討平淮西的過程中,徐、泗、濠、宿四州層層布防。

正是由於埇橋在經濟與軍事上的雙重意義,促成了宿州從徐州分離,成爲一個相對獨立的行政單元。但是在整個戰爭的過程中,宿州的軍事價值並没有充分發揮出來。徐州節度下的支州與藩鎮的關係頗爲微妙。在貞元至元和時期,雖然泗、濠諸州屬徐州節度使轄下,但諸州都保持著一定的能動性。在貞元十六年張愔之亂爆發後,泗、濠二州的刺史並没有隨其一起站在唐廷的對立面,反而是配合淮南節度使杜佑以討平徐州。在元和九年針對李師道的軍事行動中,泗州由刺史元洪主持防務。現已不可知元洪是如何出任泗州刺史,但元和時期的泗州刺史薛謇由唐廷"擢爲泗濱守"[3],令狐通則是因"時討淮、蔡",憲宗特意"用爲泗州刺史"[4]。元和時期的諸州的人事任免都取決於唐廷,而非藩鎮。宿州的情況略有特殊。宿州成立後的第一位宿州刺史應是李光弼之子李彙,直至元和七年改任安州刺史。李彙在宿州時期的政績,在白居易撰寫的《李彙安州刺史制》中有具體說明。制曰:

宿州刺史李彙,勳閥之門,嗣生才略。久參戎衞,頗著勤勞。試守列城,觀其爲政。屬汴泗之右,創畫州居。府署城池,委之經始。一日必葺,三年有成。且聞公勤,宜有遷轉。重分憂寄,再佇良能。往安吾人,無忝厥命。可安州刺史。[5]

---

[1] 杜偶《唐故銀青光禄大夫檢校太子詹事陳州長史兼侍御史食邑三百户譙郡開國男夏侯公(昇)墓誌銘并序》,《河洛墓刻拾零》,520頁。關於夏侯昇主持營田時間的考證,參見賈志剛《唐代藩鎮供軍案例解析——以〈夏侯昇墓誌〉爲中心》,1—8頁。
[2] 渦口爲渦水入淮處。其重要性可參看李碧妍《危機與重構:唐帝國及其地方諸侯》,515—516頁;拙作《家族譜系·政治參與·關係網絡:中晚唐士族的三個側影——從〈唐鄭遂誠墓誌〉談起》,170—172頁。
[3] 劉禹錫撰,瞿蜕園箋證《劉禹錫集箋證》卷三《唐故福建等州都團練觀察處置使福州刺史兼御史中丞贈左散騎常侍薛公(謇)神道碑》,上海古籍出版社,1989年,72頁。
[4] 《舊唐書》卷一二四《令狐通傳》,3532頁。
[5] 《白居易集箋校》卷五五《李彙安州刺史制》,3141頁。

李彙曾先後從朔方軍事郭子儀、東平軍事李正己。李正己反,李彙馳歸,從李勉回京,逢李希烈作亂而又事淮汝軍哥舒曜,參與貞元時期平定淮西的戰爭。興元中,李彙又爲行營先軍、義成軍賈耽神將,至貞元九年入爲左神策軍,至元和四年擢爲宿州刺史[1]。以李彙爲宿州刺史,正是看重他"久參戎衛,頗著勤勞"的軍旅經歷,也暗示了宿州成立背後的軍事動因。平淮戰爭時,由何人任宿州刺史已不得而知,但此時宿州長史夏侯昇兼充埇口鎮遏副使。元和十四年,憲宗曾敕諸道所管支郡除本軍州外,別置鎮遏諸使,並由刺史管轄[2]。鎮遏使受轄於刺史是憲宗"歸還刺史軍權"政策中的重要一環[3],元和十四年纔在諸道諸州普設。故此推測,夏侯昇充副使時的埇橋鎮遏使是由宿州刺史兼充。不過,夏侯昇以宿州長史兼充埇橋鎮遏使諸職由李願上奏而得。由此看來,在平定淮西時,徐州節度使的勢力已然嵌入支州,形成一種軍事上的配合。但這就使得宿州的軍事意義顯得猶如雞肋。如同夏侯昇的經歷一樣,徐州節度使完全可以自行任命將帥鞏衛埇橋、渦口等重要的軍事據點。同時,在李師道派遣將帥前往壽春那年的十一月,其部隊攻破蕭、沛數縣後就被徐州節度使李願派出的王智興步騎阻擊攔截[4],宿州成立的軍事意義也被大打折扣。這也成爲宿州在長慶元年被廢的一個重要原因。

　　元和十五年正月穆宗即位,九月丙寅,崔群任武寧軍節度使[5]。正是在下一年,崔群上奏廢黜宿州。按崔群所言,此時淮西早已被平定,宿州也不再有存在的價值,因此主張廢棄。在憲宗的不懈努力下,淮西平定後,位於徐州北部的強藩淄青也已在元和末被肢解,宿州隔絶兩個強藩勾結的軍事職能已不復存在。但是,隨著淮西的平定,淮、穎運綫逐漸蕭條,汴河一綫得以恢復,埇橋以及宿州的經濟職能依然存在。據《新唐書·方鎮表》載,廢黜宿州的長慶元年,還曾將宿州割隸淮南[6]。這一舉措很可能發生在王播任淮南節度使的長慶元年三月,因爲此時的王播還擔任著鹽鐵轉運使[7]。將宿州劃入淮南,無疑使得鹽鐵使能更好地控制和管理埇橋院,保障漕運。宿州被廢的導火索,或是李直臣貪賊之事。《舊唐書·牛僧孺傳》載:

---

[1] 沈亞之《涇原節度李常侍墓志銘》,《全唐文》卷七三八,7619頁;《新唐書》卷一三六《李彙傳》,4590頁。
[2] 《唐會要》卷七八《諸使中·諸使雜錄上》,1705頁。
[3] 張達志《唐代後期藩鎮與州之關係研究》,中國社會科學出版社,2011年,118—132頁。
[4] 《資治通鑑》卷二三九,7720頁。
[5] 《舊唐書》卷一六《穆宗紀》,481頁。
[6] 《新唐書》卷六五《方鎮表二》,1817頁。
[7] 嚴耕望《唐僕尚丞郎表》卷一四《輯考附考四下·諸道鹽鐵轉運等使》,801—802頁。

> 長慶元年，宿州刺史李直臣坐贓當死，直臣賂中貴人爲之申理，僧孺堅執不回。穆宗面喻之曰："直臣事雖僭失，然此人有經度才，可委之邊任，朕欲貸其法。"[1]

由穆宗對於李直臣"有經度才"的評價可知，宿州刺史的最佳選任與任者的經濟才能相關。但正是由於宿州的經濟職能也易導致刺史貪墨財賦。史載李直臣在任上"豪奪聚斂"，賄賂宦官之財貨達百萬之巨[2]。白居易在埇城北有別業，長慶四年曾作《埇橋舊業》稱："別業埇城北，拋來二十春。改移新逕路，變換舊村鄰。有稅田疇薄，無官弟姪貧。田園何用問，強半屬他人！"[3]白居易家族在埇橋附近的田土被侵吞，也説明了長慶之前宿州出現了嚴重的土地經濟問題。總之，當宿州的軍事職能已經消解，經濟職能受到威脅的時候，它就没有必要再存在了。

至於太和七年復置宿州的原因，史籍中並没有留下直接的記載。不過太和七年正是武寧軍節度使更替之際，此或可爲探究宿州復置的一個突破口。崔群任武寧軍節度使後短短一年多時間，就被當時的節度副使王智興逐出徐州。《資治通鑑》載：

> （長慶二年三月）武寧節度副使王智興將軍中精兵三千討幽、鎮，節度使崔群忌之，奏請即用智興爲節度使，不則召詣闕，除以他官。事未報，智興亦自疑；會有詔赦王庭湊，諸道皆罷兵，智興引兵先期入境。群懼，遣使迎勞，且使軍士釋甲而入；智興不從。乙巳，引兵直進，徐人開門待之，智興殺不同己者十餘人，乃入府牙，見群及監軍，拜伏曰："軍衆之情，不可如何！"爲群及判官、從吏具人馬及治裝，皆素所辦也，遣兵衞從群，至埇橋而返。（《考異》曰：《實錄》："群累表請追智興，授以他官，事未行，詔班師。智興帥衆斬關而入。"舊《智興傳》亦同。舊《群傳》則曰："群以智興早得士心，表請因授智興旄鉞；寢不報。智興回戈，城内皆是父兄，開關延入。"今兼取之。）遂掠鹽鐵院錢帛，（埇橋有鹽鐵院。）及諸道進奉在汴中者，（謂諸道進奉船在汴河中者。）並商旅之物，皆三分取二。[4]

王智興自年少時即爲徐州衙卒，在德宗時期便"常以徐軍抗納"，"二十餘年爲徐

---

[1]《舊唐書》卷一七二《牛僧孺傳》，4469—4470頁。
[2] 李珏《故丞相太子少師贈太尉牛公神道碑銘并序》，《全唐文》卷七二〇，7406頁。
[3]《白居易集箋校》卷二三《埇橋舊業》，1544頁。
[4]《資治通鑑》卷二四二，7812頁。括號内爲《考異》與胡三省注。

將"。直至長慶時期,河朔復亂,以王智興爲節度副使、河北行營都知兵馬使[1]。按《實錄》所記,王智興班師尚未回徐前,崔群已上表爲他官。王智興因"早得士心","城內皆是父兄",對崔群的舉動早已有所知曉。當王智興遣兵逐崔群至埇橋時,兵卒除了掠奪埇橋院的錢帛外,還掠奪了汴河中的商人、遊客之財物。整個事件恐怕並不像傳世史料中記載的那麼簡單。趙纂墓誌對此事有更詳細的記載:

> 長慶二年,相國王公播領鹽鐵使,鎮淮南,以埇、徐屬彌最難處,奏御史專埇橋院,服緋佩銀,更殿中侍御史。故相崔公之出徐州也,以兵襲其住,鎭南北河六百餘里,商估游客財物盡入以市。軍喜,又迫其院,將奪其積。公仗劍立門□□:"吾所守固外府耳。如望天子以武寧付殺我賊,鹽□□□將何詞,不若待之,俟命取不晚。"徐師不能屈,卒完一院錢布帛,所掠者僅五六十萬。計守院九年,無寸尺逋,不掛絲髮利,可謂能矣。[2]

宿州被廢後,其地復歸諸州,埇橋再入徐州境。王智興在逐迫崔群時,並没有像傳世史籍中那樣僅"遣兵衛從群",而是"以兵襲其住",並且直接封鎖了六百餘里汴渠。宋代日僧記泗州府到宿州的行程是四百二十里,宿州到亳州永城縣是一百五十里[3]。王智興所封的"南北河六百餘里"實際上就是徐泗濠節度使轄區內的整段汴河。位於其中的埇橋院自然成爲掠奪的重點。趙纂墓誌還提示的一點是,正如上文所言,埇橋巡院並不歸節度使或者刺史管轄,而是由鹽鐵使負責。但墓誌中也有美飾誌主的成分。徐州兵未能將埇橋院洗劫一空,一方面是由於趙纂强硬的態度,另一方面恐怕是因爲巡院本身就配備一定的武裝力量。誌文中又稱趙纂在埇橋院長達九年"無寸尺逋,不掛絲髮利"。而實際上王智興却控制了泗口以截留漕運租賦。長慶二年三月甲寅,王智興遣兵渡過淮河襲擊濠州,並在兩日後驅逐了刺史侯弘度,佔據濠州。在長慶四年,王智興又以左廂兵馬使韓元度攝濠州司馬,"主州事,兼權團練渦口兩城使"[4]。穆宗長慶初年罷兵,"力不能討徐州",只能以王智興爲武寧軍節度使,承認其對於徐、泗、

---

[1]《舊唐書》卷一五六《王智興傳》,4138—4140頁。
[2] 韋博《唐故侍御史內供奉知鹽鐵埇橋院趙府君(纂)墓誌銘》,《秦晉豫新出墓誌蒐佚續編》,1134頁。
[3]《新校參天台五臺山記》卷三,264頁。
[4] 楊安仁《大唐故武寧軍節度使左厢都押衙銀青光禄大夫檢校國子祭酒兼御史中丞潁川縣開國侯食邑一千户上柱國南陽韓府君(元度)墓誌銘》,《洛陽流散唐代墓誌彙編三集》,582—583頁。

濠三州的統治權[1]。王智興治徐期間，"務積財賄，以賂權勢，賈其聲譽，用度不足，稅泗口以裒益之"[2]。泗口即是泗水入淮水處，與楚州隔淮而望，也是漕運必經之地，同時又可溯泗水而至徐州。（參圖1）《册府元龜》載，王智興逐崔群後，"因請致稅於泗口，以贍軍用，往來過爲寇掠"。在開成二年薛元賞的奏文中可知，泗口稅場"一物貨稅"，故請"停去雜稅，唯留稅茶一色，以助供軍"[3]。所謂"一物貨稅"，應該是指凡經泗口之貨物皆要繳納一定關稅，即《唐會要》所載"應是經過衣冠商客、金銀、羊馬、斛䅞、見錢、茶鹽、綾絹等，一物已上並稅"[4]。泗口本就設置巡院[5]，再在泗口設置稅場，嚴重影響了江淮財賦向中央轉運，也限制了埇橋的作用。

王智興節度下的徐、泗、濠諸州半游離於中央。雖然他影響了江淮財賦的轉運，但中央不得不倚仗其軍事力量，以抵抗汴州李齐及李同捷據滄德二州的叛亂。太和元年，王智興出全軍三萬討同捷，於三年初平定[6]。韓元度墓誌載：

次長慶初，其帥王侍中又奏轉賓客。二年，叙封潁川縣開國男，食邑三百户。是歲改右衞兵馬使，俄遷左衞。三年春，屬宣武神將李齐亂其軍，隨帥致討，授監察。四年夏，值支郡濠梁改刺史，又攝司馬，主州事，兼權團練渦口兩城使，務肅理平，人多胥悦。尋進封前縣開國伯，加邑四百户。大和二年，滄景背恩，隨使收復棣州。後以城壘久閉，抗拒王師，百戰之餘，瘡痍滿邑，積骸如嶽，存者鬼形，慰安彼心，理者難矣。又選公攝長史、行刺史事。軍縣平愈，奏加殿中。堂除牧來，付已歸職。自三年至九年，改侍御史，進封前縣侯，邑滿一千户，復遷攝中丞。謂無功勞，何速如是。其職自左衞兵馬使尋充都巡管内郵驛事，又換征馬使，轉右都虞候，遷其廂都押衙兼節院弓劍兵馬使，輒充埇橋鎮遏使。蓋以前鎮史宗亮狂暴反常，縱兵剽劫，行旅大絶，居人震驚。宗亮雖膏於斧柎，鎮邑需材以彈壓。[7]

---

[1]《資治通鑑》卷二四二，7815頁。
[2]《舊唐書》卷一五六《王智興傳》，4140頁。
[3]《册府元龜》卷五〇四《邦計部·關稅》，6051頁。
[4]《唐會要》八四《雜稅》，1832頁。
[5]《唐故安南經略招討處置等使朝散大夫檢校右散騎常侍守安南都護府兼御史中丞上柱國賜紫金魚袋隴西李府君（涿）墓誌銘》載，李執方任鹽鐵使，"以泗口南控江淮，吏憚法馳，致漕引跌滯，耗羡不屬，遂委公以泗口院事……不期年而列帑咸豐，群廙皆飯"。見張永華、趙文成、趙君平編《秦晉豫新出墓誌蒐佚三編》，國家圖書館出版社，2020年，1110—1111頁。上引《新唐書·食貨志》中劉晏設置的十三巡院中有泗口院。泗口院是否即是泗州院，還有待考證。筆者以爲，泗口院當在泗水入淮處，泗州院則是在汴渠入淮處。
[6]《資治通鑑》卷二四三，7855頁；同書卷二四四，7863—7864頁。
[7] 楊安仁《大唐故武寧軍節度使左厢都押衙銀青光禄大夫檢校國子祭酒兼御史中丞潁川縣開國侯食邑一千户上柱國南陽韓府君（元度）墓誌銘》，《洛陽流散唐代墓誌彙編三集》，582—583頁。

王智興以殘虐著稱,其治下徐州的驕兵化十分嚴重。長慶初,唐廷就下制獎賞武寧軍郭量等五十八名參與討蔡平鄆的裨將以及追贈陣亡的李自明爲刺史[1]。這或是出於忌憚王智興及徐州兵而採取的一種撫慰措施。在長達二十餘年的徐州生涯中,王智興與徐州兵卒的關係可謂是盤根錯節。當其成爲節度使後,"召募凶豪之卒二千人,號曰銀刀、雕旗、門槍、挾馬等軍,番宿衛城。自後寖驕,節度使姑息不暇"[2]。從引文所載韓元度在長慶至太和年間的任職可知,他一直擔任著武寧軍軍職,是典型的"銀刀"之流。他不僅參與平定了宣武鎮李㝏的叛亂,還在平定李同捷的軍事行動中貢獻頗豐,甚至還短暫地主理棣州。徐州的驕兵化雖然日益嚴重,但不能否認他們也成爲穩定東部軍事平衡的一支重要力量。不過,對於已是驚弓之鳥的唐廷,王智興轄下的軍事力量終究是隱患。因此,唐廷趁表彰王智興首功之機,在太和三年末招其入朝,並在太和六年以之爲忠武軍節度使、陳許蔡觀察等使[3]。自此王智興脫離了徐州。但是徐州的驕兵一直留在徐州。這些牙將驕兵甚至發展到了失控的地步。正值討平李同捷的最後時刻,因武寧捉生兵馬使石雄"勇敢,愛士卒",與王智興的殘虐形成對比,以致"軍中欲逐智興而立雄"。王智興爲驅逐石雄離開徐州,奏請其爲刺史。在石雄離開之後,"悉殺軍中與雄善者百餘人"[4]。接替王智興擔任武寧節度使的是李聽與高瑀。李聽之兄李愿在徐州有倉頭爲牙將,並不希望李聽赴任,於是"説軍士殺其親吏,臠食之"。李聽因此"不敢進,固以疾辭"[5]。高瑀爲節度使,仍因徐州"士卒驕悖"而不能制[6]。接連兩任節度使都無法安定徐州的驕兵,這對唐廷來説無疑是苦惱的。

最終在太和七年正月,唐廷"欲擇威望之帥",選擇了曾擔任過泗州刺史的崔珙爲節度使[7]。崔珙任泗州刺史期間,"深練兵事,頗得士心"[8],入主武寧後,"寬猛適宜,徐人安之"[9]。故有稱崔珙臨徐"有禦暴悍之名,得

---

[1]《白居易集箋校》卷五二《武寧軍軍將郭量等五十八人加大夫賓客詹事太常卿殿中監制》、卷五三《武寧軍陣亡大將軍李自明贈濠州刺史制》,2985、3024頁。

[2]《舊唐書》卷一九上《懿宗紀》,653頁。

[3]《舊唐書》卷一七下《文宗紀下》,545頁;同書卷一五六《王智興傳》,4140頁。《資治通鑑》載王智興於太和三年入朝,在此時即被任爲忠武軍節度使。同書又在太和六年三月條稱"以武寧節度使王智興兼侍中,充忠武節度使"。分見《資治通鑑》卷二四四,7867、7879頁。實際上,王智興太和三年入朝後,唐廷"以智興守太傅,依前平章事、武寧軍節度使,進封雁門郡王"。見《舊唐書》卷一七上《文宗紀上》,533頁。

[4]《資治通鑑》卷二四四,7863頁。

[5]《舊唐書》卷一三三《李聽傳》,3685頁;《資治通鑑》卷二四四,7879頁。兩《唐書》、《資治通鑑》均載此倉頭爲李聽牙將。按胡注,此人是李聽之兄李愿爲武寧節度使時之牙將。今從胡注。

[6]《資治通鑑》卷二四四,7883頁。

[7]《舊唐書》卷一七七《崔珙傳》,4588—4589頁。

[8]《册府元龜》卷一二〇《帝王部·選將》,1436頁。

[9]《資治通鑑》卷二四四,7883頁。

鎮静之妙"[1]。崔珙上任後,採取了安撫武寧軍的策略。韓元度墓誌續載:"公又被今國相崔公作帥差用能使,往令招緝,果得安泰,追復左厢都押衙。"[2]韓元度在李愿爲節度使時已入徐州,直至去世,可謂根基深厚。崔珙這一揚湯止沸的策略,暫時穩定了徐州。唐廷便趁此之機,下敕復置宿州。《唐會要》載:

> 至太和七年二月,敕:"宜准元和四年正月,割徐州符離、蘄,泗州虹縣,依前置宿州,隸屬徐泗濠等州觀察使。其州置于埇橋,在徐州南界,汴水上,舟車之要。其舊割四縣,仍舊來屬,已下官便委吏部注擬。"[3]

從時間上來看,此敕文的時間正好是在崔珙赴任武寧節度使的下一個月,是唐廷依賴此時的武寧節度使平穩過渡而採取的措施。此次新置宿州的州治直接從符離遷至了埇橋。雖然趙纂任巡官在一定程度上維持了埇橋院的有序運轉,但此後的埇橋恐怕也難免受到徐州兵卒的持續性干擾。據韓元度墓誌中所稱,王智興設埇橋鎮遏使。史宗亮任此職時,"縱兵剽劫,行旅大絶",嚴重侵擾了汴渠的航運。徐州方面當然不想與唐廷徹底決裂,故選用了韓元度以革其弊。但從中也可知,埇橋在王智興領武寧軍節度使的後期,一直爲王智興的勢力所控制。因此,唐廷在再次成立宿州時,直接將州治移至埇橋。可以説,此次再立宿州的目的,就是使其與徐州之間保持一定的自主權,進一步確保埇橋的安全與兩税等財賦的有序轉運。

　　經過多年的發展,埇橋周邊已經得到了很大程度的開發。早在天寶年間,符離縣的大成果寺就已在埇口附近開闢田土爲常住之資[4]。張建封任徐州刺史、徐泗濠節度使時,徐州境内出現營田,並由杜兼任營田副使,又有劉莒任徐泗節度使營田巡官[5]。至張愔時期,又有夏侯昇主持營田。因其時"水旱作沴"以致"軍實不足",夏侯昇建議"決汴河,灌蘄澤,擁陂水,漲陴湖,艾剃繁蕪,蒔植秔稻"。在夏侯昇的實際主持下,"時歲潤地三千餘頃,當秋獲稻二十萬餘斛"。[6]汴渠與蘄之間的位置正位於埇橋附近,夏侯昇營田推動了該地的農業經濟發展。田土的開闢,促使了人群向埇橋聚居。韓元度墓誌中又稱史宗亮的

---

[1] 蘇特《唐故殿中侍御史武寧軍節度判官蘇公(建初)墓誌銘》,胡戟、榮新江主編《大唐西市博物館藏墓誌》,北京大學出版社,2012年,1046—1047頁。
[2] 楊安仁《大唐故武寧軍節度使左厢都押衙銀青光禄大夫檢校國子祭酒兼御史中丞潁川縣開國侯食邑一千户上柱國南陽韓府君(元度)墓誌銘》,《洛陽流散唐代墓誌彙編三集》,582—583頁。
[3] 《唐會要》卷七〇《州縣改置上》,1487頁。
[4] 《大唐成果寺埇口東北常住田碑記》,陳尚君編《全唐文補編》卷一三七,2005年,中華書局,1670頁。
[5] 杜兼《唐故徐泗節度營田巡官試大理評事劉公(莒)墓誌銘并序》,《河洛墓刻拾零》,479頁。
[6] 杜倪《唐故銀青光禄大夫檢校太子詹事陳州長史兼侍御史食邑三百户譙郡開國男夏侯公(昇)墓誌銘并序》,《河洛墓刻拾零》,520頁。

侵擾使得"居人震驚"。上文也已經談及，白居易家族以及崔群在埇橋附近皆有房產或土地。同時，夏侯昇又"募市人善賈者，署以顯職，俾之貿遷賄貨，交易有無，並領榷酤，埏埴陶冶務，二紀之間約獲利五百餘萬貫"[1]。巡院糴糶鹽糧的職能，使得埇橋成爲商船集聚之地。因此，夏侯昇推動貿易以及榷酤的場所可能就是在埇橋。同時，在夏侯昇的主持下，也催生出了作爲貿易機構的"陶冶務"[2]。權德輿與友人曾作《埇橋達奚四于十九陳大三侍御夜宴叙各賦二韻》，詩中稱"自古河梁多別離"[3]。不僅可知埇橋是汴渠上一個重要的交通碼頭，亦可知當時埇橋商業娛樂活動之豐富。田地開闢、商業繁榮、士族聚居，使得埇橋具備了成爲州治的條件。

對於這樣一個經濟要地，唐廷似乎有意安排財政型官僚出任刺史以及巡院官。復置後的第一位刺史是吳季真，在此之前爲東都鹽鐵院官[4]，應該具備了良好的財政素養。大中年間，"屬汝南公(周墀)爲相，精求牧守"，因"宿州控臨要害，尤難其人"，最終選擇了李範爲宿州刺史。李範有著豐富的財政管理經驗。他在蒲州任永樂縣主簿時，"鹽鐵使聞其能，署在繁劇，委以重難"，並且"二年而課效連最"，遷轉鄆州巡院，又轉侍御史內供奉，充户部巡官，"奉使自三輔至五嶺，周歷百餘郡。徵勾稽負，更無滯留"[5]。啓用李範作爲宿州刺史，也不難看出唐廷對於宿州經濟職能的重視。盧方回在大中年間曾知埇橋院事。在此之前，盧氏曾充度支兩池使巡官，"專統榷司"，又知度支陝州院，在此之後又移鄆城院、汴州院等巡院[6]。從盧方回妻墓誌中所載結銜可知，其又曾知鹽鐵陳許院[7]。盧方回前後的任職也顯示他具備了豐富的財政管理經驗與能力。

三、龐勛之亂與唐末的宿州

宿州的兩次成立均由武寧軍節度使統轄，但在咸通年間屢經更改。據《新

---

[1] 杜偁《唐故銀青光禄大夫檢校太子詹事陳州長史兼侍御史食邑三百户譙郡開國男夏侯公(昇)墓誌銘并序》，《河洛墓刻拾零》，520頁。
[2] 需要說明的是，夏侯昇所設之務屬地方節度使，並非由巡院分化而出。
[3] 彭定求編《全唐詩》卷三二四，中華書局，1960年，3637頁。
[4] 《舊唐書》卷一七下《文宗紀下》，549頁。
[5] 李胤之《唐故陝州大都督府右司馬李公(範)墓誌銘并序》，楊作龍、張水森編《洛陽新出土墓誌釋錄》，北京圖書出版社，2004年，316—319頁。
[6] 李洸《唐故知鹽鐵汴州院事朝議郎檢校尚書主客員外郎兼侍御史上柱國范陽盧公(方回)墓誌》，《洛陽流散唐代墓誌彙編三集》，638—639頁。
[7] 盧嘏《唐知鹽鐵陳許院事朝議郎侍御史上柱國范陽盧方回妻隴西李夫人墓誌銘并序》，喬棟、李獻奇、史家珍《洛陽新獲墓誌續編》，科學出版社，2008年，244頁。

唐書·方鎮表》,咸通三年(862)罷武寧軍節度,置徐州團練防禦使,並置宿泗等州都團練觀察處置使,治宿州;咸通四年,罷徐州防禦使,以濠州隸淮南節度使;咸通五年,置徐泗團練觀察處置使,治徐州;咸通十年,置徐泗節度使,復置都團練使,增領濠、宿二州;咸通十一年,置徐泗觀察使,尋賜號感化軍節度使[1]。此記載頗多訛誤。

對於咸通三年的變化,《唐大詔令集》中收錄的是年八月的《降徐州爲團練敕》記載最爲詳盡[2]。現不避繁贅,録之於下:

> 敕:徐州本貫支郡,先隸東平。建中初,李洧以畏忌歸降,遂創徐海使額。貞元初,張建封以威名寵任,特貼濠、泗兩州。當時緣拒捍淄青,犄角光蔡,務張形勢,廣樹藩垣。自寇孽冰銷,區域無事。武寧一道,翻長亂階,曾靡悛心,殆成逋藪,須爲制置,以削驍鋒。徐州宜改爲本州團練使,除當州諸縣鎮外,別更留兵二千人,隸屬兗海節度使收管;濠州本屬淮南節度收管;宿州地居埇(埇)口,路扼彭門,北接睢陽,南臨淮甸,當漕運之要,蓋水陸之衝,宜置全師,以臨列郡,仍置宿泗等州都團練觀察處置等使,便以宿州爲理所。王式且充武寧軍節度使、兼徐泗濠宿等州制置使。其兵馬除留在徐州外,仍令王式與玄質量其多少,分配宿州團練使及泗州兵馬留後、濠州渦口城使下。如人數猶多,即分隸屬淮南、浙西、天平、兗海、淄青等道,逐便收管,各給本分衣糧,其家一任相隨。官中接借發遣,令其存濟。其割配諸道將士,緣皆有家屬,須令裝束,每人各賜絹兩疋,以户部物充。其徐州諸縣先有鎮鋪處,亦量要害輕重,差配人數守捉。武寧軍大將,如素有軍功,及授官已至中丞大夫已上者,各具名薦聞,別加委用。其餘割送兗宿兩道軍前收管。如情願住徐州者,亦聽穩便。王式、玄質一切共爲制置。待公事分配總畢,必知寧帖無事。即令王式與崇憲等,自領兩道兵馬,直到汴州分付仲齊及滑州都將各押領送歸本道。王式、玄質俟許滑將士歸後,既無公事,便赴闕廷,別加勞獎。其衙內銀刀等將官健,有逃匿未捉獲者,若能束身自首,所在歸投者,便一切不問,仍準前敕割配諸道,與衣糧並家口任去。敕到後一月內不出陳首者,即不在此限。餘準詔旨處分。[3]

敕文中所説貞元時期徐泗濠節度"拒捍淄青,犄角光蔡"的作用在上文已詳論。"武寧一道,翻長亂階"則是指張建封治徐以來的驕兵逐帥現象。這一現象愈演愈烈,尤其是王智興成立的銀刀兵更是影響深遠。在崔珙之後的歷任節度使

---

[1]《新唐書》卷六五《方鎮表二》,1821—1823頁。
[2] 對於此敕,張達志已有一定分析,見張達志《唐代後期藩鎮與州之關係研究》,108—110頁。
[3] 宋敏求編《唐大詔令集》卷九九,中華書局,2008年,501頁。

中，李廓、康季榮、溫璋即被徐州兵驅逐出鎮[1]。薛元賞在開成年間任武寧軍節度使時同樣不得不任用銀刀兵。在此期間，韓元度以"前勞"而再受升遷，"欲遷無職，兩表褒飾，乞恩刺州"，最終未成而在開成五年"奏加檢校國子祭酒兼御史中丞"。以韓元度爲代表的"銀刀"之流，不少已扎根徐土。除韓元度之外，其族弟，也就是韓元度墓誌的撰者楊安仁攝徐州長史，長子邵陵爲武寧軍討擊使，三子宗簡充節度通引官，婿李爽充押衙，裴餘慶爲討擊使[2]。這些徐州的兵卒在長久的朝夕相處中完成了地方化，締結了複雜的利益網絡，並且出現父子均供職軍府的現象。這是徐州驕兵成爲唐廷膏肓之疾的重要原因。即使在王智興退出徐州後，銀刀兵一直是一支具有戰鬥力的武裝。接替薛元賞的李彥佐在任內恰逢澤潞劉稹叛亂，唐廷以其爲澤潞西南面詔討使[3]，隨軍的將卒即是一萬銀刀兵[4]。對於這樣一支驕兵，前後三次成爲武寧軍節度使的田牟與兵士"雜坐飲酒，把臂拊背，或爲之執板唱歌；犒賜之費，日以萬計，風雨寒暑，復加勞來，猶時喧譁，邀求不已"[5]。這種相處模式自然能使田牟在任時期的武寧軍安然無事，但無疑又助長了驕兵囂張的氣焰。當田牟去世後，接替武寧軍節度使的溫璋與田牟截然相反，以"嚴酷"著稱，雖然在上任後與兵士"開懷撫諭""給與酒食"，但終究在不到一個月的時間內因被徐軍猜忌而遭驅逐[6]。出乎武寧軍意料的是，他們此舉換來了一位殺伐果決的節度使王式。時爲浙東觀察使的王式正領忠武、義成兩軍討伐裘甫。咸通三年七月，王式任武寧軍節度使。受任至彭城的第三天，王式藉所携兩鎮將士"擐甲執兵，命圍驕兵，盡殺之，銀刀都將邵澤等數千人皆死"[7]，完成了一次對牙將驕兵的集中大清洗。同月，唐廷頒布了《降徐州爲團練敕》。

唐廷以王式爲武寧軍節度使，兼徐、泗、濠、宿制置使，以貫徹其主張。該主張可以用"離散徐部"來形容，包含兩個層面。其一，肢解武寧軍節度使的轄區：降徐州爲團練使，隸於兗海節度使；濠州劃歸淮南節度[8]；宿泗等州設置都團

---

[1] 吳廷燮《唐方鎮年表》卷三，中華書局，1980年，317—322頁。
[2] 楊安仁《大唐故武寧軍節度使左厢都押衙銀青光祿大夫檢校國子祭酒兼御史中丞潁川縣開國侯食邑一千戶上柱國南陽韓府君（元度）墓誌銘》，《洛陽流散唐代墓誌彙編三集》，582—583頁。
[3] 《舊唐書》卷一八上《武宗紀》，598頁。
[4] 元瑁《河南元愚公（復禮）真宅銘》，故宫博物院、陝西省考古研究院編《新中國出土墓誌·陝西（肆）》下册，文物出版社，2021年，212頁。拓片見上册，232頁。該誌載："又明年，劉稹反上黨，詔徐州爲澤潞，印鞬不至，勒銀刀卒一萬鞬其境。""縝"當爲"稹"之誤刻。
[5] 《資治通鑑》卷二五〇，8099頁。
[6] 《舊唐書》卷一九上《懿宗紀》，653頁。
[7] 《資治通鑑》卷二五〇，8099—8100頁。
[8] 從上引《新唐書·方鎮表二》所見，濠州於次年，即咸通四年方纔割屬淮南。

練使,以宿州爲理所。這一舉措與憲宗元和後期的裂地分鎮頗爲相似,即通過調整行政區劃的方式分解強藩。其二,離散鎮兵。徐州團練留下二千兵,其餘諸兵分遣至宿州團練、泗州兵馬以及濠州渦口城使下。若仍有餘兵則分配給浙西以及天平、兗海、淮南、淄青諸鄰鎮。對於武寧軍之大將有軍功且授官至中丞大夫以上者"別加委用",其餘皆送兗、宿。鎮兵赴任時需携其家屬一同離開徐部。這一舉措可謂是對徐州驕兵連根拔起,試圖實現將與兵之間分離,分解徐部鎮兵盤根錯節的關係,同時也切斷原徐部軍將鎮兵對徐州的依賴。除此之外,唐廷要求王式完成處置後,將兩道兵馬交還汴、滑,赴闕勞獎。這也是爲了預防王式携兵馬趁機佔據徐州而再次引起藩鎮獨立。就本文所討論的宿州,敕文中對其地理以及重要性之描述十分貼切。從設置的使職看,除了宿州團練使外,還有泗州兵馬留後以及濠州渦口城使,全部分佈在淮河和汴渠一綫。這一設置恐怕也有出於配合漕運的原因。宿泗等州都團練觀察處置使以宿州爲理所,則爲宿州州治的埇橋也就成爲了使府所在,這也貼合其"漕運之要""水陸之衝"的地位。因此,宿州一地"宜置全師",兵士數量應該是諸州中比較多的[1],由宿州團練使統其衆。

但這一新的政治地理格局維持了僅一年有餘後又被打破。咸通四年十一月,宿泗觀察使被廢。據《資治通鑑》記載,此時"復以徐州爲觀察府,以濠、泗隸焉"[2]。實際上,要到下一年初才改置徐泗團練觀察處置使,以徐州爲治。改置的時間,應該是在二月[3]。諸書中均未載此時宿州的隸屬,幸賴墓誌提供綫索。王愷《唐故徐宿濠泗觀察判官試大理評事兼監察侍御史李府君(梲)墓誌銘》載誌主在崔彥曾任觀察使時爲其判官[4]。崔彥曾在咸通七年爲徐州刺史,充武寧軍節度使[5]。從書寫李梲的結銜可知,崔彥曾所任爲徐宿濠泗觀察使。這也意味著《新唐書·方鎮表》中所記咸通五年置"徐泗團練觀察處置使"之名並不全,也無需等到咸通十年時再增領宿、濠二州。[6] 大體言之,咸通四年末

---

[1] 張達志以《資治通鑑》所載咸通九年十月龐勛叛亂時,宿州只有"戍卒五百","城中無復餘兵",認爲當時"單獨一州之兵力"無法抵抗賊衆,似認爲宿州只有戍卒五百。見張達志《唐代後期藩鎮與州之關係研究》,109頁。此說恐不確。上文已述,宿州初置時,唐廷即分徐州一千四百兵於宿州。復置時准"元和四年正月敕",宿州也應該有一千餘兵士。宿州之所以在龐勛之亂時兵力寡若,很可能是因爲大部分鎮兵都被招募至平定南詔的隊伍之中。

[2] 《資治通鑑》卷二五〇,8107頁。

[3] 《舊唐書》卷一九上《懿宗紀》咸通五年二月條下載"徐州處置觀察防禦使"。中華書局點校本此條校勘記稱:"《(唐書)合鈔》卷二一《懿宗紀》'徐州'上有'復置'二字。"見655、686頁。

[4] 中國社會科學院考古研究所編《偃師杏園唐墓》,科學出版社,2001年,357—361頁。

[5] 《舊唐書》卷一七七《崔彥曾傳》,4581頁。

[6] 《新唐書·方鎮表》中稱濠州在咸通四年曾隸屬於淮南節度使。不知何據。上引《資治通鑑》稱復以徐州爲觀察使府時,濠州隸此使府。結合李梲墓誌以及下文將提及的《嶺南用兵德音》,即使濠州在咸通四年曾隸於淮南,在咸通五年時又隸於徐府。

至五年初,宿泗等州都團練觀察處置使被廢,改置徐宿濠泗觀察使。發生這種變化,疑與南詔叛亂的爆發有關。咸通三年末,南詔寇安南,下一年正月再陷交趾,嶺南邊事吃緊。唐廷不得不派遣內地諸軍前往前綫。至五年五月有敕徐泗團練使募軍士赴邕州[1]。此敕稱:

> 徐州土風雄勁,甲士精强,比以制馭乖方,頻致騷擾。近者再置使額,却領四州,勞逸既均,人心甚泰。但聞比因罷節之日,或有避罪奔逃,雖朝廷頻下詔書,並令一切不問,猶恐尚懷疑懼,未悉招携,結聚山林,終成詿誤。況邊方未静,深藉人才,宜令徐泗團練使選揀召募官健三千人,赴邕管防城。待嶺外事寧之後,即與替代歸還。仍令每召滿五百人,即差軍將押送,其糧料賞給,所司準例處分。[2]

敕文中稱"近者再置使額,却領四州",亦可明確所謂徐泗團練使全稱爲徐泗濠宿團練使。徐泗濠宿並不是第一個被抽調兵士前往邕州的方鎮。在這道敕文頒布的前兩個月,也就是三月,唐廷因"蠻寇益熾",詔發許、滑、青、汴、兗、鄆、宣、潤八道兵前往邕州[3]。從地理上看,武寧軍轄區周圍的諸鎮皆已出兵,推測二月份置徐泗濠宿團練使的目的也在於準備集合咸通三年前武寧軍的力量,以之馳援邕州。但由於王式對於武寧軍、銀刀兵的打壓以及咸通三年離散徐部,使得武寧軍的軍事力量分散而力弱。想要糾合武寧軍原有的武裝力量想必是困難重重,一則多數兵士已被分遣諸州,二則徐部的驕兵對唐廷一直持敵對態度,三是不少軍士已"避罪奔逃""結聚山林"。咸通四年三月,又有"群盜入徐州,殺官吏",由刺史曹慶討平[4],這裏的"群盜"應該就是逃亡隱匿的銀刀兵。因此當許、滑等州皆已遠赴邕州後,直至五月唐廷纔發敕使徐泗團練使招募官健。

出乎唐廷意料的是,正是這批徐泗團練使招募前往邕州的兵卒會引起一場內亂。咸通五年後,潰散的徐州驕兵因獲得赦免,以及徐泗濠宿觀察使的重置,再次有機會回到徐州權力的中心。至七年,唐廷"以徐兵驕",命崔彥曾爲徐泗觀察使。九年,因前往邕州的軍士戍期已到,而徐州都押牙尹戡、教練使杜璋以及兵馬使徐行儉"以軍帑匱乏,難以發兵,且留舊戍一年"。遠在邕州桂林的戍兵得到徐州家人之飛書後,都虞侯許佶、趙可立、姚周等人殺都頭

---

[1]《資治通鑑》卷二五〇,8109頁。
[2]《舊唐書》卷一九上《懿宗紀》,656—657頁;《唐大詔令集》卷一〇七《嶺南用兵德音》,557頁。《唐大詔令集》稱此德音的時間爲咸通三年五月,誤。當從《舊唐書》與《資治通鑑》。
[3]《資治通鑑》卷二五〇,8108—8109頁。
[4]《資治通鑑》卷二五〇,8104頁。

王仲甫，擁立龐勛爲都將[1]。《資治通鑑》稱許佶等"皆故徐州群盜，州縣不能討，招出之，補牙職"[2]。這批人可能就是咸通四年曹慶討平的徐州"群盜"，曾供職武寧軍的他們再次任牙職。崔彦曾進入徐州前，曾"精擇僚佐以自貳"，如後爲龐勛殺害的李棁爲文士，"博涉經史，業詩輟文"，原供職於長安修《國朝典故》，彦曾"捧詔書，從騎吏，拜起君於里舍"而授其任觀察判官[3]。另一位團練判官溫廷皓曾勸彦曾誅戮徐部的銀刀餘黨[4]，同爲一介儒生[5]。尹戡、徐行儉爲崔彦曾"親吏"[6]，與李棁等人一樣，並非長久扎根徐土之人，因此與在徐州根深蒂固的牙兵關係緊張[7]。

在龐勛之亂以及唐軍的平叛過程中，宿州淪爲了雙方角力的戰場，其軍事性與經濟性也再次得以表現。咸通九年九月，龐勛之衆經湖南、浙西而入淮南，召集銀刀舊部以及亡命之徒"匿於舟中"，溯淮至泗口，因泗州刺史杜慆"素爲之備"，徐部不敢爲亂。崔彦曾方面則命宿州出兵符離，泗州出兵於宿州虹縣以攔截龐軍，但在灘水上"望風奔潰"。胡注兩軍相遇的地點是在虹縣靈壁東的一段灘水之上[8]。從路綫上看，龐軍應是由淮入泗，再由泗入灘，轉趨符離。崔彦曾將元密屯兵於彭城西南三十里的任山北，欲奇襲龐軍。龐勛"捕覘者，知其謀"，而"詭路襲苻離"[9]。這一行軍綫路的改變出乎元密意料，龐軍將目標瞄準了宿州。此時的宿州刺史闕，由觀察副使焦璐攝州事。焦璐爲一文人，撰有《搜神錄》《唐朝年代記》《窮神秘苑》等著作[10]，並沒有什麼軍事才能，再加上城中無餘兵，龐軍臨境後，只能逃離符離。佔據符離後，龐勛"悉聚城中貨財，令百姓來取之，一日之中，四遠雲集，然後選募爲兵，有不願者立斬之，自旦至暮，得數千人"，自稱兵馬留後[11]。龐軍中又有人"掠城中大船三百艘，備載資糧，順流而下，欲入江湖爲盜"。胡三省一語中的地指出宿州的重要性，稱："宿州，古

---

[1] 《舊唐書》卷一七七《崔彥曾傳》，4581—4582頁。
[2] 《資治通鑑》卷二五一，8121頁。
[3] 王愷《唐故徐宿濠泗觀察判官大理評事兼監察御史李府君（棁）墓誌銘》，《偃師杏園唐墓》，357—361頁。《舊唐書》卷一九上《懿宗紀》載此人爲李稅。663頁。
[4] 《資治通鑑》卷二五一，8124頁。
[5] 《新唐書》卷九一《溫廷皓傳》，3788頁。
[6] 《舊唐書》卷一七七《崔彥曾傳》，4581頁。
[7] 關於龐勛集團的構成，可參見山根直生《9世紀、龐勛集團への再考と对南詔戰爭事情素描》，《廣島東洋史學報》第17號，2012年，1—20頁。
[8] 《資治通鑑》卷二五一，8125頁。
[9] 《新唐書》卷一四八《康承訓傳》，4775頁；《資治通鑑》卷二五一，8125頁。"苻離"即"符離"，引文中照錄原文。
[10] 李劍國《唐五代志怪傳奇敘錄》卷三，中華書局，2017年，1015—1019頁。
[11] 《資治通鑑》卷二五一，8125—8126頁。

汴河之會,漕運及商旅所經,故城中有大船沿汴而下,入淮,則可以入江湖矣。"[1]這一批叛軍是沿著汴河南下[2],他們劫掠的當是停靠在宿州埇橋碼頭的船隻。除了"欲入江湖爲盜"者獲得三百艘大船外,《舊唐書·崔彥曾傳》稱龐軍"奪舟船五千餘艘"[3]。雖有誇張之嫌,但其數量一定不少。正是因爲宿州州治在埇橋,存儲著大量財物以及運船,纔使得龐勛得以募兵,士卒得以掠得載有資糧之船。很難想象僅僅憑藉在泗口招募的千人,龐勛可以去直面唐廷徐州的軍隊。元密屯任山,迫使龐軍自泗口迂回至宿州,不僅使龐勛獲得了戰略物資,更是以宿州之資財擴充了軍隊。進攻徐州時,龐勛已有衆六七千人。在與徐州民的配合下,龐勛很快拿下了徐州。

龐勛離開宿州後,以梁丕領千人守宿州、姚周屯柳子寨[4]。龐軍和官軍在宿州對峙時,沿河建立了不少軍寨。柳子在臨渙縣北,臨汴河,是宿州境內除了埇橋外另一個重要的碼頭。今濉溪縣柳孜經考古發掘,發現一座石築碼頭、八艘唐代沉船以及大量唐宋瓷器[5]。咸通九年十一月,唐廷以康承訓爲義成軍節度使、徐州行營都詔討使[6]。十二月,康承訓軍於新興,出兵抵抗姚周的部隊。因"諸道兵集者纔萬人",康承訓寡不敵衆,退屯宋州[7]。姚周的軍隊應該也有數萬之衆,遠遠超過梁丕成衛宿州的千人。據李皋墓誌,姚周軍隊還佔據了宋州穀熟[8]。顯然,隊伍是沿汴河前進的。(參圖1)咸通十年正月,康承訓帥所集七萬餘人進屯柳子西,夾汴築壘三十里[9]。在接下來的兩個月中,唐軍與叛軍在鹿塘、新興、襄城一帶戰鬥,並獲成功而進逼柳子。至三月,在以朱邪赤心爲核心的沙陀軍隊奮力廝殺下,唐軍佔據柳子。姚周奔宿,因與梁丕有隙而被殺[10]。

---

[1] 《資治通鑑》卷二五一,8126頁。
[2] 《新唐書》卷一四八《康承訓傳》,4775頁。文中稱"賊伏兵於舟而陣汴上"。
[3] 《舊唐書》卷一七七《崔彥曾傳》,4582頁。《新唐書》卷一一四《崔彥曾傳》則稱有"船千艘",或更接近事實。4200頁。
[4] 《舊唐書》卷一九上《懿宗紀》,663頁;《資治通鑑》卷二五一,8128頁。
[5] 安徽省文物考古研究所、安徽省淮北市博物館編《淮北柳孜運河遺址發掘報告》,科學出版社,2002年。
[6] 《資治通鑑》卷二五一,8131頁。關於康承訓任此使職的時間,諸書記載不一,參此條所附《考異》。
[7] 《資治通鑑》卷二五一,8134頁。
[8] 徐沼《唐故河陽軍節度押衙左廂馬步都虞侯銀青光祿大夫檢校國子祭酒兼御史中丞上柱國隴西郡李公(皋)墓銘》,趙君平、趙文成編《秦晉豫新出墓誌蒐佚》,國家圖書館出版社,2011年,1079頁。墓誌稱:"咸通九年,領二千師破龐勛。元帥康公詳悉公之雄略,署公爲先鋒都,舉戈一掃,收復宋、宿、穀熟、柳子諸鎮賊寨,率先爲第一功。"可知龐軍曾佔領過穀熟。
[9] 《新唐書》卷一四八《康承訓傳》,4777頁;《資治通鑑》卷二五一,8138頁。
[10] 《舊唐書》卷一九上《懿宗紀》,663—667頁;《資治通鑑》卷二五一,8140—8142頁。《舊唐書·懿宗紀》所載康承訓攻柳子、宿州的時間頗爲混亂。如王弘立渡濉攻圍新興、鹿塘事,《舊唐書·懿宗紀》繫於十年七月。據《新唐書·康承訓》載此事在康承訓在柳子夾汴築壘後、擊討柳子之前。見4777頁。據《資治通鑑》載,十年七月康承訓已成功克獲臨渙。見8146頁。

佔據柳子後,康承訓帥七萬餘大軍可南下至臨涣,亦可順汴河而下至埇橋,亦可渡濉水直奔徐州。因此當龐軍失守後,龐勛"聞之大懼",周重亦表示"柳子地要兵精,姚周勇敢有謀,今一旦覆没,危如累卵"云云[1]。一可知柳子之重要,二可知當時派遣姚周以及駐防柳子是龐勛精心選擇後纔佈置的。柳子被破,龐勛也感受到了來自西部的壓力,於是親自領兵出豐縣,至蕭縣,"約襄城、留武、小睢諸寨兵合五六萬人"共攻柳子。此時康承訓正攻臨涣,轉而連破諸寨所出之兵。龐軍大潰,歸彭城,僅留張實分諸寨兵屯駐第城驛。等到七月攻破臨涣後,康承訓連拔諸寨,乘勝追擊,又拔第城,抵宿州之西。襄城、留武具體所在已不得而知,小睢則可能是臨近濉河,胡注則記第城驛在宿州西。這些軍寨都是設置在臨涣與汴河附近[2]。可見,對於宿州一帶的防禦,龐勛設置了不少軍寨,尤其是在汴河、涣水以及濉水附近。在宿州城外,龐軍同樣設置了軍寨。梁丕殺姚周後,龐勛以張玄稔爲刺史,與張儒、張實等以軍數萬抵抗官軍,並且"列寨數重於城外",引汴河"環水自固"。八月,康承訓焚外寨,並成功説服張玄稔歸降。在九月丁巳日取得了州城之後,康承訓北上取符離,至辛酉日便佔領了徐州,而西出在外的龐勛襲宋不成,亦爲沙陀兵所追而無法回彭城,最終卒於蘄縣[3]。

可以説,宿州是唐廷平定龐勛之亂的西部戰場。符離至彭城僅有四日行程,從地緣上看,宿州是徐州西部門户。對徐州而言,宿州境内有汴渠、涣水、濉水等多條水路,可至宋、汴,最終抵於洛陽、長安。唐軍平叛也自然以順水而下最爲便宜。因此,龐勛在宿州的西部控扼柳子,官軍也是以取得柳子爲關鍵。雙方對此地的争奪也是最爲激烈,安營置壘,展開陣地戰,史稱康承訓在柳子"與姚周一月之間數十戰"[4]。如果不是龐軍柳子、州城守將的内部矛盾,官軍恐怕也不易取得勝利。

當然,宿州的戰亂也影響到了汴河的漕運。陳魴墓誌稱:"徐寇暴起,屯兵數萬,隔斷淮泗,詔康公鎮義成軍,統諸兵剪滁。"[5]在這方墓誌的話語中,龐勛之亂對唐廷影響最大就是"隔斷淮泗",因此纔詔康承訓統兵剪滁。苗紳墓誌

---

[1]《資治通鑑》卷二五一,8141頁。
[2]《資治通鑑》卷二五一,8144、8146頁。
[3]《資治通鑑》卷二五一,8147—8149頁。
[4]《資治通鑑》卷二五一,8141頁。
[5] 馮涓《唐故前河東節度副使朝散大夫檢校尚書屯田郎中兼侍御史柱國賜紫金魚袋陳公府君(魴)墓誌》,《大唐西市博物館藏墓誌》,992—993頁。

稱："徐戎扼汴路,公私使客改道南方"[1],是當時的真實寫照。崔碣爲河南尹時,有商人王可久,本爲膏腴之室,輾轉於江湖之間販茶,當其過彭城時正好爆發了龐勛之亂,"盡亡其貨,不得歸"。待徐州平定後,"可久髡躶而返,瘠瘁疥穢,丐食於路"[2]。這則記載生動地表明了龐勛之亂對於依賴汴渠輾轉諸地的商人影響甚大。除了宿州的問題,淮口(即泗口,泗水入淮處)亦被龐軍所佔。唐廷不得不把航綫再次改爲淮、潁一綫,自壽州斥淮入潁[3]。

現在再看咸通十年後徐、泗諸州建制的變革。之所以在《新唐書·方鎮表》中稱咸通十年置節度使,可能是受到了《舊唐書·懿宗紀》的影響。其稱咸通十年,以王晏權檢校工部尚書、徐州刺史、御史大夫,充武寧軍節度、徐泗濠觀察,兼徐州北路行營招討等使[4]。但據《(懿宗)實錄》載,咸通九年十二月(實爲十一月),王晏權爲徐泗濠宿等州觀察使,充徐州北面行營招討使,並沒有復置徐泗節度使一職。司馬光《考異》對諸書所記王晏權等任職時間已有詳考[5]。據上所考,咸通五年後,已置徐泗濠宿觀察團練處置使,無需等到咸通十年。因此《新唐書·方鎮表》此條有誤。事實上,咸通十年十月所置是徐泗濠宿團練防禦使。此時,龐勛之亂已基本平定,懿宗酬獎諸面行營立功者。《舊唐書》載,以在平叛過程中接替王晏權任招討使的曹翔爲兵部尚書,兼徐州刺史、御史大夫、徐泗濠團練防禦等使[6]。此處"徐泗濠"當脱"宿"字[7]。之所以置爲團練防禦使,也與平叛後徐泗濠宿境內的處境以及懿宗的政策相關。團練使的職責在於安民,防禦使的職責則在於無虞[8]。就在獎酬諸面行營立功者前,懿宗頒布了《平徐州制》。

這份制書中,對於戰後徐泗濠宿四州的善後工作大致可以分爲兩個内容[9]。其一,寬宥軍士。除了龐勛親屬以及自桂林逃歸之逆黨外,一並釋放,尤其是對逃散的兵士,"委四面將帥,州縣鎮戍所在要路分明牓示,四散招攜";原本供職於龐軍中的軍吏,"並令却還本職驅使";投誠之軍將官吏,同樣令四面

---

[1] 鄭畋《唐故朝散大夫京兆少尹御史中丞苗府君(紳)墓誌銘并序》,李獻奇、郭引强編《洛陽新獲墓誌》,文物出版社,1996年,126、302—304頁。
[2] 李昉編《太平廣記》卷一七二引《唐闕史》,中華書局,1961年,1267頁;《新唐書》卷一二〇《崔碣傳》,4320頁。
[3]《資治通鑑》卷二五一,8137頁。
[4]《舊唐書》卷一九上《懿宗紀》,665頁。
[5]《資治通鑑》卷二五一,唐懿宗咸通九年十一月條附《考異》引《實錄》,8131頁。
[6]《舊唐書》卷一九上《懿宗紀》,672頁。
[7] 此點在諸文獻中頻見,有可能是因爲宿州大體從徐州劃出,故多略而不言。
[8]《新唐書》卷四九下《百官志四下》,1310頁。
[9]《唐大詔令集》卷一二五,673—674頁。

將帥奏聞，予以表彰。其二，安撫民衆。免除徐泗濠宿三年兩税及諸色差科色役；招攜之百姓，由本主收管；失地百姓則"牒逐便供軍使，量加給恤"；選擇良吏，使百姓有所歸投；對於因戰事而隱迹山林有文學節行者，令搜訪存撫。唐廷設置都團練防禦使，並兼領宿、濠二州，正是要處理制中這些善後工作。

龐勛集團大抵是以徐州派遣之桂林爲核心，再糾集原銀刀舊卒、亡命之徒、徐部居民以及各地土豪而組成。龐勛僅以衆六七千人至徐州，佔據徐州後"城中願附從者萬餘人"[1]，以"男子十五以上皆執兵，舒鉏鈎爲兵"，建立霍錐兵[2]。因此，在後來的戰爭中屢有數萬軍士分赴各地。

以宿州爲例，上文已談到柳子一地的軍隊數量就有數萬。康承訓攻克臨涣後"殺數萬人"。張玄稔治宿時，城中有兵數萬[3]。最終平徐時，龐勛"餘黨多赴水死，悉捕成桂州者親族，斬之，死者數千人"[4]，也就是説龐勛集團的核心實際上只有數千人。諸地除了一二核心將領外，士卒多是缺乏戰爭經驗的普通民衆。在西綫平叛過程中，除了柳子以及臨涣一帶外，官軍的作戰似乎都很順利。可見龐勛除了在柳子一帶部署了核心兵力外，其餘軍隊多爲烏合之衆，並不具備軍事能力。史料中誇張地説"勛所將皆市井白徒""皆不戰而潰"[5]。當唐軍壓境時，有不少叛軍直接潰散甚至投降。徐州人劉巨容，原爲徐州大將，龐勛反時"自拔歸"，後授予了埇橋鎮遏使之職[6]，想必是要倚其恢復汴渠漕運。王弘立在灕水戰敗後，僅自己得以脱身，"所驅掠平民皆散走山谷，不復還營"[7]。康承訓克臨涣，"賊諸寨戍兵多相帥討匿，保據山林"。陳全裕爲帥，"凡叛勛者皆歸之，衆至數千人，戰守之具備，環地千里"。蘄縣土豪李衮殺守將而舉城投降。隨著張玄稔的倒戈，宿州的三萬兵卒也成爲康承訓破徐州之奥援[8]。因此，官軍在攻克臨涣後，摧枯拉朽式地拿下宿州和徐州。

當然，這不能説這些投誠者如《平徐州制》官方叙述中所説是因爲龐勛威脅而充當士卒，更多的可能是首鼠兩端者。懿宗的《平徐州制》正是在這樣的背景中發佈。對於深受戰爭之苦的百姓以及戰敗、歸降的士卒，還有隱匿於山谷以避亂之人予以安撫，是咸通十年十月設置都團練防禦使的原因。懿宗這一政策

---

[1] 《資治通鑑》卷二五一，8127頁。
[2] 《新唐書》卷一四八《康承訓傳》，4779頁。
[3] 《資治通鑑》卷二五一，8147頁。
[4] 《資治通鑑》卷二五一，8148—8149頁。
[5] 《資治通鑑》卷二五一，8144頁。
[6] 《新唐書》卷一八六《劉巨容傳》，5424頁。
[7] 《資治通鑑》卷二五一，8141頁。
[8] 《資治通鑑》卷二五一，8146頁。

在徐州似乎起到了不錯的效果,只有分散在兗、鄆、青、齊之間的"徐賊餘黨猶相聚閭里爲群盜"。這些地方正是咸通三年離散徐部時安排的銀刀兵去處。他們或許是呼應龐勛,脱離了地方的管轄,但最終因龐勛之亂的迅速平定而未能離開兗鄆諸州。因此在咸通十一年四月,以徐州觀察使夏侯瞳招諭[1]。等到是年十一月,唐廷延續安撫政策,以"感化"之軍額授予徐州。

四、結語

在以往唐末政治地理的研究中,支州的意義往往淹没在方鎮的叙述之中。實際上,州級政區的設置與隸屬變動,尤其是在中晚唐時期,一般都帶有中央與藩鎮博弈的色彩。雖然"山川形便"與"犬牙交錯"作爲政區成立的主要原則已廣爲人知,但對於背後的深層原因,如經濟、軍事、人事、地方群體等作用尚未能被有效揭露。因此,只有將考察的視野擴展至中晚唐長時段的地方發展脉絡以及地方政局變動之中,纔能更有效地了解此時段内政區調整的意義。

總體而言,唐代宿州具有經濟、軍事雙重職能。位於汴河上的埇橋,自汴河開通以來便成爲一個重要的轉運節點。劉晏設置巡院,埇橋巡院成爲轉運鹽鐵、租税的重要機構。仰賴東南賦税的大唐帝國中後期,汴渠以及汴渠上巡院可以說是維繫著帝國的血脉。《元和郡縣圖誌》稱始置宿州時,"以其地南臨汴河,有埇橋爲舳艫之會,運漕所歷,防虞是資"[2]。宿州成立最重要的原因是保漕,核心地理位置則是在埇橋。在此基礎上,由於淄青與淮西方鎮的叛亂,也使得宿州具備了一定的軍事功能。因此,宿州是一個經濟型與軍事型相結合的政區。從設官分職的角度來看,由鹽鐵使下的巡院保障其經濟財政職能,由刺史負責其軍事職能。伴隨著淮西的平定與淄青的肢解,原本設置宿州的軍事意義消失,而宿州也出現了土地兼併、侵吞漕運的現象,因此在長慶元年被廢置。但此後武寧鎮在王智興的治下淪爲一個半獨立方鎮,驕兵也使得唐廷失去了對節度使的任免權。直至啓用曾擔任過泗州刺史、與武寧軍關係密切的崔珙,武寧纔暫時得以安定。也正是此時,宿州再次得以成立。這次的成立,直接將州治遷至埇橋,這一舉措也表明宿州的經濟職能再一次突顯。蔣伸《授鄭涓徐州節

---

[1]《資治通鑑》卷二五二,8158頁。
[2]《元和郡縣圖誌》卷九"宿州"條,228頁。

度使制》中稱"今以彭門重鎮,禹貢名區,兵車素號於精堅,舟輯適當其津要"云云[1],最後一句即指出了宿州在武寧鎮、乃至全國的經濟地位。

宿州的經濟、軍事雙重性質在此後的龐勛之亂中也有反應。當王式雷厲風行地清洗了徐州的驕兵後,唐廷進一步採取了離散徐部的政策,以宿州爲中心設立了宿泗等州團練觀察處置使,並在汴河要口設置了諸多使職以保障漕運,建立起一個新的政治地理格局。遺憾的是,因龐勛之亂的爆發,境内流過汴河的宿州成爲了龐勛掠奪資財的錢囊。龐勛更是在宿州西部汴河的柳子屯駐重兵,以抵禦官軍沿汴河而下。因龐軍内部構成的局限,唐軍佔據柳子和宿州州治埇橋後便勢如破竹剿滅了龐勛的大本營徐州。戰後,唐廷再次設置了都團練防禦使以安撫徐宿等州的士卒與百姓,直至咸通十一年賜額感化軍。

在種種變動中,作爲武寧軍下轄的支州,宿州的命運與漕運以及徐州的政治動向永遠無法分割。中晚唐的江淮漕運已成爲國家賴以生存的經濟支柱,徐州銀刀兵更是晚唐驕兵跋扈的典型。回歸到傳統的中央/地方二元敘述中,這就迫使宿州被捲入到了兩者的對抗、妥協之中。

(沈國光,中國社會科學院考古研究所助理研究員)

---

[1]《全唐文》卷七八八,8243頁。

胡安國《春秋》書法説發微

On Hu Anguo's Writing Theory of the Spring and Autumn Annals

葛焕禮

摘　要：胡安國認爲，孔子用抄録魯史、據事直書、刪削魯史舊文、變文示義、據例書寫等書法修《春秋》，在"不没其實"的基礎上，廣泛注入他的思想理念。雖然孔子或刪削魯史載事、變其舊文，但《春秋》所載事物，一依魯史爲據，未作增益。《春秋》書法根本上是爲表義服務的，義的表達是決定經文書寫、書法的根本。

關鍵詞：宋朝；胡安國；《春秋》學；書法

據《史記》記載，孔子據魯史修《春秋》，"筆則筆，削則削，子夏之徒不能贊一辭"[1]。後世學者認爲孔子所作筆削，"均有一定之法，且於字裏行間，寓褒貶之意"[2]。此"一定之法"，是指孔子修《春秋》的書寫方法和規則，也就是《春秋》書法。或許因年代久遠，學説散佚，現存文獻中未載孔子乃至其門徒關於《春秋》書法的任何言論[3]，但是《公羊傳》《穀梁傳》和《左傳》已用義例解經，如"三傳就《春秋》的'書'與'不書'加以闡發，從而形成了'書'與'不書'例"[4]。正是以三傳義例説爲源頭，後來發展出蔚成大宗的《春秋》義例學。由此可知，後世經師所解釋的《春秋》義例、書法，除繼承傳統外，也出自他們對《春秋》文字的

---

* 本文係國家社科基金重大項目"《春秋》三傳學通史"（19ZDA252）子課題"捨傳求經與兼采三傳：從中唐到明末的《春秋》學"的階段性成果。

〔1〕《史記》卷四十七《孔子世家》，中華書局，1982年，1944頁。

〔2〕侯外廬、邱漢生、張豈之主編，張豈之修訂《宋明理學史》，西北大學出版社，2018年，223頁。

〔3〕事實上，正如趙伯雄先生所指出，"當初孔子作《春秋》時是否預設了種種書法、義例，然後再進行'筆削'，確也令人生疑。"（趙伯雄《春秋三傳書法義例研究·序》，見趙友林《春秋三傳書法義例研究》，人民出版社，2010年）

〔4〕趙友林《春秋三傳書法義例研究》，45—46頁。

解讀、總結,而這又與其對經文意義的認知和解釋密切相關——經文内涵解釋愈豐富,所抉發的書法往往愈繁雜。重爲義説的新《春秋》學是宋代《春秋》學的主流,有著十分豐富的《春秋》書法學説,許多認識超出了傳統義例説的範圍。其中,歷史上影響深遠的胡安國(1074—1138)《春秋》學中的書法説,堪稱代表。

現今學者對胡安國的《春秋》書法説關注不多,多是在論述其《春秋》詮釋學時有所涉及。今所見專注此問題的成果,主要有侯外廬等先生主編《宋明理學史》第六章"胡安國《春秋傳》的理學特色"第四節"《胡傳》的《春秋》'筆法'"和張高評先生《筆削顯義與胡安國〈春秋〉詮釋學——〈春秋〉宋學詮釋方法之一》一文[1]。前者論述較爲簡略;後者雖然深入揭示了"或據事直書,其義自見;或實與而文不與,特筆示義;或書重辭複,以征存其美惡"等《春秋》書法,但仍有諸多未發之覆。本文基於對胡安國《春秋傳》文本的全面梳理,系統總結、論析其中的《春秋》書法説,以期助益於深化胡安國《春秋》學研究,並借此個案呈現宋代《春秋》書法説的概貌。

一、録自魯史

胡安國認爲,《春秋》中一些經文,乃由孔子直接抄録自魯史,未作筆削改動。這些抄録而來的經文,可分爲兩類:一類是或有闕疑的魯史之文,孔子"疑而不益",原樣抄録,以傳信後世;對於遵依傳統表述的文句,亦不作改動。前者如桓公十四年"夏五"條經文,胡安國解云:

> "夏五",傳疑也。疑而不益,見聖人之慎也。故其自言曰:"吾猶及史之闕文也。"其語人曰:"多聞闕疑,慎言其餘,則寡尤。"而世或以私意改易古書者有矣,蓋亦視此爲鑒可也。然則《春秋》何以謂之"作"?曰:"其義則斷自聖心,或筆或削,明聖人之大用;其事則因舊史,有可損而不能益也。"[2]

此所書"夏五",讓人不明所以,歷來學者疑其缺文。胡安國認爲魯史記載即如此,孔子雖疑其缺文,但爲求信實,未擅自補益,因舊史而照録之。再如胡安國

---

[1] 王水照、朱剛主編《新宋學》(第五輯),復旦大學出版社,2016年,275—308頁。
[2] 胡安國《春秋傳》卷六,《四部叢刊續編》本。按,以下所引明確標有所解經文年月日的該書傳文,不再出註。

181

解隱公二年"紀子伯、莒子盟於密"云：

> 凡闕文，有斷以大義削之而非闕者，有本據舊史因之而不能益者，亦有先儒傳受承誤而不敢增者。如隱不書"即位"，桓不書"王"，贈葬成風王不書"天"，吳、楚之君卒不書"葬"之類，皆斷以大義削之而非闕也。"甲戌、己丑""夏五""紀子伯、莒子盟於密"之類，或曰本據舊史因之而不能益者也，或曰先儒傳受承誤而不敢增者也。闕疑而慎言其餘，可矣；必曲爲之説，則鑿矣。

"紀子伯"中的"子"，一般解釋爲爵位，"伯"便是"紀子"之名；按此語序，其後的"莒子"之後亦當附有其名，但經文闕如，故胡安國將此條經文歸爲"或曰本據舊史因之而不能益者也，或曰先儒傳受承誤而不敢增者"之類。

後者如胡安國解隱公"元年"時云："《春秋》立文兼述作。按《舜典》紀'元日'，《商訓》稱'元祀'，此經書'元年'，所謂祖二帝、明三王，述而不作者也。"認爲"元年"是傳統的書寫方式，孔子對此"述而不作"，抄録而已。

另外一類抄録自舊史的經文，數量頗多，雖亦由孔子原文抄録，但與前一類不同的是，這類舊文與經孔子筆削者一樣，蘊含著他的意旨。如胡安國解桓公五年"夏，齊侯、鄭伯如紀"云：

> 齊在東州，尊則方伯，鄭亦大國也，並驅而朝紀，乃懷詐謨之謀欲以襲之，而不虞紀人之覺也，其志憯矣。此外相如爾，何以書？紀人主魯，故來告其事，魯史承告，故備書於策。夫子修經存而不削者，以小國恃大國之安靖己，而乃包藏禍心以圖之，亦異於興滅國、繼絶世之義矣。故存而不削，以著齊人滅紀之罪，明紀侯去國之由，劉敞《意林》所謂"聖人誅意之效"是也。

是認爲，這條經文最初乃由魯史承紀人赴告而書入史策，孔子"修經存而不削"，有著彰顯齊侯和鄭伯包藏滅紀之禍心、誅其意"以著齊人滅紀之罪"之意。再如他解莊公"十有二年春王三月，紀叔姬歸於酅"云：

> 莊公四年，紀侯去國，叔姬至此始歸於酅者，紀侯方卒，故叔姬至此然後歸爾。歸者，順詞，以宗廟在酅，歸奉其祀也。魯爲宗國，夫人有來歸之義，紀既亡矣，不歸於魯，所謂全節守義、不以亡故而虧婦道者也。魯人高其節義，恩禮有加焉，是故其歸於酅、其卒、其葬，史册悉書。夫子修經，存而弗削，使與衛之共姜同垂不

朽，爲後世勸。

紀叔姬爲魯所出，莊公四年，紀國遭受齊國侵逼，她追隨紀侯而"去國"。此時紀侯方卒，叔姬回歸紀國宗廟所在的酅，以奉祭祀。即使她有"來歸之義"，却未歸魯，顯示出叔姬"全節守義、不以亡故而虧婦道"的高尚品德，魯人高其節義，故書之史册。孔子修經"存而弗削"，有著垂之不朽、爲後世勸的用意。又如胡安國解桓公三年冬"有年"云：

> 舊史災異與慶祥並記，故"有年""大有年"得見於經，若舊史不記，聖人亦不能附益之也。然十二公多歷年所，有務農重穀、閔雨而書雨者，豈無豐年？而不見於經，是仲尼於他公皆削之矣。獨桓"有年"、宣"大有年"則存而弗削者，緣此二公獲罪於天，宜得水旱凶災之譴，今乃有年，則是反常也，故以爲異，特存耳。然則天道亦僭乎？桓、宣享國十有八年，獨此二年書有年，他年之歉可知也，而天理不差信矣。此一事也，在不修《春秋》則爲慶祥，君子修之則爲變異，是聖人因魯史舊文能立興王之新法也。故史文如畫筆，經文如化工，嘗以是觀，非聖人莫能修之，審矣。"有年""大有年"，自先儒說經者多列於慶瑞之門，至程氏發明奥旨，然後以爲記異，此得於言意之表者也。

"有年"即豐年，除此條外，經文記載宣公十六年冬"大有年"，據傳統解釋，這都是慶瑞之象。但是，桓公乃弑隱而立；宣公庶出，由公子遂殺嫡而立。二人"獲罪於天"，君位皆不正，依照天人感應原理，其在位期間"宜得水旱凶災之譴，今乃有年，則是反常也"。而且，"十二公多歷年所，有務農重穀、閔雨而書雨者，豈無豐年？而不見於經，是仲尼於他公皆削之矣"。爲何孔子獨存即位不正的桓、宣二公"有年""大有年"之記載？胡安國認爲，孔子未删削此二處記載的目的，是顯示"獨此二年書有年，他年之歉可知也"。因此，"有年"之記載，在"不修《春秋》"爲慶祥，經孔子抄録入《春秋》後，反而成爲即位不正的桓、宣二公遭受天之報應而連年歉收的表徵。

對於《春秋》中數量衆多的外諸侯卒、葬，以及"大國來聘，小國來朝"等條目[1]，胡安國認爲孔子"存而弗削"，亦寓有深意。如他解隱公三年"八月庚辰，宋公和卒"云：

---

[1] 如胡安國《春秋傳》解隱公"十有一年春，滕侯、薛侯來朝"時云："周衰，典制大壞，諸侯放恣，無禮義之交，惟强弱之視。以魯事觀焉，或來朝而不報其禮，或屢往而不納以歸，無合於中聘世朝之制矣。且列國於天子述所職者，蓋闕如也，而自相朝聘，可乎？凡大國來聘，小國來朝，一切書而不削，皆所以示譏。"

> 外諸侯卒，國史承告而後書，聖人皆存而弗削。曷爲弗削？《春秋》，天子之事也。古者諸侯之邦交，閒問殷聘而世相朝。蓋王事相從則有和好之情，及告終易代則有吊恤之禮，是諸侯所以睦鄰國也。……凡諸侯卒，皆存弗削，而交鄰國、待諸侯之義見矣。卒而或日或不日者何？謹則書日，慢則書時，其大致然也。卒而或名或不名者何？會盟則名於載書，聘問則名於簡牘，未嘗會盟、聘問而無所證者，雖使至告喪，其名亦不可得而知矣。凡此類，因舊史而不革者也。諸侯曰薨，大夫曰卒，五等邦君，何以書卒？夫子作《春秋》，則有革而不因者。周室東遷，諸侯放恣，專享其國而上不請命，聖人奉天討以正王法，則有貶黜之刑矣。因其告喪，特書曰卒，不與其爲諸侯也。

是認爲凡諸侯卒之記載，孔子皆存而弗削，以表達國君"交鄰國、待諸侯之義"。這類記載中的日期、諸侯名[1]，亦是"因舊史而不革者"，但改薨而書卒，乃是孔子所爲，以表達"不與其爲諸侯"之義。

相對於諸侯卒之書寫，在胡安國看來，諸侯卒後或書葬或不書葬，則蘊含著孔子更爲豐富的意旨。如他解隱公三年十二月"癸未，葬宋穆公"云：

> 外諸侯葬，其事則因魯會而書，其義則聖人或存或削。曷爲或存或削？《春秋》，天子之事也。《傳》稱"諸侯五月而葬，同盟至"。同盟，謂同方嶽之盟者，其生，講會同之好；其没，有葬送之禮，是諸侯所以睦鄰國也。……卒而或葬或不葬者何？有怠於禮而不葬者，有弱其君而不葬者，有討其賊而不葬者，有諱其辱而不葬者，有治其罪而不葬者，有避其號而不葬者。宋殤、齊昭告亂書弑矣，而經不書葬，是討其賊而不葬者也。晉主夏盟，在景公時告喪書日矣，而經不書葬，是諱其辱而不葬者也。魯、宋盟會，未嘗不同，而三世不葬，是治其罪而不葬者也；吴、楚之君，書卒者十，亦有親送於西門之外者矣，而經不書葬，是避其號而不葬者也。怠於禮而不往，弱其君而不會，無其事，闕其文，魯史之舊也。討其賊而不葬，諱其辱而不葬，治其罪而不葬，避其號而不葬，聖人所削，《春秋》之法也。故曰："知我者，其惟《春秋》乎！罪我者，其惟《春秋》乎！"

---

[1] 關於諸侯"卒而或名或不名"問題，此條所作解釋稍嫌含混。胡安國《春秋傳》解隱公八年"夏六月已亥，蔡侯考父卒。辛亥，宿男卒"云："天王崩，告於諸侯則不名；諸侯薨，以名赴而自別於太上，禮也。古者死而不諡，不以名諱，周人以諡易名，於是乎有諱禮，故諸侯薨赴於他國，則曰'寡君不祿，敢告執事'。春秋之時，尊用此禮，凡赴者皆不以名矣。經書其終，雖五霸強國、齊桓晉文之盛，莫不以名者，是仲尼筆之也。赴不以名而書其名者，與魯通也；已通而不名者，舊史失之耳；未通而名者，有所證矣。故傳此義者，記於《禮》篇曰：'諸侯不生名。'夫生則不名，死而名之，別於太上，示君臣尊卑之等，蓋禮之中也。諸侯薨，赴不以名，而仲尼筆之，必以名書，變周制矣。《春秋》魯史，聖人修之也，而孟子謂之作，以此類也。"由此可知，胡安國認爲春秋時期"君薨赴於他國"，"皆不以名"，而"經書其終"、"莫不以名者，是仲尼筆之也"。"仲尼筆之"的依據，在於"會盟則名於載書，聘問則名於簡牘"，"未通而名者，有所證矣"，孔子正是因此舊史所載而於國君卒處書其名的。

可知，《春秋》據舊史而書諸侯葬，乃遵從禮制以表達"睦鄰國"之義。其中有諸侯卒而不書葬者，乃或因舊史"闕其文"，或爲孔子所刪削，以表達"討其賊""諱其辱""治其罪"等義。因此《春秋》於諸侯卒後是否書其葬，往往別有深意。再如胡安國解隱公五年"夏四月，葬衛桓公"云："衛亂，故緩。魯往會，故書。聖人存在弗削者，弑逆之賊討矣。"隱公四年春，衛州吁弑國君桓公而自立，九月又被衛人誅殺，至此時才葬桓公，故云因"亂"而"緩"。因魯往會葬，故此葬事得以記入魯史。胡安國認爲，孔子之所以存之，是因弑逆之賊州吁已被討殺，否則，便當刪削之。在此情況下，孔子抄錄舊史關於衛桓公卒而書葬的記載，除了表明賊已討殺之事實外，更表達著討賊復仇之義。

另外，《春秋》還有一些特別的書法，經文雖或抄錄自舊史，但別有意義。如"再書而一貶"，即相同事物間隔不久而作同樣的書寫，則表示並作貶責。如胡安國解桓公八年"夏五月丁丑，烝"云：

> 《春秋》之文，有一句而包數義者，有再書而一貶者。"戎伐凡伯於楚丘，以歸"之類，一句而包數義。"春正月己卯，烝""夏五月丁丑，烝"，再書而一貶。

烝爲冬祭，桓公八年春正月、夏五月，兩書"烝"。胡安國繼承了《公羊傳》、杜預等的説法，認爲"再烝見瀆"，一併貶責。而這兩處經文，很可能皆録自舊史。

再如"從同同而無貶"，即若一事物初現時已示貶責，則相類事物再現時，便不再作貶責書寫。如胡安國解宣公八年六月"戊子，夫人嬴氏薨"云：

> 敬嬴，文公妾也，何以稱"夫人"？自成風聞季友之繇，事友而屬其子，及僖公得國，立以爲夫人，於是乎嫡妾亂矣。《春秋》於風氏，凡始卒四貶之，則禘於太廟、秦人歸襚、榮叔含賵、召伯會葬，去其姓氏、不稱"夫人"、王再書而無天是也。敬嬴又嬖，私事襄仲而屬宣公，不待致於太廟，援例以立，則從同同而無貶矣。其意若曰"以義起禮爲可繼，苟出於私情而非義，後雖欲正可若何"。

成風爲魯莊公妃，僖公之母，僖公即位後，被立爲夫人。在胡安國看來，因變亂嫡妾名分，《春秋》自其始爲夫人至卒，通過"去其姓氏、不稱'夫人'、王再書而無天"等書寫而"四貶之"。此條經文所書之嬴氏，乃文公妃、宣公母，私事權臣公子遂，由其殺世子而立宣公。宣公即位後，援成風故事，嬴氏被立爲夫人。胡安國認爲，此二事如出一轍，成風被"四貶"後，嬴氏不待貶責其義已可知，故經文關涉嬴氏之處,徑録舊史之文,不再作貶責書寫,是謂"從同同而無貶"。

二、"據事直書"

胡安國認爲,對於一些史事,特別是極惡之事,孔子直書之,由事物本身來顯現貶責之義。如他解隱公二年"夏五月,莒人入向。無駭帥師入極"云:

> 非王命而入人國邑,逞其私意,見諸侯之不臣也。擅興而征討不加焉,見天王之不君也。據事直書,義自見矣。

該年五月,莒人侵入向,魯卿無駭帥師侵入極。對於這兩次軍事侵略事件,孔子均據魯史記載而直書之,由此顯現諸侯"不臣"之罪和天王"不君"之義。

再如胡安國解桓公二年"夏四月,取郜大鼎於宋。戊申,納於大廟"云:

> 取者,得非其有之稱;納者,不受而強致之謂。弑逆之賊,不能致討,而受其賂器,置於大廟,以明示百官,是教之習爲夷狄禽獸之行也。公子牙、慶父、仲遂、意如之惡,又何誅焉?聖人爲此,懼而作《春秋》,故直載其事,謹書其日,垂訓後世,使知寵賂之行,保邪廢正,能敗人之國家也,亦或知戒矣。

該年正月,宋國太宰華督弑其君,"召莊公於鄭而立之",並賄賂諸侯以求承認,"郜大鼎"即是宋國行賄魯國之物。對此昭示著弑逆之罪的鼎,魯國不僅接受,而且納於太廟,一錯再錯。胡氏認爲,孔子在《春秋》中"直載其事",由此即可顯現"寵賂之行,保邪廢正,能敗人之國家"之義,以垂訓後世。

三、刪削魯史舊文

胡安國認爲,與史官修史相比,孔子修《春秋》有著很大的不同:史官須秉筆直書,《春秋》則要成"萬世之法",載事、書寫都須服務於這一宗旨要求,因此他對一些魯史舊文作了刪削。如胡安國解隱公十一年"冬十有一月壬辰,公薨"云:

> 隱公見弒，魯史舊文必以實書，其曰"公薨"者，仲尼親筆也。古者史官以直爲職，而不諱國惡，仲尼筆削舊史，斷自聖心，於魯君見弒，削而不書者，蓋國史一官之守，《春秋》萬世之法，其用固不同矣。不書"弒"，示臣子於君父有隱避其惡之禮；不書地，示臣子於君父有不没其實之忠；不書"葬"，示臣子於君父有討賊復仇之義。非聖人莫能修，謂此類也。夫賊不討、仇不復而不書葬，則服不除，寢苫枕戈，無時而終事也。以此法討罪，至嚴矣，故曰"《春秋》成而亂臣賊子懼"。

魯隱公被公子翬和桓公合謀弒殺，非正終，胡氏認爲魯史當如實記載此事，而《春秋》僅書曰"公薨"，當出自孔子的刪削改動。因爲《春秋》與魯史性質不同，效用有差別，孔子刪削魯史舊文所載的隱公遭"弒"之事、地及其"葬"，而僅書曰"公薨"，以此表達臣子於君父有"隱避其惡之禮""不没其實之忠"和"討賊復仇之義"等意義。由此可見，雖然《春秋》據魯史而作，但作爲傳達"萬世之法"的經典，其書寫更重意義的傳達以及意義的合理性和教化效用，而非如史書記載那樣求真。

從胡安國的解説來看，他所認爲的孔子刪削魯史舊文，有著一定的類型化規律，可總結如下：

1. "常事不書"。即對於一些常規性的禮儀、婚嫁等事，若"合禮之常"，則不予抄録。胡安國解莊公二十四年"夏，公如齊逆女。秋，公至自齊"時，對不書之"常事"明確作了總結：

> 穀梁子曰："親迎，常事也，不志，此其志何也？不正其親迎於齊也。"或曰："常事不志，歲事之常也，親迎可以常乎？則其説誤矣。"所謂常者，其事非一，有月事之常，則視朔是也；有時事之常，則蒐狩是也；有歲事之常，則郊祀雩祭之類是也；有合禮之常，則婚姻納幣逆女至歸之類是也。凡此類，合禮之常，則不志矣。其志，則於禮不合、將以爲戒者也。若夫崩、薨、卒、葬、即位之類，不以禮之合否而皆書。此人道始終之大變也，其於親迎異矣。

可知"常事不志（書）"，在《穀梁傳》中即視爲孔子修《春秋》的書法。胡氏認爲，此"常事"包括"月事之常"的"視朔"、"時事之常"的"蒐狩"、"歲事之常"的"郊祀雩祭之類"和"合禮之常"的"婚姻納幣逆女至歸之類"。如若其"合禮之常"，孔子皆不予抄録，相反，對於"於禮不合"者，才抄録以成鑒戒之義。如胡安國解桓公二年九月"公及戎盟於唐。冬，公至自唐"云：

187

> 出必告行，反而告至，常事爾，何以書？或志其去國逾時之久也，或錄其會盟侵伐之危也，或著其黨惡附奸之罪也。桓公弑君而立，嘗列於中國諸侯之會而不書至，同惡也；今遠與戎盟而書至者，危之也。程氏所謂"居夷浮海之意"是矣。《語》不云乎："夷狄之有君，不如諸夏之亡也。"

按照當時禮制，國君出境後返國，須到宗廟行告至之禮，這屬於《春秋》不書之"常事"。或有書至者，乃"或志其去國逾時之久也，或錄其會盟侵伐之危也，或著其黨惡附奸之罪也"。這次桓公"遠與戎盟而書至"，即表達"危之"之義。

既然"常事不書"，在書與不書之間，除由書寫"於禮不合"者而形成鑒戒之義外，還可通過書寫之推重而表達特別的行事指向和價值取向。如胡安國解桓公十四年"秋八月壬申，御廩災"云：

> 門觀災而新作則書，御廩，粢盛之所藏，其新必矣，何以不書？營宮室以宗廟爲先，重本也。御廩災而新則不書，常事也。以爲常事而不書，垂教之意深矣。知其說者然後知有國之急務、爲政之後先，雖勤於工築而民不怨勞，與妄興土木、困民力以自奉者異矣。

據《春秋》記載，定公二年五月公宮之南門——雉門及其兩觀發生火災，十月被修復，即經文所書"新作雉門及兩觀"。此條經文記載儲存公室梁米的"御廩"發生火災，依據常理，當予以修復，魯史亦當有所記載，然而却被孔子刪削了——《春秋》並未記載"新作御廩"。一書一不書，胡安國認爲孔子通過這一書寫對比，表達了"營宮室以宗廟爲先"的"重本"思想，昭示當國者當"知有國之急務，爲政之先後"。

與"常事不書"而僅書"於禮不合者"書法相反的是，胡安國認爲應書"常事"中的"失禮而害於王法之甚者"，亦被孔子刪削不錄。如他解文公元年春"天王使叔服來會葬"時云：

> 凡崩、薨、卒、葬，人道始終之大變也，不以得禮爲常事而不書。其或失禮而害於王法之甚者，聖人則有削而不存以示義者矣。

是認爲作爲"人道始終之大變"的"崩、薨、卒、葬"之事，《春秋》皆當書，其或不書者，乃因其"失禮而害於王法之甚"，不能存以示義，故被孔子刪削而不存。如他

解僖公十六年"夏四月丙申,鄫季姬卒"云:

> 内女嫁於諸侯則尊同,尊同則記其卒,記其卒則必記其葬。然而有不記者,此筆削之旨,非可以例求者也。宋伯姬在家爲淑女,既嫁爲賢婦,死於義而不回,此行之超絶卓異者,既書其葬,又載其謚。僖公鍾愛季姬,使自擇配,季姬不能自克以禮,恃愛而行,雖書其卒,因奪其葬,所以謹夫婦之道,正人倫之統,明王教之始也。

伯姬和季姬皆爲魯公之女,分別嫁與宋公和鄫子。《春秋》記載襄公三十年"五月甲午,宋伯姬卒"、"秋,七月,叔弓如宋葬宋共姬",此處記載"鄫季姬卒",却未載其葬。胡氏認爲,這是因爲伯姬乃"行之超絶卓異者",所以"既書其葬,又載其謚",而季姬"不能自克以禮,恃愛而行",所以其"葬"不能存以示義,故被孔子刪削,以表達"謹夫婦之道,正人倫之統,明王教之始"之義。

2. "凡慶瑞之符"皆削而不書。如胡安國在《進表》中云:

> 至《春秋》,則凡慶瑞之符、禮文常事,皆削而不書。而災異之變、政事闕失,則悉書之,以示後世,使鑒觀天人之理,有恐懼祇肅之意。[1]

其中所謂的"禮文常事"削而不書,即指上文所述的"常事不書"。這裏要强調的是,在胡安國看來,與悉書魯史所載的"災異之變、政事闕失"相反,"凡慶瑞之符"皆被孔子刪削,目的是强調災變以使當國者"恐懼祇肅"、鑒戒反省。

3. "斷以大義削之"。如前文所述及,胡安國既然認爲孔子修《春秋》乃行"天子之事"、成"萬世之法",那麽是否合於"大義",便是他取捨魯史舊文的根本依據。因此,胡安國解經多以孔子"斷以大義削之"爲説,認爲這是孔子刪削魯史舊文最普遍的方式。如他解文公二年"三月乙巳,及晉處父盟"云:

> 及處父盟者,公也。其不地,於晉也。諱不書"公"者,抑大夫之亢,不使與公爲敵,正君臣之分也。適晉不書,反國不致,爲公諱恥,存臣子之禮也。凡此類,筆削魯史之舊文,衆矣。

解隱公二年"紀子伯、莒子盟於密"時云:

---

[1] 胡安國《進表》,氏著《春秋傳》前附。

> 凡闕文,有斷以大義削之而非闕者,有本據舊史因之而不能益者,亦有先儒傳受承誤而不敢增者。如隱不書"即位",桓不書"王",賵葬成風王不書"天",吳、楚之君卒不書"葬"之類,皆斷以大義削之而非闕也。

在前一條中,胡氏認爲孔子"爲公諱恥,存臣子之禮",删削了與晉處父盟者,即"及晉處父盟"的主語"(文)公",以及文公這次"適晉"和"反國"的記載,並指出如此爲維護"大義"而删削的"舊文衆矣"。在後一條中,胡氏指出《春秋》中一些"闕文",如隱公不書"即位"、桓公朝每年的"正月"前原則上不加"王"字、天王賵葬成風只書"王"而不書"天"、吳國和楚國的國君去世後不書"葬"等,皆係孔子據大義而删削者。

關於孔子依據何義而删削魯史的問題,可以删削隱公"即位"爲例予以說明。胡安國解隱公元年"春王正月"時云:

> 國君逾年改元,必行告廟之禮;國史主記時政,必書即位之事,而隱公闕焉,是仲尼削之也。古者諸侯繼世襲封,則内必有所承;爵位土田受之天子,則上必有所稟。内不承國於先君,上不稟命於天子,諸大夫扳己以立而遂立焉,是與争亂造端而篡弒所由起也。《春秋》首絀隱公以明大法,父子君臣之倫正矣。

隱公即位,"逾年改元,必行告廟之禮",國史必以"即位"書之,而《春秋》闕載,胡氏認爲當爲孔子所削。爲何删削?因爲隱公繼位襲封,並不具備"内必有所承""上必有所稟"的合法性,只是因"諸大夫扳己以立而遂立焉",這導致了其晚年的權力争端,最終被桓公等人弒殺。因此,孔子删削隱公"即位"之記載,以示與其境況類似者不應被立爲國君,從而規範了"父子君臣之倫"。由此可窺知,被視爲孔子删削魯史舊文根本依據的"大義",其實就是千百年來儒家所遵奉的宗法禮教和倫理觀念。

上述"常事不書"和"凡慶瑞之符"皆削而不書的書法規律,皆可通過考察《春秋》的記載情況而識知;"斷以大義削之"者,亦可通過考量其所涉"大義"而識知。此外,胡安國還通過與《左傳》記載的對比,來判斷《春秋》删削舊文的狀況。如他解宣公元年秋"晉趙盾帥師救陳"云:

> 《傳》稱"師救陳、宋",經不書"宋",此非闕文,乃聖人削之也。前方以不能討宋,上卿貶而稱"人",諸侯會而不序,今若書"救宋",則典刑紊矣。

此條之上的經文爲"楚子、鄭人侵陳，遂侵宋"。《左傳》解此條經文云："晉趙盾帥師救陳、宋。"胡氏認爲，此條經文未書"宋"，乃爲孔子所削。其原委是文公十六年十一月，宋人弑殺其君昭公杵臼，孔子視之爲大逆不道，故於經文"十有七年春，晉人、衛人、陳人、鄭人伐宋"條，將列國之卿貶稱"人"；於該年六月"諸侯會於扈"條，略而不列序諸侯，由此貶責他們不行"天討"伐宋問罪。在此情況下，該條經文若書"宋"，則形成對宋人弑逆之舉的認可，與此前的貶責之義相違背，故爲孔子所削。

再如胡安國解襄公十四年四月"己未，衛侯出奔齊"云：

> 按《左氏》："衛寧殖將死，語其子曰：'吾得罪於君，名在諸侯之策，曰：孫林父、寧殖出其君。'"夫所謂諸侯之策，則列國之史也。諸侯，則若晉、若魯是也；史，則若晉之《乘》、魯之《春秋》是也。今《春秋》書"衛侯出奔齊"，而不曰"孫林父、寧殖出其君"者，蓋仲尼筆削，不因舊史之文也。欲知經之大義，深考舊文筆削之不同，其得之矣。或曰："孫、寧出君，衆所同疾，史册書之是也，聖人曷爲掩奸藏惡，不暴其罪，而以歸咎人主，何哉？"曰："臣而逐君，其罪已明矣。人君擅一國之名寵，神之主而民之望也，愛之如父母，仰之如日月，敬之如神明，畏之如雷霆，何可出也？所爲見逐，無乃肆於民上，縱其淫虐，以棄天地之性乎！故衛衎出奔，使祝宗告亡，且告無罪，而定姜曰有罪，若何告無？《春秋》，端本清源之書，故不書所逐之臣，而以自奔爲名，所以警乎人君者，爲後世鑒。非聖人莫能修之，爲此類也。"

胡氏認爲，孔子將《左傳》所述舊史所載的"孫林父、寧殖出其君"，筆削成"衛侯出奔齊"，因爲《春秋》講求"端本清源"，如此刪改爲衛侯自出，方能明其"肆於民上，縱其淫虐，以棄天地之性"之罪。其中所謂"欲知經之大義，深考舊文筆削之不同，其得之矣"，顯示這種經傳差別比較，是他闡釋經文之義的重要途徑。而這也隱含著他對《左傳》重要性的認識：它不僅是《春秋》之傳，而且包含相當數量的魯史原初記載。

四、變文示義

胡安國認爲孔子修改了所錄某些魯史舊文的書寫，以表達某一義旨。如他解隱公七年夏"齊侯使其弟年來聘"云：

> 兄弟,先公之子,不稱公子,貶也。書"盟"、書"帥師"而稱兄弟者,罪其有寵愛之私;書"出奔"、書"歸"而稱兄弟者,責其薄友恭之義。考於事,而《春秋》之情可見矣。年者,齊僖公母弟也。……僖公私其同母,寵愛異於他弟,施及其子,猶與適等,而襄公紲之,遂成篡弑之禍。故聖人於年來聘,特變文書"弟",以示貶焉。……仁人於兄弟,絕偏係之私,篤友恭之義,人倫正而天理存,其《春秋》以訓天下與來世之意也。

胡氏認爲,相比於魯史舊文,此條經文被孔子作了這樣的修改:年爲齊侯(僖公)之弟,當稱公子,魯史當記作"公子年",孔子删去"公子"之稱,却加上"其弟"二字,以突顯他與僖公爲同母兄弟關係和僖公對他的寵愛。再聯繫同被寵愛的年之子後來弑殺襄公,釀成"篡弑之禍",胡安國認爲孔子如此"變文"乃表達對僖公"偏係之私"、寵愛同母弟之舉的貶責,從而推揚"絶偏係之私,篤友恭之義"的兄弟關係。

這類"變文"是胡安國所揭示的孔子修《春秋》最爲普遍的書法形式,《春秋》之義的表達很大程度上即由此來實現。其中有些重要的"變文"類别,兹列述如下:

1. 委婉其辭以爲隱諱。儒家講究隱諱,其文獻源頭可追溯至《論語》"子路"篇所載孔子與葉公論"直躬":"葉公問孔子曰:'吾黨有直躬者,其父攘羊而子證之。'孔子曰:'吾黨之直者異於是。父爲子隱,子爲父隱,直在其中矣。'"胡安國認爲,"後世緣此制,爲五服相容隱之條,以綴骨肉之恩,《春秋》有諱義蓋如此"[1]。也就是説,源依於孔子的"父爲子隱,子爲父隱"思想,後世立定五服之内的宗親可相互"容隱"的條規;孔子修《春秋》,亦用之而生成"諱義"。因爲家國同構、忠孝相通,"爲親者諱"在《春秋》中上升爲"爲尊者諱",且歧出一"爲賢者諱"之義。這體現在《春秋》書法上,就是對於"尊者""賢者"的"大惡"或"不直"之舉的書寫,會有所掩飾或變通。

在胡安國的解説中,有關"爲尊者諱"的條目數量最多,主要體現爲隱諱魯君之"大惡"和天王"不直"之事[2]。如他解莊公十六年"冬十有二月,會齊侯、宋公、陳侯、衛侯、鄭伯、許男、滑伯、滕子同盟於幽"云:

---

[1] 胡安國《春秋傳》閔公二年"秋,八月辛丑,公薨"條。
[2] 對天王"不直"之事的隱諱,可見於胡安國《春秋傳》桓公五年"秋,蔡人、衛人、陳人從王伐鄭"條的解説,胡氏從經文書寫與《左傳》記載對比的角度,認爲"戰於繻葛而不書'戰',王卒大敗而不書'敗'者,又以存天下之防也"。

會者，公也。不書公，諱也。其諱公何也？程氏曰："齊桓始霸，仗義以盟，而魯首叛盟，故諱不稱公。"惡失信也。……自古皆有死，民無信不立，故聖人以信易食，答子貢之問；君子以信易生，重桓王之失。《春秋》之諱公與是盟也，豈不以信之重於生與食乎？

此盟後第二年春，齊國就拘執了參與盟會的鄭國執政詹，原因是"鄭既侵宋，又不朝齊"；當年秋，鄭詹自齊國逃到魯國，爲魯國接納。胡安國認爲魯國"受其逋逃"，乃叛盟之舉，"虧信義矣"[1]。他繼承程頤的觀點，認爲由此失信之舉，莊公會盟之不誠亦可顯見，故孔子於此諱而不書公，借之從反面高揚了"信"的品質和"守信"的重要性。

胡安國認爲，"臣子之於君父，揚其美不揚其惡。爲尊者諱，爲親者諱，禮也。聖人假魯史以示王法，其於魯事有君臣之義，故君弒則書'薨'，易地則書'假'，滅國則書'取'，出奔則書'遜'，屈己而與強國之大夫盟則書'及'，叛盟失信而莫適守則没公而書'會'。凡此類，雖不没其實，示天下之公，必隱避其辭，以存臣子之禮"[2]。在他看來，《春秋》爲尊者諱，是作爲魯國臣子的孔子從自身"存臣子之禮"的角度而書寫的。這於孔子是守禮之舉，作爲經文書法，則有著更爲重要的示範作用和垂訓之義——由之"以養臣子愛敬之心"[3]，從而維持和諧有序的君臣尊卑關係和國君專權體制。

雖然《春秋》爲魯君諱，但胡安國認爲，所諱的主要是"大惡"，"小惡"則不予隱諱。如他解隱公十年"六月壬戌，公敗宋師於菅。辛未，取郜。辛巳，取防"云：

內大惡其詞婉，小惡直書而不隱。夫諸侯分邑，非其有而取之，盜也，曷不隱乎？於取之中，猶有重焉者，若成公取鄆、襄公取邿、昭公取鄆，皆覆人之邦而絕其嗣，亦書曰取。所謂猶有重焉者此，故取郜、取防直書而不隱也。

經文接續"公敗宋師"而書"取郜""取防"，顯然此"取"是"(隱)公"所爲。以兵強取他國城邑，當屬爲惡之舉，孔子爲何不隱去"公"字而諱其惡？胡氏認爲，與

---

[1] 參見胡安國《春秋傳》莊公十七年"秋，鄭詹自齊逃來"條解說；程頤《春秋傳》未有此條解說，胡氏所謂"魯首叛盟"，當指莊公"十有九年秋，公子結媵陳人之婦於鄄，遂及齊侯、宋公盟"，輕舉而"取怒大國(齊)"一事。
[2] 胡安國《春秋傳》成公十六年"秋，公會晉侯、齊侯、衛侯、宋華元、邾人於沙隨。不見公"條。
[3] 胡安國《春秋傳》宣公七年"冬，公會晉侯、宋公、衛侯、鄭伯、曹伯於黑壤"條。

"成公取鄟、襄公取鄫、昭公取鄶,皆覆人之邦而絶其嗣"相比,隱公取此二邑,尚屬"小惡",故直書"公"而不隱,以别於對諸公"大惡"之隱諱。

關於爲賢者諱,從胡安國的解説來看,主要施用於公子友(季子)等賢能人物。如他解閔公元年"秋八月,公及齊侯盟於落姑。季子來歸"云:

> 按《左氏》,盟於落姑,請復季友也。其曰"季子",賢之也;其曰"來歸",喜之也。自外至者爲歸,是嘗出奔矣,何以不書? 莊公薨,子般弑,慶父主兵,勢傾公室,季子力不能支,避難而出奔,恥也。魯國方危,內賊未討,國人思得季子以安社稷,而公爲落姑之盟以請於齊,則是賢也。《春秋》欲没其恥,故不書"奔";欲旌其賢,故特稱"季子",聖人之情見矣。隱惡而揚善,舜也;樂道人之善,惡稱人之惡,孔子也;爲尊者諱,爲親者諱,爲賢者諱,《春秋》也。明此可以蓄納汙之德,樂與人爲善矣。

莊公去世後,權臣慶父弑殺繼位者子般,立年幼的閔公,自己把持魯國朝政。國有危難,此前出奔陳國的公子友在齊桓公佐助下,返歸魯國,立僖公,安社稷,故三傳有經稱"季子"而"賢也""貴之也",稱"來歸"則"喜之""嘉之"等説。既書"季子來歸",爲何不書其出奔? 胡氏認爲,當初"莊公薨,子般弑,慶父主兵,勢傾公室,季子力不能支,避難而出奔,恥也";孔子繼承舜"隱惡揚善"的做法,爲賢者諱,欲没其恥,故在《春秋》中不書公子友出奔一事。由此可見,胡安國所揭示《春秋》爲賢者諱的書法,本質上是褒揚賢能人物的品德和功業。

在夷夏關係問題上,胡安國認爲孔子基於爲尊者諱而發展出爲中國諱的書法。如他解僖公十九年"冬,會陳人、蔡人、楚人、鄭人盟於齊"云:

> 盟、會,皆君之禮也。微者盟、會,不志於《春秋》,凡所志者,必有君與貴大夫居其間也。然則爲此盟者,乃公與陳、蔡、楚、鄭之君或其大夫矣,曷爲內則没公、外則人諸侯與其大夫? 諱是盟也。楚人之得與中國會盟,自此始也。莊公十年,荆敗蔡師,始見於經。其後入蔡伐鄭,皆以號舉,夷狄之也。僖西元年,改而稱"楚",經亦書"人",於是乎浸强矣。然終桓公世,皆止書"人"而不得與中國盟者,以齊修霸業,能制其强故也。桓公既没,中國無霸,鄭伯首朝於楚,其後遂爲此盟,故《春秋》没公,人陳、蔡諸侯,而以鄭列其下,蓋深罪之也。又二年,復盟於鹿上。至會於盂,遂執宋公以伐宋,而楚於是乎大張,列位於陳、蔡之上而書爵矣。聖人書此,豈與之乎? 所以著夷狄之强、傷中國之衰莫能抗也,故深諱此盟,一以外夷狄,二以惡諸侯之失道,三以謹盟會之始也。

根據"盟、會,皆君之禮也。微者盟、會,不志於《春秋》,凡所志者,必有君與貴大夫居其間"的禮制和書法原則,魯國與盟者當是僖公,而經文不但隱去主語"公",而且將所會者皆書作"人"。爲何如此書寫?胡安國認爲,當時齊桓公既没,中國無霸主,夷狄之邦楚國浸强,莫能抗之,遂至於"鄭伯首朝於楚",從此盟開始楚得與中國盟會;孔子"傷中國之衰",故如此書寫以"深諱此盟"。可見,爲中國諱的書法也是通過爲魯君及相關國君或大夫諱而實現的,反映了一種深徹的夷夏之别觀念。

從胡安國的解説來看,《春秋》隱諱書法,還有兩個特點:其一,對於同類事物,如果初現時已作隱諱,再現時便依常文書寫,不再隱諱。如他解成公二年十一月"丙申,公及楚人、秦人、宋人、陳人、衛人、鄭人、齊人、曹人、邾人、薛人、鄫人盟於蜀"云:

> 經於魯君盟會,不信則諱公而不書,不臣則諱公而不書,棄中國從夷狄則諱公而不書。蜀之盟,棄晉從楚,書公不諱,何也?事同而既貶,則從同同,正始之義也。從荆楚而與盟,既諱公於僖十九年齊之盟矣,是以於此不諱,而人諸國之大夫以見意也。

這次蜀之盟會,魯國棄晉從楚,即"棄中國從夷狄",按照書法原則,當"諱公而不書",而經文爲何直書而不諱?胡氏認爲,這是因爲魯與楚已在僖公十九年盟會於齊,且已爲諱而貶之,已經"正始",故此條經文書寫便"從同同",不再爲成公諱。

其二,"内以諱爲貶,外以諱爲善"。如上所述,《春秋》雖然通過爲尊者、賢者和親者諱,表達維護尊嚴和尊重之義,但背後隱意還是表示貶責的,可以説是在貶責的基調上維持表面的尊嚴和尊重。在胡安國看來,這一"以諱爲貶"的書法是針對魯國内事的,對外事則"以諱爲善"。如他解文公十四年秋"晉人納捷菑於邾,弗克納"云:

> 邾文公元妃齊姜生定公,二妃晉姬生捷菑。文公卒,邾人立定公,捷菑奔晉。趙盾以諸侯之師八百乘,納捷菑於邾。邾人辭曰:"齊出貜,且長。"宣子曰:"非吾力不能納也,義實不爾克也。"引師而去之,故君子善之而書曰"弗克納"也。……聖人以改過爲大,過而不改,將文過以遂非,則有怙終之刑;過而能悔,不貳過以遠罪,則有遷善之美。其曰"弗克納",見私欲不行,可以爲難矣。然則何以稱"人"?大夫而置諸侯,非也,聞義能徙,故爲之諱。内以諱爲貶,外以諱爲善。

晉國大夫趙盾帥諸侯之師納捷菑於邾,欲代定公爲君,聞義引師而去,弗克納。經文以"人"稱之,胡安國繼承趙匡的"書人爲諱"說,認爲趙盾聞義悔過,有"遷善之美",但以大夫身份廢置諸侯,終不可訓,故《春秋》隱去其名,諱其未行之過而揚其聞義遷善之美。因此,與内諱相反,外諱表面上是隱諱其惡行,實質上是褒揚其善舉。

由上述諸例所示,一個不可回避的問題是,《春秋》的隱諱書法會不會掩蓋事實真相？前文所述胡安國揭示的"内大惡其詞婉,小惡直書而不隱"、"事同而既貶,則從同同"等《春秋》書法,已在相當程度上保證經文當諱不諱以傳信。即使就隱諱書寫而言,胡安國認爲孔子亦使用特别的筆法,以昭示事實真相。如上舉莊公十六年"冬十有二月,會齊侯、宋公、陳侯、衛侯、鄭伯、許男、滑伯、滕子同盟於幽"、僖公十九年"冬,會陳人、蔡人、楚人、鄭人盟於齊"二例,經文雖皆因諱而不書主語"公",但通過"微者盟、會,不志於《春秋》,凡所志者,必有君與貴大夫居其間"的書法,再結合對所會盟者及所諱當爲尊者的認知,自然可推知所諱者即是魯國君。再如胡安國解閔公二年"秋八月辛丑,公薨"云:

> 按《左氏》:"初,公傅奪卜齮田,公不禁。慶父使卜齮賊公於武闈。"魯史舊文必以實書,其曰公薨不地者,仲尼親筆也。……《禮記》稱魯之君臣未嘗相弑者,蓋習於經文,而不知聖人書薨不地之旨故云爾。然則諱而不言弑也,何以傳信於將來？曰:"書薨以示臣子之情,不地以存見弑之實,何爲無以傳信也？凡君終必書其所,獨至於見弑,則没而無所,其情厚矣,其事亦白矣,非聖人能修之乎？後世記言之士欲諱國惡,則必失其實,直書毋隱,又非臣子所當施之於君父也,而《春秋》之法不傳矣。"

閔公之死,實爲慶父指使卜齮弑殺,孔子本著臣子當爲君隱諱的原則,變"以實書"的魯史舊文而僅書"薨"。單從字面來看,孔子的這一寫法似乎掩蓋了閔公被弑殺的真相,其實不然——他通過不書公薨之地,揭示了閔公非正終、被弑殺的事實。

由上述事例可見,《春秋》雖爲尊者、親者和賢者諱,但在隱諱的同時,亦有特别的筆法昭示事物的真相,兼顧垂訓和傳信兩大宗旨。由此可知,在胡安國看來,孔子據魯史修《春秋》雖然重在表義,但仍以"不没其實"爲前提。

2. "言之重,詞之復",以寓"大美惡"。即孔子通過重複書寫内容有關聯的經文,以表達極度貶責或褒美之意。如《春秋》隱公四年夏,"宋公、陳侯、蔡人、衛人伐鄭"。秋,公子翬帥師"會宋公、陳侯、蔡人、衛人伐鄭"。此秋所會對象,皆是夏季伐鄭者,鑒於《春秋》"詞極簡嚴而不贅",書此秋之會,爲何不省略所會對象？況且類似情況的書寫,《春秋》中有省略之例。如莊公"十有四年春,齊人、陳人、曹人伐宋"。夏,單伯會之伐宋,經文遂省略爲"夏,單伯會伐宋"。胡安國解釋《春秋》再書隱公四年秋四國伐鄭云：

> 言之重,詞之復,其中必有大美惡焉。四國合黨,翬復會師,同伐無罪之邦,欲定弑君之賊,惡之極也！言之不足而再言,聖人之情見矣。天地造物,化工運其神,《春秋》討賊,聖筆寫其意,再序四國,而誅討亂臣之法嚴矣。[1]

> 主謀伐鄭,而欲求寵於諸侯以定其位者,州吁也。會之者,黨逆賊矣,故其詞繁而不殺,疾之也。再舉而列書者,甚疾四國之詞也。言之不足,故再言之,而聖人之情見矣。[2]

隱公四年二月,衛國大夫州吁弑其君而代之。爲"求寵於諸侯,以定其位",他說服宋公,夥同陳、蔡,以伐收留宋國公子的鄭國。而魯國的公子翬,不顧隱公反對,固請師而會伐。胡安國認爲,州吁乃弑君之賊,本就十惡不赦；宋公、陳侯、蔡人和公子翬不僅不討之,而且還黨此逆賊,惡之極也[3],故於秋之會,"再舉而列書"四國,表達對他極度的貶責,明示要嚴持"誅討亂臣之法"。

上例爲貶"大惡",至於褒"大美",可見於胡安國對僖公五年"秋八月,諸侯盟於首止"的解說：

> 無中事復舉"諸侯"、會盟同地再言"首止"者,書之重,詞之復,其中必有大美惡焉。首止之盟,美之大者也。王將以愛易世子,桓公有憂之,控大國,扶小國,會於首止,以定其位。太子踐阼,是爲襄王,一舉而父子君臣之道皆得焉。故夫子稱之曰："管仲相桓公,一匡天下,民到於今受其賜。微管仲,吾其被髮左衽矣。"中國之爲中國,以有父子君臣之大倫也,一失則爲夷狄矣,故曰首止之盟,美之大者也。

此條所承之經文,爲該年夏"公及齊侯、宋公、陳侯、衛侯、鄭伯、許男、曹伯會王

―――――――――

〔1〕 胡安國《春秋傳》隱公四年秋"會宋公、陳侯、蔡人、衛人伐鄭"條。
〔2〕 胡安國《春秋傳》莊公十四年"夏,單伯會伐宋"條。
〔3〕 從與弑君之賊一同伐人的角度立論,首見於程頤解隱公四年夏"宋公、陳侯、蔡人、衛人伐鄭"條語："衛弑其君,天下所當誅也,乃與修好而同伐人,其惡甚矣。"(見程顥、程頤《二程集·河南程氏經説》卷四《春秋傳》,王孝魚點校,中華書局,2004年,1092—1093頁)

世子於首止"。《穀梁傳》解此條經文,已就其中"無中事而復舉'諸侯'"的書寫,生成"尊王世子而不敢與盟"之義。胡安國認爲,其"復舉'諸侯',會盟同地,再言'首止'"的用意[1],是高度褒美這次盟會。當時周惠王擬廢世子鄭而立寵子帶,齊桓公"謀寧周",糾合諸侯會於首止,以定王世子之位,"一舉而君臣父子之道皆得焉",使得中國得以爲中國,故孔子用"復舉'諸侯'""再言'首止'"的書寫以作褒美。

3. 書寫以行權:"變之中"。在道義原則和現實事理矛盾之處,孔子行權爲變,通過特別的書寫以示中道。如胡安國解僖公五年夏,"公及齊侯、宋公、陳侯、衛侯、鄭伯、許男、曹伯會王世子於首止"云:

> "及"以"會",尊之也。以王世子而下會諸侯則陵,以諸侯而上與王世子會則抗。《春秋》抑強臣,扶弱主,撥亂世,反之正,特書"及"以"會"者,若曰"王世子在是,諸侯咸往會焉",示不可得而抗也。……天尊地卑而其分定,典叙禮秩而其義明,使群臣得伸其敬,則貴有常尊,上下辨矣。

如前文所述,首止盟會是齊桓公維護王位繼替法度、安定周王室的正義之舉,但是作爲諸侯而召會王世子,有違君臣尊卑之義和上下等級禮秩。對此事屬當然而道義有虧的困境,孔子特書"及"以"會",表面上形成"王世子在是,諸侯咸往會焉"的文意,既表述了齊桓公糾合諸侯和王世子會於首止一事,又維護了君臣名分,是謂變文行權而得其中道。

再如胡安國解僖公五年"秋八月,諸侯盟於首止"條後的經文"鄭伯逃歸,不盟"云:

> 首止之盟,善也,犯衆不盟,是以爲貶,故特書曰"鄭伯逃歸"。逃者,匹夫之事,以諸侯之尊,下行匹夫之事,雖悔於終,病而乞盟,如所喪何? 其書"逃歸,不盟",深貶之也。或曰:"首止之會,非王志也,王惡齊侯定世子,而使周公召鄭伯,曰吾撫汝以從楚,可以少安。鄭伯喜於王命而畏齊,故逃歸不盟,然則何罪乎?"曰:"《春秋》道名分,尊天王,而以大義爲主。夫義者,權名分之中而當其可之謂也。諸侯會王世子,雖衰世之事,而《春秋》與之者,是變之中也;鄭伯雖承王命,而制命非義,《春秋》逃之者,亦變之中也。天下之大倫有常有變,舜之於父子,湯、武之於君臣,周公之於兄弟,皆處其變者也。賢者守其常,聖人盡其變。會首止,逃鄭伯,處父子君臣

---

[1] 按,《左傳》中此條經文的傳文爲"秋,諸侯盟",未提及盟會的地點首止。

之變而不失其中也。噫,此《春秋》之所以爲《春秋》,而非聖人莫能修之者矣。"

齊桓公召集諸侯會盟首止,鄭伯亦在列,但他聽從周王之召,在立盟前就"去其衆"而離去。如何評價鄭伯的這一舉動?一方面,如上文所論,首止盟會是由齊桓公主導的正義之事;另一方面,鄭伯離去乃承周王之命,符合尊王之義,這樣對鄭伯離去之舉的評價便陷入兩難境地。胡安國認爲,雖然《春秋》"道名分,尊天王",但却"以大義爲主";鄭伯雖承王命而離去,但周王"制命非義",因此他"犯衆不盟",亦屬非義。據此,孔子"盡其變"而求其中,書曰"逃歸,不盟",視爲匹夫之舉,以作貶責。

當時,"天子微,諸侯不享覲";齊桓公爲霸主,號令諸侯,反對天子廢立世子。因此首止會盟,充斥著周王與方伯(齊桓公)、道義原則與現實事理間的張力和矛盾。對這類史事進行評判,表明價值取向,往往不能簡單地依據儒家的禮義常則,而須"盡其變",即以大義爲準、"權名分之中而當其可"。對此,在包括胡安國在内的《春秋》學家看來,只有聖人孔子能够行之(即"行權")[1],所以說"此《春秋》之所以爲《春秋》,而非聖人莫能修之者矣"。

4. 微辭以避禍。孔子修《春秋》,内容修至他去世前二年(哀公十四年)。作爲他生活時代之"所見",從《公羊傳》開始就認爲《春秋》定公、哀公世的内容中,多有"微辭",即書寫當代敏感之事的特殊筆法,使得"主人習其讀而問其傳,則未知己之有罪焉爾",以此躲避文字之禍。胡安國繼承這一認識,據之解説定公、哀公世的有關經文。如他解定公"元年春王"云:

> 元年必書"正月",謹始也。定何以無"正月"?昭公薨於乾侯,不得正其終;定公制在權臣,不得正其始。魯於是曠年無君,《春秋》欲謹之而不可也。季氏廢太子衍及務人,而立公子宋。宋者,昭公之弟,其主社稷,非先君所命,而專受之於意如者也。故不書"正月",見魯國無君、定公無正。主人習其讀而問其傳,則未知己之有罪焉爾。

昭公爲三桓所逐,在外流亡八年後去世。定公乃昭公之弟,由權臣季孫意如擁立,非出自昭公之命,不具備成爲國君的合法性。因此,孔子於定公之始年,改

---

[1]《公羊傳》於桓公十一年"九月,宋人執鄭祭仲"條解釋"權"和"行權之道"云:"權者何?權者反於經,然後有善者也。權之所設,舍死亡無所設。行權有道,自貶損以行權,不害人以行權。殺人以自生,亡人以自存,君子不爲也。"

變慣常所應書的"王正月",而僅書"王",以此隱晦表示"魯國無君,定公無正"。這樣,既表達了對定公繼位的看法,又不至於因這一與當局對立的意見而獲罪。

再如胡安國解定公五年"六月丙申,季孫意如卒"云:

> 內大夫有罪,見討則不書"卒",公子翬是也。仲遂殺惡及視,罪與翬同而書"卒"者,以事之變卒之也。意如何以書"卒"? 見定公不討逐君之賊,以爲大夫全始終之禮也。定雖受國於季氏,苟有叔孫舍之見,不賞私勞,致辟意如,以明君臣之義,則三綱可正,公室强矣。今苟於利而忘其仇,三綱滅,公室益侵,陪臣執命宜矣,故意如書"卒"。主人習其讀而問其傳,則未知己之有罪焉爾。

根據《春秋》義例,"大夫書'卒',見君臣之義",但是"內大夫有罪,見討則不書'卒'"。如弒殺隱公的權臣公子翬去世後,付之以"天討之刑",即不書卒,以表示因其惡行而予以貶責。季孫意如長期專擅魯國國政,又曾驅逐昭公、擅立定公,實爲魯國公室之逆賊,然而他去世後,《春秋》中却有此條記載其卒的經文。爲什麽? 胡氏認爲,孔子用這種看似不加貶責的方式書寫,一方面可保護自己,讓"主人習其讀而問其傳,則未知己之有罪焉爾",免於獲罪;另一方面表明定公對季孫意如行事的認可,反襯出他苟且於君位而忘却逐君之仇、泯滅三綱之義的罪責。

5. "美惡不嫌同詞"。《公羊傳》隱公七年云:"《春秋》貴賤不嫌同號,美惡不嫌同辭。"胡安國繼承此"美惡不嫌同辭"説,認爲通常意義上的褒美書寫,有些反而表達貶責之意,反之亦然。如他解桓公十一年"九月,宋人執鄭祭仲"云:

> 祭仲,鄭相也,見執於宋。使出其君而立不正,罪較然矣,何以不名? 命大夫也。命大夫而稱字,非賢之也,乃尊王命,貴正卿,大祭仲之罪以深責之也。……任之重者責之深,祭仲無所逃其罪矣,《春秋》美惡不嫌同詞。突之書名,則本非有國,由祭仲立之也;若忽則以世嫡之正,至於見逐,不能立乎其位,貴賤之分亡矣。凡此類抑揚其詞,皆仲尼親筆,非國史所能與,而先儒或以從赴告而書者,殊誤矣。

鄭莊公卒後,宋人執鄭國相祭仲,要求立宋國所出的莊公庶子突爲國君;祭仲從之,立突而逐嫡世子忽。祭仲"出其君而立不正",泯滅"貴賤之分",罪責顯明,然而《春秋》不"稱名"以示貶責,却以"稱字"褒揚的方式書作"祭仲"[1]。對此,

---

[1] 按,馮繼先《名號歸一圖》認爲"仲"即是其名("祭氏,仲名。初爲祭封人掌封疆者,後以爲氏"),而視《左傳》桓公五年"秋,蔡人、衛人、陳人從王伐鄭"條傳文中"祭足"之"足"爲其字。見《春秋三傳》,上海古籍出版社,1987年,28頁。

胡氏認爲經文之所以書字,並非表示"賢之",而是因爲祭仲是周王所命的正卿,書其字,"乃尊王命,貴正卿";如此强調祭仲的職位,反而凸顯了他罔顧大義而廢立新君之惡,即"大祭仲之罪以深責之也"。再如胡安國解僖公二十三年"春,齊侯伐宋,圍緡"云:

> 齊,霸國之餘業也。宋襄公既敗於泓,荆楚之勢益張矣。齊侯既無尊中國、攘夷狄、恤患災、畏簡書之意,又乘其約而伐之,此尤義之所不得爲者也,故書伐國而言圍邑以著其罪。然則桓公伐鄭圍新城,何以不爲貶乎?鄭與楚合,憑陵中國,桓公伐之,攘夷狄也;宋與楚戰,兵敗身傷,齊侯伐之,殘中夏也。其事異矣,美惡不嫌同詞。

齊侯伐宋而圍其邑,此前亦有類似的經文句式:僖公六年"夏,公會齊侯、宋公、陳侯、衛侯、曹伯伐鄭,圍新城"。兩者雖然句式相同,但在胡安國看來,褒貶却相反,因爲一是齊桓公會諸侯"攘夷狄",一是齊孝公"殘中夏"。如果説"伐鄭,圍新城"突出了齊桓公"攘夷狄"之深切,那麼"伐宋,圍緡"便突顯了齊孝公"殘中夏"之酷虐。因此,即便"詞"(句式)相同,其事異,美惡褒貶亦不同。

除"同詞"而美惡不同外,胡安國認爲《春秋》中亦有"因褒以見貶,因貶以見褒"的書法。如他解成公九年"夏,季孫行父如宋致女。晉人來媵"云:

> 致女者何?女既嫁三月而廟見,則成婦矣,而後父母使人安之,故謂之致也。常事爾,何以書?致女使卿,非禮也。經有因褒以見貶者,"初獻六羽"之類是也;亦有因貶以見褒者,"致女""來媵"是也。伯姬賢行著於家,故致女使卿,特厚其嫁遣之禮;賢名聞於遠,故諸國爭媵,信其無妒忌之行。程氏以爲"一女子之賢尚聞於諸侯,况君子哉?"

該年二月,成公之妹伯姬嫁與宋恭公。夏,成公又派卿季孫行父如宋安之。胡氏認爲,經文書寫表面上看起來"致女使卿,非禮也",但深入看來,使卿實乃"厚其嫁遣之禮",再加"諸國爭媵",正突出了伯姬的賢行和賢名。經文如此書寫,可謂"因貶以見褒"。

上面引文中所舉的"初獻六羽",見於隱公五年經文:"九月,考仲子之宮。初獻六羽。"胡安國解之云:

201

  "初獻六羽"者,始用六佾也。不謂之"佾"而曰"羽"者,佾,幹羽之總稱也。羽以象文德,幹以象武功。婦人無武事,則獨奏文樂,故謂之"羽"而不曰"佾"也。初者,事之始。魯僭天子禮樂舊矣,是成王過賜而伯禽受之,非也。用於大廟以祀周公,已爲非禮,其後群公皆僭用焉。仲子以別宮,故不敢同群廟而降用六羽。書"初獻"者,明前此用八之僭也。諸侯僭於上,大夫僭於下,故其末流季氏八佾舞於庭,而三家者以《雍》徹,上下無復辨矣。聖人因事而書,所以正天下之大典也。

仲子廟落成,初用六羽之舞祭之。按周朝禮制,"天子八佾,諸公六,諸侯四",此"初獻六羽",是回歸禮制之舉,當被褒美。但其更深層的意涵,是由之揭示此前魯君一直用"八佾"而僭天子禮的行爲,從而形成貶責之義,是謂"因褒以見貶"。

五、據例書寫

  胡安國《明類例》云:"《春秋》之文,有事同則詞同者,後人因謂之例。然有事同而詞異,則其例變矣。是故正例非聖人莫能立,變例非聖人莫能裁。正例,天地之常經;變例,古今之通誼。惟窮理精義,於例中見法、例外通類者,斯得之矣。"[1]是謂《春秋》行文有"正例""變例","正例"體現爲"事同則詞同"的規律性書寫,"變例"則是對此書寫規律的改變,而兩者的確立、裁斷,皆離不開權威聖人。

  胡安國在解說中,揭示出大量的《春秋》"正例",如:

  王朝大夫例稱字,列國之命大夫例稱字,諸侯之兄弟例稱字,中國之附庸例稱字,其常也。[2]
  王朝公卿書官,大夫書字,上士、中士書名,下士書人。[3]
  凡兵,聲罪致討曰伐,潛師入境曰侵,兩兵相接曰戰,纒其城邑曰圍,造其國都曰入,徙其朝市曰遷,毀其宗廟社稷曰滅,詭道而勝之曰敗,悉虜而俘之曰取,輕行而掩之曰襲,已去而躡之曰追,聚兵而守之曰戍,以弱假強而能左右之曰以,皆志其事實以明輕重。內兵書敗曰戰,書滅曰取,特婉其辭爲君隱也。[4]

---

[1] 胡安國《明類例》,氏著《春秋傳》前附。
[2] 胡安國《春秋傳》隱公元年"三月,公及邾儀父盟於蔑"條。
[3] 胡安國《春秋傳》隱公元年"秋七月,天王使宰咺來歸惠公仲子之賵"條。按,桓公四年"夏,天王使宰渠伯糾來聘"條云"王朝公卿書爵"。
[4] 胡安國《春秋傳》隱公二年十二月"鄭人伐衛"條。

稱師者,紀其用衆而立義不同。有矜其盛而稱師者,如齊師、宋師、曹師城邢之類是也;有著其暴而稱師者,楚滅陳、蔡,公子棄疾主兵而曰楚師之類是也;有惡其無名不義而稱師者,次於郎以俟陳、蔡,及齊圍郕之類是也。[1]

存則以氏系姓、以姓系號,没則以謚系號、以姓系謚者,夫人也;存不稱號,没不稱謚,單舉姓字者,妾也。凡公廟,非志災、失禮,則不書。[2]

凡班序上下,以國之小大,從禮之常也;而盟會征伐,以主者先,因事之變也。[3]

諸侯之子爲大夫則稱公子,其孫也而爲大夫則稱公孫。公孫之子與異姓之臣,未賜族而身爲大夫則稱名,無駭、俠之類是也;已賜族而使之世爲大夫則稱族,如仲孫、叔孫、季孫之類是也。[4]

《穀梁》曰:"既,盡也。言日言朔,食正朔也。"言朔不言日,食既朔也;言日不言朔,食晦日也;不言日不言朔,夜食也。[5]

凡書"殺"者,在上則稱君,在下則稱氏,在衆則稱人,在微者則稱盜,君與臣同殺則稱國。[6]

晉滅潞氏、甲氏,及再伐鮮虞,皆用大夫爲主將,而或稱人、或稱國、或稱其名氏,何也?以殄滅爲期而無矜惻之意則稱人,見利忘義而以狄道欺詐行之則稱國,以正兵加敵而不納其叛臣則稱名氏。[7]

《春秋》之法,諸侯不生名,滅同姓則名。[8]

《春秋》之法,誅首惡。[9]

這些"正例",被視爲孔子所確立的正常的《春秋》書寫規則和依據。就它們的來源而言,孔子是否從魯史舊文有所借取?胡安國的"正例非聖人莫能立"說,對此問題基本上作了否定回答,但考慮到語言規則的延續性,我們可以確定至少部分"正例"當來源於魯史舊文。另外,有些義例的生成與孔子褒貶有關,如"《春秋》之法,諸侯不生名,滅同姓則名""《春秋》之法,誅首惡"等,這類義例,或爲孔子修《春秋》時所立。

如上引文所示,"正例"書寫可提供固定的意指,包括史實和褒貶。改變"正

---

[1] 胡安國《春秋傳》隱公五年"秋,衛師入郕"條。
[2] 胡安國《春秋傳》隱公五年"九月,考仲子之宫"條。
[3] 胡安國《春秋傳》隱公五年秋"邾人、鄭人伐宋"條。
[4] 胡安國《春秋傳》隱公八年"冬十有二月,無駭卒"條。
[5] 胡安國《春秋傳》桓公三年"秋七月壬辰朔,日有食之,既"條。
[6] 胡安國《春秋傳》文公六年冬"晉殺其大夫陽處父。晉狐射姑出奔狄"條。
[7] 胡安國《春秋傳》昭公十五年"秋,晉荀吳帥師伐鮮虞"條。
[8] 胡安國《春秋傳》僖公二十五年"春王正月丙午,衛侯燬滅邢"條。
[9] 胡安國《春秋傳》隱公四年夏"宋公、陳侯、蔡人、衛人伐鄭"條。

例"書寫規則,則成"變例",這是孔子表達褒貶的最重要方式之一。如胡安國解桓公四年"夏,天王使宰渠伯糾來聘"云:

> 宰,塚宰也;渠,氏;伯,爵;糾,其名也。王朝公卿書爵,大夫書字,上士、中士書名,下士書人,例也。糾位六卿之長,降從中士之例而書名,貶也。於糾何貶乎?在周制大司馬九伐之法,諸侯而有賊殺其親則正之,故弑其君則殘之。桓公之行,當此二者,舍日不討,而又聘焉,失天職矣。

渠糾爲周王朝塚宰,按"王朝公卿書爵"例,經文不當書其名。此處之所以書其名,乃因渠糾失討伐"賊殺其親""故弑其君"的魯桓公之責,"而又聘焉,失天職矣",故變例而書,以示貶責之義。

對於《公》《穀》二傳所重的"日月時例",胡安國並不認可,如對"大夫日卒爲正"説明確批判云:"若夫曲生條例,以大夫日卒爲正則鑿矣。"[1]但是,他認爲在大夫卒等事上書日與否,亦或有其意義。如他解隱公元年冬"公子益師卒"云:

> 其不日,《公羊》以爲遠,然公子彄遠矣而書日,則非遠也;《穀梁》以爲惡,然公子牙、季孫意如惡矣而書日,則非惡也;《左氏》以爲公不與小斂,然公孫敖卒於外而公在内,叔孫舍卒於内而公在外,不與小斂明矣而書日,《左氏》之説亦非也。其見恩數之有厚薄歟?

於此"公子益師卒",《春秋》爲何未書卒日?《公羊傳》認爲其時距孔子修《春秋》年代相隔久遠,故不得詳知其卒日;《穀梁傳》認爲惡公子益師,故於其卒不書日;《左傳》則認爲因隱公不與其"小斂"。胡氏皆以不合之事例駁之,但認爲大夫卒是否書日,或表示其"恩數之有厚薄"。

再如胡安國解隱公五年"冬十有二月辛巳,公子彄卒"云:

> 按《左氏》:"臧僖伯卒,公曰:'叔父有憾於寡人,寡人弗敢忘。'葬之加一等。"以《公羊》三世考之,則所傳聞之世也,而書日,見恩禮之厚明矣。

是明確云大夫卒而書日,乃"見恩禮之厚",由此可見胡安國對傳統的"日月時

---

[1] 胡安國《叙傳授》,氏著《春秋傳》前附。

例"説略有繼承。

六、結語

綜上所述,胡安國認爲孔子修《春秋》,通過抄録魯史、據事直書、删削魯史舊文、變文示義、據例書寫等書法,在"不没其實"的基礎上,廣泛注入他的思想理念,使得《春秋》成爲"經世之典、撥亂反正之書、百王不易之大法"。需要指出的是,《春秋》書法根本上是爲表義服務的,反過來看,義的表達是決定經文書寫、書法的根本。如胡安國解桓公五年"夏,齊侯、鄭伯如紀"云:

> 齊在東州,尊則方伯,鄭亦大國也,並驅而朝紀,乃懷詐諼之謀欲以襲之,而不虞紀人之覺也,其志憯矣。此外相如爾,何以書? 紀人主魯,故來告其事,魯史承告,故備書於策。夫子修經存而不削者,以小國恃大國之安靖己,而乃包藏禍心以圖之,亦異於興滅國、繼絶世之義矣,故存而不削,以著齊人滅紀之罪,明紀侯去國之由,劉敞《意林》所謂"聖人誅意之效"是也。

齊、鄭皆爲大國;紀爲小國,附庸於魯,於莊公四年爲齊所滅。胡氏認爲,兩大國"並驅而朝"小國,"乃懷詐諼之謀欲以襲之";此條經文原爲魯史所載,孔子之所以"存而弗削",意在從"誅意"角度"著齊人滅紀之罪,明紀侯去國之由"。也就是説,正是因要表達此義,孔子才將其録爲經文。

另外,胡安國認爲孔子雖或删削魯史載事、變其舊文,但《春秋》所載事物,一依魯史所載爲據,未作增益,即所謂"有可損而不能益"[1]。如他解僖公三十二年"冬十有二月己卯,晉侯重耳卒"云:

> 按《左氏》,載秦伯納晉文公及殺懷公於高梁,其事甚詳,而《春秋》不書者,以爲不告也。徐邈曰:"諸侯有朝聘之禮,赴告之命,所以敦交好,通憂虞。"若鄰國相望而情志否隔,存亡禍福不以相關,則他國之史無由得書。魯政雖陵,典刑猶在,史策所録,不失常法,其文足證。仲尼修之,事仍本史,有可損而不能益也。

---

[1] 程頤已指出:"《春秋》因舊史,有可損而不能益也。"見程顥、程頤《二程集·河南程氏經説》卷四《春秋傳》隱公元年冬"公子益師卒"條,1089頁。

《左傳》所載"秦伯納晉文公及殺懷公於高梁"之事,不見於《春秋》。爲什麼《春秋》未載之?胡氏認爲,當時諸侯國間雖有朝聘赴告禮制,但此二事未曾赴告魯國,故未被載入魯史;孔子據魯史修《春秋》,即使知曉此二事,亦不會修入,因爲他所録之"事",一仍魯史所載,"有可損而不能益也"。也就是説,胡安國認爲《春秋》所載事,皆有切實的來源——魯史舊文記載,孔子未曾自作增益。

(葛焕禮,中國社會科學院古代史研究所研究員)

再辨辛棄疾詞中關於岳飛的"隱語"
A Re-discrimination of the Metaphors about Yue Fei in Xin Qiji's Ci Poetry

雷 博

摘 要：辛棄疾傳世六百多首詞作，却無一篇提到岳飛，這一點從情理上很難解釋。然而仔細剖析稼軒長短句，可以發現他是用"隱語"的方式來表達對岳飛的仰慕和敬愛。如以青山（與岳義近）、明月（與岳音近）、大鵬（岳飛字鵬舉）、鶚鳥（岳飛生前駐鄂州，後封鄂王）以及寶劍、佳人、英雄等隱喻。此外，在辛棄疾與陳亮的一組《賀新郎》唱和中，也可以發覺他們在用隱語表達對岳飛的紀念與追慕。這是一種新的詮釋理路，或可爲探索稼軒詞和辛棄疾的精神世界，提供與前人有所不同的視角。

關鍵詞：辛棄疾；岳飛；稼軒詞；隱語；《賀新郎》

辛棄疾，字幼安，號稼軒，是南宋著名文學家、豪放派詞人，出生于1140年（宋高宗紹興十年、金熙宗天眷三年），當時山東已爲金人所佔，他青年時參與耿京起義，擒殺叛徒，回歸南宋，並獻《美芹十論》《九議》等，條陳戰守之策。先後在江西、湖南、福建等地爲守臣，創飛虎軍以穩定湖湘。由於他力主恢復，與當政的主和派不合，故屢遭劾奏，數次起落，退隱山居。開禧北伐前後，宰臣韓侂胄起用辛棄疾知紹興、鎮江二府；後征其入朝任官，均爲辭免。開禧三年（1207）病逝，年六十八歲[1]。

辛棄疾號爲"詞中之龍"，生平所作長短句無數，存世尚有六百餘首，然而有一個特别奇怪的現象是：這幾百首詞中，没有一首直接提及岳飛。此事殊不可

---

[1] 參鄧廣銘《辛棄疾傳·辛稼軒年譜》，生活·讀書·新知三聯書店，2017年。

解，蓋稼軒一生志業抱負、格局心志，與武穆十分相近，但在其作品中却幾乎沒有體現。前人對此事的解釋，或以爲稼軒身份爲北方南來的"歸正人"，不便言此，或以爲稼軒喜用《史記》《漢書》及六朝時期的舊典，不屑言此——總之默認了辛棄疾對於岳飛的"無視"。

以上解釋並非沒有道理，但如果我們换一個角度來想這個問題，像辛棄疾這樣銅肝鐵膽、心懷恢復的忠義之士，不應該不重視岳飛的生平事迹。推心置腹，以稼軒的個性，他本應視岳飛爲知己甚至偶像，這才合乎情理。因此我們有必要去思考另一個可能性，就是辛棄疾是否可能會有意識地把對岳飛的情感"隱藏"在他的文學創作當中呢？他會不會用"隱語"的方式，來曲折婉轉地表達對岳飛的敬慕呢？

筆者認爲，這一猜想不是穿鑿附會，而是從歷史人物心態和語境出發的合理推測。梳理稼軒生平，我們不難注意到他和岳飛的經歷有諸多相似之處。首先他本人出身於武將世家，少年時期即在祖父辛贊的鼓勵支持下習武讀書、踏勘山河，爲將來恢復事業做準備；其次他青年從軍，追隨耿京，在耿京遇害之後果斷誅殺叛徒，率衆南歸，所謂"壯歲旌旗擁萬夫，錦襜突騎渡江初"（《鷓鴣天·有客慨然談功名因追念少年時事戲作》）。這些經歷都與武穆少年至青年時的發迹過程有神似之處。南渡之後，他曾任職荆湖，整頓鄉社，並建飛虎軍，與岳飛在荆湖地區的作爲也頗爲相類。而在遭遇讒言、貶官罷歸之後，他長期隱居于江西上饒，"帶湖買得新風月"（《菩薩蠻·稼軒向日兒童説》），和岳飛卜居廬山脚下的選擇異曲同工[1]。這些生平際遇和胸懷抱負的重疊相似處，必然會令辛棄疾有很多機會接觸到岳飛的故人故事，也自然會有觸景生情、睹物思人的機緣。在稼軒筆下，有大量"憑欄""弦斷""白首功名"等詞句，都是化用岳飛詩詞中的典故，以寄追思。

因此，筆者撰寫《"將軍百戰身名裂"——試辨辛棄疾詞中隱藏的"岳飛"》一文，嘗試從幾個不同的角度辨析這一論題。首先，稼軒如何在《滿江紅》這一詞牌中隱寄岳飛史事？其次，稼軒詞中有哪些與岳飛相關的意象？第三，稼軒如何在朋友的交遊酬唱詞中隱寫岳飛事迹[2]？通過解析相關的作品，可以得出一個結論：在稼軒詞中，有很多假托當下某事，但其實是爲紀念岳武穆而書寫。其直接動機是給同僚或好友贈賀，詞中內容寫的也是眼前事，但裏面的用詞和語氣却顯得特別誇張甚至有些亢奮，不但起不到士大夫酬唱應答的禮儀作用，

---

[1] 參鄧廣銘《辛棄疾傳·辛稼軒年譜》。
[2] 雷博《"將軍百戰身名裂"——試辨辛棄疾詞中隱藏的"岳飛"》，《中國宋史學會年會論文選》(2022年)。

反而有時會得罪人。但如果理解"岳飛"是稼軒的隱藏關懷,他其實是在借此詠彼,那很多疑惑就可以迎刃而解了。比如淳熙六年(1179),辛棄疾在湖南轉運副使任上,爲王佐所作的賀詞《滿江紅·賀王宣子平湖南寇》:

笳鼓歸來,舉鞭問何如諸葛?人道是匆匆五月,渡瀘深入。白羽風生貔虎噪,青溪路斷魑魅泣。早紅塵一騎落平岡,捷書急。

三萬卷,龍頭客。渾未得,文章力。把詩書馬上,笑驅鋒鏑。金印明年如斗大,貂蟬却自兜鍪出。待刻公勳業到雲霄,浯溪石。

這首詞不僅有些吹捧過度,尤其是其中"貂蟬却自兜鍪出"一句,將王佐說成了"兜鍪"出身的武人,這在宋代重文輕武的官場氛圍中,是對對方相當大的侮辱,王佐後來爲此專門向宰相抱怨申訴[1]。但如果換個角度,把這首詞看作是辛棄疾爲岳飛平定楊幺事而作,那意義就十分允貼了。上闋將岳飛平匪事比作諸葛亮南征"五月渡瀘,深入不毛",而岳飛征楊幺的時間同樣也是在五月。且這兩場南征意義相似,都是爲了之後的北伐安定後方、積蓄實力。下闋"貂蟬却自兜鍪出"一句,在岳飛事迹中有明確的所指,即平定楊幺之後,"加檢校少保,進封公",從武官最高的節度使,更進一步到三公三少,這是最標準的"貂蟬自兜鍪出"。而"待刻公勳業到雲霄,浯溪石"一句,用典是浯溪石刻《大唐中興頌》,以之言王佐平寇則不啻爲捧殺,但如果說的是岳飛平楊幺事,爲南宋中興之關鍵一役,當刻石永銘其功,則毫無疑義、毫無過譽。類似這樣的詞作,在稼軒筆下爲數不少,是一個特別值得注意與辨析的現象。

除了在前引論文中所涉及的問題之外,尚有幾點值得補叙如下:

一是稼軒詞中與岳飛相關的意象。筆者在前文中,已論述青山(與岳義近)、大鵬(岳飛字鵬舉)、鶚鳥(岳飛生前駐鄂州,後封鄂王)以及寶劍、佳人、英雄等隱喻,多似與岳飛生平事迹相關。除此之外,還有一個極爲重要的意象就是"月"。因"岳"字,中古音爲疑母、覺韻、入聲、岳小韻,而"月"爲疑母、月韻、入聲、月小韻,二者讀音雖有別,但十分相似,因而也是一個值得思考玩味的意象。

稼軒筆下詠月詞極多極精,如《木蘭花慢·可憐今夕月》在文學史上可與太白《花間一壺酒》、東坡《明月幾時有》並稱,其辭曰:

---

[1] 周密著,朱菊茹等校注《齊東野語校注》卷七"王宣子討賊"條,華東師範大學出版社,1987年,142頁。

中秋飲酒將旦，客謂前人詩詞，有賦待月，無送月者，因用《天問》體賦。

可憐今夕月，向何處，去悠悠？是別有人間，那邊才見，光影東頭？是天外空汗漫，但長風浩浩送中秋？飛鏡無根誰繫？姮娥不嫁誰留？

謂經海底問無由，恍惚使人愁。怕萬里長鯨，縱橫觸破，玉殿瓊樓。蝦蟆故堪浴水，問云何玉兔解沉浮？若道都齊無恙，云何漸漸如鈎？[1]

稼軒言此詞是"送月"者，故用屈原《天問》之體爲賦，如果將"月"理解爲"岳"之音近字，則這首詞同樣也是紀念岳飛的佳句。尤其是下闋"怕萬里長鯨，縱橫觸破，玉殿瓊樓""云何玉兔解沉浮""若道都齊無恙，云何漸漸如鈎"等句，寫武穆之冤苦，可謂無限傳神。

另稼軒《滿江紅·漢水東流》一詞，亦可作爲將"風月"與"岳飛"相聯繫的一個證據。

漢水東流，都洗盡髭胡膏血。人盡説君家飛將，舊時英烈。破敵金城雷過耳，談兵玉帳冰生頰。想王郎結髮賦從戎，傳遺業。

腰間劍，聊彈鋏。尊中酒，堪爲別。況故人新擁，漢壇旌節。馬革裹屍當自誓，蛾眉伐性休重説。但從今記取楚樓風，裴臺月。[2]

該篇明寫西漢飛將軍李廣，實際上"漢水東流"一句，已經可以看出是在假借李廣故事，吟詠曾經在襄漢抗金並北伐的岳飛。末句"但從今，記取楚樓風、裴臺月"，用宋玉、裴休故事言楚地之風月，但在本詞的語境中，顯然要和上文所論的"飛將軍"有更明確的聯繫，方不顯突兀。如果以"風"射"飛"，而以"月"射"岳"，則前後文氣立刻通達無礙，末句的意境就不再是尋常的吟風邀月，而轉爲對繼承前人事業精神的自許與自勉。

從這個角度，就可以更好地理解，稼軒詞中寫"月"的文辭爲什麼如此深情婉轉而又沉鬱低回。

如《太常引·建康中秋夜爲呂叔潛賦》：

一輪秋影轉金波，飛鏡又重磨。把酒問姮娥，被白髮欺人奈何？

乘風好去，長空萬里，直下看山河。斫却桂婆娑，人道是清光更多。[3]

---

[1]《辛棄疾詞編年箋注》，870頁。
[2]《辛棄疾詞編年箋注》，188頁。
[3]《辛棄疾詞編年箋注》，48—49頁。

又《生查子·重葉梅》：

百花頭上開，冰雪寒中見。霜月定相知，先識春風面。
主人情意深，不管江妃怨。折我最繁枝，還許冰壺薦。[1]

又《水調歌頭·和馬叔度游月波樓》：

客子久不到，好景爲君留。西樓著意吟賞，何必問更籌？喚起一天明月，照我滿懷冰雪，浩蕩百川流。鯨飲未吞海，劍氣已橫秋。
野光浮，天宇迥，物華幽。中州遺恨，不知今夜幾人愁？誰念英雄老矣？不道功名蕞爾，決策尚悠悠。此事費分說，來日且扶頭。[2]

又《水調歌頭·落日古城角》：

落日古城角，把酒勸君留。長安路遠，何事風雪敝貂裘？散盡黃金身世，不管秦樓人怨，歸計狎沙鷗。明夜扁舟去，和月載離愁。
功名事，身未老，幾時休？詩書萬卷，致身須到古伊周。莫學班超投筆，縱得封侯萬里，憔悴老邊州。何處依劉客，寂寞賦登樓！[3]

以及《賀新郎·用前韻，贈金華杜仲高》：

細把君詩說。恍餘音鈞天浩蕩，洞庭膠葛。千尺陰崖塵不到，惟有層冰積雪。乍一見寒生毛髮。自昔佳人多薄命，對古來一片傷心月。金屋冷，夜調瑟。[4]

以上詞句從上下文語境來看，比較明顯地能夠感受到"月"這一意象中隱含的沉鬱悲情和肝膽相照。當然，稼軒筆下詠月文句很多，未必見得都和岳飛直接相關，但可以想象，如果他心中存了以"月"指"岳"的心意，則他的所有吟詠玩味，都可以別寄懷抱。

除了這些特殊的"意象"和"密碼"之外，辛棄疾詞作中另一種隱微書寫的形

---

[1]《辛棄疾詞編年箋注》，672頁。
[2]《辛棄疾詞編年箋注》，123—124頁。
[3]《辛棄疾詞編年箋注》，78頁。
[4]《辛棄疾詞編年箋注》，555頁。

式,是在很多贈答酬唱的篇章中,似乎也包含著雙重意藴。這種意在言外的筆法,是特别值得留意的一個現象,也爲我們解讀稼軒詞中的幽沉心曲提供了一個視角。尤其是與辛棄疾有共同志趣懷抱的心靈知己,在彼此的唱和中用類似的方式來寄託幽情。這其中最典型的就是同爲主戰派的思想家、文學家陳亮,他與辛棄疾彼此唱和的一組《賀新郎》詞,爲文學史上的名篇,後世和者極多,形成了一個很獨特的文化現象[1]。考察這一組作品,可以看出其中隱含著對岳飛的書寫吟唱。

辛棄疾《賀新郎·把酒長亭説》序云:

> 陳同父自東陽來過余,留十日。與之同遊鵝湖,且會朱晦庵於紫溪,不至,飄然東歸。既别之明日,余意中殊戀戀,復欲追路,至鷺鷥林,則雪深泥滑,不得前矣。獨飲方村,悵然久之,頗恨挽留之不遂也。夜半投宿吴氏泉湖四望樓,聞鄰笛悲甚,爲賦《乳燕飛》以見意。又五日,同父書來索詞,心所同然者如此,可發千里一笑。[2]

可見這組詞的寫作背景,爲陳亮造訪辛棄疾,把臂同遊,相交莫逆。以至於别後稼軒依然戀戀不捨,"復欲追路……頗恨挽留之不遂也",於是寫下這首《賀新郎》:

> 把酒長亭説。看淵明風流酷似,卧龍諸葛。何處飛來林間鵲,蹙踏松梢殘雪。要破帽多添華髮。剩水殘山無態度,被疏梅料理成風月。兩三雁,也蕭瑟。
> 佳人重約還輕别。悵清江天寒不渡,水深冰合。路斷車輪生四角,此地行人銷骨。問誰使君來愁絕?鑄就而今相思錯,料當初費盡人間鐵。長夜笛,莫吹裂。[3]

從内容來看,這首詞確實是寫給陳亮的,但是下闋的文辭"路斷車輪生四角,此地行人銷骨""鑄就而今相思錯,料當初費盡人間鐵",言朋友之間的離别,顯得過分沉重,乃至於沉痛悲哀,未免令人狐疑。然而我們可以想象一下,如果陳亮和辛棄疾是彼此相知的契友——或者是稼軒告知了龍川他詩中暗藏的岳飛,或者是龍川品出了其中的用意,那麽在彼此唱和的詩文中,就可以作爲一種

---

[1] 錢錫生、雷雯《論辛棄疾〈賀新郎〉詞的傳播與接受》,《江西師範大學學報》2014年第5期。
[2] 《辛棄疾詞編年箋注》,541頁。
[3] 《辛棄疾詞編年箋注》,541頁。

心心相印的方式,以對方爲武穆精神之繼承者,互相勉慰鼓勵。因此下闋的這幾句變徵之聲,同樣可以看作是寫給岳飛的壯懷激烈之語,所謂"合九州之鐵,不能鑄此一大錯",讀起來就十分合理了。

陳龍川和詞云:

> 老去憑誰說。看幾番、神奇臭腐,夏裘冬葛。父老長安今餘幾?後死無仇可雪。猶未燥當時生髮。二十五弦多少恨,算世間那有平分月。胡婦弄,漢宮瑟。
> 樹猶如此堪重別。只使君、從來與我,話頭多合。行矣置之無足問,誰換妍皮癡骨!但莫使伯牙弦絕。九轉丹砂牢拾取,管精金、只是尋常鐵。龍共虎,應聲裂。[1]

這首詞文字略顯粗豪,歷代評價其英氣有餘、沉鬱不足,但如果將這首詞的隱藏動機理解爲岳飛,則"父老長安今餘幾,後死無仇可雪","二十五弦多少恨,算世間那有平分月",是化用"靖康恥,猶未雪。臣子恨,何時滅"之意。下闋末句"管精金只是尋常鐵。龍共虎,應聲裂",原意是將抗金事業比喻爲煉製九轉金丹,需要持之以恒,以待龍虎相交。同時也隱含另一層意思,即強大的金人也不過是尋常之鐵,無論多麼險惡的龍潭虎穴,都要揮拳搗裂。龍川的和詞,在稼軒原作的蕭疏悲涼之上,又翻出英特挺拔、百折不回的氣概。同時寄意稼軒:子期雖已逝,伯牙弦不可絕,當繼承武穆遺風,必以恢復爲己任。

於是稼軒再答云:

> 老大那堪說。似而今元龍臭味,孟公瓜葛。我病君來高歌飲,驚散樓頭飛雪。笑富貴千鈞如髮。硬語盤空誰來聽?記當時只有西窗月。重進酒,換鳴瑟。
> 事無兩樣人心別。問渠儂神州畢竟,幾番離合?汗血鹽車無人顧,千里空收駿骨。正目斷關河路絕。我最憐君中宵舞,道男兒到死心如鐵。看試手,補天裂。[2]

上闋"硬語盤空誰來聽?記當時只有西窗月"一句,言當時除你我之外,只有一輪明月陪伴,亦即我二人與岳飛肝膽相照之意。因此下闋的內容,既是寫給龍川,也同樣是寄情武穆。"問渠儂神州畢竟,幾番離合?"可視爲武穆在天有靈的發問,而"汗血鹽車無人顧,千里空收駿骨。正目斷關河路絕"則是稼軒沉

---

[1] 陳亮《陳亮集》,鄧廣銘點校,中華書局,1987年,511—512頁。
[2] 《辛棄疾詞編年箋注》,541頁。

痛又無奈的回答,所謂"空收駿骨"即岳飛之死並沒有能够激發士氣,反而造成了"目斷關河路絶",南北分裂漸成定局的態勢。"我最憐君中宵舞",應是記陳亮談至興處,高歌起舞的英姿,兼用岳飛"驚回千里夢,已三更。起來獨自繞階行"的詞意,最後表達了一個明確的態度——"道男兒到死心如鐵。看試手,補天裂!"

接下來陳亮再和兩首。其一追溯了南北分裂的根由,是從當年澶淵之盟而起,百年無事、天下宴安,導致民氣脆弱,至爲北族所侮。其二則感歎壯士早生華髮,"天下適安耕且老,看買犁賣劍平家鐵",民氣似已經安於現狀,無恢復之力。由此發出"百世尋人猶接踵,歎只今、兩地三人月"的感慨[1]。其中"兩地三人月"一句,前人均無確解,如果解讀爲龍川與稼軒、武穆三人,隔著時空問答探討,永結知己同心,則意旨清晰、意藴綿長。

這組《賀新郎》詞在後世影響極大,歷代詞人次韻多達51首[2]。特別是明清易代之後,詞人有感于家國危亡,從中汲取悲愴的力量。如陳維崧的《賀新郎·已矣何須説》等作品。此前這組唱和一直被視作是辛、陳二人的莫逆之語,如果在詞義中再引入岳飛的形象與精神,那不論文學審美還是格調氣魄,都比我們之前所理解的還要更加震撼人心。這也正是稼軒所謂"知我者,二三子"吧!

以上筆者辨析了稼軒詞中隱藏的關於岳飛的書寫。在詮釋過程中,盡可能嘗試原其心意、體其衷情,不做過多的穿鑿和强解。筆者學力有限,對稼軒詞以及歷代典故、當時史事的把握都很粗淺,顯然難以完全挖掘其全部用意與真實指向,但竊以爲這樣"索隱"的嘗試,並不是要扭曲作者意旨,主觀臆斷、强作解人,而是反過來,從情理上講,我們無法想象一個不愛岳飛的辛棄疾、一個不把岳飛視作精神偶像的辛棄疾——他們的生平、事業、抱負、遭際,實在是有太多太多的共鳴了!所以"辛棄疾不寫岳飛"是極不正常的現象,而他用各種或明或暗的手法,書寫岳飛、詠歎岳飛、憑弔岳飛,乃至與岳飛隔空對話,借岳飛來表達自己的胸懷志趣,這才是題中應有之義。當然,文本一旦脱離作者,就有很大的解釋空間,筆者也不敢説自己的理解就没有過度詮釋的嫌疑,但是綜合各種内外因素來看,在對稼軒詞的理解與闡釋中,如果加入"岳飛"這一意象,可以讓很多篇目内容語出不虚,有更多的實落之處,那麼這樣的探索就是有意義的。

(雷博,中國社會科學院古代史研究所助理研究員)

---

〔1〕《陳亮集》,512頁。
〔2〕劉尊明、王兆鵬《唐宋詞的定量分析》,北京大學出版社,2012年。

泉州市舶司遺址出土"市舶亭"文字磚辨析*

Identification of the Text Brick of the "Shiboting" Unearthed at the Maritime Trade Office of Quanzhou Site

王 申

摘 要：泉州市舶司遺址出土多塊"市舶亭"文字磚，其上文字可復原、補全爲"監造市舶亭蒲壽庚"。考古工作者未能明確泉州市舶司市舶亭的具體建築功能。對比宋元時期廣州、明州市舶亭可知，泉州市舶亭應是市舶司設置於城外入城水道上的"檢查點"，主要承擔檢查客舟的政務工作，也可能同時具有"抽解"等徵稅職能，並非因觀賞功能而興建。而泉州市舶司内的清芬亭則是一座觀賞亭。由此可知，泉州市舶司所建亭的建築功能未必相同，至少分爲辦公和觀賞兩類。

關鍵詞：泉州；市舶司；市舶亭；抽解

宋朝是海上對外交流大發展的歷史時期，許多沿海城市在此時逐漸成爲重要的對外港口。泉州便是其中最具代表性的城市之一。北宋元祐年間（1086—1093），朝廷在泉州初設提舉市舶司；南宋年間，泉州的對外交流和對外貿易大幅發展，泉州市舶機構的地位也隨之愈隆。

2019年起，考古機構對泉州市舶司遺址逐步展開了考古發掘工作，取得了較大成果。在閱讀考古簡報和相關論文的過程中，考古工作者在西南發掘區C1306T6D北部發現的數塊"市舶亭"文字磚，和撰寫者的判斷分析引起了筆者的注意：

---

* 本文係國家社會科學基金青年項目"宋代貨幣與國家財政體系建設研究"（批准號：22CZS024）的階段性成果。

2020年的考古發掘在西南發掘區C1306T6D北部,發現了側面有"(監)造市舶亭蒲□□""☑舶亭蒲□□"的文字磚。文字磚所在的位置是近現代修砌的石牆,石牆底部是宋元時期的鋪石。清道光年間所修《晉江縣志》中載泉州市舶提舉司"在府治南水仙門內,即舊市舶務址。有清芬亭,以傅伯成有'歲晚松篁期苦節,春風桃李自有情'之句,故名"。《八閩通志》中說胡寺丞祠"在市舶亭側,祀宋市舶提舉胡長卿"。《晉江縣志》中也記有胡寺丞祠"在舊市舶亭側,即水門巷,祀宋市舶提舉胡長卿,今廢"。《福建市舶提舉司志》中所記明代福州市舶提舉司內的建築佈局包括"碑亭一座、庫亭一座三間",泉州市舶司的"市舶亭""清芬亭"的具體建築功能尚待明確。[1]

據參與考古發掘和《簡報》撰寫的汪勃、梁源另文判斷,上述"市舶亭"文字磚上的文字或可補全爲"(監)造市舶亭蒲(壽)(庚)"[2]。這一推測言之有理,蒲壽庚及其家族在宋元之際長期把持泉州市舶之利;從"監造"一詞推測,考古發現的"市舶亭"文字磚應當燒製於他擔任市舶使或以更高的職位主管市舶政務之時。至於蒲壽庚在位的具體時間則多有爭議[3]。

此外,《簡報》的文句至少還涉及以下問題:宋代泉州市舶司市舶亭的具體建築功能和清芬亭的具體建築功能。目前該文作者認爲尚待明確。下文將稍作分析,以期更爲深入地梳理和理解宋代市舶亭及其相關制度。

一、泉州市舶司市舶亭的功能

誠如《簡報》作者所言,宋代泉州市舶司市舶亭的具體建築功能尚待明確,直接原因可能是目前尚未發現能夠直接證明功能的文獻與考古資料。但是,市舶亭并非泉州市舶司獨有,其蹤跡亦見於廣州、明州的市舶機構中。

朱彧《萍洲可談》詳細記述了廣州市舶亭的方位與功能:

(商船)既至,泊船市舶亭下,五洲巡檢司差兵監視,謂之"編欄"。凡舶至,帥漕

---

[1] 中國社會科學院考古研究所、福建博物院、泉州市文化廣電和旅游局泉州城考古工作隊《福建泉州市"市舶司"遺址2019~2020年發掘簡報》(下文簡稱爲《簡報》),《考古》2021年第11期,45頁。
[2] 汪勃、梁源《唐宋泉州城空間格局下的泉州南外宗正司、泉州市舶司遺址的考古發掘研究》,《自然與文化遺產研究》2021年第3期,37頁。
[3] 相關研究結論和進展參見李玉昆《20世紀蒲壽庚研究述評》,《中國史研究動態》2001年第8期,16—23頁;陳彬強《宋蒲壽庚任職市舶提舉文獻史料補說》,《泉州師範學院學報》2022年第1期,71—75頁。

> 與市舶監官苾閲其貨而征之,謂之"抽解",以十分爲率,真珠龍腦凡細色抽一分,瑇瑁蘇木凡麤色抽三分,抽外官市各有差,然後商人得爲己物。象牙重及三十斤并乳香,抽外盡官市,蓋榷貨也。[1]

由此可見,廣州市舶亭不是以觀賞功能爲主的亭子,而是承擔重要市舶機構職能的衙屬。具體職能包括檢查管理商船的"編欄"和"抽解"。換言之,廣州市舶機構向海商抽解徵稅的場所在市舶亭,而非市舶司官衙。

朱彧的概括得到了宋代檔案的佐證。天禧二年(1018),宋真宗下詔限制蕃商與交州貿易,稱蕃商購得交州商品"回到廣州市舶亭,除黎字及小細砂鑞等不是中國錢並没納入官外,其餘紗、絹、紬、布物色取其三之一納官,餘二給還本主。所犯人從違制失條例科斷"[2]。從這一特殊案例提及的政策規定可知,與抽解有關的管理活動在市舶亭實施。

爲了便於開展"編欄""抽解"活動,市舶亭在宋、元兩代均設置於城門之外。元《大德南海志》稱"舊志"記載"市舶亭在鎮安門外"[3];元代廣州市舶司亦設有市舶亭,創建於至元十九年(1282),位置在朝宗門外[4]。鎮安門爲子城南門,朝宗門爲西城南門[5]。

明州市舶亭同樣位於城外,命名則用雅稱,不直接以"市舶亭"爲名。《寶慶四明志》記載稱:

> 來安門爲城外往來之通衢。衢之南北各設小門,隔衢對來安門又立大門,門之外瀕江有來遠亭。乾道間守趙伯圭建,慶元六年通判趙師㗕修,寶慶二年蔡範重建,更名來安。賈舶至,檢覆于此。歷三門以入務。[6]

可見明州市舶亭也是市舶衙署的組成部分,承擔檢查客舟的職能,位於城門外臨近水道之處。至於來遠亭的建築形制,元《至正四明續志》在記載鄞縣的官府建築時稱:

---

[1] 朱彧《萍洲可談》卷二,李偉國點校,中華書局,2007年,132頁。
[2] 徐松輯《宋會要輯稿·食貨》三八之二九,劉琳、刁忠民、舒大剛、尹波等點校,上海古籍出版社,2014年,6842頁。
[3] 陳大震《大德南海志》卷一○,中華書局編輯部編《宋元方志叢刊》,中華書局,1990年,8449頁。
[4] 陳大震《大德南海志》卷一○,8449頁。
[5] 陳大震《大德南海志》卷八,8436頁。
[6] 羅濬等《寶慶四明志》卷三,中華書局編輯部編《宋元方志叢刊》,中華書局,1990年,5022頁。

> 來遠亭在城東靈橋門北穴城。洞門一所,内通市舶庫,臨江石砌道頭一片。中爲亭,南有石墻圍通行路,北置土墻爲界。泰定二年,副提舉周燦矧蓋廳屋并軒共六間。南首挾屋三間以備監收舶商搬卸之所。[1]

明州市舶亭確有亭子狀的建築,位於水道和市舶庫之間;市舶亭的通路和外圍均以墻作爲區隔屏障。這種建築佈局結構應當充分滿足了市舶亭作爲"檢查點"的需求。值得注意的是,元人幾次擴充市舶亭的建築規模,在原有的亭、墻之外,新造諸多房屋。有理由認爲市舶亭在元代承擔了更多功能,作用日益突出。

泉州市舶亭所處的區位與廣州、明州市舶亭大致相同。《簡報》作者結合文獻記載和考古發現,推測包括市舶亭在内的泉州市舶司遺址大致在今南薰門遺址附近;且指出泉州城唯有該次發掘地點西、北的水溝比較適合船隻靠近[2]。根據明《弘治八閩通志》的記載,南薰門建於元至正十二年(1352),市舶司也位於府城鎮南門之外[3]。因此,市舶亭等市舶司衙署在宋代應當建於泉州城外。這樣的建築位置與廣州、明州市舶亭十分接近。至於泉州市舶亭的建築佈局,則有待考古工作者進一步復原。

綜上所述,泉州市舶亭的建築功能可能與廣州、明州市舶亭大致相同,是市舶司設置於城外入城水道上的"檢查點",主要承擔檢查客舟的政務工作,也可能同時具有"抽解"等徵税職能。

二、清芬亭的功能

清芬亭是《簡報》作者用以配合論説市舶亭功能的建築。作者先引用清道光年間所修《晉江縣志》中載泉州市舶提舉司"在府治南水仙門内,即舊市舶務址。有清芬亭,以傅伯成有'歲晚松篁期苦節,春風桃李自有情'之句,故名"等文句,又稱"泉州市舶司的'市舶亭''清芬亭'的具體建築功能尚待明確",似乎將二亭視爲一類,至少未作出明確區分。

查閱史籍可知,清道光《晉江縣志》并非現存首先記載清芬亭的史書。南宋

---

[1] 王元恭《至正四明續志》卷三,中華書局編輯部編《宋元方志叢刊》,中華書局,1990年,6474頁。
[2] 《簡報》,32、45頁。
[3] 黃仲昭《弘治八閩通志》卷一三、卷八〇,劉兆祐主編《中國史學叢書三編》第四輯,學生書局,1987年,644—645、4447頁。

人王象之《輿地紀勝》已對此有所記述："清芬亭在提舉治所,傅伯成詩'歲晚松篁期苦節,春光桃李任多情'。"[1]值得一提的是,王象之將清芬亭記錄於《輿地紀勝》卷一三〇"景物下"部分,又引用傅伯成寫景詩句作爲説明,可見清芬亭是一座觀賞亭,與承擔政務職能的市舶亭不屬同類。

總結全文,泉州市舶亭應當與廣州、明州市舶亭一致,是承擔市舶司政務職能的衙署。從廣州、明州的情況看,市舶亭不僅是一座"亭",還包含了墻和房屋等一系列建築。清芬亭則是泉州市舶司官員在官衙内營造的景觀。也就是説,儘管名稱中均有"亭"字,市舶司所建亭的建築功能未必相同,至少分爲辦公和觀賞兩類。這是我們在梳理相關史料時需要謹慎處理的要點。據學者研究,宋代官員修建景觀十分常見,他們認爲景觀能修心娱情以更好投入地方政務[2]。如果留存至今的相關史料能如《福建市舶提舉司志》一般,以"碑亭一座""庫亭一座三間"等文句明確記載明代福州市舶提舉司内的建築形制[3],則區分各類亭建築功能的難度將大爲減少。

(王申,中國社會科學院古代史研究所助理研究員)

---

[1] 王象之《輿地紀勝》卷一三〇,江蘇廣陵古籍刻印社,1991年,982頁。
[2] 丁義珏《自適・共樂・教化——論北宋中期知州的公共景觀營建活動(1023—1067)》,《中華文史論叢》2020年第3期,135—176頁。
[3] 高岐輯《福建市舶提舉司志・署舍》,陳麗華點校,商務印書館,2020年,11頁。

契丹大字"彌里吉"與渤海國
The Khitan Large Script Word "Mirgi" and the Bohai Kingdom

陶 金

摘 要：過去學者已經在契丹小字中發現了一組與渤海國相關的單詞"迷里吉(彌里吉)"，但對於該詞的含義用法出現一些爭議。這些爭議可能會影響我們對一些歷史問題的分析和理解。筆者嘗試理清相關爭議，同時考證出契丹大字中"迷里吉(彌里吉)"對應的寫法，並在此基礎上對相關歷史問題進行重新梳理，借此爲學界提供一些新的分析思路。

關鍵詞：渤海國；鞨鞯；渤海大氏；梅里急；篾兒乞

一、契丹小字"迷里吉"的爭議

渤海國是中國歷史上東北地區的地方政權，崛起於武則天時代，滅亡於契丹，經過國內外學者們的努力，對渤海國的歷史的大致脉絡已經理清。但由於史料的稀缺，還有很多基本問題尚待進一步分析探討。除了各種漢文資料外，滅亡渤海國的契丹人還留下許多契丹文墓誌材料，提及了一些有關渤海遺民的信息，爲我們研究渤海國提供了特殊的視角。通過契丹人的視角，亦可以破解圍繞渤海國的部分疑團。

其中一個值得注意的問題，是關於渤海國王室姓氏的由來。根據漢文史料記載，渤海國王族從初代國王大祚榮開始，以"大"爲姓，但爲什麼使用這樣的姓氏，史料中並沒有明確的解釋，過去學者提出種種假說。一些學者通過研讀契丹小字墓誌銘，注意到一個音譯爲"迷里吉"契丹小字詞彙，在此基礎上展開新的探討。

烏拉熙春對契丹小字墓誌銘中出現的"及化九又（擬音：mirgir）"與"及化勺关（擬音：mirgi）"展開持續研究，認爲前者表示男性形式（陽性），後者表示女性形式（陰性），可以音譯爲"迷里吉"[1]。

烏拉熙春認爲，"迷里吉"所代表的是渤海國一個未見史料記載的家族姓氏，並非渤海王室一族，只是與渤海王室通婚的某族。烏拉熙春之所以持有如此觀點，主要是基於契丹小字《耶律宗教墓誌銘》對應文字的翻譯解讀所產生的思考。該段文字如下：

原文録文：万 及化勺关 朩伏及 不火 仔叒 九女有 犬 坴 圠欠不 圠为不业不 力圥中 业关有 朩关禾 肖万当【耶律宗教3—4[2]】

擬音：əmə mirgi činu aui dan gurən ? xa urgon uraon pon naɣaia piən čiši xaryən

譯文：母迷里吉遲女娘子，丹國之聖汗烏魯古之後代，naɣaia、妃之血脉相連。

其中"丹國之聖汗烏魯古"已經確定指渤海末代國王大諲譔，"烏魯古"是大諲譔投降契丹後所改的契丹名[3]。但遲女娘子與大諲譔之間的關係却不易確定。關鍵就在於"力圥中 业关有 朩关禾 肖万当"一句的解讀。烏拉熙春認爲"力圥中（naɣaia）"是契丹語"舅"與"父"的組合，解讀爲"外祖父"。並且由此推論，耶律宗教的母親並非大諲譔的直系後裔，而是外祖母一系出自大諲譔家族。再結合漢文部分的文字"母曰蕭氏，故渤海聖王孫女，遲女娘子也"來看，遲女娘子的"蕭氏"並非渤海大氏改姓而來。那麼"迷里吉"和渤海大氏不是一回事，可能是一個渤海國的望族，只是漢文史料没有記載，後來這個家族被契丹人賜姓爲"蕭"，與耶律氏通婚。

而韓世明、都興智先生堅持認爲《耶律宗教墓誌銘》漢文部分所説"故渤海聖王孫女"就是表示遲女娘子是大諲譔的孫女。漢文墓誌的撰寫者張嗣復作爲遼朝文官世家，應該不會把外孫女誤記爲孫女。按照這個思路，"迷里吉"可以直接和渤海大氏劃等號，從而推論出"迷里吉"是大祚榮家族在渤海國建立前擁有的姓氏[4]。

---

[1] 愛新覺羅・烏拉熙春《契丹文墓誌より見た遼史》，松香堂書店，2006年，29—30頁；同作者《愛新覺羅烏拉熙春女真契丹學研究》，松香堂書店，2009年，164頁；愛新覚羅・烏拉熙春、吉本道雅《韓半島から眺めた契丹・女真》，京都大學學術出版會，2011年，108—112頁。

[2] 拓本照片見清格爾泰、吳英喆《契丹小字再研究（壹）》，内蒙古大學出版社，2017年，674—675頁。

[3] 愛新覺羅・烏拉熙春《愛新覺羅烏拉熙春女真契丹學研究》，164—165頁。

[4] 韓世明、都興智《渤海王族姓氏新考》，《中國邊疆史地研究》第25卷第2期。

韓世明、都興智立論的依據主要是源於兩條契丹小字墓誌的記載。

(一) 耶律詳穩墓誌銘 13—14 行[1]：

原文錄文：令夊方芬 夲夵伏 又化九及 ⺌夵 夲丙 夲 又为 丹危 九芬 几太 幺䒑 圣冇 丹力

擬音：dəanə pušin mirgir lab siu pu ma čaŋ gə goŋ čiu čiruən boq

譯文：田額夫人，迷里吉立秋駙馬長哥公主二(人)之孩子。

(二) 耶律永寧郎君墓誌銘 25 行[2]：

原文錄文：又化勺关 夲 令丙 夲夵伏 ⺌夵 夲丙 夲 又为 丹危 九芬 几太 幺䒑 圣冇 丹力

擬音：mirgi pu dyə pušin lab siu pu ma čaŋ gə goŋ čiu čiruən boq

譯文：迷里吉福德夫人，立秋駙馬長哥公主二(人)之孩子。

這兩條記錄中同時提及"⺌夵 夲丙 夲 又为(立秋駙馬)"與"丹危 九芬 几太 幺䒑(長哥公主)"。"立秋駙馬"所指為《遼史·公主表》所提及的駙馬都尉大力秋[3]。烏拉熙春認為"⺌夵"的擬音更接近漢字"立"的中古音(王力擬音 liĕp)，與"力"的中古音(王力擬音 liĕk)有所差異。《遼史》用"力秋"取代"立秋"可能是某種訛誤所致。而大力秋由於受到大延琳叛亂事件的牽連遭到誅殺，因此學者普遍認為大力秋與大延琳屬於同族近親，自然也是渤海大氏一族。不過烏拉熙春的看法有所不同，按照她的分析思路，渤海大氏與"迷里吉"是可以通婚的兩大家族，兩者不能等同，那麼大力秋被冠以"大"氏可能也和"立秋"寫作"力秋"一樣，是出於某種訛誤。身為"迷里吉"一族的"立秋駙馬"只能表明渤海大氏之間存在某種聯姻關係，不能證明他本人出自渤海大氏一族[4]。

---

[1] 拓本照片見《契丹小字再研究(壹)》，816—817 頁。
[2] 拓本照片見《契丹小字再研究(壹)》，719—720 頁。
[3] 脫脫等編《遼史》，中華書局，1974 年，1005 頁。長哥公主《遼史·公主表》作"長壽"。
[4] 愛新覺羅·烏拉熙春、吉本道雅《韓半島から眺めた契丹·女真》，京都大學學術出版會，2011 年，111—112 頁。

烏拉熙春雖然並無證據證明大力秋的"大"是《遼史》訛誤所致，但她已經注意到契丹小字《耶律兀没副部署墓誌銘》第8行[1]在提及大延琳，將"大"寫作"兯卄"，明顯爲漢語借詞"大"，而並不是"迷里吉"。另外，契丹大字《耶律祺墓誌銘》第28行提及渤海大氏後裔大公鼎[2]，使用契丹大字"佘"表示"大"，依然是漢語借詞"大"。可見契丹大小字都可以用漢語借詞"大"來拼寫渤海大氏之"大"。

二、"迷里吉"内涵新解

那麽我們應該如何理解"迷里吉"一詞所包含的内涵呢？首先需要注意的是，大諲譔與遼太祖算是同一時代的人物，而耶律宗教之父耶律隆慶是遼太祖的玄孫，那麽耶律宗教之母遲女娘子不大可能是大諲譔的孫女或外孫女，中間至少還要多加兩代人。漢文墓誌表述遲女娘子爲"故渤海聖王孫女"肯定是一種不準確的説法。記載遲女娘子的父系出自蕭氏的説法或許也没有錯，而蕭氏在契丹是一個很龐雜的家族，單憑"蕭"字無法判定其爲拔里氏、乙室己氏還是别族改姓。遲女娘子的父系也可能在遼朝並不彰顯，因此刻意强調母系家族血統的尊貴。在契丹人看來，只要遲女娘子的母系是出自渤海王大諲譔，那麽她就可以被視爲出自"迷里吉"。如果這樣理解，"迷里吉"應該是一個高於姓氏的概念，比姓氏略高的概念那就應該是族裔。由此筆者認爲"迷里吉"應該是一個相當於渤海族裔的概念。

再看大力秋的問題。由於烏拉熙春將"迷里吉"與渤海大氏視作兩個不同的家族姓氏，因此契丹文的記載和《遼史》的記載在她看來就是矛盾的，其中必有一誤。按照這個思路，她選擇否定成書時間較晚的《遼史》記載。但如果"迷里吉"是族裔概念，無論母系還是父系，只要有一方出自渤海大氏，都能使用"迷里吉"這個前綴，那麽契丹文與《遼史》對於大力秋的不同稱呼就没有矛盾，我們也就不必面對兩種記載二選一的困擾。

爲了便於理解，筆者將不同觀點列表如下：

---

[1] 拓本照片見《契丹小字再研究（壹）》，783—784頁。
[2] 人名"大公鼎"在契丹大字中的寫法考釋見劉鳳翥《契丹大字〈耶律祺墓誌銘〉考釋》，《内蒙古文物考古》2006年第1期。

	烏拉熙春觀點	韓世明、都興智觀點	筆者觀點
遲女娘子母系	大氏	不詳	大氏（迷里吉族裔）
遲女娘子父系	迷里吉氏（蕭氏）	迷里吉氏（大氏、蕭氏）	蕭氏（族裔不詳）
大力秋父系	迷里吉氏	迷里吉氏（大氏）	大氏（迷里吉族裔）

筆者根據以上分析認爲，契丹小字墓誌銘將大力秋寫作"迷里吉立秋"，實際上是一種"族裔+名字"的稱呼法，省略了他的姓氏。

用"族裔+名字"來稱呼某人，其實在遼代史料中時有出現。漢文《蕭孝忠墓誌銘》提及墓主第五位妻子的時候寫作"漢兒小娘子蘇哥"[1]，強調其"漢兒"的身份，"蘇哥"只是她的名字，並不包含姓氏。契丹小字《耶律（韓）高十墓誌》第4行記載韓德源大妻爲"朩兮余火 而 几芬 个夵伏"[2]，翻譯爲"漢兒朝哥夫人"。朝哥夫人的漢文墓誌銘已經發現，名爲《韓德源嫡妻李氏墓誌》[3]，由墓誌可知，朝哥夫人爲後唐李克用養子李自本（李嗣本）的孫女，族裔認同爲漢人，姓氏爲"李"。而契丹文墓誌銘以"朩兮余火（漢兒）"作爲她的前綴，表明其族裔，也並未書寫她的姓氏。

契丹小字《蕭太山將軍永清郡主墓誌》第3行追述契丹蕭氏一族祖先的兩位妻子爲"夭关 八氽非 朩兮丈关 囗州"，[4]翻譯爲"契丹之許姑、漢兒之囗囗（名字不易辨識，姑且空缺）"，兩位女性一個是契丹人，一個是漢人，名字前加族裔名稱進行區分。

在《遼史》中，對渤海族裔的人名稱呼也有相似的用法。《遼史·太宗下》："（會同三年，940）六月乙未朔，東京宰相耶律羽之言渤海（左次）相大素賢不法，……"而《耶律羽之傳》中則將"渤海相大素賢"稱爲"左次相渤海蘇"。"蘇"與"素"音近，爲"素賢"的省略。姓氏"大"被省略，將"渤海"放在名字之前。

其他類似的還有"渤海燕頗"[5]"渤海陀失"[6]與"渤海古欲"[7]。"燕頗""陀失""古欲"都是名字。渤海燕頗曾爲遼朝黃龍府衛將，渤海陀失已經成爲高

---

[1] 劉鳳翥編《契丹文字研究類編》，中華書局，2014年，第二册，541頁。
[2] 拓本照片見《契丹小字再研究（壹）》，722頁。
[3] 誌文見王玉亭、葛華廷、陳穎《〈韓德源嫡妻李氏墓誌〉校補》，《遼金歷史與考古》，2018年。
[4] 拓本照片見《契丹小字再研究（壹）》，759頁。
[5] 《遼史》卷一三《聖宗四》，146頁。
[6] 《遼史》卷一五《聖宗六》，168頁；同書卷一一五《二國外記·高麗》，1520頁。
[7] 《遼史》卷二八《天祚皇帝二》，331頁。

麗王朝官員,渤海古欲則是居住在饒州。雖然不確定此三人是否是渤海大氏後裔,但他們的名字前都加有"渤海"前綴,此處"渤海"顯然不能理解爲姓氏,而是表示他們的族裔身份。

"迷里吉遲女娘子"與"迷里吉立秋"很可能是類似的用法,即"族裔＋名字"的稱呼模式,並不包含他們的姓氏。

三、契丹人以族裔爲人名的習慣

前面通過對相關史料以及對烏拉熙春與韓世明、都興智不同觀點的分析,筆者認爲契丹小字中出現的"迷里吉"實際上應該是表示渤海族裔的單詞,詞根爲"又仉勺"或"又仉九"。這個詞除了可以作爲族裔名稱外,還可作爲人名。

《耶律迪里姑太保墓誌銘》4行[1]、《耶律蒲速里太傅墓誌碑銘》3—4[2]行有相同的句子:

原文錄文:亢火丙伏 仉九丙 又丈 业彐朿 又仉九 丙 圣丙 丹力 个乛伏 又火 屮用火

擬音:guiənin irigən mug angag mirgi əmə čiruən boq pulin mui liŋun

譯文:國隱寧夷離堇、蔑古乃迷里吉額麽二人之孩子普鄰·磨隗令穩。

其中"又丈 业彐朿 又仉九 丙(蔑古乃迷里吉額麽)"中的"又仉九"就是作爲人名使用。

《遼史》和遼代漢文墓誌銘中有人名"彌里吉"[3]"迷離己"[4],筆者認爲兩者均爲"又仉九"的音譯。那麽作爲人名的"彌里吉"與"迷離己"和作爲族裔的"迷里吉"是什麽關係呢? 這裏涉及契丹人的取名習慣。

根據《遼史》和遼代墓誌材料可知,契丹人會將族裔名稱作爲人名使用。例

―――――――

[1] 拓本照片見《契丹小字再研究(壹)》,775—776頁。
[2] 拓本照片見《契丹小字再研究(壹)》,830—831頁。
[3] 《遼史》卷六《穆宗上》,78頁,有鹿人彌里吉;卷六二《刑法志下》,944頁,有郡王貼不家奴彌里吉。
[4] 《遼史》卷一七《聖宗八》,199頁,有同知樞密院迷離己。漢文《耶律元寧(安世)墓誌銘》有人名迷離己,見向南等輯注《遼代石刻文續編》,遼寧人民出版社,2010年,43頁。

如與"女真"相關的詞彙"马刻矜(朮里者、主里者、朮者)"[1];表示"阻卜(朮不姑)"的"朩生仐";與"室韋"相關的詞彙"叉仦穴女、叉用及女(實六)"[2];與"漢兒"相關的詞彙"嘲瑰(遼太宗第二女之名)"[3]。這一點也可以佐證"叉仈九"或"叉仈勺"相關的詞彙並非姓氏而是族裔名稱。

前文所用"迷里吉"一詞爲烏拉熙春所用音譯詞,韓世明、都興智先生的文章做了沿用,並非出自文獻。從此處開始,筆者統一改用《遼史》中出現的"彌里吉"作爲"叉仈九"或"叉仈勺"的音譯詞。"叉仈九叉"與"叉仈勺关"包含后綴發音有細微差異,如果不需要特別強調細節的時候,也使用"彌里吉"作爲音譯。

四、契丹小字"彌里吉斯"的問題

契丹小字墓誌中"彌里吉"除了有表示男性形式的"叉仈九叉"與女性形式"叉仈勺关"之外,還有個表示複數形式的"叉仈九仐"。"仐"在某些單詞中可以作爲複數后綴[4]。"叉仈九仐"可以音譯爲"彌里吉斯",在契丹小字墓誌中僅有一例,出現在《耶律(韓)高十墓誌》16 行[5]:

原文錄文:兊 𠆢 㞢矢 丙仒火 仦关丙 九火伏 穷叕伏 金仐冇 叉仈九 仐 亞仐

擬音:? niem aiənd yegiu liən giuin udʒtin emsən mirgis xaru

翻譯:(重熙)十八年,再次攻打 liən。(墓主韓高十)負責統領內諸城之彌里吉斯。

這段話的意思是說,韓高十參與了重熙十八年(1049)再次攻打"仦关丙(liən)"的戰鬥,具體負責統領一部分彌里吉人組成的部隊。"仦关丙"在契丹小字墓誌銘中經常出現。《耶律(韓)高十墓誌》14—15 行提及墓主韓高十在重熙十三年(1044)是首次參與攻打"仦关丙",重熙十八年是再次攻打。遼朝在重熙

---

[1] 契丹小字"女真"常見拼寫爲"马刻公",與"马刻矜"的擬音差了一個尾音 n。
[2] 契丹小字"室韋"相關的考證參見吳英喆《契丹小字史料における"失(室)韋"》,《日本モンゴル學會紀要》,2015 年。
[3] 契丹小字"漢兒"有多種拼寫形式,其中"朩芳仒火"的擬音與"嘲瑰"很接近,可視爲其對音。
[4] 愛新覺羅·烏拉熙春《契丹語言文字研究》,東亞歷史文化研究會,2004 年,142 頁。
[5] 拓本照片見《契丹小字再研究(壹)》,724—725 頁。

十三年、十八年兩年進行的重要軍事行動就是攻打西夏。那麼"丠关丙"應該是一個指代西夏的詞彙。《耶律(韓)高十墓誌》16行提及墓主韓高十在重熙十七年擔任興聖都宮使[1]，他率領的彌里吉人應該是來自興聖宮下轄各城的宮戶。前面筆者已經考證"彌里吉"應該是表示渤海族裔的詞彙。那麼"又仈几仐(彌里吉斯)"在這裏應該是指渤海宮戶。

五、契丹大字中的"彌里吉"

既然在契丹小字墓誌銘中出現了"彌里吉"相關的詞彙，能否從契丹大字中找到對應的詞彙進行比對呢？筆者通過研究得出肯定的答案。首先是契丹大字《痕得隱太傅墓誌銘》10—11行：

原文錄文：英介击咨尒咨㐰住午寺何怕宁兒ヵ何国乍品币癸品京口乃尢乙打手国咨太仂允抙口佰用之

契丹小字轉寫：刎伏 化几冇 卞冇 丙公 关仈矢关 业卡卄火 为卞 ?-关几女 丙土化公丙 尢仈 几用 业及子业为卞 仔关 几女冇 㓚 公及火 伞廾业及用 丠公

擬音：urgin irigən iaən əmən iriəndi paroui aai ?-i gur yəoutgyə umut giŋ polɣaar dan gurən dai nui saŋ bodulur

譯文：兀里軫夷離堇承襲了父母的地位，遷徙到×國，建立東京，拜爲丹國之大内相。

結合《遼史》等史料可以知道，兀里軫夷離堇就是耶律覿烈，於天顯二年(927)出任東丹國大内相，此時渤海國剛剛滅亡沒多久。銘文中"ヵ何国"一詞明顯是指某個國名，"何"可以轉寫爲契丹小字"关"。前面我們看到，契丹小字中"又仈勺"一詞末尾恰爲"关"。墓誌銘後面已經提到了"打手国(丹國，即東丹國)"[2]，那麼"ヵ何国"應該是指改名前的渤海國。由此筆者推定"ヵ"可轉寫爲"又仈勺"，亦可轉寫爲"又仈几"。

---

[1] 韓高十的履歷可參閱劉鳳翥《契丹小字〈韓高十墓誌〉考釋》，《〈揖芬集〉張政烺先生九十華誕紀念文集》，社會科學文獻出版社，2002年，521—522頁。

[2] "丹國"在契丹文中的拼寫方式，參閱愛新覺羅・烏拉熙春《愛新覺羅烏拉熙春女真契丹學研究》，165頁。

烏拉熙春也注意到"丂何国"一詞可以指代渤海國,不過她却依據《新唐書》記載的"馬訾水"的"馬訾"一詞,將"丂"的擬音定爲"mos",同時認爲契丹語的"mos"與渤海語的"大"是同源詞,將"丂何国"直譯爲"大國",認爲渤海大氏之"大"源於國名的意譯[1]。筆者認爲這一推論證據略顯薄弱,故而不取此說。

筆者進一步注意到,在契丹大字《耶律祺墓誌銘》中多次出現"丂"這一字形[2],與《痕得隱太傅墓誌銘》中的"丂"字形十分相近,很可能是同一個字,具有相同的意思和讀音。筆者便將前面的推論帶入相關的句子中進行一一解讀如下:

a. 耶律祺 9—10 行:

原文錄文:何至乔巳夲太王□和此舍禹妆刈丂ユ刈兔巳叿坴仁左寺刈吹至尚舍禹兄

契丹小字轉寫:灻夬伏 仐冇 灮 朩 □ 业公 伐业艾 夲夨 叉化凢叉夨 夊仐比 达 几冗矢夨 业平夂玢 伐业艾 为巾

擬音:xanin əsən dai oŋ □ put šɣaadʒu ali mirgiri čusəl li kuəndi pulugudʒ šɣaadʒu aai

譯文:韓寧宜新大王□×××彌里吉×很好地保全了衆人。

b. 耶律祺 17 行:

原文錄文:岕汆寺丂ユ平ㄞ抒昰□山

契丹小字轉寫:厈 巾矢 叉化凢叉 杏-? 仐各炏 业及企

擬音:dilə aiənd mirgir iun-? saŋun bol

譯文:(清寧)七年,做了彌里吉×詳穩。

c. 耶律祺 22 行:

原文錄文:丂ユ平田兂庆芈忌夲戊朩夬卅夲而山

契丹小字轉寫:叉化凢叉 杏余 伏力朩 伐史为艾冇 亚仐 厍友玢冇 再企

擬音:mirgir ungu nigiči šauadʒuən xuru ?-udʒuən dol

譯文:彌里吉小揑褐只(犬師)稍瓦只(鷹匠)之統知之聞。

---

[1] 愛新覺羅·烏拉熙春《愛新覺羅烏拉熙春女真契丹學研究》,168 頁注①、183 頁注①;愛新覚羅·烏拉熙春、吉本道雅《韓半島から眺めた契丹·女真》,99 頁注①。

[2] 拓本照片見劉鳳翥編《契丹文字研究類編》,中華書局,2014 年,第四册,1093—1094 頁。

d. 耶律祺 32 行：

原文錄文：道伋皇帝ᡓ伒牡皇夯左住万ユ弔夼抒皀□□冬庆仈刈亻岙夰末二夻及怕矢ユ卌夻及怕夺刈亐忕丙亻岙之

契丹小字轉寫：尺及 仐岀 主 王 仐艾㐂 洒 主 介 尺公 又化九叐 杏-? 仐 各㐅 □□ 尺亐朩 丹力关 乃 夫伏 丹冬 圣 丙仐 业丰 丸亐叐 乇 丙仐 业丰 矢关 八灸 丹刈岀 乃 夫公

擬音：dou saŋ xuaŋ dii sean ii xaŋ qəu uən mirgir iun-? saŋun □□ ulči boqi ? ilin bas čiru mət par aulir dulib mət parəndi kab baɣan ? ilur

譯文：道宗皇帝、宣懿皇后在于越（耶律祺）擔任彌里吉×詳穩期間，見其無子，便又賜二房妻室，共四房妻室，皆無子嗣。

a 段雖然有缺文和一些難解單詞，但結合《遼史》和契丹小字墓誌銘《耶律兀没副部署墓誌銘》可以瞭解大致意思，是在叙述太平九年（1029）大延琳叛亂期間，耶律宜新參與平息叛亂[1]。因爲指揮得當，保全軍隊免受過多損失。大延琳叛亂是渤海遺民叛亂，此處"万ユ刈（彌里吉）"顯然與渤海有關。

b、d 兩段都提到一個詞"万ユ弔夼抒皀"，轉寫爲契丹小字爲"又化九叐 杏-? 仐 各㐅"，翻譯爲"彌里吉×詳穩"，所指是墓主耶律祺（耶律阿思）曾經擔任過的一個職務，官名爲"詳穩"。《遼史·耶律阿思傳》記載耶律阿思曾擔任"渤海近侍詳穩"一職[2]，時間在清寧九年（1063）宗元（重元）之亂之前。

《遼史·道宗二》與《遼史·逆臣上》記錄了參與平息"宗元之亂"的人員有"近侍詳穩渤海阿廝"[3]，即指耶律阿思，但將"渤海"放到"阿廝（阿思）"之前。耶律阿思出身爲六院司，並非渤海遺民後裔，因此稱其爲"近侍詳穩渤海阿廝"可能是當時一種不規範的稱呼。

b 段提及耶律祺擔任"万ユ弔夼抒皀"的時間爲清寧七年（1061），恰在清寧九年之前。由此可見"万ユ弔夼抒皀"所指的職務名稱就是"渤海近侍詳穩"。前面筆者已經考證"彌里吉"就是渤海族裔在契丹語中的表達，那麼"弔夼"很可能表示"近侍"。

〔1〕 大延琳叛亂事件見《遼史》203、440、462、489、926、1004—1006、1232、1281、1331、1333、1335、1336、1340、1343 頁；耶律宜新參與平叛見《耶律兀没副部署墓誌銘》8—9 行。拓本照片見《契丹小字再研究（壹）》，783—784 頁。

〔2〕《遼史》，1404 頁。

〔3〕《遼史》，262、1502 頁。

《耶律祺墓誌銘》第17行記載,耶律祺在清寧元年先擔任護衛一職,不久改任"囯沓罕卉臣杲"。"臣杲"可轉寫爲"吊氘 氿",即漢語借詞"敞史"。契丹小字墓誌銘《蕭令公墓誌》16行曾經兩次出現"杏余火 吊氘 氿"一詞[1],筆者認爲這個官職就是《遼史·蕭兀納傳》出現的"近侍敞史"一職[2]。"杏余火"恰好可視爲"罕卉"的契丹小字轉寫。契丹小字"杏"可對應契丹大字"罕";契丹小字"余火"可對應契丹大字"卉"。"囯沓罕卉臣杲"可轉寫爲契丹小字"氿女朿 杏余火 吊氘 氿",翻譯爲"國之近侍敞史"。由此可以推定"丂ユ罕卉挧昂"可轉寫爲契丹小字"又仉氿叉 杏余火 仐各火",翻譯爲"彌里吉(渤海)近侍詳穩"。

　　c段提及的是耶律祺在大康六年(1080)之後的一段時間負責的事務,官職名爲"都宮使副點檢",其職權範圍涉及對犬師與鷹匠的管理。契丹小字《耶律(韓)迪烈太保墓誌銘》20行有"令文圶 氿文圶仝 丂女 公火 仉叉 伏力 又 丸为 亞仐 尾炏"[3],可翻譯爲"同點檢統知內庫犬鷹",其管轄具體內容也是涉及"犬鷹"。這一點可以對比參照唐代的"五坊(雕坊、鶻坊、鷂坊、鷹坊、狗坊)"[4]與"鷹狗坊"[5]的職務,曾經隸屬於宮苑使,又由閑廄使兼任。對應遼代應該屬於各宮帳宮使負責範圍。耶律祺所負責的犬師與鷹匠前面有"彌里吉"這個詞,可能是因爲耶律祺曾經擔任過渤海侍衛詳穩,所以他所管理的犬師與鷹匠主要來自渤海故地,也就是遼朝的東京地區。

　　從《耶律祺墓誌銘》中四段相關內容分析結論來看,銘文中對於渤海故地並不是直接用漢語借詞"渤海"來稱呼,而是用"彌里吉"這個具有特殊含義的契丹語來表述。

六、"彌里吉"在契丹語中的其他含義

　　契丹語中爲什麽會使用"彌里吉"這個詞彙來表示渤海故地或渤海族裔,在《遼史》爲代表的漢文史料中並無記載,僅僅是我們從契丹文資料中總結並推測

---

　　[1] 拓本照片見《契丹小字再研究(壹)》,632頁。
　　[2] 《遼史》,1413頁。
　　[3] 拓本照片見《契丹小字再研究(壹)》,731頁。
　　[4] 王溥編《唐會要》卷七八《諸使中》,中華書局,1955年,1421—1422頁。遼朝亦設"五坊",見《遼史》21、78、82、85、213、220、248、374、937、938、1047、1089頁。
　　[5] 劉昫等編《舊唐書》卷一〇七《列傳五十七》,中華書局,1975年,第10冊,2361頁。

出來的結論。在《遼史》中除了人名中出現"彌里吉"和"迷離已"之外,還有另外兩個音譯詞的發音也很相似,分別是"梅里急"和"密兒紀"。然而"梅里急"或"密兒紀"在過去學者的研究中却與渤海國無關,被認爲是指10—13世紀活動於鄂爾渾河與色楞格河流域的篾兒乞部[1]。

"梅里急"連續出現在《遼史·道宗六》壽隆(壽昌)二年、三年(1096、1097)[2]。從相關記載上下文來看,梅里急部可能是追隨阻卜首領磨古斯反抗遼軍,受到了西北路招討使耶律斡特剌的軍事打擊。在此期間,又有梅里急部酋長忽魯八和阻卜、粘八葛酋長向遼朝上表"請復舊地,以貢方物"。忽魯八估計只是梅里急部内部的一個小酋長,並非整個梅里急部的首領,所率部衆應該並未背叛遼朝,因此未受耶律斡特剌攻擊。耶律斡特剌擊敗梅里急部叛軍之後,還派專人向遼朝報捷。在此之後至少一部分梅里急部部衆依然是歸附遼朝。

"密兒紀"則是出現在耶律大石西遷之前(保大三年,1123)會盟的十八部落名單之中[3]。"密兒紀"記載的年限也就到此爲止。

而《蒙古秘史》中最早關於篾兒乞部的記載,是成吉思汗的父親也速該搶了篾兒乞人也客赤列都的妻子訶額侖,生下成吉思汗。後來篾兒乞人又劫持了成吉思汗的妻子孛兒帖。成吉思汗聯合其他部衆營救妻子,雙方就此結怨[4]。成吉思汗生年有1155、1162、1167年等説法,周清澍力主1162年説[5],也就是金世宗大定二年,與1123年相隔不到四十年空檔期。

無論是遼代的梅里急部還是金代的篾兒乞部,其活動區域都在蒙古高原,與中國東北地區的渤海國看似没有直接的聯繫,那麽契丹人爲什麽會用同一個詞來指代梅里急部和渤海國(及其王室族裔)呢?蔡鳳林先生的《蒙古篾兒乞部族源考述》或許能給這個問題提供一個解決思路[6]。他認爲篾兒乞部"在族源上應包含有衆多的西遷靺鞨人之後裔"。他在文中指出,早在唐朝初年,就有許多靺鞨人被劫持到漠北草原。唐時松花江以西至呼倫湖西南,爲靺鞨烏素固部落,他們在呼倫貝爾草原上逐漸轉化爲遊牧民族。唐朝元和十一年(816)之後,又有一部分黑水靺鞨人遷徙到貝加爾湖地區。蔡鳳林還嘗試從音韻角度推測,

---

[1] 《遼史》,360頁,校勘記[六]。
[2] 《遼史》,309—310頁。
[3] 《遼史》,355、1123頁。
[4] 阿爾達扎布譯注《新譯集注〈蒙古秘史〉》,内蒙古大學出版社,2005年,90—99、166—192頁。
[5] 周清澍《成吉思汗生年考》,《内蒙古大學學報(社會科學)》,1962年。
[6] 蔡鳳林《蒙古篾兒乞部族源考述》,《黑龍江民族叢刊(雙月刊)》2005年第5期(總第88期)。

《蒙古秘史》提及的三姓篾兒乞部可能是靺鞨七部中的伯咄、號室(骨室)等部衆西遷後演化而來。這些部衆在唐高宗總章元年(668)前後,一部分遷往唐朝控制區,還有一部分去向不明,那麼極有可能西遷漠北,投奔他們在當地的靺鞨部落。

蔡鳳林試圖將伯咄靺鞨、號室(骨室)靺鞨與兀都亦惕篾兒乞、兀窪思篾兒乞直接聯繫起來的考證,或許還缺少更有力的證據,但許多靺鞨人在唐朝西遷到漠北應該是事實。

七、突厥語、蒙古語中的滅乞里

拉施特的《史集》裏有一段文字,其中提到蒙古人會把篾兒乞人(Markīt)稱爲篾克里人(Makrīt)[1]。這是一種在蒙古語中常見的輔音倒置現象。張曉慧在《蒙元時期的篾兒乞部》中認爲,元朝史料中提及的"滅乞里""滅吉里""滅乞""美吉""乜怯""末乞",均爲"篾克里"的音譯,所指就是"篾兒乞"[2]。以下爲了方便,統一用"滅乞里"作爲"Makrī"的音譯詞。

如此看來,"篾兒乞"是由"滅乞里"語音變化而來的衍生詞,"篾兒乞"的讀音出現之後,"滅乞里"依然也在使用,蒙古人明確知曉兩個詞實際上是指同一個部族。

而中古蒙古語中存在 Mekri、Mekr 這樣的詞彙,但表達的含義却並非正面,而是表示"滑頭的辦法(行爲)"[3]以及"欺騙、詭計;感到不安、困惑;尷尬"[4]。

這個詞也並非蒙古語獨有,是來自突厥語。現代突厥語的"詭計"一詞爲 mikir(維吾爾語)、meker(哈薩克語、柯爾克孜語)、mekir(烏孜別克語)、mikɪr(塔塔爾語)、megər(撒拉語)[5]。

現代蒙古語中則是用 məx、mexe、mexe、mek 表示"狡詐"的含義[6]。用 məxləx 表示"欺騙"的含義[7]。張曉舟在《"靺羯"、"靺鞨"讀音補證》一文中引

---

[1] [波斯]拉施特主編,余大鈞、周建奇譯《史集》,商務印書館,1983年,第一卷第一分册,186頁。
[2] 張曉慧《蒙元時期的篾兒乞部》,《中國邊疆史地研究》第26卷第4期。
[3] 保朝魯編《漢譯簡編穆卡迪馬特蒙古語詞典》,内蒙古大學出版社,2002年,195頁。
[4] S. A. Starostin, A. V. Dybo, O. A. Mudrak, *An Etymological Dictionary of Altaic Languages*, 2003, Leiden, p.896.
[5] 陳宗振、努爾別克等編《中國突厥語族語言詞彙集》,民族出版社,1990年,130—131頁,詞彙1012"詭計"。
[6] 孫竹主編《蒙古語族語言詞典》,青海人民出版社,1990年,485頁。
[7] 孫竹主編《蒙古語族語言詞典》,486頁。

用日本鐮倉時代的《教訓抄》與江户時代的《樂家録》表明，日本早期對"靺鞨"的訓讀爲"マカ(maka)"[1]。而 məx、mexe、mexe、mek 的讀音與 maka 比較接近了。

由以上詞彙的含義可以推測，突厥、鮮卑語族群對於靺鞨人的印象較差，相關詞彙呈現出明顯的負面含義。也許正是因爲"滅乞里"已經包含貶損的意味，契丹人爲了表示對靺鞨族裔的尊重，改用"彌里吉"替代"滅乞里"，成爲靺鞨族裔的新代稱。而成吉思汗與篾兒乞部存在恩怨，元朝重新使用"滅乞里"來指代篾兒乞部，相當於又把貶損意味重拾起來。

結語

筆者撰寫此文主要是爲了梳理契丹小字中"彌里吉"一詞的含義，同時爲考證契丹大字中的"彌里吉"做好理論依據。在考證過程中也需要對渤海、靺鞨、梅里急、篾兒乞等一系列相關詞彙的使用場景進行分析，從而形成一系列的認識。筆者認爲 Makrī(滅乞里)也是和"靺鞨"相關的詞彙，可以用來指代靺鞨族裔。這個詞在突厥語、鮮卑語中呈現出負面含義。靺鞨族群後來被契丹人、蒙古人改稱爲 Mirgi 或 Marki。渤海國建立之後，靺鞨族裔分爲兩大支，一支就是留在渤海國故地的渤海族裔，另一支靺鞨人繼續西遷，與原本存在於蒙古高原的靺鞨族群會合，逐漸形成新的部落，就是隸屬於遼朝西北招討司梅里急(密兒紀)部。作爲靺鞨人的鄰居，室韋人和契丹人很清楚兩支靺鞨人的來龍去脉，因此在遼代契丹語中他們都被稱爲 Mirgi(彌里吉)。到了蒙古人崛起的時代，則只知有篾兒乞(Marki)部，而渤海族裔已經融入到東亞各族之中。

(陶金，蘇州物通信息有限公司)

---

[1] 張曉舟《"靺羯"、"靺鞨"讀音補證》，《通化師範學院學報(人文社會科學)》第38卷(總第266期)。

附圖：契丹大字《痕得隱太傅墓誌銘》拓片 10—11 行

"莊帳"小考
Research on Zhuang-zhang

鄒佳琪

摘　要：宋神宗時期，於宋境内推行方田均税法，其具體規定中提及一種文書，稱爲"莊帳"。"莊帳"是莊田的帳籍，具有土地權證性質。一件遼開泰五年的莊帳表明，莊帳並不僅僅存在於宋代，還存在於遼代，故莊帳的使用當是沿襲前代所致。莊帳所載内容包括莊户田産的地段、頃畝、四至，甚至名下的莊宅、莊園内碾子、樹木等，并無税額。莊帳的作用除輔助核實土地情況外，還可作爲資産的産權憑證、災荒時確定流民來源地等。

關鍵詞：莊帳；方田均税法；遼朝；劉延貞莊帳

宋神宗熙寧五年（1072），因田賦不均，頒行"方田均税條約并式"於天下。方田之法具體言之：

> 以東西南北各千步，當四十一頃六十六畝一百六十步爲一方。歲以九月，縣委令、佐分地計量，據其**方莊帳籍**驗地土色號，别其陂原、平澤、赤淤、黑壚之類凡幾色。方量畢，計其肥瘠，定其色號，分爲五等，以地之等均定税數。至明年三月畢，揭以示民，仍再期一季以盡其詞，乃書**户帖**，連**莊帳**付之，以爲地符。[1]

可知"方田之法"即官府以千步一方爲單位，丈量百姓民田，並據方、莊帳籍劃定土地類型、肥瘠程度，進而划定土地等級，均定賦税的一項措施。此段文字提到

---

[1] 李燾《續資治通鑑長編》卷二三七，中華書局，2004年，5783頁。以下簡稱《長編》。

方田均税法施行過程中,有"方莊帳籍""户帖"和"莊帳"等文書。其中"方莊帳籍"當是方帳籍册和莊帳籍册的統稱,指的是官府集合各户的方帳、莊帳合訂成的籍册,以作爲劃定土地類型的基礎。"户帖"則是用來登記各户田産情況以作爲收税依據的類地籍文書[1]。

在均税法中也提及"莊帳":

> 有方帳,有**莊帳**,有甲帖,有户帖,其分煙析生、典賣割移,官給契,縣置簿,皆以今所方之田爲正。令既具,乃以濟州鉅野尉王曼爲指教官,先自京東路行之,諸路倣焉。[2]

可見,莊帳作爲由民户留存的"地符",在北宋施行方田均税法時具有重要的作用。與"户帖"等一併給予民户收存的作爲土地權證的"莊帳"該怎麽理解呢?

一

關於"莊帳"一詞,前人研究雖無專文論及,但他們在研究中都不同程度地將莊帳指向了北宋的方田均税法。周藤吉之在研究北宋方田均税法的施行過程時,將莊帳視爲莊田的帳簿[3]。梁太濟指出莊帳是"税户的莊田籍帳,上列莊田頃畝、四至、税額。由各户造報,官府批印後發還,以爲憑證"。[4] 葛金芳等將"莊帳"視爲民户田産所有權的憑證:"北宋神宗熙寧年間王安石行方田均税法時所創的農田清册,各户田産經丈量、分等後,即書户帖,連莊帳付之,以爲地符。(《文獻通考》卷四)一户一册,作爲民户田産所有權的證明文書。"[5] 不難發現,學者們對"莊帳"的認識,基本是在研究宋神宗時期方田均税法的内容時而涉及,均肯定了作爲民户莊田田産所有權的權證性質。此外,梁太濟和葛金芳都强調了莊帳在方田均税法中的運行程序,所不同者,前者强調了莊帳所載内容,而後者闕之。

周藤文中涉及莊帳文獻包括《宋會要輯稿·食貨四》之《方田》、《食貨七》之

---

[1] 葛金芳《宋代户帖考釋》,《中國社會經濟史研究》1989年第1期。
[2] 李燾《長編》卷二三七,5783頁。
[3] 周藤吉之《北宋に於ける方田均税法の施行過程(二)》,《日本學士院紀要》第10卷第3號,201頁。
[4] 鄧廣銘、程應鏐主編《中國歷史大辭典·宋史》,上海辭書出版社,1984年,136頁。
[5] 趙德馨主編《中國經濟史大辭典》,崇文書局,2022年,386頁。

《方田雜録》，《長編》卷三二七"熙寧五年八月"條，《文獻通考》卷四《田賦考四》，《宋史》卷一七四《食貨志二·方田》，其研究重點在於研究方田均税之法，對於莊帳則順便提及。葛金芳等人所據當爲《文獻通考》卷四《田賦考四》。

《宋史·食貨志二》所記載的方田均税法内容上與《長編》差别不大，細節之處體現在"方田法"中規定委任令佐計量土地時，表述上的不同：

> 歲以九月，縣委令、佐分地計量，**隨陂原平澤而定其地，因赤淤黑壚而辨其色**；方量畢，**以地及色參定肥瘠而分五等**，以定税則。[1]

根據本文前引《長編》的記載，很容易認爲"方莊帳籍"中應記載了各户人家原有的土地色號，以作爲參照；但《宋史·食貨志二》並未明確指出以什麽文書作爲計量田地、定田地等級和税則的參考材料。兩書在"均税法"的記載上也略有差别，但與"莊帳"無關，更多的是執行政策上的具體內容，在此不再詳列。而《文獻通考》與《宋史·食貨志二》基本相同，這主要是因爲《宋史·食貨志》與《文獻通考》的來源均爲宋歷朝《國史志》，且"宋志也曾以《通考》爲參考，并從《通考》中補充了一些内容"[2]。

《長編》《宋史·食貨志二》和《文獻通考》均未提到莊帳所書"頃畝、四至、税額"之事。然《宋會要輯稿·食貨五》之《官田雜録》中有一段文字：

> （紹興三十年）十月二十九日，户部言："欲下本路轉運司行下所部，將人户包占田土再限半年盡行自陳，批鑿照驗，再限三年開耕。如限滿不自陳，并尚荒廢，並依前項已降指揮施行。"從之。以權發遣真州徐康言："本州兩縣自收復以來，人户歸業，識認祖産，及外人請佃荒閑田地，自有頃畝，鄰比界至多有包占，謂之大四至。今欲乞立限半月或一季，許歸業、請佃人户實具冒占之數，經所屬自陳。**官司於元結莊帳公據明行批鑿頃畝、四至，批上即押付人户照使**。其熟田已輸納税賦自依舊外，其冒占頃畝未經開墾，拘入官，召人請佃。"故有是焉。[3]

文中談及原有莊帳中明白批寫頃畝、四至等信息。因此筆者疑梁太濟主張莊帳批寫"頃畝、四至、税額"或源於此。但此處僅有頃畝、四至，而無税額。

---

[1]《宋史》卷一七四《食貨志上二》，中華書局，1985年，4199頁。
[2] 梁太濟、包偉民《宋史食貨志補正》，杭州大學出版社，1994年，33頁。
[3] 劉琳、刁忠民、舒大綱、尹波等點校《宋會要輯稿》，上海古籍出版社，2011年，6082頁。

前輩學人對於莊帳的定性基本是一致的。他們將莊帳指向北宋熙寧五年所施行的方田均税法大概是受到資料的侷限。而莊帳的出現時間、所載内容、文書功能等問題的研究似仍需要進一步推進。

二

實際上,莊帳並不僅僅存在於宋朝,與其對峙的遼朝也有相關記録留存於世。一件出土於大同市南郊區的遼開泰五年(1016)劉重紹買地券之碑陽爲劉延貞莊帳[1],或可爲我們解開莊帳之謎提供重要綫索。此買地券圓首,高 54 釐米,寬 43 釐米,厚 4 釐米,下有榫 4 釐米。爲論述方便,筆者將其文迻録於後:

> 大同軍雲中縣北劉莊劉延貞,開立**莊帳**地段,頃畝如後:壹段,村西,東西畛,計貳拾捌畝。東南西至道,北至劉加和。壹段,村西,東西畛,計貳拾伍畝。東至坡,南至劉加和,西自至,北至劉加和。壹段,村西南,東西畛,計陸拾陸畝。東南至邢守素,西自至,北至劉加和。壹段,村西,南北畛,計壹頃壹拾畝。東自至,南至翟彦進,西至劉加和,北至道。壹段,村西,東西畛,三拾畝。東自至,南至道,西至河,北至劉加和。壹段,村西北,河東,東西畛,計肆拾畝。東至翟頵,南至翟彦進,西至河,北至劉加和。壹段,村西南,南北畛,貳拾畝。東至劉加和,南至邢守素,西至劉加和,北至道。壹段,村西南,南北畛,計陸拾陸畝。東至劉加和,南至邢守素,西至河,北至道。壹段,村西北,河西里。東西畛,肆拾伍畝。東至河,南至翟彦瑛,西至楊榮,北至劉加和。壹段,村西南,河西里。東西畛,壹頃。東至河,南至翟頵,西至楊,北至翟頵。壹段,村西南。南北畛,肆拾畝。東至翟彦瑛,南至道,西至翟彦進,北至邢守素。壹段,村北坡下,南北畛,壹拾伍畝。東至坡,南至劉加和,北至萬延璆。村東坡上,共計壹拾三段,内坊城。壹段,東至長城,南至邢守素,西至萬守□,北至劉加和。莊宅,四面各一百步,前面園内有碾壹盤,榆樹三拾根;後院榆樹壹拾伍根。其莊園地土玖□後有粘帶,交加請驗場爲憑。
>
> 攝南王府教練孫男延貞,孫弟延玉,孫弟延金,重孫男八哥,重孫男軍兒,重孫男福孫,重孫男興兒,重孫男□□,重孫男□□。

---

[1] 李玉明、王雅安主編《三晉石刻大全·大同市南郊區卷》上編,三晉出版社,2014年,62、63頁。

买地券作爲一種喪葬文書,往往要被埋於墓地中,以保障墓葬的安寧[1]。該買地券時間繫於開泰五年(1016)[2],當是劉重紹的孫輩和重孫輩所立,而以劉延貞爲首。鑒於買地券喪葬文書的性質,此券的陰陽兩面應爲同一時間所刻。故其中所記劉延貞莊帳的時間當爲遼開泰五年。

"大同軍雲中縣"爲遼時地方建制。據《遼史》載,唐時置大同軍節度使。後晉高祖石敬瑭向遼獻燕雲十六城,遼因之,爲大同軍節度使。重熙十三年(1044),升大同軍節度使爲西京大同府。雲中縣即屬大同軍管轄[3]。

雖然買地券是明器,但在某種程度上也反映了時下莊帳的實際情況。基於此券陰陽的具體時間及其應爲同一時間所刻並被埋入墓葬中的這兩個問題的分析,可以判定"莊帳"在遼開泰五年即已存在。這一時間點稍早於宋神宗施行方田均稅法的時間。再者,北宋神宗推行方田均稅法時,選擇用莊帳作爲籍帳之一,就足以表明莊帳在北宋已經大範圍存在了。宋、遼均存在莊帳當是莊田制發展的結果,爲沿襲前代制度所致。

此券所記劉延貞莊帳清晰地交待了其莊田的頃畝、四至以及莊宅等,故此莊帳可以看作劉延貞所擁有的莊園田宅的帳目。可知當時莊帳所登載的內容,既包括田產地段、頃畝、四至,也包括其名下的莊宅及莊園內的碾子、樹木等。不難發現,梁太濟所言"稅額"在此莊帳中並未體現。實際上作爲土地權證的文書,其登載稅額的可能性並不大。梁太濟所云莊帳登載"稅額"不知何據。此外,方田均稅法中所言"土地色號","陂原、平澤、赤淤、黑壚之類凡幾色"這些信息雖無法在莊帳中獲取,但仍可根據地段四至來確定土地類型,劃分色號。此莊帳結尾處還登記了該户的"男口"情況,這一內容當是該户主刻碑時附加上去的,用於記載立石人的信息。

三

莊帳的作用也有必要作一考察。首先,根據宋代的方田均稅法,莊帳的作

---

[1] 高朋《人神之契:宋代買地券研究》,中國社會科學出版社,2011年,12、20—23、29頁。
[2] 碑陰釋讀於此:"買地壹□。東至青龍,西至白虎,前至朱雀,後至玄武,上至窮蒼,下至黃泉,四至分明。其地南北長二十九步,東西闊二十七步。其地周流步畝,地合三才。開泰五年四月一日,沒殁人劉重紹遂於後土黃靈君邊買上件地安置墳塋,交□錢九萬九千九佰九十九文足佰。其地並錢當日交相分付訖,並無懸欠。如賣後回,有土扶轝來扞愰。直代雄□槃重生,熟灰有煙,斷鷄能鳴,亂絲能□。孝鳴頭、白代、□人。東王公、西王母。官有明文,以爲後撿。急急如律令,勅攝,合同天地。"
[3]《遼史》卷三六《兵衛志下》,中華書局,1974年,417—429頁;《遼史》卷四一《地理志五》,505—507頁。

用體現在輔助核實土地情況以均定田稅、造寫户帖,並且作爲"地符"的組成部分。

其次,該碑文所體現的莊帳作用在於其"交加請驗場爲憑"一句,即莊帳能够驗證文中所記載的田地、莊宅、樹木歸屬於劉延貞此人户的事實,故《中國經濟史大辭典》將其視爲田産所有權的證明文書是比較正確的,也可以理解爲現在的"産權憑證"。

再次,民户的其他資産也可能使用莊帳登記。如歐陽修於熙寧四年(1071)撰寫的《與大寺丞書五》中有這樣一段文字:

"昨晚令此防送兵士將書去。今早果是送汝兵士回,得汝書,知到潁安樂,頓解千萬憂想。自此三五日,因人或縣遞,頻附一信來也。他事若漸有次緒,亦言來。謝大伯花園與漕口**莊帳**,曾問當未?花園目見如果可買,亦緩爲之。莊難看,勿憑説者,切在子細也。吾今日已在假,余事續書言去。二月二十三日押。"[1]

此處出現了"花園與漕口莊帳",並在後文提到了花園的買賣問題,所以,莊帳中的内容可以是田産,也可以是其他資産——比如這裏所提及的花園或漕口,且莊帳作爲一種"産權憑證",在買賣資産時則起到作爲輔助證明文書的作用。

最後,在災荒時期,莊帳還可以用於確定流民的實際來源地。《宋會要輯稿》中載:

(政和八年)五月二十一日,提舉京東路常平等事王子獻言:"濟南府、密、沂、濰、徐、兖州、河北數州皆水,官司檢放不及七分,外州流民稍稍入境,移文逐處依法賑恤。蓋其貸者二十萬四百餘户,給者十萬八千六百餘户,糶者二十九萬五百餘碩。實緣檢視災傷,觀望顧畏,不實不盡。**伏願詔州縣今後驗流民來歷,實有莊帳**,每縣及百户以上即申省部,下所屬,依次書元檢放官吏之罪。"從之。[2]

可見,在水災傷民的情況下,有些州縣檢放制度施行不够徹底。爲加以警示和懲罰,讓其他州縣官依據莊帳,檢驗流民的來歷,尋根溯源,超過一定人數就定原州縣檢放官的罪。根據前述遼代碑文中的莊帳,開篇便清楚寫明該民户屬某

---

[1] 歐陽修著,李之亮箋注《歐陽修集編年箋注(八)》卷一五四《書簡》卷一〇,巴蜀書社,2007年,318—319頁。
[2] 劉琳、刁忠民、舒大剛、尹波等點校《宋會要輯稿》食貨五九,7383頁。

軍某縣(即"大同軍雲中縣北劉莊劉延貞")可知,利用莊帳來確定民户的"來歷",是具有可行性和現實意義的。

綜上所述,莊帳在遼、宋以前便已經存在,並爲其各自沿用。莊帳的推行當與中國歷史上莊田制的發展有關;内容上,莊帳主要記載了民户歸屬地,民户所擁有田産的地段、頃畝、四至,而無税額。此外,莊帳也可用於記載民户其他特殊資産情況,如花園、漕口等。因此,莊帳可以用作民户的田産或其他資産的産權證明,尤其在方田均税法中作爲地符的組成部分,災荒時期還可以用於確定流民的來歷。

(郁佳琪,中國社會科學院大學歷史學院碩士研究生)

忠肅王至恭愍王時期高麗世子入質、國王親朝及政治博弈[*]

During the Reign of King Chungsuk to King Gongmin: that the Prince of Goryeo Stay in the Yuan Dynasty as Hostages and the King Regularly Visited the Emperor of the Yuan Dynasty, as well as the Political Game Between the Two Countries

烏雲高娃　金世光

摘　要:"世子入質"與"國王親朝"是蒙古統治者自大蒙古國時期延續至元朝的,對附屬國的要求之一,高麗國自元宗時期始一直遵循此制。忠肅王代至恭愍王代,元朝與高麗間存在多次政治博弈,加之兩國内部的政局變動及相互間人員往來等因素,使得這一時期高麗國王的親朝與世子入質與前代的制度化運作相比,更多呈現出複雜性。將其作爲考察對象,可以爲此時期的元麗間政治史提供新的闡釋角度。

關鍵詞:高麗;元朝;國王親朝;世子

自大蒙古國時期始,按照蒙古傳統,對附屬國要求履行"六事"的規定,國王親朝及世子入質是其中重要兩項[1]。在蒙古與高麗的早期交涉中,高麗國王高宗不敢親朝,而蒙古在成吉思汗時期主要精力放在西征方面,因此,在成吉思汗時期高麗並未履行歸附國國王親朝、世子入質等義務。在 1231—1259 年間,蒙古與高麗長期處於征戰狀態,要求高麗國王親朝、世子入質,但是,高麗高

---

[*] 本文爲國家社科基金項目"高麗國王親朝、世子入質及元麗文化交流"(批准號:18BZS159)的階段性成果。

[1] 宋濂等《元史》卷二〇九《安南傳》,中華書局,1976 年,4635 頁。

宗始終不願親朝蒙古，只派世子（後來的元宗）入質蒙古，並相約"留滯者二年矣"[1]。

元宗以世子身份入質元朝，得到相對優厚的待遇，且對蒙古産生了一定的瞭解，因此，高麗自元宗時代之後，元朝與高麗兩國世子入質及聯姻逐漸形成了制度化的運作模式，成爲元麗乃至中朝關係史上較爲特殊的現象之一。但隨著元朝征日計劃至成宗時代的破産、對高麗國内事務控制力度的減弱以及高麗内部政治勢力的盤根錯節等系列情況的漸次出現，高麗國内的親元派與反元派勢力的鬥争自忠肅王時期已經逐步孕育。因此，自忠肅王至恭愍王時期數十年間，雖然世子入質作爲制度仍然存續于兩國關係史中，且忠肅、忠惠、忠穆、忠定及恭愍均以世子身份入質元朝，但這方面資料較少，且記載較爲簡單，對其在元活動細節不易做全面研究。然而，在其間却頗爲可見高麗國内部、元麗兩國間政治勢力相互博弈之痕迹。

有關這一問題，目前國内相對充分的研究是烏雲高娃《元朝與高麗關係史研究》[2]，在該書第五章中，對於元、麗兩國間的聯姻及其對高麗王位繼承、對外政策等的影響做出了精到論述，其中涉及了忠惠王入元及被廢的部分史實考證，同時論及元朝公主嫁往高麗在本質上與世子入質同屬宗藩體系下的兩國交往模式。此外，烏雲高娃先後撰寫的《忽必烈與高麗世子倎的會見及高麗還舊都》[3]《高麗忠烈王及其隨行人員在高麗的活動》以及《高麗與元朝政治聯姻及文化交流》等論文[4]，都對不同時期高麗國王及世子入元史事進行了考察。趙琰在其碩士學位論文《元麗朝貢關係下的幾個同化問題研究》中[5]，對於高麗世子入質及其相關人員往來進行了論述，並注意到了世子入質對兩國間文化交往的影響，尤其是蒙古習俗向高麗國王個人及高麗國的傳播。但是前人學者均對忠肅王至恭愍王五代高麗國王入元史事關注不多。其他學者如蕭啓慶[6]、森平雅彦等的研究[7]，雖也對世子入質有所涉及，但更多集中於元麗聯姻方面，關於此問題内容相對簡略，於此不贅。

---

[1] ［朝鮮］鄭麟趾《高麗史》卷二五《元宗世家一》，太白山史庫本，9頁a。
[2] 烏雲高娃《元朝與高麗關係史研究》，蘭州大學出版社，2012年。
[3] 烏雲高娃《忽必烈與高麗世子倎的會見及高麗還舊都》，《歐亞學刊》第九輯。
[4] 烏雲高娃《高麗忠烈王及其隨行人員在高麗的活動》，《中國史研究》2016年第3期；烏雲高娃《高麗與元朝政治聯姻及文化交流》，《暨南學報（哲學社會科學版）》2016年第10期。
[5] 趙琰《元麗朝貢關係下的幾個同化問題研究》，内蒙古師範大學文學院碩士學位論文，2009年。
[6] 蕭啓慶《元代史新探》，新文豐出版公司，1986年。
[7] 森平雅彦《駙馬高麗國王の成立—元朝における高麗王の地位についての預備的考察》，《東洋學報》79卷4號。

總而言之，以往學者對於高麗世子入質元朝及高麗國王親朝的研究，受史料本身局限，主要集中於其在元朝的政治活動和人員往來方面。本文擬結合對忠肅王至恭愍王五代高麗國王在元前後的史事考證，更多地將高麗國王親朝及世子入質作爲表徵事件與時間節點進行觀照，對其所映照出的元朝與高麗兩國內部以及交往中的時局變化與政治博弈展開分析。

一、忠肅王入元及其統治前期高麗政局

　　高麗忠肅王名燾，小字宜孝，蒙古名阿剌訥忒失里（Aratnašri，梵語，意爲"寶吉"），1335年一度改名爲卍。《高麗史》記載王燾出生于"忠烈王二十年甲午七月乙卯"[1]，他是高麗忠宣王王璋的次子，母爲也速真。但値得注意的是，嫁到高麗的元朝公主除忠宣王妃也速真被稱爲蒙古女，其出身不詳以外，其餘八位公主均出自元世祖忽必烈家系，其中有五位公主是屬於忽必烈次子真金家系的。這可能與蒙古人通常願意從娘舅的部族娶妻的習慣有關，前人研究往往將也速真視作"平凡的蒙古女人"看待[2]。但忠宣王的母親爲忽必烈的公主忽都魯揭里迷失，其出身高貴，又係親子婚事，忽都魯揭里迷失公主必然對此十分關心。因此，雖然也速真的出身並不十分詳細，仍可以推測其爲宗室之女，只是身份不如後來的晉王之女寶塔實憐公主更爲高貴，否則也不會出現後續請婚事件。此外，也速真所生之子王鑑亦曾被封爲世子，從蕭啓慶所謂公主所生王子優先嗣位的原則不容置疑的角度觀之[3]，也可旁證也速真並非普通蒙古女子的推斷。

　　王燾"年五歲，封江陵軍承宣使，長封江陵大君，從忠宣王入元"[4]，可見其在年齡較小時便隨其父入元，這次事件應發生於元大德二年（忠烈王二十四年，1298），由於忠宣王與寶塔實憐公主感情不睦及由此衍生的系列事件，於是年"秋七月壬寅，高麗王王謜擅命妄殺，詔遣中書右丞楊炎龍、僉樞密院事洪君祥召其入侍，以其父昛仍統國政"[5]。《高麗史》記爲："秋八月甲子，元遣李魯兀

---

[1]《高麗史》卷三四《忠肅王世家一》，9頁a。
[2]池芳芳《高麗忠宣王在元麗兩國的政治活動探析》，延邊大學人文學院碩士學位論文，2015年。
[3]蕭啓慶《元麗關係中的王室婚姻與强權政治》，《元代史新探》，243頁。
[4]《高麗史》卷三四《忠肅王世家一》，9頁a。
[5]《元史》卷一九《成宗本紀二》，420頁。

來趣忠宣入朝。辛未,忠宣如元。"[1]。這一年忠肅王恰好五歲,因此,王燾應在此時隨父親忠宣王一起入朝爲質子,生長在元大都,忠宣王再次即位後仍於元爲質,直到忠肅王五年(1313)歸國即位。忠肅王幼年在元經歷,在史料中幾乎不見載,但是,通過李齊賢記載中的"武宗,仁宗龍潛,與(忠宣)王同卧起"[2]這一記載或許可以推斷,忠肅王幼年在元時因父親的關係與武宗、仁宗二帝亦有熟識。

忠肅王以世子身份入質元朝多年,雖然在1313年歸國即位,但是,忠宣王作爲上王,雖居大都,仍然藉由地位之便,通過任免官吏,遙授旨意等方式操控高麗朝政。忠肅王四年時有史料載:"貶前代言尹碩于金海,尹碩事王潛邸,巧言令色,善爲逢迎,妒賢疾能,顛倒是非。上王恐其誤國,遣使諭王斥之"[3],這段史料似乎表明,忠宣王對於高麗朝政的掌控並非完全出於對於權力的貪望,而也有對忠肅王年少耽于遊樂,易有小人誤國的擔憂。此處的尹碩,史載其"略通蒙古語"[4],曾數次代表高麗入元,因此,忠宣王很有可能擔心如果尹碩擔任譯官出使元朝,會說出不利於高麗君臣的言行。直至忠肅王十年,仍有這樣的記載:"乙酉,王寄書宰樞曰:寡人於十一月十日至大都,十三日利見至尊。猶念國王年少,昵比憸人,多行不義,卿等懷禄無所匡救,焉用彼相?自今可小心輔國"[5],這應該和忠肅王出身不高,其母僅爲"蒙古女"[6],而導致其得到元廷支持不多,在高麗政治基礎不穩定有關。但是無論忠宣王干預高麗政治的本意如何,忠肅王本身對此並不認同。忠肅王五年有記載:"上王在元,凡國家事遙傳旨施行,故扈從宰相權漢功、崔誠之、李光逢等四五輩用事,以親戚故舊賄賂者不問賢否,濫受朱紫,王頗懷不平。"[7]在忠肅王六年時曾發生了廉承益外孫許慶與妾婿曹頔争財事件:"頔與慶,争財,訴于[8]王,(崔)安道與李宜風,俱嬖臣也,爲慶相譖頔。王,以頔得幸上王,右之,頔與萬户洪綏,譖安道,下巡軍,杖流之。未幾,安道復幸於王,頔内懷孤危,密與護軍高子英謀,逃入元,與護軍蔡河中等,諂事瀋王暠,窺覦國釁。安道,宜風,常在王側,專務報讎,尹碩,孫琦等,

---

[1]《高麗史》卷三一《忠肅王世家四》,22頁 b。
[2] 李齊賢《益齋亂稿》卷九,《韓國文集叢刊》(二),景仁文化社,1996年,589頁。
[3]《高麗史節要》卷二四《忠肅王》,東國文化社,1960年,578頁。
[4]《高麗史》卷一二四《尹碩傳》,17頁 b。
[5]《高麗史節要》卷二四《忠肅王》,589頁。
[6] 忠肅王母親出身不高,與前述對其爲宗室女子的推斷並不矛盾,忠肅王的順利即位可能也正與其母親在蒙古宗室中的地位有關,但並不妨礙其母出身相對忽都魯揭里迷失、寶塔實憐等公主較低,使得忠肅王得到元廷支持較少的事實。
[7]《高麗史節要》卷二四《忠肅王》,579頁。
[8] 此處東國文化社版《高麗史節要》作"子"字,疑"于"字誤,故改之。

潛邸舊臣,觀望生事。"[1]由爭財事件衍生出的臣子爭鬥,以忠肅王寵臣得利告終,此時正值忠宣王在元憂讒畏譏,前往普陀山降香之際,在史料最後特別提及了此前被貶的尹碩等忠肅王的"潛邸舊臣"觀望生事的情況,如果結合忠肅王對曹頔態度的前後轉變,這段史料似乎表明了忠肅王漸欲擺脱忠宣王對朝政控制的局面,或許也暗示了忠肅王對忠宣王的西謫早有預料的情況。

忠宣王在元期間,其早期入質元朝時期的隨行人員權漢功等作爲忠宣王舊臣,在高麗仍享有極高地位,而忠肅王對此的不滿也在上揭及下述材料中逐漸顯露。至忠肅王八年忠宣王西謫吐蕃之後,很快,忠肅王便"壬申,令三司使金恂、密直使白元恒、密直副使尹碩、全英甫、大護軍李仁吉及監察讞部官,杖權漢功、蔡洪哲流於遠島"[2]。可見,忠肅王對於忠宣王對高麗政局的操控,尤其是奪取高麗任免官員的權力這一行徑早有不平,忠宣王被貶謫,很快,尹碩等忠肅王的舊臣恢復地位,權漢功等追隨忠宣王的臣子被貶謫,忠宣王在高麗的政治勢力旋即崩解。

二、忠肅王親朝被拘元朝與元麗政局變動

如前所述,忠宣、忠肅王父子曾久居元朝,與武宗、仁宗多有熟識,且根據學者研究,忠宣王對於武宗即位有著"元從之功"[3],但由於忠宣王的遥控朝政,在其被貶之前,忠肅王便對其多生不滿,而忠宣王的最終西謫、忠肅王的被拘元廷,也與上述種種有著密切關係。

忠宣王的西謫,前人學者亦有諸多研究,如王頲《高麗忠宣王西謫事件考析》[4]、桂栖鵬《元英宗謫高麗忠宣王於吐蕃原因探析》等[5]。以往研究多將忠宣王西謫事件,視爲元英宗對於武宗、仁宗和答己太后舊政的"反叛"以及對於建省於高麗的"圖謀",此二者當然是元英宗——或謂元廷的主要動因,但是,忠肅王與忠宣王的父子矛盾在其中也是不可忽視的間接原因之一。

元英宗將忠宣王視爲武、仁舊黨而發難是無疑的,但是,忠肅王似乎也並未

---

[1]《高麗史節要》卷二四《忠肅王》,580頁。
[2]《高麗史節要》卷二四《忠肅王》,582頁。
[3] 高柄翊撰《高麗忠宣王擁立元武宗事件》,額爾敦巴特爾譯,《蒙古學資訊》2002年第3期。
[4] 王頲《高麗忠宣王西謫事件考析》,《韓國研究論叢》三輯,1997年。
[5] 桂栖鵬《元英宗謫高麗忠宣王於吐蕃原因探析》,《中國邊疆史地研究》2001年第2期。

被排斥於這一"舊党"人員之外,忠肅王與其父忠宣王之矛盾及其在仁宗駕崩之後的種種表現,也並不足以掩蓋這一事實,而更應理解爲其對自己同樣親近武宗、仁宗二帝的憂慮[1]。也因此,忠肅王對忠宣王的不滿在後者被元英宗發難時得以顯露,由不滿向直接的行動間的路徑則由以宦官爲代表的佞幸群體加以實現。

忠宣王於延祐七年(1320)被下詔流放吐蕃,半年之後忠肅王便入元被留,至泰定元年(1324)方才回國[2]。天曆元年(1328),高麗官員柳清臣等在元誣陷忠肅王"英宗時,肅與伯顏禿古思謀,令金廷美,説太尉王,奪曷世子印",元廷遂遣平章買驢,攜瀋王黨一干人往高麗查問此事,忠肅王對此則表示:"仁宗賓天二年,父王竄吐蕃時,予在國,何暇,與伯顏禿古思謀。"[3]雖然這次辯白被元廷採信,然而事實上,如前所述,肅宗曾被留元數年,其與任伯顏禿古思不僅有大量的相處時間,甚至曾"寓伯顏禿古思家"[4],這一謊言爲何並未被曹頔等一衆親歷者戳穿尚未可知,但很明顯,天曆元年這次針對忠肅王的指控並非空穴來風。

忠宣王西謫,往往論以"會瀋王以忤中貴人斥外"[5],也即以延祐七年五月忠宣王降香江南事爲始,在正史中也作同樣記載:"五月,上王複請於帝,降香江南,蓋知時事將變,冀以避患也。"[6]此處之中貴人,根據史料中所體現,無疑指高麗入元宦者任伯顏禿古思,如"及仁宗崩,皇太后亦退居別宫,伯顏禿古思益無所畏,厚啖八思吉,百計誣譖之"[7]。但王頲認爲其指專權仁宗、英宗二朝的"相臣"鐵木迭兒的長子"八里吉思"(亦譯"八剌吉思")[8]。但是,八里吉思之父鐵木迭兒久爲不法,此時已招致帝怨臣怒,"帝亦素惡鐵木迭兒,欲誅之。鐵木迭兒走匿太后宮中,太后爲言,僅奪其印綬而罷之"[9],從中可見,鐵木迭兒並不得仁宗意,只憑答己太后庇護方不得徑斬。並且,英宗在即位之初便與答己集團產生了明顯的衝突[10],雖然太后勢力不能一時根除,然而,對於太后信

---

[1] 管洪揚《元麗饗宴中的政治映射》,《西部學刊》2021年第13期,111頁。
[2] 《高麗史節要》卷二四《忠肅王》,589頁。
[3] 《高麗史節要》卷二四《忠肅王》,593頁。
[4] 《高麗史節要》卷二四《忠肅王》,583頁。
[5] 周伯琦《有元儒學提舉朱府君墓誌銘》,李修生主編《全元文》第四十四册,鳳凰出版社,2004年,575頁。
[6] 《高麗史節要》卷二四《忠肅王》,581頁。
[7] 《高麗史》卷一二二《任伯顏禿古思傳》,19頁b。
[8] 王頲、倪尚明《高麗忠宣王西謫事件再析》,《華中師範大學學報(人文社會科學版)》2006年第2期,71頁。
[9] 《元史》卷一七九《賀勝傳》,4151頁。
[10] 桂栖鵬《元英宗謫高麗忠宣王於吐蕃原因探析》,47頁。

任的鐵木迭兒，英宗在延祐七年三月便已爲罷免此人做準備，其中一個措施便是使御史臺"詔中外毋沮議鐵木迭兒"[1]，即是詔令中外官員，爲彈劾及罷免鐵木迭兒做準備。在這種情況下，鐵木迭兒之子在話語權上未必能及盤踞多年的宦者"任伯顏禿古思"，王頲這種觀點，恐怕係並未能對高麗入元宦者地位作出全面認識所導致的。《高麗史節要》記載："（延祐七年）三月，上王，承皇太后旨，命刷宦者伯顏禿古思等六人所奪土田臧獲，歸其本主"[2]，而八月時，"英宗遣使，復給田民"[3]，從任伯顏禿古思田民在答己太后和英宗的分別授意下失而復得現象中可以看出，不論出於何種原因，英宗對任伯顏禿古思較爲愛護，而《高麗史》將復其田民事緊接構陷忠宣王事後記載，似乎也暗含某種將復給田民作爲賞賜的意味。同時，武宗、仁宗兩朝合罕與答己太后對忠宣王的情誼是不待證而明的，方臣祐反映在史料中的多次"導宣德澤，以利父母之邦"恐怕也與此不無關係[4]，但英宗則不如是。因此，無論從何種角度印證之，所謂"中貴人"者均不可能指八吉思，而被任伯顏禿古思"厚啗"過的"八吉思"，雖然難以考證究竟爲誰，但顯然構陷忠宣王的主力無疑爲伯顏禿古思本人。

關於任伯顏禿古思與忠宣王的矛盾，事實上也不始於延祐七年。如前所述，任伯顏禿古思早在仁宗未即位時便入事潛邸，而忠宣王其時亦"以故召入宿衛者十年。武宗，仁宗龍潛，與王同臥起"[5]，因此忠宣王與任伯顏禿古思早已相識。而任氏在其間"佞險多不法，忠宣深嫉之，伯顏禿古思知之，思有以中傷，以仁宗及皇太后待之厚，不得發。嘗無禮于忠宣，忠宣請皇太后杖之"[6]，可見任伯顏禿古思與忠宣王積怨久且深。而伯顏禿古思此人對於忠宣王的構陷，恐怕忠肅王也難辭其咎。前文已述，忠肅王在元期間曾入居任伯顏禿古思家中，這一事件被《高麗史節要》之史臣評爲："其（忠肅王）入朝也，既不能白于天子，正其吠主之罪，乃反寓其家"[7]，甚至又有"以其族，免隸爲良"之舉[8]。《高麗史節要》創作年代與是時相去不遠，可見忠肅王寓其家的行爲在此時亦面臨巨大史筆壓力，而其不惜如此，若言忠肅王與任伯顏禿古思相交甚深當無非議，而後爲其免去奴籍的行爲，也與英宗復其田舉動一般無二，可以視作任氏爲此二

---

[1]《元史》卷二七《仁宗本紀四》，600頁。
[2]《高麗史節要》卷二四《忠肅王》，581頁。
[3]《高麗史》卷一二二《任伯顏禿古思傳》，19頁b。
[4] 李齊賢《益齋亂稿》卷七，《韓國文集叢刊》（二），560頁。
[5]《益齋亂稿》卷九，589頁。
[6]《高麗史》卷一二二《任伯顏禿古思傳》，19頁a。
[7]《高麗史節要》卷二四《忠肅王》，583頁。
[8]《高麗史節要》卷二四《忠肅王》，583頁。

人構陷忠宣王所得到的"獎賞"。

但是,值得注意的是,正如前文提及的,忠肅王在忠宣王西謫後,很快便被滯留元大都,這次入元與前代不同的是,係被召入元而被羈押。關於忠肅王被召入朝的原因,目前的研究成果中並不能提供明晰的論述。王頲首次將西謫與扣居事相聯繫考察,認爲這與元英宗希望重新在高麗置省設官有關[1],筆者贊同王氏之言。至治元年(1321)八月,"元中書省,遣宣使李常志,來囚靖和公主宮女及饔人韓萬福,問公主薨故。萬福言:'去年八月,王密禦德妃于延慶宮,公主妬,被王毆,鼻衄,又于九月,王如妙蓮寺,毆公主,于佽夫介等救之,遂執宮女及萬福等以歸。'"[2]這段史料中的公主,係淮國長公主亦憐真八剌,即元世祖孫營王也先帖木兒之女。延祐三年忠肅王22歲在元與公主結婚,但是,婚後與公主感情不睦,公主因善妒而兩次被忠肅王毆打,在延祐六年去世。然而直至此時,元英宗方才遣人調查此事,案亦憐真八剌公主,于元武宗、仁宗代尚爲皇姊,至英宗世則更爲遠系旁支,若出於顧念親情等其他原因,斷無必要理由於此時加以鞫問,似乎應視作爲羈押忠肅王並收其國王印作出準備的行爲。另外,忠肅王本人對於元施加於高麗的影響亦懷不滿。《高麗史》記載:"上王(忠肅王)將如元,至黃州,(忠惠)王道上胡跪迎謁。上王曰:'汝之父母皆高麗也,何見我行胡禮?且衣冠太侈何以示人,可速更衣。'訓戒嚴厲,王涕泣而出。"[3]可見,忠惠王對於蒙古習俗的接納行爲頗爲忠肅王所不齒,這恐怕也與忠肅王受到蒙古習俗的影響並不甚大有關,但無論如何,以理度之,作爲宗主國皇帝的元英宗爲在高麗行建省設官之舉,忠肅王是不可不重視者,將其羈押大都,自然在情理之中。

忠宣王的西謫與忠肅王的此次羈留元廷,對於元麗雙方政局都有較爲重大的影響。"先是,上王之留元也,凡國家政事,倉庫出納,一委親近,雖有過舉,然,倉庫盈羨,人必畏服,自西幸以後,宦官左右,謀改上王之政,放逐臣舊,無虛日,倉庫俱竭,英甫弟僧山柷,及吳佛奴等,附伯顏禿古思,蜂起煽亂。"[4]這段史料表明,在忠宣王留元期間,仍然把控高麗朝政,雖然任人唯親,但政局井井有條。這段史評出現在忠肅王入元之後,因此,此中所謂倉庫虛竭種種現象,應爲忠宣王西謫與忠肅王留元兩件事發生之後的共同作用。而這無疑與元廷的

---

[1] 王頲《高麗忠宣王西謫事件考析》,235頁。
[2] 《高麗史節要》卷二四《忠肅王》,583頁。
[3] 《高麗史》卷三六《忠惠王世家》,6頁b。
[4] 《高麗史節要》卷二四《忠肅王》,583頁。

有意操作有關,因爲,其中任伯顏禿古思等人的出現值得關注。時任高麗大護軍的全英甫,爲"元嬖宦李淑之妻兄也"[1]。此人誠然亦參與了忠烈王代同樣與建省高麗有關的謀廢忠宣王活動,但其與伯顏禿古思的聯繫在於其弟僧山枳,他們共同與任伯顏禿古思在高麗無王的情況下"蜂起煽亂"。由於在元高麗宦官及高麗"群小"間複雜而堅實的關係網絡的存在,似乎可以認爲的是,任伯顏禿古思等人對忠宣王的構陷,並非完全聽命于忠肅王所致,在其背後有著元帝的支持。

《高麗史》記載:"忠宣還自吐蕃,因泣下謂(金)怡曰:'昔皇慶初,叛臣之裔洪重喜等訴於帝,立行省,削國號,卿曆奏祖宗臣服之功,奉帝旨,遂罷行省。今又宜盡力圖之。'"[2]同書又載:"柳清臣、吳潛上書都省請立省比内地。"[3]以往學者多以洪氏家族及高麗王室的鬥爭爲視角探討元廷在高麗的立省舉動,也因此多止步于武、仁間的立省策動,並認爲自此以後元朝對征東行省奉行"因俗而治"的統治政策直至元末未有變化[4]。但此時的洪氏家族已經日趨衰微[5],其立省之言也並未收效。雖然高麗作爲王國的獨立性未因立省策動而改變,但所謂"會本國人分黨相訴,朝廷議立省比内地"者[6],立省策動的實質是針對高麗王權的鬥爭,從這段史料又可看出,除洪氏家族外,如沈王暠集團亦曾以立省爲手段,試圖借元廷之力削弱高麗國王的權威,雖終不奏效,但作爲一種現象不可忽視。王頲便在對忠宣王西謫事件的探討中關注了沈王暠一黨的立省策動與英宗的立省意圖,而這也作爲英宗流放忠宣王、軟禁忠肅王的真實意圖之一,爲高麗國的將臣們所察覺[7]。忠肅王對此的察覺自當更早,因此,在至大二年(1310)令朴仁平對宰相稱:"有小廣大隨大廣大渡水無船,謂諸大廣大曰:'我短小,難知深淺,君輩身長,宜先測水。'咸曰然,入水皆溺,獨小廣大免。今有二小廣大在吾國,全英甫、朴虛中是也。置我禍網,晏然坐視,何以異此!"[8]這段史料也旁證了全英甫作爲任伯顏禿古思關係網的一員切身參與了構陷忠宣王的活動。

在忠肅王拘元期間,高麗臣子曾有過爲其輸送錢財的行爲,但被沈王擾亂。

---

[1]《高麗史》卷一二四《全英甫傳》,8頁b。
[2]《高麗史》卷一〇八《金怡傳》,17頁b。
[3]《高麗史》卷三五《忠肅王世家二》,10頁a。
[4] 程尼娜《元代朝鮮半島征東行省研究》,《社會科學戰線》2006年第6期,159頁。
[5] 王桂東、達力紮布《元代高麗裔洪氏家族研究》,《中國邊疆史地研究》2015年第3期,125頁。
[6] 李齊賢《益齋亂稿》卷七,564頁。
[7] 王頲《忠宣王西謫事件考析》,237頁。
[8]《高麗史》卷一二四《全英甫傳》,9頁a-b。另,"廣大"同出處後文有言,"國語假面爲戲者謂之廣大"。

至治二年(1322)一月,"沈王暠惡本國多輸錢財于王所,遣其臣楊成柱以帝命責宰相金利用征所輸錢財"[1]。可見,此時沈王暠的權力已經擴大至可以阻斷高麗君臣聯繫路線的程度,而元英宗也對此表示了支持。六月時"傳沈王旨於式目都監",元英宗聽聞之後,便禁止了高麗向忠肅王輸送錢貨的行爲,並命令刑部一經發現即加以懲處,由此更可見此時元英宗對沈王黨的偏愛以及其流放、羈押兩代高麗國王的真實目的。

綜上所述,忠肅王在1321—1324三年間的在元被扣留,實則係元英宗出於政治考慮的一次强制行爲,雖然最終迫於元麗兩國臣子壓力以及南坡政變的突然發生等並未成功進行建省高麗的舉措。但是,忠肅王作爲第一位被元廷强行扣押的高麗國王,這一事件仍在元麗關係史中具有較爲重大的意義,對於忠肅王本人也有重大影響,晚年的忠肅王"遺棄國事,出舍外郊,信任朴青等三豎,威福下移,若子若孫,皆罹凶夭,可勝歎哉"[2]。有研究認爲,此與忠肅王被扣留元廷,加之執政期間多年被架空而患上抑鬱症有關[3]。

三、忠惠王入質元朝及王位被廢

忠惠王是忠肅王的後妃明德太后洪氏所生之子,漢名王禎,蒙古諱寶塔失里(Buddhaśri,梵語,意爲"佛吉")。以世子身份入質元朝多年。"前王(忠惠王),以世子入朝,丞相燕帖木兒,見之大悦,視猶己子"[4],可見忠惠王與權臣燕帖木兒關係較好。至燕帖木兒本人去世之後,仍"與燕帖木兒子弟,及回骨少年輩,飲酒爲謔"[5],時常與燕帖木兒子弟親屬一起打獵、在其府上參加宴會等。天曆三年因忠肅王久病不起,將王位傳于王禎。忠惠王個性荒淫,史稱"性遊俠,好酒色,耽于遊畋,荒淫無度。聞人妻妾之美,無親疎貴賤,皆納之後宮幾百餘"[6]。忠肅王對其的讓位,除前述忠肅王本人的身體原因之外,沈王暠爭奪高麗王位也是一個不可忽視的動因。"暠蒙古名完澤禿,忠宣愛暠如己子,養

---

[1]《高麗史節要》卷二四《忠肅王》,584頁。
[2]《高麗史節要》卷二五《忠惠王》,604頁。
[3] 朴延華《高麗後期王權研究——以元朝控制干涉爲中心》,延邊大學人文學院博士學位論文,2007年,108頁。
[4]《高麗史節要》卷二五《忠惠王》,609頁。
[5]《高麗史節要》卷二五《忠惠王》,609頁。
[6]《高麗史》卷三六《忠惠王世家》,564頁。

之宫中,封延安君。"[1]從中可見,忠宣王在位期間非常喜歡其侄王暠,視如己出。忠宣王留戀元大都不願回高麗,將王位讓于其子王燾之後,向元朝廷請求以瀋王暠爲世子以作爲高麗國王的繼承人。然而,當忠惠王出生之後,瀋王暠被剥奪了世子的地位,但此後瀋王暠及其集團並未取消争奪王位的念頭,這從1322年百官聯名上書中書省請求立瀋王暠爲高麗國王的行動便可見一斑。但1323年南坡之變中元英宗的突然去世,使得瀋王派失去了後盾,立瀋王暠爲高麗國王的風潮也隨之消失。1328年瀋王派又重新向朝廷要求奪回世子印,但泰定帝去世,文宗繼位之後,喜歡忠惠王的燕帖木兒擅權,瀋王派的問題也隨之煙消雲散[2]。當時,在元朝朝廷内部,燕帖木兒喜歡並支持忠惠王王禎爲高麗王。燕帖木兒出身于欽察部貴族,其父祖世代鎮守蒙古北邊,鎮壓蒙古諸王叛亂有功。在武宗、仁宗、泰定帝時,燕帖木兒掌禁衛親軍,他借欽察兵力,扶立文宗皇帝有功,文宗命他擔任中書右丞相,並封爲太平王。燕帖木兒獨攬朝中政事,朝廷内部形成宰相專權的狀態。忠惠王在燕帖木兒的支持下繼高麗王位。

在這期間值得注意的是,後即位爲元順帝——此時元明宗的太子妥懽帖睦爾正被流放于高麗,"使居大青島中,不與人接"[3],這一事件同樣見載于《高麗史節要》中[4]。但根據權五重研究,元朝流配至大青島的宫廷人員,可以因爲應邀參加宴會而自由離開流配的地點[5],這一點在《高麗史》中不爲鮮見。且順帝在高麗時,有人曾諫言:"遼陽與高麗謀欲奉妥懽太子叛"[6],由此可見,則所謂"不與人接"恐怕也不過是場面言語。因此,忠惠王與元順帝的交往很可能自此時始,而順帝也在這一時期對高麗的風土人情及政治情況有所瞭解,或可以爲之後的元麗交往間事件進行深入闡釋。

至順三年(1332)二月,元遣蔣伯祥等到高麗傳聖旨,稱元帝"已於正月三日,命上王(忠肅王)復位",並且"收國璽,封諸庫"[7]。於是忠惠王再次入元朝爲質子[8]。關於忠肅王復位,忠惠王被廢的原因,《元史》作如下記載:"至順三年春正月辛未朔,高麗國王禎遣其臣元忠奉表稱賀,貢方物。癸酉,命高麗國

---

[1] 《高麗史》卷九一《宗室傳二》,10頁a。
[2] 岡田英弘《元瀋王と遼陽行省》,《朝鮮學報》14輯,1959年,538—539頁。
[3] 《元史》卷三八《順帝本紀一》,815頁。
[4] 《高麗史節要》卷二四《忠肅王》,596頁。
[5] 權五重《大青島與元朝之流配人》,《歷史研究》2009年第4期,186頁。
[6] 《高麗史》卷三六《忠惠王世家》,10頁b。
[7] 《高麗史節要》卷二五《忠肅王》,600頁。
[8] 《高麗史》卷三六《忠惠王世家》,10頁b。

王燾仍爲高麗國王,賜金印。初,燾有疾,命其子禎襲王爵,至是燾疾愈,故復位。"[1]這段材料頗有官方用語之嫌,如前所述,沈王暠一黨對於高麗國王王位始終存覬覦之心,但受制於燕帖木兒等無法有所行動,但此時燕帖木兒已然去世,取而代之的伯顔較爲厭惡忠惠王。《高麗史》記載:"初王以世子入朝,丞相燕帖木兒見之大悅,視猶己子,因忠肅辭位,奏帝錫王命。時太保伯顔惡燕帖木兒專權,待王不禮。及忠肅復位,燕帖木兒已死,伯顔待王益薄。王與燕帖木兒子弟及回骨少年輩飲酒爲謔,因愛一回骨婦人,或不上宿衛,伯顔益惡之目曰:'撥皮'。奏帝云:'王禎素無行,恐累宿衛,宜送乃父所使教義方。'制可。"[2]由此可見,忠肅王復位而忠惠王被廢與伯顔等支持沈王暠有一定的關係。

此外,蕭啟慶認爲"忠惠王的被廢,主要是由於作惡多端,國內反對聲浪極高。但是強蒸公主也是一個重要原因。事實上,北亞遊牧民族史及高麗宮掖史中,子蒸庶母的事例,屢見不鮮,中國歷代和番的公主,也往往以國母曆配數君。但是,忠惠王卻因捲入一位不願合作的蒙古公主,以至被迫遜位"[3]。但是,烏雲高娃已在其專著中指出,由於蕭啟慶對《高麗史》存在誤讀,將後至元五年(1339)忠惠王強蒸公主事件認爲發生於至順三年,但這一年忠肅王尚未和慶華公主成婚,強蒸公主只能作爲1339年忠肅王去世後忠惠王不能順利即位的原因看待,因此蕭氏的判斷是錯誤的[4]。但如上揭史料,伯顔對忠惠王的厭惡多來自於其荒淫作風,因此,雖然強蒸公主一事與忠惠王的第一次被廢並無關係,然則凡此一系列事件則對忠惠王的再次襲位乃至忠惠王的第二次被廢都產生了惡劣影響。

《高麗史》記載:"忠肅王後五年帝遣王還國,八年三月癸未忠肅王薨,忠肅常呼王曰撥皮,待之少恩,然遺命襲位。由是行省左右司轉達中書省,王亦遣前評理李揆等求襲位。而伯顔爲太師寢不奏且言:'王燾本非好人,且有疾宜死矣,撥皮雖嫡長,亦不必複爲王,唯暠可王。'揆等百計請之,不得。"[5]可見忠肅王去世後,伯顔仍然以荒淫無度爲由阻礙忠惠王復位,忠惠王的"惡少習氣"與此後其最終被廢也不無關聯[6]。

---

[1]《元史》卷三六《文宗本紀五》,799頁。
[2]《高麗史》卷三六《忠惠王世家》,11頁a-b。
[3] 蕭啟慶《元麗關係中的王室婚姻與強權政治》,《元代史新探》,244頁。
[4] 烏雲高娃《元朝與高麗關係研究》,105—106頁。
[5]《高麗史》卷三六《忠惠王世家》,11頁a-b。
[6] 金世光、烏雲高娃《佞佛與威遠——元順帝統治前期奇皇后在高麗修繕佛寺史事鈎沉》,《隋唐遼宋金元史論叢》十二輯,上海古籍出版社,2022年,240頁。

253

同時，被前人學者忽略但值得關注的是，元順帝即位前在高麗的活動也應是忠惠王被廢的原因之一。在元廷下詔廢忠惠王之前的正月，"遼陽省遣人來，索朱帖木兒，趙高伊。先是，二人誣譖於帝(元文宗)曰：'遼陽與高麗謀，欲奉妥懽太子叛'，已而東奔於我"[1]。史料記載事件發生在元順帝即位前被放高麗時，由於朱、趙二人將遼陽同時納入了"誣告"的對象範圍，可以想見與沈王一黨並無幹係。在此之前，元文宗和卜答失里皇后已然完成了對皇位的爭奪及對明宗及其遺孀八不沙皇后的清算，對明宗太子妥懽貼睦爾的流放也是文宗穩固皇權的舉動之一。妥懽貼睦爾流放至高麗半年後，元文宗即"立燕王阿剌忒納答剌爲皇太子"[2]，可見並無履行武、仁以降的叔姪相繼傳統。隨後又"復詔天下，言明宗在朔漠之時，素謂(妥懽貼睦爾)非其己子"，以此對妥懽貼睦爾的繼承合法性加以抹殺。正如前述，元朝流放于高麗的人員，對其自由並不加以過於嚴格的限制，因此，妥懽貼睦爾此時在高麗的異動對於元朝而言值得重視，高麗欲"奉妥懽太子叛"的情形，應當視作元文宗廢忠惠王的理由之一。另外，在此事件之後，元朝又"移(妥懽貼睦爾)於廣西之靜江"[3]，在途中命哈剌八失隨行，而"哈剌八失嘗受密旨，有侵害帝(元順帝)意"[4]，也可旁證上述觀點。

忠惠王之荒淫衆所周知，其與奇氏的矛盾，以及最終的被廢恐怕也衍生於此。至正元年(1341)十一月，"(忠惠王)幸內侍田子由家，襲其妻李氏强汙之，未幾，子由與妻遁，李乃奇輪族"[5]，同年十二月，忠惠王寵倖妃子之父林信，"毆奇輪，王右信，親往輪家毀之"[6]。所謂族人，恐怕是指田子由妻李氏應爲奇轍等母家之族，而奇輪乃奇皇后兄，奇氏自然與忠惠王矛盾日益加深。凡此種種亂行，使得在至正三年八月，本不應屬於同一利益集團的"李芸，曹益清，奇轍等在元，上書中書省，極言王貪淫不道，請立省以安百姓"[7]。奇轍等人的上言，恐怕並非僅爲奇氏族利，否則以曹益清輩當不與同列，同時此次上言應並非僅有此三人，更可説明忠惠王的不得人心。而忠惠王之荒淫應早已被順帝注意[8]，於是隨之而來的便是高龍普等爲執行者的廢除忠惠王行動。《高麗史節要》記載，同年十一

---

[1]《高麗史節要》卷二四《忠肅王》，596頁。
[2]《元史》卷三四《文宗本紀三》，770頁。
[3]《元史》卷三八《順帝本紀一》，815頁。
[4] 權衡撰，任崇嶽箋證《庚申外史箋證》，中州古籍出版社，1991年，155頁。
[5]《高麗史節要》卷二五，608頁。
[6]《高麗史節要》卷二五，609頁。
[7]《高麗史節要》卷二五，612頁。
[8] 關於這一點，從政變後高麗對於其評價中也可看到旁證。如因忠惠王死後未得謚，金倫向將入元的德寧公主言："先王不返，徒以親近憸壬斂怨累德，今禍首猶在，必先正其罪以明先王非辜，然後可請。"而德寧公主追治康允忠罪後，金倫便已得安撫，可見其時人怨高龍普則有之而並未追罪奇氏。事見《高麗史》卷一一○《金倫傳》。

月,"壬午,元遣乃住等八人,詐索鞍轎而來。甲申,大卿朶赤,郎中別失哥等六人,來頒郊赦詔,王欲托疾不迎,龍普曰,帝嘗謂王不敬,若不出迎,帝疑滋甚,王率百官,朝服郊迎,聽詔於征東省。朶赤、乃住等,蹴王縛之,王急呼高院使,龍普叱之,使者皆拔劍執侍從,群小百官皆走匿。左右司郎中金永煦、萬戶姜好禮,密直副使崔安佑、鷹揚軍金善莊、中椳持平盧俊卿及勇士二人被殺,中刀槊者甚多,辛裔伏兵禦外以助之"[1]。

在忠惠王被廢流放岳陽時,其子忠穆王及其弟恭愍王皆作爲元子在元朝。"(至正四年)二月,元子昕,在元"[2],"忠惠王后二年五月,元順帝遣使召(恭愍王)入朝宿衛,時稱大元子"。至忠穆王即位後,恭愍王未能順利即位,再次留元,"封爲江陵府院大君,忠穆薨,國人欲立王,元以忠定襲位,仍留王宿衛"[3]。

四、忠穆、忠定二王時期的對元交往

忠穆王及忠定王皆爲忠肅王之子,其生母分別爲關西王焦八之女德寧公主和禧妃尹氏。忠穆王及忠定王均是幼年即位,且在位時間較短,事實上,由於忠惠王的第二次被廢是在元朝及高麗親元派共同主導下的政治行爲,在一定程度可以説,在此事之後,至恭愍王反元改革爲止,是元朝對高麗控制力度最爲强勁的時期。對於忠惠王的被廢,《高麗史節要》的記載已見上文,而後由元朝重臣朶赤下令,"命龍普整治國事,德成府院君奇轍,理問洪彬,權征東省"[4]。高龍普爲元末入元的重要高麗宦官之一,附奇皇后而得幸,奇轍則爲奇皇后兄長。由此可見,在這一次廢高麗忠惠王的事件中,元朝佔據絶對的主導地位,而主要借用的,則是高龍普、洪彬及奇氏家族等高麗的親元派人士,甚至在元的高麗官員。

值得注意的是,高龍普作爲在元高麗籍宦官,在此及之後兩國關係交往中出演了相當重要的角色。忠穆王王昕的即位,便與其有關。忠穆王幼年與前代高麗國王一般,曾作爲質子在元。《高麗史》中記載:"(至正四年)高龍普抱(忠穆)王以見帝,帝問曰:'汝學父乎?抑學母乎?'對曰:'願學母。'帝歎其天性好

---

[1]《高麗史節要》卷二五《忠惠王》,613頁。
[2]《高麗史節要》卷二五《忠惠王》,614頁。
[3]《高麗史》卷三八《恭愍王世家一》,1頁b。
[4]《高麗史節要》卷二五《忠惠王》,613頁。

255

善惡惡,遂令襲位。"[1]這一點,當然也與忠穆王母親德寧公主爲蒙古出身尊貴的女子有關,所謂"(裴)佺與康允忠得幸德寧公主居中用事"[2]"庶務決于德寧公主"等[3],自然是主少母強時的必然情形,這也應該是元廷立王昕爲元子乃至後來高麗國王的重要考慮之一。而同年四月二十七日元遣桑哥來頒之詔曰:"昔我祖宗奄有萬方,外薄四海,于時高麗慕義效順,用建東國,傳之子孫,世守藩輔。不謂近者高麗國王寶塔實里肆爲無道,荼毒境內,民不堪命,來訴京師。今正厥罰遷之嶺表,然念自其先世事我列聖罔有二心,一朝後嗣不克繼承,遂失世爵,在朕奚忍。又念海隅蒼生皆朕赤子,久罹塗炭,良切予懷,乃命其子八禿麻朶兒只仍襲征東行省左丞相,高麗國王,布朕德澤,輯寧吾民。其寶塔實里所行虐政,並從釐革,人民逃避山林,亟令有司克日招撫,勸農興學。凡合整治事宜,悉遵成制。俾爾有衆各保生業,共茲升平之樂,豈不偉哉。其或荒棄朕命,邦有常憲,寧不知懼?"[4]由此可見,元廷册立年僅八歲的忠穆王王昕爲王之初,便蘊含著較爲強烈的改革忠惠王弊政,與高麗國民休養生息之意。

高龍普作爲廢忠惠王的主要參與人員,在之後的文人史筆之下皆爲宦禍之尤看待,但在忠穆、忠定兩代似乎並不如是。如因忠惠王死後未得謚,金倫向將入元的德寧公主言:"先王不返,徒以親近憸壬斂怨累德,今禍首猶在,必先正其罪以明先王非辜,然後可請。"[5]而德寧公主追治康允忠罪後,金倫便已得安撫,可見其時人怨高龍普則有之而並未成風。至於恭愍王代,元亡之後,"諫官柳珣,安宗源等,上書都堂曰:宦者爲患,趙高而下,班班可見,我忠宣王吐蕃之辱,忠惠王岳陽之禍,皆由伯顏禿古思,與龍普之所爲也"[6]。由是則高龍普等,似乎可以作爲元朝在高麗影響力衡量尺度之一。值得注意的是,在至正七年,發生了"元,放院使高龍普于金剛山"的事件[7],關於高龍普的流放,前人學者探討較少。在當年四月,高麗發生了將奇氏族人奇三萬整治都監至死之事,而王煦等行省官員對於高麗王因奇三萬事歸咎都監的行爲不滿,加之又有六月因康允忠議貶宋得球事,故王煦等上告於元。但兀理不花僅爲恰至高麗,對此事處理似有不盡,而高龍普被放于金剛山,却首先進入王京見康允忠等,可見高

---

[1]《高麗史》卷三七《忠穆王世家》,1頁a-b。
[2]《高麗史》卷一二四《裴佺傳》,13頁b。
[3]《高麗史節要》卷二五《忠惠王》,624頁。
[4]《高麗史》卷三七《忠穆王世家》,3頁a。
[5]《高麗史》卷一一〇《金倫傳》,11頁a。
[6]《高麗史節要》卷二九《恭愍王四》,514頁。
[7]《高麗史節要》卷二五《忠穆王》,620頁。

龍普被流放事,應暗含順帝授整治高麗事意。因此,可見高龍普作爲元廷帝使,在高麗享有重要地位的背後,代表了忠穆王時期元朝勢力在高麗的擴張。

由於忠穆王幼年即位又很快夭折,並未按照慣例迎娶蒙古公主,更無論誕下子嗣,元廷和高麗方面想讓忠惠王之母弟王祺繼位的呼聲較高。"政丞王煦等,遣李齊賢如元。上表曰:'國王乃于近日得疾而薨,舉國哀慟。王年幼無後,而本國鄰於日本不庭之邦,不可一日無主。今有王祺,普塔失里王之母弟,已嘗入侍天庭,年十九;王胝,普塔失里王之庶子,見在本國,年十一,伏望陛下,簡在帝心,以從民望。'"[1]甚至忠肅王本人也屬意于王祺,"忠肅,在燕邸,尹澤上謁,一見器重,因有托孤之語,意在祺,後,忠肅寢疾,複以燕邸所語語澤"[2]。但元朝最終決定令忠惠王庶子,忠穆王之弟忠定王繼位。這其中也有高龍普的影響。權近《陽村集》記載:"玄陵(即恭愍王)潛邸在燕都,天富實從之。天富有力,能以一臂擔玄陵周麾而呼,玄陵樂而愛之。及明陵(即忠穆王)薨,帝命玄陵爲王。車駕將啓行,本國官者龍鳳有寵,白於帝,替立忠定。"[3]可見在王位候選人條件並無過多差距時,高麗國王的冊立具有相對的隨意性。在忠穆王之後,忠定王、恭愍王及辛禑都是在沒有公主所生子嗣競爭的情況下取得繼承權,這也並不違反元麗關係史中,元朝公主所生子優先册立的原則[4]。

在忠穆王去世之後,德寧公主依舊在高麗享有較高地位,擁有任免征東行省官員的權力,"(忠穆)王薨,德寧公主命轍、王煦攝征東省事"[5]。公主寵臣也並不因國王或元廷的責問而失勢,"(裴佺)忠定時爲行省理問,元以佺及郎中金永煦、員外郎李元弼等受賂放倭賊,囚鞫之。會赦免,佺猶在公主宮中用事如舊,時都僉議尹時遇在王側弄權,人目之曰:'尹王干謁者不因時遇,則必托佺。'"[6]可見雖然忠穆、忠定兩代國王未娶蒙古公主爲妻,忠定王母親甚至並非蒙古出身,二王在位期間也並未親朝,但凡此種種並未對元朝在高麗政局掌控方面產生負面影響,甚至主少國疑之時,如前所述,元廷對高麗的掌控力度更爲強勁,故而史臣對忠穆、忠定兩代做如此評判:"忠穆,忠定皆以幼沖即位,德寧、禧妃以母之尊用事于内,奸臣、外戚用事于外,二君雖有穎悟之資,何能爲哉。"[7]從中也可以看出此時期高麗國王在本國政務處理中的話語權較低,最

---

[1]《高麗史節要》卷二五《忠穆王》,624 頁。
[2]《高麗史節要》卷二六《忠定王》,625 頁。
[3] 權近《陽村集》卷二一,《韓國文集叢刊》(七),216 頁。
[4] 蕭啓慶《元麗關係中的王室婚姻與强權政治》,《元代史新探》,243 頁。
[5]《高麗史》卷一三一《奇轍傳》,16 頁 b。
[6]《高麗史》卷一二四《裴佺傳》,13 頁 b。
[7]《高麗史節要》卷二六《忠定王》,627 頁。

終忠定王更是在並無前兆的情況下驟然被廢,由元朝直接册立江陵大君王祺,是爲恭愍王。

五、恭愍王入質元朝與元麗文化往來

恭愍王爲高麗第31代王,諱顓,舊時諱祺,蒙古名伯顏帖木兒,係忠惠王同母弟,忠肅王次子。生於忠肅王十七年五月,忠惠王後二年五月入元爲宿衛,1349年恭愍王在元朝爲質子期間,以高麗世子身份與元宗室魏王阿木哥之女魯國大長公主寶塔失里成婚,這也在一定程度上爲其後來順利繼承高麗王位奠定了基礎。至正十一年(1351)十月歸國即位,在位22年。

恭愍王在元期間事迹,目前所見史料較少,但是從中可以發現,恭愍王作爲質子在元,有一定的本國人員作爲侍從,活動相對自由,曾遊歷上都等地。在元朝決定册立忠定王之後,恭愍王表現出了惆悵的心理。"玄陵悵然曰:'惟爾(朴天富)尚獨在耶。雖孤豈無歸國之日,爾留當與我偕行。孤若得返,不敢忘。孤今欲往上都,爾能從我耶。'天富跪曰:'臣惟命矣。'遂奉以往。或時背負而行。"[1]。而恭愍王歸國之後,也對這些在元時期陪同的有功之臣進行了任用及封賞,朴天富雖去世于恭愍王即位之前,但其子朴强後被選爲侍衛,歷任司宰少監、禮部總郎等職。

值得一提的是恭愍王在元期間與高昌回鶻人偰遜的交往。《高麗史節要》記載:"遜,高昌國人,王之在元也,與王有舊,後避兵,挈家東來。"[2]但後世史料中則記載:"偰遜者,回鶻人也,仕於元朝。從公主東來,因仕於麗朝。"[3]在《東國輿地志》中則有更爲詳盡的記載:"(偰遜)初名百遼遜,回鶻人。以世居偰輦河,因以偰爲氏。自其高祖岳璘帖莫爾歸於元,世仕元。父哲篤,官至江西行省右丞。遜順帝時中進士,歷翰林,選爲端本堂正字,授皇太子經,爲丞相哈麻所忌,出守單州。居父憂,寓居大寧,紅賊逼大寧。高麗恭愍王七年,率子弟避兵東來。王之在元,侍從太子,與遜有舊,待之甚厚,賜第封富原侯。九年卒。所著有《近思齋逸稿》行於世。子長壽、延壽、福壽、慶壽、眉壽。"[4]可見,偰遜斯

---

[1] 權近《陽村集》卷二一,216頁。
[2] 《高麗史節要》卷二七《恭愍王二》,466頁。
[3] 樸趾源《燕巖集》卷一四,《韓國文集叢刊》(二五二),81頁。
[4] 《東國輿地志》卷一《開城府》,奎章閣本,58頁。

人本爲在元之高昌人,元順帝時中進士,出仕於元,供職于翰林院,在恭愍王入元宿衛時,或與王祺,或與寶塔實憐公主產生交集,在紅巾軍攻破大都後,爲避兵禍入高麗爲官,至正二十年時封高昌伯。偰遜本人文學修養較高,在元及高麗時均有作品,但應在避禍東去時散佚,去世後由其弟偰公文整理爲文稿二帙。紅巾軍與高麗交戰時,再次散佚,後幸其時任高麗晉州判官的金贇存録一帙,但至今日似又不存,可見者僅數篇詩作,並且據李穡言,均爲"少作",即在元時作品,或許對於其作爲異族依歸三韓之史事研究意義不巨。李穡爲之文集作的序文今可見於《牧隱稿》中[1],可堪史料之用。偰遜家族出仕元朝至遲不晚於忽必烈時期,可追溯者爲偰遜高祖岳璘帖木兒,後有曾祖合剌普華,祖偰文質,父偰哲篤。從《元史》中記載可見,其家族在初期帶有較爲濃厚的回鶻特色,如岳璘帖木兒曾令合剌普華"習畏兀書及經史"[2]。且從取名方式中可以看出,雖然《高麗史》中有"以世居偰輦河因以偰爲氏"的記載[3],但是顯然,在其曾祖及之前,對姓氏云云並未屬意,且直至偰遜時代,其本名仍爲並非漢名的"百遼遜",可見偰氏家族雖"相繼登第",表現出了較高的漢文修養,但其回鶻文化的底色並未丟失。可是,通過偰遜的改名以及爲其子取長壽、延壽、福壽等名,可以看出偰氏自偰遜始,將姓氏及家譜等漢文化完全吸收並使用。偰遜及其子皆有漢詩文傳世,所謂"回鶻文章是偰家"[4]者是也,這很可能與偰遜家族遷往高麗,受到更多漢文化浸染有關。不可忽視的是,雖然回鶻偰氏在文化上逐漸受容漢化,但生活習慣中依舊保留了回鶻特徵,偰天民曾被記載爲:"性修潔,雖務服飾,能忍嗜欲。薄滋味,所食蘿葍,不棄其餘。回鶻蘿葍之説,蓋如此。"[5]可見,由於恭愍王在元時期的機緣,偰氏家族自偰遜始東遷,這一事件使得回鶻偰氏家族的漢化進一步加深,同時,也爲高麗和元朝的西域回鶻人之間的文化交流打通了視窗。

除此之外,至正十二年,恭愍王於即位後與魯國大長公主一起歸國時,元順帝遣失禿兒太子及直省舍人牙忽護行。當時扈從東來的還有:孔紹,孔子五十二世孫,元朝翰林院學士,後在高麗拜爲平章事;黃石奇,在高麗爲佐理功臣平章事、檜山府院君、恭僖公等[6]。現存史料中對恭愍王及公主東歸時所帶扈從人員的記載較少,或爲史官闕載,或爲史料遺失,但根據現有的部分記載,也可

---

[1] 李穡《牧隱文稿》卷七,《韓國文集叢刊》(五),53頁。
[2] 《元史》卷一九三《忠義傳一》,4384頁。
[3] 《高麗史》卷一一二《偰遜傳》,23頁b。
[4] 李穡《牧隱詩稿》卷三四,《韓國文集叢刊》(四),489頁。
[5] 李穡《牧隱文稿》卷一二,《韓國文集叢刊》(五),105頁。
[6] 牟元珪《高麗時期的中國"投化人"》,復旦大學韓國研究中心編《韓國學研究論叢》,上海人民出版社,1997年,294—296頁。

以看出元朝隨王東來的人員不在少數,這之中又不乏飽學鴻儒,來到高麗以後,頗受高麗重用,位配高官。他們在高麗定居下來,逐漸與高麗民族相融合,對於兩國的文化交流與融合起著不容忽視的作用。

總體而言,自忠肅王代至恭愍王代,在高麗國王親朝或世子入質元朝方面與前代呈現出不盡相同的面貌。在這一時期國王親朝較少,相關資料較爲罕見,並且,高麗國王的入朝也多爲半強制性的,如忠肅王、忠惠王的被廢以及忠定王的幼年入質,也因此可以看出,雖然元廷對於在高麗地區建省設官的意圖終不能變爲現實,但是,元廷對於高麗管控力度無疑在逐步加強。同時也應注意到,自武宗、仁宗之後,隨著兩國關係的日趨平穩以及雙方各自政局變化,進入元朝的高麗人數量大幅增多。其中包括了士人、女子以及宦官等群體,其中一些人憑藉在元的得寵以及對元麗兩國局勢皆有深入瞭解的便利,產生了"恃寵上國,流毒東民"的特殊現象[1],加之這部分群體在高麗本國的家族親友關係網絡,漸次在高麗形成了龐大的"親元派"勢力。通過這一派勢力在高麗的消長,也可窺見元廷對高麗控制力度的強弱,這也在客觀上促使了恭愍王在位時期的多次反元改革。

在這一時期,國王親朝行爲較少,但是,兩國間的互派使臣,以及由此帶來的兩國文化交流却未曾中斷,多位國王都頗爲深厚地受到了元文化影響。如忠肅王便曾多次"微行出獵"[2],恭愍王也曾多次"微行習馳馬"[3]。在魯國大長公主去世後,恭愍王"徘徊悲思,禦丁字閣對公主真設宴,奏胡樂獻酬"[4],諸如此類,都代表了元代的遊牧涉獵、歌舞等文化在這一時期向高麗的傳播。而高麗文化的對元傳播,更多時候以高麗女子的入元爲途徑,如所周知,元人對於高麗女子需求量較大,"北人女使必得高麗女孩童,家僮必得黑廝,不如此謂之不成仕宦"者是也[5]。據筆者統計,自忠肅王至恭愍王代,僅官方記錄下的童女往來便有十五次之多,佔此時期往來總體的相當部分。這些入元女子最初往往進入皇室及達官家庭,但隨著數量的無限制,更多入元女子的歸宿並不如是,如李穀所寫者:"而乃置之宮掖,悠期虛老。時或出之而歸之寺人,終無孕者十之五六。其怨氣傷和又何如也。"[6]往往才是其真實境況。但是,這在客觀上無疑使得高麗的服飾、樂舞等文化也在相當程度上傳播入元,如恭愍王時期,元廷

---

[1]《高麗史節要》卷二六《恭愍王二》,603頁。
[2]《高麗史》卷三四《忠肅王世家一》,25頁b。
[3]《高麗史》卷四〇《恭愍王世家三》,13頁a。
[4]《高麗史》卷四三《恭愍王世家六》,23頁a。
[5] 葉子奇撰《草木子》卷三,吳東昆校點,上海古籍出版社,2012年,49頁。案黑廝,疑爲"昆侖奴"。葉權《賢博編》:"役使黑鬼……元時仕宦家所用黑廝,國初西域進黑奴三百人,疑是此類。"中華書局,1987年,46頁。
[6] 李穀《稼亭集》卷八,《韓國文集叢刊》(三),149頁。

便曾專門遣使求樂器及樂手："元禦香使宦者崔伯帖木兒,處女六人及琴瑟等鄉樂還"[1],又"元遣使來求女樂"[2]。諸如此類,共同促使了高麗文化向元朝的傳播,造就了元代產生"女兒未始會穿針,將去高麗學語音"[3]"四方衣服靴帽器物,皆依高麗樣子"[4]"自朴不花入元,元内侍多習東國語"[5]等高麗的語言、服飾、音樂等文化風靡元朝的現象。

六、結語

忠肅王及其之後的元麗交往關係史中,高麗國王作爲世子時的入質以及親位後的入朝問題,可供研究的資料相對較少,前人研究亦未在此一問題上給予足夠關注,但這同時也爲該問題的深耕提供了可能。經過對史料的考辨及綴合,不難發現,忠烈王時代以降,元廷對高麗國的控制力度並不隨著元廷政策轉向以及征日計劃的擱置而降低,反而逐步加強,在忠穆王及忠定王兩代到達頂峰。隨著恭愍王時期的反元改革開始,高麗國逐漸從大元王朝的勢力範圍中脫出,這樣的大體趨勢一直持續到元朝滅亡。在如此環境下,忠肅王至恭愍王時代的高麗世子入質與國王親朝往往帶有極爲濃厚的政治色彩。這一時期的高麗國王廢立,呈現出與元廷的政治干涉高度相關的情況,而此時高麗國王爲數不多的在元情況,也多可與其對高麗國王這一權力的爭奪問題統而觀之。因此,對忠肅王至恭愍王時期國王親朝情況的研究,不必僅僅局限於以往研究中的文化交流史視角,從相關史事的考辨中,可以反觀此時期元麗雙方内部政局與國際間關係的變化。本文通過對於忠肅王、忠惠王的被廢入元,以及忠穆王至恭愍王時期元麗間多重政治勢力博弈等史事的考辨,爲這一時期高麗國王入元這一現象提供了新的政治史視角闡釋。

(烏雲高娃,中國社會科學院古代史研究所研究員;
金世光,中國社會科學院大學歷史學院碩士研究生)

---

[1]《高麗史》卷三八《恭愍王世家一》,17頁b。
[2]《高麗史》卷三八《恭愍王世家一》,28頁a。
[3] 劉基《誠意伯劉文成公文集》卷十,《四部叢刊》集部續編,商務印書館,1929年,51頁。
[4] 權衡撰,任崇嶽箋證《庚申外史箋證》,96頁。
[5] 樸趾源《燕巖集》卷三,242頁。

遼金元時期衛州韓氏家族碑傳史料考略
A Brief Study of the Han Family's Stele Biography in Weizhou During the Liao, Jin and Yuan Dynasties

張國旺

摘　要：《元韓立墓誌》可探究元代衛州韓氏家族的世系。韓氏世系由韓立祖父韓琇可上推至五代石晉的韓繼寧。韓氏先爲相州人，韓孚時定居薊州、上谷間，又因韓玉任職河平軍節度使於金末定居衛州。韓琇後裔以韓天麟一支彰顯，然據此墓誌可對韓天祐一支進行補充，從而廓清了衛州韓氏家族的整體情況。衛州韓氏以孝友和義門傳家，與王惲家族過從甚密。墓誌中的"禮部尚書泂溪王公"疑爲王惲之曾孫禮部郎中王遜志。

關鍵詞：元韓立墓誌；韓氏家族；衛州；遼金元時期

周峰先生近年來搜羅宋遼金元碑刻甚富，並慷慨編定付梓，嘉惠學林，功德無量。《貞珉千秋——散佚遼宋金元墓誌輯録》（以下簡稱《貞珉千秋》）就是其中之一種。《貞珉千秋》收録散佚民間的遼宋金元四代墓誌103通，其中金代墓誌15通，元代墓誌27通，多爲未曾刊佈者。墓誌既有録文，配以拓片，輔之以墓誌文物信息及學界研究狀況，其學術價值不可限量。其中著録有《元韓立墓誌》，對探討遼金元時期衛州韓氏家族世系頗有意味。

一、元韓立墓誌

《貞珉千秋》收録有《元韓立墓誌》之拓片和録文[1]。《元韓立墓誌》分誌蓋

---

[1] 周峰《貞珉千秋——散佚遼宋金元墓誌輯録》，甘肅教育出版社，2020年，226—228頁。

和墓誌兩塊。1987年於河南省衛輝市孟西毛紡廠院内出土,現存河南省衛輝市博物館。誌蓋高37釐米,寬38釐米,篆書三行,滿行三字,題"大元故/孝友韓/君墓誌"九字。墓誌正文高57釐米,寬56釐米。楷書26行,滿行25字。國圖藏有該墓誌拓片,編號爲墓誌7107。爲研究方便,現將墓誌迻録如下:

  大元故孝友韓君墓誌銘 前獲嘉縣儒學教諭史籽撰並書/
  上谷韓惟訥卜日,將葬其先人于平城里之大塋,號泣於其宗親,/曰:"孰能哀我者,爲家述先人之行,以銘其墟。"從兄臨漳令汝楫曰/:"叔氏昔嘗受學於密齋史先生,□其霶丐。今其子籽與叔氏早仝/研席,相友善,知其行爲詳,曷往速焉?"既承命,義不敢辭,謹考其家/譜而誌之,曰:諱琇,追封南陽郡伯者,君王父也。諱天祐,贈開州尹/者,君之考也。追封南陽郡君陳氏者,君之妣也。君諱立,字士禮,資/慷慨,有幹局。未弱冠而孤,即有成人之度。時諸兄皆貴顯,亟勉之/仕,辭以母老,不願也。後既分異,廼分命童僕務生產作業,無幾何,/屋潤十倍於初。遇良辰美景,揮金以讌親友,必盡歡廼已。有里生/朱克昌者,君憐其有心計而未展其用,以楮幣萬緡俾商販□營。/其生歲久不能償,朱亦尋歿,廼焚其券於靈座。參知政事王公,郡/巨族也。公患其先塋將不能容昭穆之序,君有田二十畝環其塋,/願爲廣之,而力辭其直。閭里有貧病者,輒賙貨爲湯藥之費,賴之/以活者甚衆,人以爲有古義士風。由是貲侵衰而名益振。然篤於/天倫,克盡其道。長兄朝列公弘每歸自官所,居閒食貧。君日供甘/美之外,一切費用躬爲料理,故其家竟不至於失所,樂名教者尚/之。禮部尚書洎溪王公爲文以紀其實,題曰《孝友敦化詩序》,賢士/大夫歌詠成軸,今藏於家。又能禮通儒以教其子,學業有成,繼登/仕版。初娶趙氏,大都路宣課副提舉世偉之女,早卒。繼室賈氏,大/都路宣課提舉德明之女。別娶蔣氏。男三人:長即惟訥,獲嘉縣教/諭;仲惟學;季惟誠。二女,皆在室。嗚呼!君嬰痼疾數十年,年止五十/六,以至正改元十一月廿五日終,窆用是月三十日癸卯。其銘曰:/
  南陽諸孫,玉立詵詵。俱享貴壽,爲時名臣。立也其季,市隱終身。/
  在人倫中,以孝友聞。風人歌詠,光照鄉鄰。蘊茲懿行,垂裕嗣人。/
  逝也可哀,名則不泯。千年□日,壽考方珉。/

  墓誌撰者與書者均爲"前獲嘉縣儒學教諭"史籽,可知史籽曾任獲嘉縣儒學教諭。韓惟訥也曾爲"獲嘉縣教諭",顯然史籽任職在韓惟訥之前。韓惟訥向宗親詢問"孰能哀我者,爲家述先人之行,以銘其墟"之時,從兄臨漳令韓汝楫指出:"叔氏昔嘗受學於密齋史先生,□其霶丐。今其子籽與叔氏早仝研席,相友

263

善,知其行爲詳,曷往速焉?"可見韓惟訥與史籽並不熟識。他們之間的關係源於韓立曾受學於史籽的父親史密齋,且史籽與韓立"早全研席,相友善,知其行爲詳"。正是在韓汝楫的提醒下,韓惟訥才攜其家譜,尋求史籽的幫助並獲得應允。

二、遼金時期的上谷韓氏

《元韓立墓誌》稱"上谷韓惟訥",可知韓氏籍貫爲"上谷"。上谷爲古郡名,治今北京延慶。上谷韓氏,《秋澗先生大全文集》卷五六收錄有《大元故奉議大夫中書兵部郎中韓君墓碑銘并序》(以下簡稱《元韓君墓碑銘》),云"君諱天麟,字伯昌,姓韓氏,世爲漁陽、上谷人"。《滋溪文稿》卷一二《元故奉元路總管致仕工部尚書韓公神道碑銘并序》(以下簡稱《元韓公神道碑銘》)云:韓氏"世居漁陽、上谷"。以上三則材料中,韓天祐和韓天麟之父均爲韓琇。韓天麟累贈"嘉議大夫、兵部尚書、上輕車都尉、南陽郡侯"[1],由此韓琇被"追封南陽郡伯"是合乎情理的。故《元韓立墓誌》所載上谷韓氏與《元韓君墓碑銘》《元韓公神道碑銘》所載漁陽、上谷韓氏當爲同一家族,《元韓立墓誌》所言"上谷"當爲"漁陽、上谷"間。

《元韓君墓碑銘》將上谷韓氏追溯到韓琇,《元韓公神道碑銘》則追溯到韓玉。然上谷韓氏可上溯到五代時期。韓氏起初並非居於上谷,而是相州。"其先相人""其先相州人"[2]。相州爲古州名,即今河南省安陽市與河北省臨漳縣一帶。蘇天爵云上谷韓氏"遼金以來族大而盛,位列公侯將相,富貴赫奕,與劉六符、馬人望、趙思温等號四大族"[3]。"韓氏居燕,世仕遼金,名爲衣冠大族。"[4]可見其家世之顯赫。"五世祖繼寧仕石晉,爲行軍司馬,從出帝北遷居析津。曾孫知白仕遼,爲中書令。孚爲中書門下平章事,賜田盤山,遂爲漁陽人。"[5]由此漁陽、上谷韓氏最早可追溯到五代十國後晉的韓繼寧。他隨後晉

---

[1] 蘇天爵《滋溪文稿》卷一二《元故奉元路總管致仕工部尚書韓公神道碑銘并序》,陳高華、孟繁清點校,中華書局,1997年,185頁。
[2] 元好問《中州集》辛集卷八《韓内翰玉》,蕭和陶點校,華東師範大學出版社,2014年,528頁;《金史》卷一一○《韓玉傳》,中華書局,1976年,2429頁;宇文懋昭《大金國志校證》卷二八《文學翰苑上·韓玉》,崔文印校證,中華書局,1986年,407頁。
[3] 蘇天爵《滋溪文稿》卷一二《元故奉元路總管致仕工部尚書韓公神道碑銘并序》,184—185頁。
[4] 蘇天爵《滋溪文稿》卷一二《元故陝西諸道行御史臺治書侍御史贈集賢直學士韓公神道碑銘并序》,188頁。
[5] 元好問《中州集》辛集卷八《韓内翰玉》,528頁。

石氏自相州遷居到析津（今北京），爾後韓知白仕遼，爲中書令，韓孚身爲中書門下平章事，受賜田於盤山，遂在漁陽定居下來，成爲"漁陽人"。韓知白、韓孚都高居要職，當仕遼朝。韓孚之後，有韓貽願爲"遼宣徽北院使"。韓貽願子秉休時，歸降金朝，"領忠正軍節度使"[1]。

韓秉休子錫字難老，《金史》卷九七有傳[2]。韓錫初以蔭補爲閤門祇侯。天會中，韓錫從軍掌禮儀，"俄以母老，乃就監差"[3]，後歷任神銳軍都指揮使、宫苑使、尚書工部員外郎領燕都營繕。後特賜胡礪榜進士及第，四遷尚書工部侍郎，同知宣徽院事。大定時，授同知河間府事、孟州防禦使。累拜絳陽軍節度使，以濟南府事告老。這與《中州集》所云韓氏"曾祖錫，字難老，仕國朝，以濟南尹致仕"是一致的[4]。此處"國朝"指"金朝"。韓錫於明昌五年去世，享年八十三歲。

上谷韓氏子孫中，以韓玉最著[5]。韓玉，字温甫，《金史》卷一一〇有傳，《中州集》《歸潛志》《大金國志》均有記載。邱靖嘉指出《金史·韓玉傳》當本自元好問《中州集》小傳[6]。誠是。韓玉明昌五年（1194）中經義、詞賦兩科進士，入翰林爲應奉文字，爲著文快手，深得金章宗賞識。歷金章宗和衛紹王兩朝，累官鳳翔總管判官，同知陝西東路轉運使事、河平軍節度副使。其在任募軍萬人，敗西夏軍，解都城之圍。然不久"當路者忌其功"[7]，大安三年（1211），受誣被囚，死于華州郡學。臨終前，韓玉手書："此去冥路，吾心皓然。剛直之氣，必不下沉。兒可無慮，世亂時艱，努力自護。幽冥雖異，寧不見爾。"[8]說明自己並不爲自己的剛直之氣而後悔，希望兒子在金元之際的艱難時世，"努力自護"。韓不疑爲韓玉子，字居之，小字錦郎。他"以父死非罪，誓不禄仕"。丙申年（1236），他到大名府路冠氏縣元好問的住所，將父親手書出示給元好問。元好問讀後爲之惻然。

韓不疑繼承了韓玉的遺願，不再入仕。然韓玉子嗣中仍有入仕者。韓琇"爲人長厚，儀觀秀偉"[9]，元光元年以"材勇應武舉"，授慶陽府司録判官，累遷

---

[1]《金史》卷九七《韓錫傳》，2148頁。
[2] 邱靖嘉《〈金史〉纂修考》指出《韓錫傳》的史源疑爲《章宗實録》附傳。中華書局，2017年，199頁。
[3]《金史》卷九七《韓錫傳》，2148—2149頁。
[4] 元好問《中州集》辛集卷八《韓内翰玉》，528頁。
[5] 張子晗《金代兩韓玉考論》對金代韓玉家世作了考證。見牛貴琥、張建偉《女真政權下的文學研究》，三晉出版社，2011年，338—355頁。
[6] 邱靖嘉《〈金史〉纂修考》，182—183頁。
[7]《金史》卷一一〇《韓玉傳》，2429頁。
[8] 元好問《中州集》辛集卷八《韓内翰玉》，528頁。
[9] 王惲《秋澗先生大全文集》卷五六《大元故奉議大夫中書兵部郎中韓君墓碑銘并序》，新文豐出版公司，1986年，第二册，156頁；柯劭忞《新元史》卷一九四《韓沖傳》"韓琇"作"韓珍"。張京華、黄曙輝總校，上海古籍出版社，2018年，3903頁。

昌武軍節度使,死後贈亞中大夫、衛輝路總管,後因其子韓天麟贈"南陽郡侯"而被追封"南陽郡伯"。張子晗認爲韓玉有四子。其依據是王惲所撰《元韓君墓碑銘》中的"母王氏,誕昆季四人"。然此句上文尚有"父琇,爲人長厚,儀觀秀偉,少應武舉,金季嘗以勞任慶陽府司録判官",而墓主爲韓琇之子韓天麟。故此王氏,當爲韓琇夫人,而非韓玉之夫人。可知韓琇與王氏育有四子,而並非説韓玉有四子。

值得説明的是,韓氏遷到衛州,當在韓玉時。韓玉曾任河平軍節度使。河平軍,治所在汲縣,即宋代的汲郡。天會七年,"因宋置防禦使"。明昌三年,升爲河平軍節度副使[1]。河平軍節度使的治所在衛州汲縣。由此可以推測,韓玉由漁陽、上谷間遷至衛州,而並非因韓琇"金亡始家于衛"[2]。韓不疑之所以能到冠氏縣,向元好問出示韓玉手書,想必其居所距離冠氏縣不遠。由此可知韓琇時可能已在衛州定居下來。

三、元代衛州韓氏

張子晗根據《新元史·韓沖傳》《元韓公神道碑銘》《元韓君墓碑銘》簡略勾勒出上谷韓氏中韓天麟一支的元代世系[3]。然仍有可補充者。韓琇與其夫人王氏育有四子。韓天麟、韓天祐就是其中的兩位。韓天祐事迹不詳。《元韓立墓誌》僅稱韓天祐"贈開州尹",其妻陳氏追封南陽郡君。韓天祐諸子"皆貴顯"。《元韓立墓誌》云韓天祐長子韓弘爲"朝列公"。"朝列"爲其散官,即朝列大夫,秩從四品第三階。可見其官職相當高。韓弘顯然入仕,"每歸自官所",衣食住行,都由韓立安排妥當,使"其家竟不至於失所"。在當時科舉不行的情況下,韓弘得以入仕似與王惲的保舉有密切關係。王惲曾爲韓弘書寫《保儒生韓弘牒草》:"竊見衛輝路録事司後進儒生韓弘性温雅,有士行,素明經學,兼習詞章,嘗試以事,論議、容止舉皆可觀。據兹良碩宜備時用,以勸後來。今將本人所業文字録連在前,合行移牒,請照驗施行。"[4]惟韓立雖有諸兄"亟勉之仕,辭以母老,不願也",而以孝友稱。兄弟分家後,"分命童僕務生産作業,無幾何,屋潤十

---

[1]《金史》卷二五《地理志中》,607—608 頁。
[2] 蘇天爵《滋溪文稿》卷一二《元故奉元路總管致仕工部尚書韓公神道碑銘并序》,185 頁。
[3] 張子晗《金代兩韓玉考論》,見牛貴琥、張建偉《女真政權下的文學研究》,349—350 頁。
[4] 王惲《秋澗先生大全文集》卷九二《保儒生韓弘牒草》,第二册,479 頁。

倍於初"。終於至正元年,享年五十六歲。韓立初娶大都路宣課副提舉趙世偉之女,早卒。繼娶大都路宣課提舉賈德明之女,別娶蔣氏。

韓天麟排行第三,"母以克肖,故尤所鍾愛"。韓氏定居衛州後,生活並不寬裕,"初,韓氏北故後居衛,生事微"。韓琇曾有意讓韓天麟經商,然韓天麟志不在此,"從政固所願也",早就立下了從政的志向[1]。《元韓君墓碑銘》載韓天麟事迹。韓天麟,字伯昌,"長業法家學,即能鬐然見頭角於輩行間,師以能稱之"。曾因熟悉法律而"爲郡法曹"。韓天麟頗有個性,"氣志明辯,有幹局,善當官,好持論,往往出人意表。其起身立事,不資藉昆弟,恥踵迹人後,氣之所充,力取必至,卓然自見於用者,蓋天性然"。至元二年,辟充懷孟路從事,四年勾補中書左三部令史,八年由考功轉御史臺。後出爲瑞州路別駕,超受奉議大夫、常德路宣課提舉,授奉議大夫、中書兵部郎中,於至元二十二年八月七日去世,享年五十九。"累贈嘉議大夫、兵部尚書、上輕車都尉、南陽郡侯。"[2]其妻爲元帥梁瑀之長女。

韓天麟諸子中以長子韓沖、次子韓中並顯於世。長子韓沖,字進道,《新元史》有傳。"少有立志,涉獵文史,鄉郡儒先咸器重之。"十九歲時游京師,爲翰林學士徒單公履辟爲書寫,擢戶部掾吏。統一江南後,韓沖爲太平路總管府經歷,後爲詹事院架閣庫管勾,後爲丞相完澤所知,擢工部主事,遷陝西行省左右司員外郎。大德初,爲安西王相府郎中令。後知洺陽府、汴梁稻田總管、黄州路總管、奉元路總管。延祐六年,以工部尚書致仕。至順三年九月十七日,在汴梁去世,享年八十三歲,贈通議大夫、禮部尚書、上輕車都尉、南陽君侯,諡康靖。原配黄氏追封南陽郡夫人,辛氏封南陽郡太夫人[3]。韓沖建有春蘭堂。戴表元有詩云:"韓侯世命薄,清高偃蓬藜。恍惚夢中語,機神勿關渠。云是子孫祥,訊占存古書。築室揭巍榜,奉觴娱安興。兹事真有漸,天道征不虛。鬻君金鳳凰,洗君玉蟾蜍。他年老賓客,或許建高閭。"[4]

次子韓中,字大中,《新元史》有傳。韓中"資簡重,寡言笑,自少不妄交遊,讀書惟務踐履"。韓中一直在監察系統任職。至元初,"公以儒士明習法令,擢

---

[1] 王惲《秋澗先生大全文集》卷五六《大元故奉議大夫中書兵部郎中韓君墓碑銘并序》,第二册,156—157頁。
[2] 蘇天爵《滋溪文稿》卷一二《元故奉元路總管致仕工部尚書韓公神道碑銘并序》,185頁。
[3] 以上引自蘇天爵《滋溪文稿》卷一二《元故奉元路總管致仕工部尚書韓公神道碑銘并序》,181—185頁。點校本:"曾祖妣馮氏,祖妣王氏,妣梁氏,元佩黄氏,繼辛氏、王氏、梁氏、黄氏並追封南陽郡夫人,辛氏封南陽郡太夫人。"誤,當爲"曾祖妣馮氏,祖妣王氏,妣梁氏,元佩黄氏,繼辛氏。王氏、梁氏、黄氏並追封南陽郡夫人,辛氏封南陽郡太夫人"。
[4] 戴表元《剡源逸稿》卷一《郎中令韓進道春蘭堂詩》,《續修四庫全書》本,上海古籍出版社,2002年,1頁。

察院掾",後擢中台掾,除架閣庫同管勾,出爲山東道廉訪司經歷,爲藉田署丞,遷司農司都事,擢監察御史,除陝西行臺都事,遷内臺都事,拜山東道廉訪副使,轉淮東道,丁母憂,調湖廣行省左右司郎中,改河東道廉訪副使,進拜漢中道廉訪使,又遷陝西行臺治書侍御史。"公自管勾凡十三遷,其散階至中議大夫,蓋入官五十餘年,終始不離風紀。"[1]至順二年九月甲午日於汴梁寓舍去世,十月庚午日,葬於汲縣親仁鄉康公原。贈集賢直學士、亞中大夫、輕車都尉,追封南陽郡侯,謚貞孝。夫人高氏,先韓中七年卒,享年七十二,累封爲南陽郡夫人。

韓沖與韓中兄弟二人皆曾仕宦關中,兩人均爲政詳明而有能聲。"延祐六年,奉元路總管韓公引年謝事,進官嘉議大夫、工部尚書,將謀東歸,士民共挽留之。居歲餘,公母弟漢中廉訪使中遂亦請老,乃相隨出關。"由於兄弟二人皆屢仕於關輔,"風采惠愛流布遠邇,於是長安士民聞之,爭具酒肴相帥祖餞於東門外,車馬塞途,眷戀追攀,不認其去。觀者感歎以爲榮,士論嘉其知止,命工畫者寫其迹,號《二老出關圖》,以擬漢二疏云"。[2]

季子韓伸,"少有材能,公推父澤與之,後果官郡縣有聲"[3]。可見韓伸以蔭補承襲入官。此外,韓燕、韓梅童,均爲庶出。四女中,已嫁與當地名族者有二,其他兩女"未笄"而在室[4]。

韓天祐諸孫,《元韓立墓誌》中提到有韓立三子:任獲嘉縣教諭的長子韓惟納、次子韓惟學、季子韓惟誠。韓立有女二,尚幼,皆在室。韓天麟諸孫中有韓沖子閏童,早卒。韓汝霖,曾任承事郎、同知息州事,轉内丘縣尹,擢陝西御史臺掾,進承直郎、揚州路海陵縣尹,原爲韓中之子,"以公(韓中)命爲康靖後"[5],過繼給韓沖。康靖,爲韓沖謚號。韓中育有三子,除韓汝霖外,長子爲汝楫,由河南行省照磨進承務郎、岳州路推官。《元韓立墓誌》中有從兄臨漳令汝楫,"從兄"即堂兄。顯然韓汝楫是韓中長子,爲韓惟訥之堂兄。需要指出的是,韓汝楫稱韓立爲叔氏,則韓立較韓沖、韓中年齡要小。此外,韓中三子韓汝梅,未仕。一女適郭居仁。下一代中,尚有韓禋和韓禧。

"燕雲風土雄碩,故其俗純厚,多以孝友稱。"[6]韓氏自薊州、上谷遷至衛

---

[1] 蘇天爵《滋溪文稿》卷一二《元故陝西諸道行御史臺治書侍御史贈集賢學士韓公神道碑銘并序》,186—189頁。
[2] 蘇天爵《滋溪文稿》卷一二《元故奉元路總管致仕工部尚書韓公神道碑銘并序》,181頁。
[3] 蘇天爵《滋溪文稿》卷一二《元故奉元路總管致仕工部尚書韓公神道碑銘并序》,185頁。
[4] 王惲《秋澗先生大全文集》卷五六《大元故奉議大夫中書兵部郎中韓君墓碑銘并序》,第二册,157頁。
[5] 蘇天爵《滋溪文稿》卷一二《元故陝西諸道行御史臺治書侍御史贈集賢學士韓公神道碑銘并序》,188頁。
[6] 王惲《秋澗先生大全文集》卷三〇《義門任氏詩并序》,第一册,446頁。

州,仍以孝友傳家,堪稱義門。韓不疑即父親韓玉死於非罪,發誓永不禄仕。韓天麟之子韓沖"孝友,偕廉訪公事母夫人克盡孝養"。廉訪公即韓中。韓沖曾以"便親養"未上峽州路總管,而改汴梁稻田總管。"母卒,表帥子侄行古喪禮,縉紳範之。"[1]韓中"事母至孝,得其歡心"。任淮東道廉訪副使期間,"以母辭歸。母喪既終,調湖廣行省左右司郎中"。其"庭有植竹,而芝生焉。翰林姚文公、集賢蕭貞敏公賦詩頌美,謂公誠孝所感云"。[2]而其諡"貞孝",可見其深得孝道。

《元韓立墓誌》中韓立更以孝友和義門聞。雖然諸兄"亟勉之仕",但他"以母老",拒絶入仕。前述其安排長兄食宿之舉,則爲其"篤於天倫,克盡其道"之體現,而爲"樂名教者尚之"。《貞珉千秋》收録《元韓立墓誌》中將"題曰孝友敦化詩序"點斷爲"題曰:孝友。敦化詩序"。然下文稱:"賢士大夫歌詠成軸,今藏於家。"可知,王公某所題當爲《孝友敦化詩序》,即爲諸人歌詠之詩所作序文。《元韓立墓誌》顯示他善於治生,且體現出義士的高尚風格。其分家之後"迺分命童僕務生產作業","無幾何,屋潤十倍於初"。其資助同里朱克昌經營商業,最終隨著朱氏去世而免於追還其成本。他將自己的土地讓與王氏作爲塋地,而不收其值。且聽聞鄉里有貧窮生病者,爲"購資爲湯藥之費,賴之以活者甚衆,人以爲有古義士風"。

四、衛州韓氏與王惲家族之關係

《元韓立墓誌》稱"禮部尚書洄溪王公"爲文《孝友敦化詩序》。洄溪王公疑與王惲有關。此處"洄溪"並非指今湖南省永州市江華瑶族自治縣之洄溪,而是汲縣一河流之名稱。王惲撰有《洄溪記有銘》《遊洄溪序》[3]。王惲因此號洄溪主人。然王惲並未擔任過禮部尚書,且王惲卒於大德八年。韓立至正元年去世,享年五十六歲。以此算來,韓立生於至元二十三年。大德八年時他才十九歲,由王惲題《孝友敦化詩序》顯然不合常理。王惲家族中,僅有王遜志曾任禮部郎中[4]。故此處"禮部尚書洄溪王公"疑爲王惲的曾孫王遜志,"禮部尚書"或爲"禮部郎中"之誤。

---

[1] 蘇天爵《滋溪文稿》卷一二《元故奉元路總管致仕工部尚書韓公神道碑銘并序》,185頁。
[2] 蘇天爵《滋溪文稿》卷一二《元故陝西諸道行御史臺治書侍御史贈集賢學士韓公神道碑銘并序》,186、188頁。
[3] 王惲《秋澗先生大全文集》卷三六,第一册,498頁;卷四一,第二册,2頁。
[4] 《元史》卷一八六《陳祖仁傳附王遜志傳》,4278頁。

王惲與韓天麟頗爲熟識。他曾稱韓天麟爲"亡友"。當時韓沖"既禫來謁",出示韓天麟行狀,請求王惲書寫墓碑銘,云"公與家府交敬,而知爲詳,敢百拜以墓碑爲請"。"公"即王惲。"家府"即韓沖的父親韓天麟。可見王惲與韓天麟交往頗深,遂有王惲"以義以分,有不能辭者,遂追叙而並銘之"。[1] 王惲嘗與韓天麟之子韓沖共飲。王惲曾於某日"昨飲韓進道家,坐間出欹器勸酒,暮歸。醉臥既醒,夜四更,試作二詩,吹燈起書,覺筆端甚來之易也。投筆就枕,復得一詩,侶勝前作。明日示弟忱,請行下合屬,即爲先和也"。[2]

要之,《元韓立墓誌》的價值在於其提供了衛州韓氏的詳細資料,可與韓天麟一支的相關記載相印證和補充,從而廓清了遼金元時期衛州韓氏家族的發展脉絡。韓氏家族中,韓琇成爲解開這一謎團的關鍵人物,而韓汝楫成爲進一步確認韓氏關係的重要線索。韓氏一族源自相州,最早可以追溯到五代石晉的韓繼寧,遼代韓孚遷居薊州、上谷間,金末元初,因韓玉任河平軍節度使而定居衛州,歷經了長時間的社會變化。韓氏遼代時已爲大族。即使韓玉含冤而死,金代韓氏也屢有家人仕宦。入元後,其子嗣多有入宦海者。然韓氏畢竟以孝友、義門傳家,建立了較爲融洽的家族關係。韓氏與王惲過從甚密。然墓誌中的"禮部尚書洄溪王公"疑爲"禮部郎中"王遜志,而非王惲。

(張國旺,中國社會科學院古代史研究所副研究員)

---

[1] 王惲《秋澗先生大全文集》卷五六《大元故奉議大夫中書兵部郎中韓君墓碑銘并序》,第二册,156頁。
[2] 王惲《秋澗先生大全文集》卷一八《欹器詩三首并序》,第一册,330頁。

道教與宋元時期的嶽瀆祭祀[*]

Taoism and the Rituals of Yue-Du in the Song and Yuan Dynasties

宋學立

摘　要：嶽瀆祭祀是古代國家祭祀的重要組成部分，是統治者行使公權力的象徵、昭示政權合法性的重要體現。相比前代，宋元嶽瀆祭祀有因有革。多民族政權林立，望祀遥祭成爲這一時期嶽瀆祭祀的時代特徵。宋元嶽瀆祭祀及其相關活動多有道士參與，道士擔任主祀官代祀的情況在大蒙古國時期和元初是比較突出的，其他時期以輔行或修建祈福道場者居多。管理嶽瀆宫廟是道教參與國家嶽瀆祭祀禮制的有機組成部分。在宋元多民族政權並立並逐漸走向融合、大一統的歷史進程中，道門之士通過參與嶽瀆祭祀、管理嶽瀆宫廟，見證了王朝正統性的建構，推動了以嶽瀆祭祀爲代表的中原禮制在少數民族政權政制體系下的傳播發展，藉此增進了金元統治者對中原文化的認同。在祭祀嶽瀆過程中，道門宗匠們體察政風民情，濟世度人，對政府決策、選人用人亦有助益。

關鍵詞：道教；岳瀆；祭祀

嶽瀆，係嶽、鎮、海、瀆的簡稱。《禮記·祭法》説，山林川谷丘陵，能出雲，爲風雨，見怪物，具有神性，因此要祭祀。金麻秉彝亦有類似之論："夫山林川澤，各有神靈所主。其有功於國，有德於民者，舉而祀之，禮也。是以大則嶽鎮海瀆，國家祭之，小則邱陵谿谷，郡邑祭之。"[1]周秦以來，五嶽四瀆祭祀逐步納入

---

[*] 本文爲國家"十三五"規劃文化重大工程《中華續道藏》（批准號：中央統戰部"統辦函"[2018]576號）專項研究成果；國家社會科學基金重大委託項目"中華思想通史"（批准號：20@ZH026）階段性成果。

[1] 張金吾編《金文最》卷六九《積仁侯昭佑廟碑》，中華書局，1990年，1018頁。

國家祭祀禮制。晉唐時期,嶽瀆祭祀日臻完善[1]。

按照中國傳統的宇宙觀、政道觀,嶽瀆祭祀是統治者行使公權力的象徵、昭示政權合法性的重要體現。相比前代,宋元嶽瀆祭祀有因有革。多民族政權林立,望祀遥祭成爲這一時期嶽瀆祭祀的時代特徵。宋元嶽瀆祭祀及其相關活動多有道士參與,道士擔任主祀官代祀的情況在大蒙古國時期和元初是比較突出的,其他時期也有擔任主祭者,但以輔行或修建祈福道場者居多。管理嶽瀆宫廟是道教參與國家嶽瀆祭祀禮制的有機組成部分。

一、宋元嶽瀆祭祀的因革

宋元嶽瀆祭祀相比前代,沿襲方面,如嶽瀆名稱、祭祀地點、時間大體確定,創新方面,唐祀四鎮,宋恢復隋制,祀五鎮。從祭祀官員來看,唐制"以當界都督刺史充"[2]。宋元時期,帝王親祀、遣使代祀和地方官主祭者皆有之。《宋史·禮志》稱,太祖平定湖南後,下詔:"嶽、瀆并東海廟,各以本縣令兼廟令,尉兼廟丞,專掌祀事。"[3]《續資治通鑑長編》記載,大中祥符四年(1011),真宗謁順聖金天王廟(即華嶽廟),作西嶽贊,群臣陪祀。景祐三年(1036),河北久旱,仁宗遣官詣北嶽祈雨。金代遣官祭祀嶽鎮海瀆的情況比較普遍。元代採取遣使代祀和所在有司常祀兩種方式:"嶽鎮海瀆,使者奉璽書即其處行事,稱代祀。其有司常祀者五:曰社稷,曰宣聖,曰三皇,曰嶽鎮海瀆,曰風師雨師。"[4]

宋元時期,漢族、契丹、党項、女真、蒙古等多民族政權先後並立。因疆界區隔,個别嶽瀆不在本境,望祀、遥祀成爲常態。如《長編》記載,宋初開寶元年(968),"北鎮醫巫閭山在營州界(按,位於遼境),未行祭享"[5]。乾道四年(1168)九月,李燾上《請復嶽鎮海瀆等祀典劄子》,稱嶽鎮海瀆之祀始自《周禮》。建炎南渡後,"固不遑暇,至紹興間舊典悉已復行,其未復者但餘嶽、鎮、海、瀆、先農、先蠶、風、雨及雷師等八九所耳"[6]。政權更迭林立給嶽瀆祭祀造成不小影響,非大一統時期可比。金人居北中國,"立夏,望祭南嶽衡山、南鎮會稽山于

---

[1] 杜佑《通典》(中華書局,1988年)卷四六對嶽瀆祭祀沿革史有載録,可參看。
[2] 《通典》卷四六《禮六》,1282頁。
[3] 《宋史》卷一〇二《志五五》,中華書局,1985年,2485頁。
[4] 《元史》卷七二《志二三》,中華書局,1976年,1780頁。
[5] 李燾《續資治通鑑長編》卷九《開寶元年》,中華書局,2004年,209頁。
[6] 徐松輯《中興禮書》卷一三九,《續修四庫全書》第822册,上海古籍出版社,2000年,498頁下。

河南府,南海、南瀆大江于萊州"[1],於北郊望祭嶽鎮海瀆的記載廣泛見諸《金史》。元世祖統一南北之後,望祀制度始告終結,"既有江南,乃罷遥祭"。

唐代,五嶽四海封王,四瀆四鎮封公。宋元時期,嶽瀆神靈及其妻室子弟爵位封號不斷攀陞。宋真宗朝加五嶽帝、后號。仁宗、神宗、徽宗又先後陞四瀆四海爲王、五鎮爲公。南渡後,孝宗尤崇南海,特封八字王爵。金仍宋制。元世祖至元二十八年(1291),加五嶽聖帝號,增四瀆四海四字王號。成宗大德二年(1298),加五鎮四字王號,敕有司歲時與嶽瀆同祀。

除了五郊迎氣之日的定期祭祀之外,還有不時而舉的非常規祭祀。從祭祀嶽鎮海瀆的目的來看,宋金時期以祈雨爲多。宋乾德元年(963)五月,大旱。宋太祖遣中使馳驛禱於嶽瀆。神宗元豐二年(1079),河北、京東、河東、陝西久不雨,詔遣禮官禱於東西北嶽、五臺山。哲宗元祐四年(1089),諸路闕雨水,詔中嶽、西嶽、江瀆、河瀆、淮瀆逐處長吏擇日祭祀本廟。金大定四年(1164)五月,"命禮部尚書王競祈雨北嶽,以定州長貳官充亞、終獻。又卜日於都門北郊,望祀嶽鎮海瀆,有司行事,禮用酒脯醢。後七日不雨,祈太社、太稷。又七日祈宗廟,不雨,仍從嶽鎮海瀆如初祈"[2]。明昌四年(1193)六月、承安五年(1200)七月,以晴,遣官致祭嶽鎮海瀆。驅邪祈福也是祭祀嶽瀆的初衷之一。《長編》記載,宋熙寧九年(1076),安南行營將士多有疾患,神宗遣同知禮院王存禱南嶽,遣中使齎香建祈福道場一月[3]。元代嶽瀆祭祀多以祈福爲目的,詳見下文。

二、道教對宋元嶽瀆祭祀的貢獻

宋元嶽瀆祭祀及其相關活動多有道士參與,特別是到了元代,道士甚至成爲主祀官。這與古人認爲道教掌握溝通天人的神聖權力有關。道教對宋元嶽瀆祭祀的貢獻大體可以概括爲兩大方面。

(一) 主持、參與祭祀儀式。宋立國伊始,百廢待興。特別是契丹的侵襲,重創定州北嶽廟。在傳承嶽瀆祭禮同時,統治者頗爲注重嶽瀆宫廟的修建。宋建隆二年(961),太祖遣使修北嶽廟。端拱二年(989),太宗再度重修。據《北嶽安天王廟建道場記》,真宗朝先後多次在北嶽廟建道場。如大中祥符五年(1012)

---

[1]《金史》卷三四《志一五》,中華書局,1975年,810頁。
[2]《金史》卷三五《志一六》,825頁。
[3] 李燾《續資治通鑑長編》卷二七九《熙寧九年》,6824頁。

十月二十四日,聖祖九天司命天尊大帝降延恩殿,真宗命在北嶽廟並真君觀請道士二十七人、僧二十七人起建道場各三晝夜。次年二月十五日,"奉敕移塑北嶽安天元聖帝尊像。先於真君觀請道士二七人起建道場七晝夜,罷散,至二十二日夜質明用三獻官並祭禮祭告安天元聖帝訖,至二十五日卯後四克,用乙時移元聖帝尊像於后殿,與靖明后相並安置訖。當日亥時,請道士二七人起建安神道場七晝夜,罷散日,各設醮一座,謹具三獻官並陪位官如后"。同年五月七日敕,"以玉清昭應宫聖像到京,命尚書都官員外郎吕言同殿中丞、通判定州軍州事王臻祭告北嶽安天元聖帝"。後令入内侍省内侍高品張茂先,奉宣到北嶽廟並真君觀各開啓道場三晝夜,罷散設醮一座[1]。據《真君觀題名》,宋崇寧二年(1103)四月二十日,入内殿頭童師放奉命赴曲陽北嶽廟醮禱,有中竹賜紫道士郝襲真同行[2]。

再以西鎮爲例,大中祥符三年(1010)三月七日,爲韓國長公主於西嶽廟消災祈福,請道士二十七人修建靈寶道場三晝夜。三日後,又設五嶽謝恩大醮。同年四月十八日,公主疾愈。又于西嶽廟禱謝。請道士二十七人開啓靈寶道場三晝夜,散日設清醮一座。仁宗嘉祐四年(1059)三月五日,在西嶽廟請道士二十七人建道場七晝夜,罷散日設醮一座二百四十分位。由於碑石殘缺,具體事由不詳[3]。

《濟瀆廟靈符碑》比較典型地反映了宋代道教參與嶽瀆祭祀的情況。此碑現存河南濟源濟瀆廟。宋政和六年(1116)九月建。上截爲符,下截爲文[4]。碑文中"諶法""蘭公""孝道""高明日月"諸語,與晉唐以來的許遜崇拜一脉相承。宋太宗、真宗、仁宗、徽宗均優禮以許遜信仰爲核心的玉隆萬壽宫。從靈符碑來看,因政府的重視,許遜崇拜團體在政和朝曾深度參與濟瀆祭祀和治水活動。金代,通玄大師李大方佩上清三洞秘籙,主盟秦雍餘二十年。金泰和七年(1207),章宗詔提點中都太極宫事,賜號體玄大師。此人精通醮科,曾被旨建醮爲章宗祈嗣,召對稱旨,禁中訪道。"衛紹王大安初,召君馳驛詣嶽瀆,投金龍玉册,爲民求福,賜雲錦羽衣,仍佩金符,加號通玄大師。"[5]

元至元二十八年(1291)正月,忽必烈對中書省臣言:"五嶽四瀆祠事,朕宜親往,道遠不可。大臣如卿等又有國務,宜遣重臣代朕祠之,漢人選名儒及道士

---

[1] 陳垣編纂,陳智超、曾慶瑛校補《道家金石略》,文物出版社,1988年,246—247頁。
[2] 《道家金石略》,284頁。
[3] 《道家金石略》,244—245頁。
[4] 《道家金石略》,330頁。
[5] 《道家金石略》,848頁。

習祀事者。"[1]早在蒙古國時期，道門大德就積極承擔嶽瀆祭祀使命。元定宗元年（1246），真靖大師張志淵奉詔代其師太一道四祖蕭輔道"頒錦幡、寶香於崧高、太華二祠，以祈福祐"[2]。從現存史料來看，太一道最早參與了蒙元嶽瀆祭祀。

1251年元憲宗即位後，以全真掌教李志常爲祀使，系統恢復嶽瀆祭祀傳統。此後多位全真道士主持祭祀嶽瀆儀式。如元憲宗、世祖兩朝，李志常、申志貞、史志經、王志坦、祁志誠、張志敬等掌教或大德都曾先後奉命祠祭嶽瀆，爲國醮祭祝釐。

《元史·世祖本紀》稱，至元十二年（1275）二月，"命怯薛丹察罕不花、侍儀副使關思義、真人李德和，代祀嶽瀆后土"[3]。李德和爲大道教天寶宮系七祖。至元十四年五月，李德和奉命代祀濟瀆。真大道十二祖張清志33歲時，曾應永昌王之請，"祈福於五嶽、四瀆、名山、大川"[4]。

入元以後，南北混一。玄教、正一派等南方道教宗師開始頻繁承擔祭祀職責。例如，開府儀同三司、上卿、輔成贊化保運玄教大宗師、知集賢院事、領諸路道教事、玄教大宗師張留孫屢受詔，由皇帝近臣陪護遍祠名山大川，訪問遺逸[5]。繼任者，特進、上卿、玄教大宗師、崇文弘道玄道廣化真人、總攝江淮荆襄等處道教、知集賢院道教事、玄教大宗師吳全節，至元二十六年（1289），奉詔祠南嶽。二十八年，從張留孫遍祠嶽瀆山川。元貞元年（1295），制授沖素崇道法師、南嶽提點。二年，奉詔祠中嶽、淮瀆、南嶽、南海。大德元年（1297），奉詔祠后土、西嶽、河瀆、江瀆。吳全節自述，弱冠從張留孫謁見元世祖。此後五十年間，多次奉命代祀名山大川，足跡幾乎遍佈大江南北[6]。此外，沖真明遠玄静真人張元傑、弘文輔道粹德真人王壽衍、玄明宏道虛一先生趙嗣祺，以及朱思本、薛毅夫師徒奉旨函香代祀嶽瀆的事蹟，廣泛見於諸家碑記、文集。

道教齋醮儀式後通常會舉行投龍簡儀式，答謝天地神靈，爲家國社稷祈福。投龍儀式成爲嶽瀆祭祀的一部分。宋代，因天下名山洞府多而僻遠，齋送醮祭

---

[1] 《元史》卷七六《志二七上》，1900頁。
[2] 王惲《王惲全集》卷六一《故真靖大師衛輝路道教提點張公墓碣銘》，中華書局，2013年，2664頁。
[3] 《元史》卷八《本紀第八》，163頁。
[4] 《道家金石略》，827頁。
[5] 《道家金石略》，926頁。
[6] 《道家金石略》，963—966頁。

之具頗爲不易。仁宗天聖朝,請道録院定歲投龍簡凡二十處,餘皆罷之[1]。間接可知,投龍簡由道録院主司。至元十二年(1275)二月,元世祖命在大都玉虛觀建金籙大齋三晝夜。事畢,詔正一大道教七祖杜福春等,赴濟瀆靈泉水府投進[2]。皇慶元年(1312),仁宗命設大醮於大都長春宮。吳全節奉旨投金龍玉簡於嵩山、濟瀆。泰定元年(1324)正月,詔玄教、太一道、大道教等各宗領袖在大都崇真萬壽宮建金籙周天大醮二千四百分位,七晝夜。後遣太一道七祖蔡天佑等捧刻玉寶符、玄璧龍紐,馳詣濟瀆清源投奠[3]。

(二)管領嶽瀆宮廟。嶽鎮海瀆附近一般建有奉祀嶽瀆神靈的宮觀,有的還建有行宮。除了參與或主持嶽瀆祭祀儀式,道門之士還承擔著嶽瀆宮觀的住持管理之責。

《岱嶽觀題名》碑,立於宋仁宗皇祐四年(1052),碑文殘缺,但"觀主王歸德、道正李若情"幾字清晰可見。岱嶽觀不僅納入地方道正管理,而且由道士住持。皇祐五年,岱嶽觀重修王母殿並創建花園一所,"掌文籍賜紫龐歸□、掌文籍賜紫蔣茂周、上座賜紫李茂之、觀主賜紫王歸德、前觀主賜紫荀歸道、道正賜紫李□"參與立碑[4]。由"賜紫"可知,岱嶽觀深得統治者禮重。大觀初年,徽宗遣使祀西嶽,並重修西嶽金天順聖帝廟。道士雷道之擔任西嶽知殿。西嶽廟建有北極真武殿,大觀祭祀時,東遷擴建。宣和七年(1125),賜觀名曰拱極,並令雷氏永紹住持。靖康之役,毀於兵火。紹興九年(1139),雷道之撰文續記拱極觀歷史。題"前西嶽知殿兼拱極觀主、賜紫道士雷道之謹記"。《金石文字記》讚歎:"其碑文鄙淺無足采,然吾於是有以見宋人風俗之厚,而黃冠道流,猶能念本朝而望之興復,其愈於後世之人且千萬也。"[5]

金元時期,嶽瀆廟仍由道士管領。《大金集禮》記載:"該隨處嶽鎮海瀆神祠……乞選差清高道士專一看守。契勘嶽鎮海瀆系官爲致祭,祠廟合依准中嶽廟體例,委所隸州府,選有德行名高道士二人看管,仍令本地人官員常切提控外,其餘不系官爲致祭祠廟,止合准本處舊來例施行,蒙准呈。"[6]

《金史·禮制》記載,大定二十七年(1187)正月,世宗加號黃河神曰昭應順濟聖后,廟曰靈德善利之廟。每歲委本縣長官春秋致祭。天興元年(1232)蒙古

---

[1] 周輝《清波雜誌》卷九,中華書局,1994年,376頁。
[2] 李修生主編《全元文》第24冊,卷七四六,鳳凰出版社,1998年,53—54頁。
[3] 《道家金石略》,863頁。
[4] 《道家金石略》,273頁。
[5] 《道家金石略》,342—343頁。
[6] 《大金集禮》卷三四《嶽鎮海瀆》,《景印文淵閣四庫全書》第648冊,商務印書館,1986年,264頁下。

軍南下。太一道四祖蕭輔道自柘城北渡,並應大將撒吉思之請,住持新衛昭應順濟聖后祠[1]。元大德十年(1306)七月二十一日,海山太子頒令旨,護持苗宗師住持的中鎮霍嶽廟廟產[2]。海山,即孛兒只斤·海山(1281—1311),順宗答剌麻八剌之子、成宗鐵穆耳之侄。至大元年(1308)即位,是為武宗。按,令旨碑裏提到的苗宗師,當指武宗即位後出任全真掌教大宗師的苗道一。《苗公道行碑》稱:"(武宗)恃其謀以為進退。故鑾輅南駕,入承大統,皇仁周洽,庶績咸熙,(下缺)神仙符命,黄金印章,一如長春。"[3]大德令旨可證,苗道一在武宗即位前就與之建立了不同一般的關係。大德十一年正月,為加强霍嶽廟管理,防止地方侵佔,知廟道士解志清將令旨刻石立碑。又據《西鎮祀香記》,大德十一年五月,成宗遣使祀香西鎮吴嶽廟。當年七月十三日,住廟道士和地方道官刻石立碑,以示紀念。碑記文末列有相關題名,殘缺甚多,仍可概見道士對吴嶽廟的管領情况:"本廟提點□和大師張德□□□□唐□玄知觀□□堅□□□等立石。大師□州道判(下缺)教諭蒲明德題額。"[4]

據《皇帝登極祀嶽之記》,元延祐七年(1320)五月,仁宗帶領臣衆,躬詣北嶽安天大貞玄聖帝祠下,祠祭北嶽。住廟道士極為重視,同樣採取刻石紀念的方式,以示皇恩優渥。參與者包括:虛静甯玄大師北嶽廟提點孫道微、賜紫文明集照奉義大師北嶽廟提點趙道祥、特賜元明弘道通真大師北嶽廟住持提點彭王忠[5]。可見,元代北嶽廟設有多位提點。道士管理嶽瀆廟的制度一直延續至元末。至元五年(1339),元順帝遣使赴濟源代祀濟瀆、望祭北海。當時主理濟瀆廟的道士包括都提點元志浩、提點高道謙[6]。

三、結語

從宋元嶽瀆祭祀史看,道士擔任主祀官的情况在蒙古國時期和元初是比較突出的,其他時期也有主祭者,但以輔行或修建祈福道場者居多。同時,道士一直是嶽瀆廟日常的經理者。嶽瀆不僅是一個地理概念,而且是一個超越了本身

---

[1]《道家金石略》,861頁。
[2]《道家金石略》,715頁。
[3]《道家金石略》,786—787頁。
[4]《道家金石略》,1136頁。
[5]《道家金石略》,1156—1157頁。
[6] 成化《河南總志》卷一五,載河南省地方史志辦公室編纂《河南歷代方志集成(省志卷)》2,大象出版社,2016年,230頁下—231頁上。

屬性的禮法地理大坐標，一套象徵王朝正統性的經國體野的文化符號[1]。在宋元多民族政權並立並逐漸走向融合、大一統的歷史發展中，道門之士通過參與嶽瀆祭祀、管理嶽瀆宮廟，見證和參與了王朝正統性的建構，推動了以嶽瀆祭祀爲代表的中原禮制體系在少數民族政權政制體系下的傳承傳播，藉此增進了金元統治者對漢文化的認同。

在祭祀嶽瀆的過程中，道門宗匠們體察政風民情，濟世度人，對政府決策、選人用人頗有助益。如，中統四年(1263)，李居壽奉詔祭祀嶽瀆時沿路賑濟貧乏。至元八年(1271)，奉世祖之命在岱宗、汾睢設驅蝗齋醮，秋乃大熟[2]。張清志奉詔祭祀嶽瀆山川時，"自齎錢三千緡隨行，以濟所在煢獨無告者"[3]。吳全節代祀嶽瀆歸來後，元世祖、成宗每問見聞、人物道里、風俗美惡、歲事豐凶、州縣得失。吳全節借機舉薦賢德之士。洛陽太守盧摯因治民有方，被薦爲集賢學士。翰林學士閻復因吳全節的極力保全，而免遭誣陷。"朝廷得敬大臣之體，不以口語傷賢者，則公深有以維持之也。"[4]

（宋學立，中國社會科學院古代史研究所副研究員）

---

[1] 雷聞《五嶽真君祠與唐代國家祭祀》，《唐代宗教信仰與社會》，上海辭書出版社，2003年。
[2] 《道家金石略》，849頁。
[3] 《道家金石略》，828頁。
[4] 《道家金石略》，965頁。《元史》卷二〇二《釋老傳》亦有類似之論。

元代蒙古人"姓氏"芻議
On the Family Name of Mongols in Yuan Dynasty

張曉慧

摘　要：在元人的普遍認知中，蒙古人有名而無姓。在少數具有較高漢文化水平的蒙古家族中，有"以部爲姓"的現象，但極爲少見，反映了少數蒙古人用蒙古部族概念來比附漢式姓氏。除"以部爲姓"外，蒙古人還有許多製造漢式姓氏的途徑，常選自祖先之名。元代的文人學士不斷發出立國族姓氏譜牒的呼籲，主要目的是爲了明確親疏貴賤之別，將蒙古貴族與普通蒙古人區別開來，而不是爲了區分部族。闡明元代普通蒙古人的姓氏情況，有助於分析成吉思汗家族姓氏的產生過程。帝姓孛兒只斤的"製造"，滿足了劃定元朝統治家族範圍的迫切需要。

關鍵詞：元代；蒙古；姓氏；孛兒只斤

衆所周知，"孛兒只斤"一直以來被視作元代"帝姓"。同時，元廷以無姓和有姓來區分蒙古色目與漢人南人。按照這一標準，蒙古人自然屬"無姓"一類。如果説蒙古人無姓的話，那黄金家族的"姓"又從何而來呢？

對上述問題，研究者持有不同的看法。普遍認爲，"蒙古人與其他北亞遊牧民族相同，有氏族之别，而無姓，通常稱名而不稱姓氏"。[1] 也有研究認爲，氏族組織在向地緣單位轉化的過程中，成爲血緣出身的標誌，這是蒙古姓

---

[1] 蕭啓慶《論元代蒙古人之漢化》，載《内北國而外中國：蒙元史研究》，中華書局，2007年，686頁。亦見小林高郎著，烏恩譯《蒙古族的姓氏和親屬稱謂》，載《蒙古學資料與情報》1987年第1期，原文見《モンゴル史論考》，雄山閣，1983年，125—144頁；L. 莫色斯著，薩仁托雅譯《蒙古人名的命名方式》，《蒙古學信息》1991年第1期，43—48頁；陳高華、史衛民《中國風俗通史（元代卷）》，上海文藝出版社，2001年，504頁。

氏的起源[1]。"雖然在字面上多不反映姓氏，但這並不等於無姓。"[2]認爲蒙元時代蒙古社會中存在姓氏的觀點，源於曾經流行的"血緣社會"理論。以符拉基米爾佐夫爲代表的蒙古社會的研究者，普遍將親緣關係視爲前國家社會的基本組織原則，認爲氏族是古代蒙古社會的基礎要素[3]。在研究者中間，現代社會科學語境中的所謂"氏族"，又常與歷史語境中的氏族相混淆。在蒙元時代的歷史語境中，氏族常被用作部族的對等概念。元代蒙古人稱部、稱氏的現象，就容易被理解爲姓氏存在的證據。

回答蒙古人有無姓氏以及能否將所謂"氏族"等同於"姓氏"的問題，需要回到蒙元時代的歷史語境中，分析留下文字史料的蒙元時代蒙古人，是如何自我稱呼與表達的？元代漢人是如何看待蒙古人姓氏問題的？下面就先概括蒙古人的一般情況，再來分析黄金家族的個案。

一、"姓氏"的有無與"以部爲姓"

蒙元時代對蒙古社會的觀察描摹中，普遍流行的觀點是蒙古人"無姓"。根據南宋人彭大雅的出使報告，蒙古人"有小名而無姓字"。徐霆的觀察亦相似："霆見其自上至下，只稱小名，即不曾有姓。"[4]南宋使節的觀察，反映了當時蒙古人的實際情況。到了元人那裏，也流行類似的看法，元代文人揭傒斯就認爲蒙古人"無氏姓"。[5]有姓與否，成爲元朝官府判斷一個人屬蒙古、色目還是屬漢人、南人的標準。爲了杜絕漢人、南人充任達魯花赤，元朝政府多次下令革罷有姓達魯花赤[6]。

蒙古人僅以名行，在現實生活中難免不便。蒙古人篤列圖考中了狀元之後："自殿庭傳呼篤列圖再三，恐有同名，不敢出拜，以其氏族、祖父求之，侍儀舍

---

[1] 亦鄰真《蒙古人的姓氏》，原載《内蒙古大學學報(哲學社會科學蒙古文版)》1977年第2期，曹金成漢譯，收入《般若至寶：亦鄰真教授學術論文集》，上海古籍出版社，2019年，524—527頁。烏蘭《關於蒙古人的姓氏》，載《蒙元史暨民族史論集：紀念翁獨健先生誕辰一百周年》，社會科學文獻出版社，2006年，101—108頁。
[2] 納日碧力戈《姓名論(修訂版)》，社會科學文獻出版社，2015年，76—78頁。
[3] 符拉基米爾佐夫著，劉榮焌譯《蒙古社會制度史》，中國社會科學出版社，1980年，74頁。
[4] 王國維《黑韃事略箋證》，收入《王國維遺書》第8册，上海書店出版社，2011年，210頁。
[5] 揭傒斯《揭文安公全集》卷九《送夔元溥序》，《四部叢刊初編》影印烏程蔣氏密韻樓藏孔荭穀抄本，商務印書館，1922年，頁十b。
[6]《元典章》"有姓達魯花赤革去""有姓達魯花赤追奪不叙""延祐七年革後稟詐冒求仕等例"等條，見陳高華、張帆、劉曉、党寶海點校《元典章》卷九《吏部三·官制三·投下官》、《新集·吏部·官制·總例》，中華書局、天津古籍出版社，2011年，294、2044頁。

人自衆中引出,受袍笏拜謝。"[1]爲了更好地辨識身份,蒙古人時而在名字之外附加部族信息。但這是否意味著部族是姓氏的對等概念呢?

一般來講,按照元人的稱謂習慣,蒙古人所出之部與蒙古人名之間的組合順序並不劃一。比如朵兒邊部蒙古人脫脫出,時人或稱之爲度禮班脫脫出,或稱之爲脫脫出度理班公[2]。部族名與名字的排列順序並不確定,這表明元人無意將其嵌入到漢文化"姓 + 名"的姓名結構中。

元代文獻常稱蒙古女性曰某某氏,某某既可以是部族名,也可以是人名。錢大昕就曾對此產生疑惑:元代皇后"八不罕者,其名也。當書弘吉剌氏,不當云八八罕氏"。[3]實際上"人名 + 氏"這樣的稱謂在元代有大量的用例存在。如漢文與回鶻體蒙古文合璧《竹溫台碑》記載竹溫台"夫人阿答而氏",對應的蒙古語作 qairan-tai gergei inu Adar neretei,是用蒙古語 neretei(意爲"有……名字的")來對譯漢文中的"氏"[4]。如果說部族名在時人的觀念中可以一概比擬爲姓氏的話,就不會出現大量的蒙古語人名與漢語語境中的姓氏相對應的情況。

認爲蒙古人中間存在姓氏的觀點,部分地源於對蒙古人"以部爲姓"現象的觀察。但是,所謂"以部爲姓"的蒙古人,在蒙元時代是極少見的情況。極少數個案,是否可以作爲元代蒙古人"有姓"的例證? 恐怕需要更爲審慎的態度。

元代的確有極少數漢文化較高水準的蒙古人,如元代名相哈剌哈孫的族孫燮理普化,將《斡羅氏世譜》作爲家族譜牒之名,斡羅(哈剌哈孫家族所出之斡羅那兒部的簡稱)具有家族姓氏的意味[5]。這種做法的性質,是將蒙古部族比附爲漢式"姓氏"。但事實上這種做法並不爲時人廣泛接受,燮理普化的朋友揭傒斯描述蒙古人"無氏姓,故人取名之首字加其字之上,若氏姓云者,以便稱謂"。不僅在揭傒斯看來,燮理普化作爲蒙古人是"無姓"的,而且時人多以燮元溥來稱呼燮理溥化,而不是斡羅元溥[6]。這遵循了元代社會普遍存在的稱謂習慣,即取蒙古人名之首,連接以字。

---

[1] 虞集《道園類稿》卷四六《靖州路總管揑古台公墓誌銘》,《中華再造善本》影印元刻本,北京圖書館出版社,2006年,頁二九 b。
[2] (嘉靖)《濮州志》卷七《歷宦志》,卷九匹侍御史吕衍《濮州廟學記》、同卷學正馬豫《濮州增修宣聖廟學記》,《天一閣藏明代方志選刊續編》第 61 册,上海書店,2014 年,515、644、648 頁。
[3] 錢大昕《廿二史考異》卷八七《元史二·泰定帝紀一》,方詩銘、周殿傑校點,上海古籍出版社,2014 年,1222—1223 頁。八不罕與八八罕爲同名異譯。
[4] Francis Woodman Cleaves, "The Sino-Mongolian Inscription of 1338 in Memory of Jiguntei", *Harvard Journal of Asiatic Studies*, Vol. 14, No. 1/2. (Jun., 1951), p. 55.
[5] 虞集《道園學古錄》卷四〇《題斡羅氏世譜》,《四部叢刊初編》影印明翻元本,頁三 a。
[6] 見虞集《道園類稿》卷一一《別燮元溥後重寄》,頁一六 b,等例。燮理溥化又被稱爲燮御史、燮理君,見傅習、孫存吾輯《皇元風雅》卷六應居仁《送舅氏楚山樂教授之金陵謁燮御史》,《中華再造善本》影印元刻本,頁一五 b;《道園學古錄》卷八《舒城縣學明倫堂記》,頁八 b。

元代多族士人交往之時，一些蒙古士人被稱以部族名＋字。這些是文士交往過程中，他者對個體的蒙古人的稱呼。這樣的稱呼，在蒙古士人當中不乏其例，以至於出現同一家族的蒙古士人，均被時人以"部族名＋字"相稱的情况，如生活在徽州地區的一個散只兀家族，其後裔被時人稱爲珊竹元卿、珊竹元振、珊竹伯堅、珊竹伯禮[1]。

上述這些稱呼，並不是蒙古人的自稱。稱呼中的部族名，似乎不能與"姓氏"直接劃上等號。姓氏，依照其基本含義和社會功能，應該是有意識的自稱，具有家族傳承性[2]。蕭啓慶指出，元代散只兀部吾也而家族的後人，多採取"珊竹＋名/字"的稱謂方式。《滁州新營學記》提到此家族之人，署名爲"武德將軍管領漢軍上千户所達魯花赤大寧珊竹充書"[3]。這表明珊竹充是自稱。這一家族另一成員拔不忽，漢名介[4]。在姓名的構成方式上，珊竹介與珊竹充類似，可推測拔不忽也應該以珊竹介自稱。類似的，還有《（至正）金陵新志》所載珊竹介的兄弟珊竹八哈赤[5]。但是吾也而家族成員的稱呼並不全都遵循上述規律。吾也而的後裔阿海、雩禮、蕭呼和索隆噶台等人，並不被時人以"珊竹＋名(字)"稱之，"珊竹＋名(字)"的家族傳承性非常有限[6]。

又如抄思家族，出自乃蠻部分支答禄部，祖先曾是乃蠻部主[7]。這一家族的子孫具有較高的漢文化水準，採取了部族名"答禄"＋漢名的姓名構成方式，包括答禄文圭、答禄守恭、答禄守禮、答禄與權[8]。除此之外，元代史料中

---

[1] 珊竹元卿，見鄭玉《師山先生文集》卷九《徽泰萬户府達魯花赤珊竹公遺愛碑銘》，《中華再造善本》影印元刻明修本，頁四 a。珊竹元振，見陶安《陶學士先生文集》卷一七《監郡珊竹元振招安記》，《稀見明史研究資料五種》第 9—10 册《陶學士先生文集》影印明弘治十三年項經刻遞修本，中華書局，2015 年，408—411 頁。珊竹伯堅，見鄭玉《用前韻寄珊竹伯堅》，收入楊鐮主編《全元詩》，中華書局，2013 年，第 40 册，227 頁。珊竹伯禮，見程敏政編《唐氏三先生集》卷一八唐桂芳《白雲文稿》之《伯禮雨笠圖序》，明正德十三年張芹刻本，頁二三 a。

[2] 姓名的區分身份的功能，參見納日碧力戈《姓名論（修訂版）》，159—161 頁。

[3] 蕭啓慶《元代蒙古人的漢學》，載《内北國而外中國：蒙元史研究》，653 頁。

[4] 拔不忽，漢名介，字仲清，見《養蒙文集》卷九《上按察使珊竹仲清》，《元代珍本文集彙刊》影印清抄本，"國立中央"圖書館，1970 年，303 頁。

[5] 《（至正）金陵新志》卷六下《官守題名》，《中華再造善本》影印元刻本，頁五三 b。姚燧《有元故中奉大夫江東宣慰使珊竹公神道碑銘（并序）》，收入李修生主編《全元文》，鳳凰出版社，1998 年，第九册，725—729 頁，以一九二七年《江蘇通志稿·金石一九》所載録文爲底本，補以北京圖書館所藏原件拓片；亦見查洪德點校本《姚燧集》（人民文學出版社，2011 年）609—611 頁，全據《江蘇通志稿》録文。但《全元文》據拓片補後仍有缺漏。此碑文見載於《（隆慶）儀真縣誌》卷一四《藝文考》、《十二硯齋金石過眼録》卷一八，對比而知《（隆慶）儀真縣誌》所録文字較全，應以《（隆慶）儀真縣誌》所録碑文與《全元文》相參。

[6] 《元史》卷一二〇《吾也而傳》，中華書局，1976 年，2968—2969 頁。姚燧《牧庵集》卷一《蕭呼封營國顯公制》，《四部叢刊初編》景印武英殿聚珍本，頁一八 b。

[7] 《元史》卷一二一《抄思傳》，2993 頁。

[8] 答禄文圭，見方回《題答禄章瑞淨香亭》，收入《全元詩》，第 6 册，521 頁。答禄守恭、答禄守禮，見黄溍《金華黄先生文集》卷二八《答禄乃蠻氏先塋碑》，《中華再造善本》影印元刻本，頁一六 a。答禄與權事迹較多，參見楊鐮《答禄與權事迹鈎沉》，《新疆大學學報》1993 年第 4 期，97—103 頁。

還可見其他答禄乃蠻人，其稱謂方式與抄思家族不同。例如，元末福建平章普化帖木兒，也是答禄乃蠻人，字兼善。時人多以普平章、普大夫、普公兼善等稱之[1]。可見答禄是否作爲姓氏採用，各家族有著不同的選擇。究其原因，可能在於抄思家族曾爲乃蠻部主，答禄作爲名號所藴含的輝煌歷史，還在後人的記憶中留存。迺賢曾作《答禄將軍射虎行》一詩，詩中誇讚了答禄家族"世爲乃蠻部主"的輝煌過往[2]。而普化帖木兒家族，應非乃蠻顯貴家庭出身，家族始祖只能追溯至窩闊台時代[3]。"答禄"之稱，對這一家族來講，並不像抄思家族那樣承載著顯赫的家族歷史。

上舉元代珊竹家族、答禄家族的情況，在元人蒙古人中間是極爲少見的。擁有較高漢文化水準、爲自己取有漢名的蒙古人，一般只有名而無姓。如元末蒙古佲犭陏沃鱗部僧家奴，太原人，漢名鈞，字元卿。他在宋刻元修《趙清獻公文集》的跋文中，署名爲"蒙古晉人僧家奴鈞元卿"[4]。蒙古爲族屬，晉爲籍貫，蒙古名"僧家奴"與漢名"鈞"並稱，不見其以佲犭陏沃鱗爲姓。

部族常被時人比擬爲地望、籍貫。元末詩人泰不華，出自蒙古伯岳吾部。《元史》本傳稱："泰不華字兼善，伯牙吾台氏。初名達普化，文宗賜以今名。世居白野山。"[5]關於白野山，屠寄認爲白野是蒙古語 Bayan 的音譯（伯顏，意爲"富"），與伯牙吾是同源詞，是"以山名爲氏"[6]。伯希和、韓百詩否定屠寄的觀點，推測白野是對蒙古語 čaγan ke'er（白色的原野）的漢語意譯[7]。問題在於，ke'er 一詞（曠野、野地、野甸），元代文獻常以"川"來漢譯，與"山"是對立的概念，何以既稱"野"又稱"山"？將白野理解爲蒙古語音譯，與伯牙吾同源，可能更爲合適。泰不華自己以"白野"爲地望[8]，被別人稱爲"達白野""白野達兼善"等[9]。在這個例子中，相對於姓氏而言，白野具有的是地望的意味。類似的例子，還有《元統元年進士録》，記蒙古色目進士的格式大致爲：名＋籍貫＋族屬。

---

[1]《元史》卷一四〇《塔識帖木兒傳附普化帖木兒傳》，3378頁；貢師泰《中山世家序》（貢奎、貢師泰、貢性之《貢氏三家集》，邱居里標點，《元代別集叢刊》標點本，吉林出版集團、吉林文史出版社，2010年，289頁）。

[2] 顧嗣立編《元詩選初集》戊集迺賢《答禄將軍射虎行并序》，中華書局，1987年，1468頁。

[3] 上引貢師泰《中山世家序》。

[4] 趙抃《趙清獻公文集》"跋文"，《中華再造善本》影印宋刻元明遞修本。

[5]《元史》卷一四三《泰不華傳》，3423頁。

[6] 屠寄《蒙兀兒史記》卷一三一《泰不華傳》，見《元史二種》，上海古籍出版社，1989年，783頁。

[7] Paul Pelliot et Louis Hambis, *Histoire des Campagnes de Gengis Khan*, Leiden: Brill, 1951, p. 106.

[8] 陶宗儀《書史會要》卷七"大元"，徐永明點校，《元代古籍集成》第2輯，北京師範大學出版社，2016年，177頁；迺賢《金台集》，國家圖書館藏毛氏汲古閣刻本，卷末跋文："至正九年夏至日白野泰不華觀於持心齋"。

[9] 鄭元祐《僑吳集》卷七《再奉監司達白野先生書》《追薦故元帥達公亡疏》，《元代珍本文集彙刊》影印清抄本，276、282頁。

其中提到"亦速歹：貫蒙古札只剌歹人，[見居]龍興[路録事]司"。[1]蒙古部族札只剌，在某種程度上具有籍貫意味。

元代珊竹部人自認爲與成吉思汗家族同出一源，史料中對二者之間的關係是這樣表述的："展我同姓，豈伊異人"；"率土之臣，莫如同姓"[2]。據此，珊竹部人與成吉思汗家族是"同姓"的關係。這裏的"同姓"，顯然不是部族或所謂"氏族"的對等物，因爲珊竹與成吉思汗家族所屬乞顔孛兒只斤並非同一部族或"氏族"。珊竹部人強調自身"與國家同源而殊流""其先蓋與國家同出""同出於天潢"[3]。根據《史集》《元朝秘史》等史籍關於蒙古早期史的記載，珊竹部人與成吉思汗同屬阿闌豁阿的後裔。這就意味著，在珊竹部人眼中，由阿闌豁阿的後裔衍生出的各部都是"同姓"的關係。

因此，根據元代史料對蒙古社會的描述，蒙古人中間並没有"姓氏"的對等概念，甚至出現蒙古語語境中的人名與漢語語境中的姓氏相對等的情況。"以部爲姓"的情況，僅見於極少個案。只有個別具有較高漢文化水準的蒙古人，選擇了部族作爲姓氏的比附。在這些個案中，同一家族的成員並不採取同樣的稱謂方式；出自同一部族的不同家族，稱謂方式也有差異。在大多數情況下，部族名＋名的稱呼方式，没有形成固定的類似姓名的結構。除姓氏之外，部族還被時人比擬爲地望、籍貫。出於不同部族的蒙古人，也可以自認爲是"同姓"的關係。這些情況都表明在元代蒙古人觀念裏，部族並不是姓氏的對等概念。

二、姓氏之立：漢姓來源與譜牒之興

儘管蒙古傳統社會習俗中並無姓氏概念，但元代不乏蒙古人"立姓"的嘗試，以及不同族群的有識之士對朝廷的建言。

蒙古人"一方面採用漢文通俗名者甚多。另一方面，中期以後漢化較深之蒙古人採用字號者亦極普遍。但是，蒙古人完全採用漢式姓名者不多，因與其政治利益相扞格"[4]。史料中的確存在一些"有姓"蒙古人，擁有漢式姓氏，不

---

[1] 蕭啓慶《元代進士輯考》，"中研院"歷史語言研究所，2012年，58頁。
[2] 姚燧《姚文公牧庵集》(不分卷)"元帥烏野而贈謚制""元帥紐鄰贈謚制"，《北京圖書館古籍珍本叢刊》第92册影印清抄本，6—7頁。
[3] 上引姚燧《有元故中奉大夫江東宣慰使珊竹公神道碑銘(并序)》、鄭玉《徽泰萬户府達魯花赤珊竹公遺愛碑銘》。姚燧《牧庵集》卷一《散周氏塔塔爾贈蜀國武定公制》，《四部叢刊初編》景印武英殿聚珍本，頁一二a。
[4] 關於元代蒙古人取漢姓的情況，參見蕭啓慶《内北國而外中國：蒙元史研究》，686—690頁。

過其取姓緣由是多樣的。《元史·良吏傳》記載："諳都剌字瑞芝,凱烈氏。祖阿思蘭,嘗從大將阿术伐宋,仕至冀寧路達魯花赤,子孫因其名蘭,遂以蘭爲氏。"[1]出自克烈部(凱烈)的諳都剌家族,其姓氏並不從部族而來,而是從祖先的名字譯音而來。類似的情況,也見於直理吉部人宴琥。宴琥是蒙古開國初期大將宴徹的曾孫,"指曾祖諱爲姓"。[2]可見其"宴"姓是從宴徹之名而來。又如《忽失歹神道碑》提到成吉思汗征金時,忽失歹之父朵忽朗"嘗□□□利糧餉弗繼,計不知出,公於□鉢堂干餔以進。上□悦,遂賜姓何氏焉。蓋盒何同音故也"。[3]成吉思汗並不懂漢語,《碑》中記成吉思汗以盒何同音之故,賜蒙古人以漢姓,顯然出於撰碑的漢人文士之附會。這一家族"何"姓的由來,當來自忽失歹一名譯音之首。還有一些蒙古人的漢姓,既不是來自所出之部族,也不是來自祖先名號的音譯。如蒙古人張信因其曾祖母爲輦遮氏,譯言張姓,遂以爲姓[4]。到了明代,"國初平定,蒙古、色目人散處諸州,多已更姓易名,雜處民間"。[5]元亡之後散居中原的蒙古人採用純粹的漢姓,多來自人名音譯。比如,據河南孟津發現的《李氏家譜》,李氏自稱出自木華黎六世孫——松江府達魯花赤咬兒。在元亡之後,"從木從子,志所自也",改姓爲李[6]。李姓由來,與木華黎家族所出的札剌亦兒部無關,而是來自木華黎之名[7]。又如明代翰林院的蒙古編修火你赤,改取漢式姓名"霍莊","霍"姓來自其蒙古語名的音譯[8]。

上述例子旨在説明,如果説在蒙古人看來,所謂"氏族"或部族可以等同於漢語語境中的"姓氏"的話,蒙古人就無需在此之外重新製造"姓氏"。而現實恰恰相反,蒙古人製造"姓氏"的途徑是多樣化的,"氏族"或部族並不能自動地與"姓氏"劃上等號。近代的漢譯蒙古姓也存在類似的情況:"根據其祖父或父親的名字來給自己造一個漢姓,具體方法一般是將其祖父或父親名字的第一音節

---

[1]《元史》卷一九二《良吏傳》,4364—4365頁。

[2] 鄭真《榮陽外史集》卷四七《蒙古直理吉氏家傳》,日本静嘉堂文庫藏抄本。此係劉曉老師提示並惠賜史料原文,謹致謝忱!《家傳》中提到的人物和史事,相關考證見蕭啓慶《内北國而外中國》,598頁;曹金成《政治體視角下的元代蒙古認同》,北京大學博士學位論文,2018年,95頁。

[3]《大元贈朝列大夫龍興路富州達魯花赤□都尉追封隴西郡伯忽失歹公神道碑并銘》,見山西省考古研究所編《山西碑碣》,山西人民出版社,1997年,310—312頁。

[4] 蕭啓慶《内北國而外中國:蒙元史研究》,599頁。

[5] 陳子龍等輯《明經世文編》卷七三丘濬《内夏外夷之限》,中華書局,1962年,615頁。入明的蒙古人急於改變身份認同而取漢姓的情況,參見蕭啓慶《内北國而外中國:蒙元史研究》,703—705頁。

[6] 蕭啓慶《内北國而外中國:蒙元史研究》,705頁。

[7] 類似的如清代《脱氏宗譜》稱脱氏爲元丞相脱脱後裔,參見劉侗主編《遼寧回族家譜選編》,天津古籍出版社,1992年,51—54頁。

[8] 參見 Paul Pelliot, "Le Hōja et le Sayyid Ḥusain de l'Histoire des Ming," *T'oung Pao*, Second Series, Vol. 38, Livr. 2/5 (1948), p.231. 亦見 Henry Serruys, *The Mongols in China during the Hung-wu Period (1368-1398)*, PhD. Dissertation, Columbia University, 1955, p. 197。

音譯爲漢姓。"[1]

元代的文人學士在奏議、策問中,特別關注到國人(即蒙古人)"姓氏不立"的情況,屢屢發出復興譜牒之學的呼籲,形成一個值得注意的社會現象。復興譜牒之學的動機,不僅在於防止冒僞國族[2],而且更在於明姓氏、別貴賤。後者成爲元代有識之士的普遍訴求。王惲《烏台筆補·請明國朝姓氏狀》提到"誠宜區別親疏,使貴賤之間,各有攸序"。[3]前引貢師泰《中山世家序》云:"夫姓氏之別,漢、魏以來代有其書,迨隋、唐而大備。……至於我朝奄有海宇,姓氏之蕃,方之隋、唐,奚翅十倍。且勳宗德閥,類皆不以氏稱,其名諱又多復出,非假譜牒圖籍,則一代之文獻,將何所征哉!"類似的還有,吳師道《鄉校堂試策問》云:"今之蒙古、色目,雖族屬有分,而姓氏不立,並以名行,貴賤混淆,前後複雜,國家未有明制。抑以爲若此者未足害治歟?抑敦尚淳質而不變革歟?"[4]《元史·小雲石海涯傳》記載貫雲石在仁宗即位時"上疏條六事",其中就有一條曰"表姓氏以旌勳冑"[5],惜具體內容不詳。從標題上看,上疏的內容應與貢師泰、吳師道等人的呼籲相似。

總而言之,蒙元時代的蒙古人,在絕大多數情況下,沒有材料表明他們擁有姓氏。少數擁有漢式姓氏的蒙古人的個案,在蒙元時代絕非主流。這些個案的共同特點是,漢化程度較深的蒙古人,借用了漢文化傳統中的稱謂習俗,製造自身的姓名。姓氏的來源是多樣化的,有相當多的例子是以祖先姓名的音譯爲姓。元人不同族群的文人學士,已經意識到蒙古人無姓氏造成了混淆和不便。復興譜牒之學的呼籲,針對的就是"姓氏不立,並以名行,貴賤混淆"的情況。譜牒強化的,是貴賤親疏之別,而不是族群之分。出自同一部族的蒙古人甚夥,倘若姓氏是部族的對等概念,那麼強調姓氏之別,並不能區別同一部族中的貴族與普通蒙古人。

三、"帝姓"孛兒只斤的製造

上文分析了蒙古社會中並不存在漢文化"姓氏"的完全對等物。隨之而來

---

[1] 烏蘭《關於蒙古人的姓氏》,106頁。
[2] 曹金成《政治體視角下的元代蒙古認同》,121頁。
[3] 王惲《秋澗先生大全文集》卷八五《烏台筆補》"請明國朝姓氏狀",《四部叢刊初編》影印明翻元本,頁三b。
[4] 吳師道《吳正傳先生文集》卷一九《鄉校堂試策問》,《元代珍本文集彙刊》影印明抄本,581頁。
[5] 《元史》卷一四三《小雲石海涯傳》,3422頁。

的問題是,黄金家族的"姓"是從何而來的?普遍認爲,孛兒只斤是黄金家族的"姓氏"。蒙元史料中,孛兒只斤所指範圍有二。一是泛指孛端察兒的後人,見於《元朝秘史》《史集》等史料。二是專指成吉思汗之父也速該的子孫(即乞牙惕孛兒只斤),僅見于《史集》"部族志"[1]。後一孛兒只斤被研究者廣泛認爲是黄金家族的姓氏。不過已有研究指出,"孛兒只斤"一詞在蒙元文獻中比較罕見,《秘史》中所説孛端察兒後代爲孛兒只斤氏,或許是後人爲了獨尊孛端察兒一系而加以改造的結果[2]。

作爲一朝"國姓",孛兒只斤在元代文獻中却很少出現。這種狀況是如何造成的,元人又是如何看待本朝國姓的?孛兒只斤作爲成吉思汗家族"姓氏",值得從觀念史的角度再考察。

見載于元代漢文史料的黄金家族"姓氏"不是廣義上的孛兒只斤,而是奇渥温。《元史·太祖紀》和《輟耕録·列聖授受正統》記載成吉思汗家族的姓氏是奇渥温:"太祖法天啓運聖武皇帝,諱鐵木真,姓奇渥温氏,蒙古部人。""烈祖神元皇帝諱也速該。姓奇渥温氏。"[3]奇渥温即乞顔(蒙古語 Kiyan)的異譯[4]。

雖然元代的譯音用字具有極大的不確定性,但是有證據表明,奇渥温這一譯法,在元代早期就確定了下來。陳桱《通鑑續編》稱阿蘭豁阿生子曰吉押[5]。吉押,即奇渥温(乞顔)。由於《通鑑續編》的這段文字很可能來自元代的《太祖實録》[6],可以推知,在陳桱所引《太祖實録》中,乞顔的譯法尚未最終確定爲奇渥温。20世紀末,北京出土了元代名臣耶律鑄及其夫人墓誌。《耶律鑄墓誌銘》記載耶律鑄娶"也里可温真氏、赤帖吉真氏、雪尼氏、奇渥温真氏二人、甕吉剌真氏"。耶律鑄夫人墓誌《故郡夫人奇渥温氏墓誌銘》云:"郡主夫人姓奇渥温氏,小字瓊真,斡真大王女孫,捏木兒圖大王幼女,塔察兒大王從妹也。"[7]奇渥温氏瓊真是東道諸王之女、黄金家族的公主,瓊真爲名,奇渥温爲姓氏。耶律鑄夫婦墓誌立石分別是在至元二十五年、二十二年,墓誌的寫作時間還要早於立石時間。耶律鑄夫婦墓誌中奇渥温的譯法與《元史》一致,這並不是巧合。據《元史·耶律鑄傳》,至元十三年,世祖詔耶律鑄監修國史[8]。可以想見,在耶律鑄

---

[1] 拉施特著,余大鈞、周建奇譯《史集》,商務印書館,2014年,第一卷第一分册,260頁。
[2] 曹金成《元代"黄金家族"稱號新考》,《歷史研究》2021年第4期。
[3] 《元史》卷一《太祖紀》,1頁;陶宗儀《南村輟耕録》卷一《列聖授受正統》,中華書局,1959年,9頁。
[4] 從審音勘同角度講,奇渥温與 Kiyan 之間差異較大,元人何以採用奇渥温這一譯法,待考。
[5] 陳桱《通鑑續編》卷一九,日本内閣文庫藏至正刊本。
[6] 《通鑑續編》的史源研究,參見黄時鑒《〈通鑑續編〉蒙古史料考索》,原載《文史》第33輯,後收入《黄時鑒文集 1 大漠孤煙》,中西書局,2011年,133—156頁。
[7] 墓誌録文及研究見劉曉《耶律鑄夫婦墓誌札記》,《暨南史學》第3輯,144—154頁。
[8] 《元史》卷一四六《耶律鑄傳》,3465頁。

監修國史之時,黃金家族爲奇渥温氏的記載見於國史,當時奇渥温這一譯法就已確定下來,爲耶律鑄所知悉。

元朝之外,金帳汗國的蒙古人也使用乞顔(乞牙惕)一詞。《完者都史》記載1310年,金帳汗國月即別汗派出一位使節來到伊利汗國的桃李寺城。他的名字叫作阿黑不花,出自乞牙惕氏。伊利汗國的異密忽辛駙馬舉辦宴會接待他,忽辛是成吉思汗功臣、札剌亦兒部拙赤·答兒馬剌的後裔。席間,兩人因瑣事起了争執,阿黑不花怒駡:"既然你是Qānjūnī的斡脱古·孛斡勒(老奴婢),爲何讓我給你拿杯子?你們忘記了札撒,遠離了古老的約孫,忘記了禮貌、理智和文化,古列堅(駙馬)依據慣例應該奴隸般地服務于兀魯黑,雙脚站立。"忽辛回懟:"異密,你現在是在出使,而不是在執行成吉思汗兀魯黑家族(原文爲骨頭)的札撒。"[1]儘管忽辛在伊利汗國位高權重,但阿黑不花還是因自己乞牙惕氏的高貴出身而蔑視他。

乞顔氏,根據波斯宰相拉施特所修《史集》的記載,指的是合不勒汗諸子,衍生出禹兒乞、泰赤烏諸部,其所指範圍要遠大於成吉思汗的父親也速該的子孫[2]。與專指成吉思汗家族的孛兒只斤相比,乞顔凸顯成吉思汗家族獨特地位的作用要弱得多。但《通鑑續編》和《元史》所反映的《太祖實録》,對孛兒只斤未有絲毫提及。如果孛兒只斤是公認的帝室姓氏,很難想象如此重要的信息會在《實録》中缺失。《史集》成書的時間相當於元朝中葉,比《通鑑續編》所引《太祖實録》、耶律鑄監修之國史的纂修時間要晚。《史集》也僅在"部族志"一處提到也速該後裔被稱爲孛兒只斤,在《成吉思汗紀》中並未提及[3]。而且在拉施特所修撰的成吉思汗家族系譜《五族譜》之"蒙古系譜"中,也並未提到孛兒只斤[4]。《五族譜》是專門的黃金家族譜牒之書,"帝姓"孛兒只斤在皇家玉牒中並未出現,殊難理解。

蒙元時代,孛兒只斤在文獻中非常罕見。與此不同的是,在蒙元時代之後,孛兒只斤廣泛見載于蒙古文史書《黃金史綱》《蒙古源流》等。如《蒙古源流》記載,爲兒子鐵木真娶妻的也速該,遇到德薛禪。德薛禪對他説:"乞由氏的孛兒

---

[1] Abūal-Qāsim 'Abd Allāh b. Muḥammad Qāshānī, *Tārīkh-i Uljāytū*, ed. by Mahīn Hambalī, Tihrān: Bungāh-i Tarjuma va Nashr-i Kitāb, 1969, p. 175. Qānjūnī(قانجونى)疑爲 Bāljūnī(بالجونى)之訛。

[2] 《史集》漢譯本第一卷第一分册,259頁。

[3] 《史集》"部族志"記載"孛兒只斤"起源於突厥語詞"藍眼睛的人"。這一突厥語詞如何輾轉成爲蒙古皇室的"姓氏",殊難理解。圍繞著孛兒只斤詞源的争議,參見羅伊果的研究述評(Igor de Rachewiltz, *The Secret History of the Mongols: A Mongolian Epic Chronicle of the Thirteenth Century*, Leiden · Boston: Brill, 2004, p. 238)。其中,德福等人認爲,拉施特的説法並不可靠,孛兒只斤起源于蒙古語 borǰi(野鴨)一詞(G. Doerfer, *Türkische und Mongolische Elemente im Neupersischen*, Band I, Wiesbaden, pp. 221–224)。

[4] *Shu'ab-i panjgāna*, İstanbul: Topkapı-Sarayı Müzesi Kütüphanesi.

只斤親家,[你]到哪裏去啊？""我們自古以來,姿色秀麗的姑娘,嫁與富有的孛兒只斤作哈屯,性情賢順的姑娘,嫁與天命所歸的孛兒只斤作哈屯。"[1]這段內容,在《秘史》中作:"德薛禪問我説也速該親家你往那裏去。也速該説我往這兒子母舅斡勒忽訥氏索女子去。德薛禪説……原來你今日將這兒子來應了我的夢。必是你乞顔人的吉兆。"[2]《秘史》在這段記載中並未提到孛兒只斤,對應於《蒙古源流》中孛兒只斤一詞的位置,《秘史》作乞顔。而且《蒙古源流》對孛兒只斤"富有""天命所歸"的强調,爲《秘史》所無。《蒙古源流》在相應的部分,用孛兒只斤替换了乞顔。可以對比的是,同爲17世紀成書的羅桑丹津《黄金史》,可能利用了元朝脱卜赤顔流傳到蒙古草原的某種本子,其與《秘史》的關係較《蒙古源流》等書更近[3]。《黄金史》相應部分只提到乞牙惕,不見孛兒只斤[4]。可見《蒙古源流》等史籍對孛兒只斤(也速該子孫)地位的强調,並不能反映蒙元時期的舊貌,乃是出於明清時代的追述。

在元代,孛兒只斤一直未納入漢人的知識領域。元代漢文史料中,不僅没有提到黄金家族的姓氏是孛兒只斤,而且時人就黄金家族的姓氏產生了不少疑惑。宋末元初的鄭思肖云:"今韃主亦無姓,嘗邈然僭誕曰:'俺亦姓趙。'"[5]趙姓之説,顯不可信。不過還是能夠看出,鄭思肖其實並不知曉蒙元帝姓。前引元人王惲《烏臺筆補·請明國朝姓氏狀》云:"蓋聞自古有國之君,皆推原世系,以明姓氏。如軒轅以有熊爲氏,帝堯以陶唐爲氏,夏以姒,商以子,周以姬,亡遼以耶律姓,殘金以完顔姓是也。伏惟聖朝奄有區宇,六十餘載,際天所覆,罔不臣屬。而又禮文制度,粲然一新。欽惟國朝姓氏,廣大徽赫,遠降自天。今輝潛未發,無以啓悟臣民視聽之願,兼體知得有親散賜姓等氏。誠宜區别親疏,使貴賤之間,各有攸序。"類比有熊、陶唐、耶律、完顔等姓氏,可知王惲所謂"國朝姓氏",指的是作爲元代統治家族的成吉思汗家族姓氏。"今輝潛未發",表明當時黄金家族的姓氏並不爲人所知。《烏臺筆補》彙集了王惲任職御史臺時的言事文稿,作爲御史臺官員的王惲尚無法弄清當朝國姓,可見唯有上文提到的耶律鑄這樣任大必闍赤、監修國史者,才有機會接觸到與國姓有關的文獻。

---

[1] 烏蘭《〈蒙古源流〉研究》,遼寧民族出版社,2000年,145—146頁。類似的記載見朱風、賈敬顔譯《蒙古黄金史綱》,内蒙古人民出版社,2007年,9頁;烏雲畢力格《〈阿薩喇克其史〉研究》,中央民族大學出版社,2009年,83頁;格日樂校譯注《黄史》,内蒙古教育出版社,2007年,19頁。
[2] 烏蘭校勘《元朝秘史(校勘本)》,第62、63節,中華書局,2012年,22頁。
[3] 烏蘭《從新現蒙古文殘葉看羅桑丹津〈黄金史〉與〈元朝秘史〉之關係》,《西域歷史語言研究集刊》第4輯,173頁,後收入《文獻學與語文學視野下的蒙古史研究》,中國社會科學出版社,2021年。
[4] 羅桑丹津著,色道爾吉譯《黄金史》,蒙古學出版社,1993年,27頁。
[5] 鄭思肖《心史·大義略叙》,《北京圖書館古籍珍本叢刊》第90册影印明崇禎刻本,北京圖書館出版社,2000年,982頁。

王恽建言將國姓昭告四方，但似乎未被朝廷採納。元末權衡《庚申外史》云："蒙古以韃靼氏爲父，翁吉剌、伯牙吾氏爲母，家法相承，至七八傳矣。"[1]這裏的"蒙古"，專指元朝帝室。如果時人知曉元朝帝室的姓氏，就不會出現"以韃靼氏爲父"這一並不準確的説法。元末明初成書的《草木子》也記載："達達即韃靼，耶律即契丹，大金即完顏氏。"[2]耶律即契丹、大金即完顏，解釋的是遼金兩政權的帝室姓氏。依此類推，達達即韃靼，説明在時人看來元朝帝室等同於韃靼，韃靼的性質就相當於耶律和完顏。《草木子》又云："元爲札剌兒氏"[3]，誤把木華黎家族所出之部札剌亦兒當作元朝帝姓。這些記載顯然與實際不符。從權衡和葉子奇的例子，可知元末人並不知曉本朝帝姓。明初，明太祖朱元璋《與元幼主書》稱"爾國之人，素無姓氏"[4]，當然包括元朝皇室在内。

因此，可以明確的歷史過程是，蒙古帝國早期的史料，尚未强調孛兒只斤專指成吉思汗家族的屬性，而是以孛端察兒後人的泛稱"乞顏"來涵蓋黃金家族的範圍。此後，專指成吉思汗家族的孛兒只斤被發掘並加以强調，在明清蒙古史籍中大量出現，孛兒只斤氏的天命地位愈加凸顯。

部族是蒙古人表明自身何所從來的重要指征，但是從嚴格意義上講，蒙元史料並沒有提到哪一部直接對應於成吉思汗家族。蒙古社會中並不存在漢文化語境中姓氏的完全對等物，但孛兒只斤却承載著元朝帝室姓氏的實際功能。成吉思汗家族在這些方面表現出種種特殊性。對此，較爲合理的解釋是，帝姓孛兒只斤並不是蒙古社會習俗影響下的自然衍生物，而是在統治家族的政治需要之下產生的。成吉思汗先祖曾經臣服於何部，蒙元史料中已沒有蹤迹。在成吉思汗家族成爲統治家族之後，需要專門的名號來指稱自身。將孛端察兒後裔的泛稱孛兒只斤作爲自己的專稱，成吉思汗家族拉近了與傳説中的先祖孛端察兒的距離。進一步地，孛兒只斤專指也速該後人，就連成吉思汗的叔伯等家族支脉也與孛兒只斤毫無關係。也速該後裔的範圍，即成吉思汗子孫及成吉思汗諸弟的後人，這也是蒙元宗室的範圍。孛兒只斤與蒙元宗室範圍的重合，更印證了孛兒只斤的"製造"，是出於成吉思汗家族特殊化、神聖化的需要。在蒙元時代之後，對草原上的蒙古人而言，證明成吉思汗後裔身份的需要變得越來越

---

[1] 任崇岳《庚申外史箋證》，中州古籍出版社，1991年，118頁。蒙古，《箋證》誤作蒙史，據《寶顔堂秘笈》本、《四庫全書存目叢書》影印蘇州圖書館藏明抄本、《續修四庫全書》影印南京圖書館藏清雍正傳抄本、《學海類編》本、《海山仙館叢書》本、《叢書集成初編》排印《學津討原》本改。

[2] 葉子奇《草木子》卷四下《雜俎篇》，中華書局，1959年，83頁。

[3] 葉子奇《草木子》卷三下《雜制篇》，63頁。

[4] 錢伯城等主編《全明文》，上海古籍出版社，1992年，403頁。

迫切,孛兒只斤的觀念也就變得愈加流行。

總結

姓氏是人們自我定義的一種獨特路徑。蒙元時代的蒙古社會中間,並不存在漢文化語境中姓氏的完全對等概念。元代出現的"以部爲姓"的個案,其實質是以草原部族來理解、比擬漢文化視野中的姓氏的現象。蒙元時代姓氏與部族之間的比擬深受漢文化的影響,並不能完全反映蒙古部族的身份表徵作用。用部族來比擬姓氏,僅是蒙古人製造姓氏的途徑之一,而不是全部。總體來講,元代蒙古人製造姓氏的個案是有限的,大多數情況下是有名而無姓的。孛兒只斤成爲元代帝室姓氏,需要從其產生與流傳的過程來理解。"帝姓"的實質,是黃金家族的身份表徵。"製造"孛兒只斤姓氏的目的,是將黃金家族特殊化與神聖化。孛兒只斤與蒙元宗室範圍的重合,表明帝姓的製造,滿足了確定成吉思汗後裔身份的迫切需要。這體現了統治家族定義自我、表達自我的獨特路徑。

(張曉慧,中國社會科學院古代史研究所助理研究員)

論元代盧溝橋的治安管理[*]
A Study on the Public Security Management of Lugou Bridge in the Yuan Dynasty

寇博辰

摘 要：盧溝橋是元大都周邊一處關津，此橋因地處交通要衝之故駐有元朝軍隊守衛。守橋軍隊除擔負軍事防禦任務衛戍都城外，也具備治安檢查職責盤查過橋行人，後者可以視爲前者在日常的具體體現。元代盧溝橋在治安管理方面對大都城起到重要的拱衛作用，與居庸等關口在元大都外圍構成一層安全屏障。

關鍵詞：元大都；盧溝橋；治安管理

一、引言

《通制條格》記載：

> 至元二十六年（1289）八月，樞密院。議擬到禁約諸軍例内一款："關津、渡口把隘去處，當該官員軍兵人等，常切用心巡綽，盤捉一等作過歹人，務要嚴謹，毋致私受財貨放行。如違，體察得實，痛行斷罪。"[1]

---

[*] 本文爲北京市博士後科研活動經費資助 A 類項目"元大都社會治安防控體系研究"（2023－ZZ－158）階段性成果。
[1]《通制條格》卷一八《關市》"關渡盤詰"；此據方齡貴《〈通制條格〉校注》，中華書局，2001 年，523 頁。參見《至正條格》"條格"卷二八《關市》"關度盤詰"，韓國學中央研究院編校注本，Humanist 出版社，2007 年，89 頁。

《元典章》亦載:"會驗延祐元年(1314)八月十八日欽奉聖旨條畫内一款節該:關津隘口守把軍官軍人,及巡尉弓兵人等,本以譏察奸僞而設。"[1]由這兩則材料可見,元代重要關津駐有軍隊把守,軍人亦擔負巡邏任務,盤查過往行人並對盜賊實施逮捕以維護治安。

具體到元大都地區,其周邊既有居庸等陸路關口,亦有盧溝橋(位於今北京市丰臺區)這處津梁。關於居庸等關,《元上都》一書指出元朝隆鎮衛不僅負責居庸關交通孔道的保衛,大都北面和西面之重要山口都由其掌管,其下屬千户分佈在不同地點,職責皆爲徼巡盜賊,保護交通暢通[2]。可見,元大都之北居庸等關戒備較爲嚴密,這些山口既是軍事防禦的重要隘口,亦爲盤詰賊盜之治安關卡。然而前人却對元代盧溝橋的治安管理有所忽略,故本文擬對此問題略作探討。

二、元代盧溝橋的軍事防禦

盧溝河(今永定河)之上的盧溝橋建於金代[3],是古代北京地區一處重要津梁[4],位於元大都西南[5]。《至正條格》記載:

> 至元二十九年五月,御史臺呈:"監察御史體問得:'把盧溝橋軍人阿八赤等,節次遇有過往人員,欲要解卸行李,勒取酒食錢鈔,將各人不復盤問,即便放行,百户脱思不花不爲用心鈐束。'本臺議得:軍人阿八赤等,各決二十七下,百户脱思不花,量決七下。"都省准擬。[6]

由其中"把盧溝橋軍人阿八赤等""百户脱思不花"可知,元朝在盧溝橋設有軍隊

---

[1]《元典章》卷二二《户部八·課程·鹽課·鹽法通例》,陳高華等點校,中華書局、天津古籍出版社,2011年,839頁。

[2] 陳高華、史衛民《元上都》,吉林教育出版社,1988年;此據同作者《元代大都上都研究》,中國人民大學出版社,2010年,175頁。

[3] 于傑、于光度《金中都》,北京出版社,1989年,139—140頁。關於盧溝橋這一橋樑建築,參見北京市古代建築研究所編《橋塔》"古代橋樑",北京美術攝影出版社,2014年,4—19頁;Alvise Andreose, "Between Text and History: Marco Polo's Description of the Lugou Qiao(盧溝橋)",榮新江、党寶海主編《馬可·波羅與10—14世紀的絲綢之路》,北京大學出版社,2019年,48—66頁。

[4] 陳高華《元大都》,北京出版社,1982年,此據陳高華、史衛民《元代大都上都研究》,19頁;尹鈞科《北京古代交通》,北京出版社,2000年,38—39頁;朱祖希編著《永定河與北京城》,中國地圖出版社,2011年,28—36頁。

[5] 譚其驤主編《中國歷史地圖集》第7册《元·明時期》,中國地圖出版社,1982年,7—8頁。

[6]《至正條格》"斷例"卷一《衛禁》"津渡留難致命",172頁。

駐守。另外,《元史·英宗紀》曰:"〔至治元年(1321)十二月甲子〕以諸王怯伯使者數入朝,發兵守北口及盧溝橋。"[1]則是向盧溝橋增兵以加強防守。

那麼元朝爲何派駐軍隊防衛此橋? 宿白已指出居庸關、盧溝橋等處是交通隘口,故建有過街塔以向來往行人宣傳佛教[2]。元人蒲道源《盧溝橋苻氏雅集亭》一詩曰:"盧溝石梁天下雄,正當京師來往衝。"[3]亦可見盧溝橋是大都城對外交通的一處要地。具體而言,元大都南面驛道經由良鄉、涿州南下,盧溝橋便位於這條站道上[4]。《元史·王構傳》記載:

> 屬桑哥爲相,俾與平章卜忽木檢覈燕南錢穀,而督其逋負。以十一月晦行,期歲終復命。明年春還,宿盧溝驛,度逾期,禍且不測,謂卜忽木曰:"設有罪,構當以身任之,不以累公也。"會桑哥死,乃免。[5]

其中"宿盧溝驛"表明盧溝橋地區還設有驛站。另外,張埜所作《滿江紅》"盧溝橋"曰:"橋下水,東流急。橋上客,紛如織。"[6]也表明此橋交通繁忙。

需要指出的是,盧溝橋在交通、軍事上的重要性於兩都之戰中體現得較爲明顯[7]。《元史·文宗紀》記載:

> 〔天曆元年(1328)九月〕戊子,上都諸王忽剌台等兵入紫荆關,將士皆潰,……〔十月辛卯〕紫荆關兵進逼涿州,……〔癸巳〕忽剌台游兵進逼南城,……〔甲午〕脱脱木兒、章吉奥也先捏合擊敵軍於良鄉南,轉戰至瀘溝橋,忽剌台被創,據橋而宿。[8]

由這段史料可見,上都軍隊在通過紫荆關後,盧溝橋遂成爲大都、上都雙方爭奪之焦點。需要補充的是,《元史·文宗紀》記載:

---

[1] 《元史》卷二七《英宗紀一》,中華書局,1976年,615頁。
[2] 宿白《居庸關過街塔考稿》,《文物》1964年第4期;此據同作者《藏傳佛教寺院考古》,文物出版社,1996年,353頁。
[3] 蒲道源《盧溝橋苻氏雅集亭》,楊鐮主編《全元詩》,中華書局,2013年,第19册,247頁。
[4] 陳高華《元大都》;此據陳高華、史衛民《元代大都上都研究》,62—63頁。
[5] 《元史》卷一六四《王構傳》,3856頁。
[6] 張埜《滿江紅》"盧溝橋",楊鐮主編《全元詞》,中華書局,2019年,813頁。
[7] 關於兩都之戰的過程,參見白壽彝主編、陳得芝分册主編《中國通史(第二版)》第8卷《中古時代·元時期》乙編"綜述"第八章"從變通祖述到粉飾文治"第三節"晉邸繼統與兩都之戰"之"兩都之戰",上海人民出版社,2015年,400—405頁。
[8] 《元史》卷三二《文宗紀一》,713—714頁。

〔至順二年(1331)四月〕御史臺臣言："儲政使哈撒兒不花侍陛下潛邸時,受馬七十九匹,又盜用官庫物。天曆初,領兵盧溝橋,迎敵即逃,擅閉城門,驚惑民庶。……臣等議：其罪宜杖一百七,除名,斥還鄉里。"從之。[1]

正是由於哈撒兒不花"領兵盧溝橋,迎敵即逃",故上都軍統帥忽剌台得以在盧溝橋"據橋而宿"。而忽剌台在佔領、控制盧溝橋後,進可向大都發動攻擊,退可自紫荊關返回草原。此後,雙方又圍繞盧溝橋展開激烈戰鬥,《元史·文宗紀》曰：

〔天曆元年十月〕乙未,燕鐵木兒率軍循北山而西,趣良鄉,諸將時與忽剌台、阿剌帖木兒等戰於盧溝橋,聲言燕鐵木兒大軍至,敵兵皆遁。……〔戊戌〕諸將追阿剌帖木兒等至紫荊關,獲之,送京師,皆棄市。[2]

《元史·燕鐵木兒傳》亦載：

〔天曆元年十月〕乙未,上都諸王忽剌台,指揮使阿剌鐵木兒、安童入紫荊關,犯良鄉,游騎逼南城。燕鐵木兒即率諸將兵循北山而西,令脱銜繫囊,盛荳豆以飼馬,士行且食,晨夜兼程,至于盧溝河,忽剌台聞之,望風西走。[3]

綜合以上兩則史料不難發現,大都軍一方"聲言燕鐵木兒大軍至"並非疑兵之計,燕鐵木兒的確率部兵貴神速奔赴盧溝橋,企圖奪回橋樑。最終,上都軍戰敗,棄橋向西逃往紫荊關。總之,盧溝橋是元大都週邊一處交通要衝、軍事重地,故元廷在此橋駐有軍隊戍守、警備以保障大都城防務安全。而在明朝末年盧溝橋東面還修建了拱極城作爲橋頭堡並設置軍隊駐守從而拱衛首都[4],同樣體現出盧溝橋在軍事上對於藩屏京師的重要性。

另外,元大都及其附近地區是由元朝侍衛親軍擔任防守任務[5],故駐防盧溝橋的軍隊應爲侍衛親軍系統所屬一支部隊。

---

[1]《元史》卷三五《文宗紀四》,783頁。
[2]《元史》卷三二《文宗紀一》,714—715頁。
[3]《元史》卷一三八《燕鐵木兒傳》,3330頁。
[4] 孫濤主編《盧溝橋與宛平城》第二部分《宛平城》"宛平城的建築結構和佈局",文化藝術出版社,2002年,69—71頁。
[5] 蕭啓慶《元代的宿衛制度》,此據同作者《內北國而外中國：蒙元史研究》,中華書局,2007年,249頁;此文初刊於1973年。關於元朝各衛軍營佈防地點,參見史衛民《中國軍事通史》第14卷《元代軍事史》,軍事科學出版社,1998年,226—228頁。

三、元代盧溝橋的治安檢查

盧溝橋駐軍除防守橋樑外，還擔負什麽任務？前引《至正條格》載："把盧溝橋軍人阿八赤等，節次遇有過往人員，欲要解卸行李，勒取酒食錢鈔，將各人不復盤問，即便放行，百户脱思不花不爲用心鈐束。"由此可知，守橋執勤軍人亦具有盤查橋面來往行人之職責[1]，這屬於治安管理職能。可見，盧溝橋與上文所述元大都周邊居庸關等陸路關口情況一致，具備治安檢查關卡之功能。

需要注意的是，《元史·仁宗紀》曰："〔延祐四年十二月〕己酉，盧溝橋、澤畔店、琉璃河並置巡檢司。"[2]由這則史料可知元廷還在盧溝橋一帶設置了治安管理機構——巡檢司[3]。而關於元代盧溝橋駐軍、巡檢司之關係，筆者推測：前者主要防衛、管理橋樑本身，而後者則在此橋附近道路、周邊區域巡防捕盜，管轄範圍更廣，二者應是互相協作、聯防聯動、形成互補，共同維護這一地區的社會治安。另外，明代盧溝橋亦長期設有巡檢司維持治安[4]，應當可以視爲對元朝制度之繼承。

而元朝先後設置駐軍、巡檢司，則體現出其對於盧溝橋地區治安管理問題的高度重視。

四、結語

盧溝橋是元大都周邊地區的一處關津要衝，可視作大都城南大門之一，因此元廷派遣軍隊駐守該橋。守橋軍隊具有軍事防禦、治安檢查兩方面職能，並且可以認爲後者是前者在日常的具體體現。總之，有元一代盧溝橋在治安管理

---

[1] 在元代各類人員出行須先向自身所在主管政府申請文引作爲通行憑證，官府核實之後發放，關津渡口值守官吏、軍人查驗文引後予以放行（陳鴻彝《中國古代治安簡史》，群衆出版社，1998年，226頁；武波《忽必烈時期提舉河渡司設置考》，《史林》2009年第5期，100—101頁）。

[2] 《元史》卷二六《仁宗紀三》，581頁。

[3] 關於元代巡檢司，參見李治安《元代政治制度研究》，人民出版社，2003年，221—244頁；王翠柏《元代弓手制度初探》，《中國史研究》2017年第1期，127—145頁。

[4] 田海《明代順天府地區巡檢司的設置、演變與分佈研究》，《歷史地理研究》2019年第1期，86頁。關於明代巡檢司，另外參見吕進貴《明代的巡檢制度——地方治安基層組織及其運作》，明史研究小組，2002年；王偉凱《試論明代的巡檢司》，《史學月刊》2006年第3期，49—53頁；杜志明《明代地方武力與基層社會治安研究》第五章"譏察奸僞與扼守關津——弓兵"，人民出版社，2021年，344—406頁。

方面對大都城起到重要的拱衛作用,這座橋樑與居庸等陸地關口共同在元大都週邊構成一層安全屏障,並且此項制度亦對後世有所影響。

需要指出的是,元代盧溝橋治安管理制度在實際運作時亦存在弊端。《至正條格》所載盧溝橋執勤軍人向過往行人索取賄賂後,不按規定進行盤查便予以放行的貪腐案例在元朝恐非個案[1]。而守橋軍人的貪贓枉法、徇私舞弊行爲顯然會妨礙行人正常通行、削弱治安檢查效果,造成該制度未能發揮應有作用,甚至還會爲涉嫌作奸犯科者蒙混過關提供機會,並有可能進而對元大都的城市社會治安造成一定危害。

(寇博辰,首都師範大學歷史學院博士後)

---

[1] 元朝是一個吏治腐敗問題較爲嚴重的朝代,關於這一問題參見李治安《論元代的官吏貪贓》,《南開學報》2004 年第 5 期,32—41 頁;杜立暉《元代的結攬與官方應對——從國家圖書館藏〈魏書〉紙背文書談起》,《山東師範大學學報》2022 年第 1 期,126—127 頁。

【書 評】

《吐魯番出土文獻散錄》中的文書研究價值
The Value of Document Research in *A Collection of Unearthed Manuscripts in Turpan*

劉子凡

　　敦煌吐魯番學發展百餘年，至今仍是國際性的顯學。尤其是敦煌吐魯番出土的大量公私文書，無論對中原王朝制度史還是地方社會史研究來說，都具有極爲重要的價值。相對于傳統的關注個別新材料的研究方法，今日的敦煌吐魯番學更注重開拓新視野與新問題，這就需要儘量多地掌握文獻資料以進行更爲綜合的研究。鑒於這一研究趨向，早日完成敦煌吐魯番文書的基礎整理和刊佈工作仍然是當務之急。榮新江、史睿先生主編的《吐魯番出土文獻散錄》（以下簡稱《散錄》）是敦煌吐魯番文獻的整理的最新力作。此前一些收藏比較集中的吐魯番出土文獻，大都整理出版過圖文對照的合集，該書則是收錄這些合集之外各處吐魯番文獻中的非佛教文獻。
　　《散錄》分爲上、下兩編，上編收錄典籍，整體上按經、史、子、集四部分類，同時在經部中析出小學類，又增加道經文獻、摩尼教文獻、佛教寫經題記三類；下編收錄文書，共錄有公私文書137件，另附有2件書寫于文書紙張另一面的佛教文獻。這些文書中紀年最早的是《前秦建元十三年（377）買婢契、建元十四年（378）買田契》，最晚的是《唐貞元十一年（795）錄事某牒》，時間跨度400餘年，涉及吐魯番歷史上的高昌郡時期、高昌國時期以及唐西州時期，展現出整個中古時期該地區的歷史進程。從内容上看，這批文書包括官府牒狀、户籍、名籍、告身、帳簿、市估案、領錢物抄、試判題，還有民間的契約、入破曆、衣物疏、書札、習字等,涵蓋了敦煌吐魯番文書中大部分常見的門類,可謂是琳琅滿目。

《散錄》的重要貢獻在於解決了散藏吐魯番文書不易利用的難題。對於一般研究者而言,面對零散收藏於世界各地的吐魯番文書,很難做到竭澤而漁地利用史料。1949年以後出土的吐魯番文書,有唐長孺主編《吐魯番出土文書》(文物出版社,1992—1996年)及榮新江、李肖、孟憲實主編《新獲吐魯番出土文獻》(中華書局,2008年)等,陸續集中整理刊佈,頗利於研究。而晚清民國現世的吐魯番文書,與敦煌文書一樣也經歷了各國探險家的劫掠,還有部分在收藏家手中輾轉遞藏,分散流落於各地。雖然經過前輩學者孜孜不倦地訪求,編制了各種目錄索引,很多重要文書也都以論文形式發表刊佈,但對於不熟悉吐魯番學史的研究者來説搜集資料依然頗費心力。很多研究機構即便陸續公佈了收藏圖錄,也並非一般研究者所易得見。如《高昌殘影——出口常順藏吐魯番出土佛典斷片圖錄》(1978年)、《台東區立書道博物館中村不折舊藏禹域墨書集成》(2005年)、杏雨書屋出版的《敦煌秘笈·影片册》(2009年)都是非賣品。《中國歷史博物館藏法書大觀》(柳原書店,1999年)在日本出版,美國普林斯頓大學葛思德東方圖書館藏文書也只在該館館刊上刊佈了全部彩色照片,國內很難獲得。德藏吐魯番文書雖然都已登錄入IDP(國際敦煌項目:絲綢之路在綫)網站,但仍需事先知道編號才能按圖索驥查找。這些客觀情況阻滯了吐魯番文書作爲中古史關鍵資料的廣泛利用。

《散錄》則是將這些散落的吐魯番文書全部收羅殆盡。該書收集了來自19個機構及個人收藏的文書,除了收錄上述幾種稀見圖錄所刊公私文書外,還囊括了很多此前未集中整理的文書,這部分凝聚了更多編者的心力。根據該書前言,海外的普林斯頓藏卷以及部分日本、俄羅斯、柏林、赫爾辛基藏卷,還有國內的甘肅省博物館藏卷等,都是由榮新江先生等編纂人員分頭赴實地抄錄而得,又不斷形成整理研究成果,最終彙集成册。又如馮國瑞舊藏文書,更是作者在機緣之下得見照片,原件至今仍不知收藏在何處。整體上來看,《散錄》的搜集已可謂完備,特別是《散錄》的前言本身就是一篇精煉的散藏吐魯番文書學術史,再加上正文每件文書前都列出詳細的研究目錄,爲研究者提供了絶佳的研究指引。

具體來説,《散錄》中收錄了很多此前學界較少關注的文書。《唐西州某府牒爲官牛患疾事》爲俄羅斯科學院東方文獻研究所西域收藏品,波波娃(Popova)介紹了此件文書並略作考釋,不過其文章在國內不易得見,很多學者都未及寓目。文書中提到有寄養在"先衆社"的官牛,若是非理死損則需要社人賠償,這涉及民間社邑蓄養官府牲畜的問題。中國國家博物館藏《唐開元五年(717)後西州獻之牒稿爲被懸點入軍事》,因涉及唐代簡點制度及鹽泊都督府、定遠軍等史事而備受關注,然而同館還收藏有兩件《西州獻之書札》,此前未見學者引用。《散録》收録書札並提示與前述牒稿内容關聯,其中見"總管""副使公"等關鍵字,應與牒稿内容綜合研究。芬蘭國家圖書館藏《唐開元年間西州籍》爲新見文書,是赫爾辛基所藏兩件殘片的首次録文發表,《散録》整理者將其綴合並定名、録文。芬蘭藏品中的周大足元年(701)户籍可與其他館藏殘片綴合,此件雖然是較小的文書殘片,或許也有繼續整理拼合的可能。《散録》中所收德藏吐魯番文書,很多都只有榮新江與西協常記的介紹,未見深入研究,如《唐西州官府殘帳》(Ch 1046v)及《唐西州領錢帳》(Ch 2404)都提到了"北庭",是北庭研究需要關注的資料。《散録》亦見有與丁谷寺相關的文書,如書道博物館藏《唐西州丁谷僧惠静狀爲訴僧義玄打罵誣陷事》,提到了丁谷寺僧人在石窟中的修行與相互關係,僅在圖録中刊佈而未見詳細研究。唐代丁谷寺即今吐魯番吐峪溝石窟,近年來吐峪溝石窟的考古工作取得重要成果,丁谷寺文書正可與其對照研究。

《散録》還收録了一些重要的成組文書,將各個分散的部分排列校録,展示出全貌。如《大涼承平年間(443—460)高昌郡高昌縣都鄉孝敬里貲簿》是研究北涼時期高昌經濟制度的重要材料,《散録》彙集了北京大學圖書館、中科院圖書館以及趙星緣舊藏的20件殘片,並在彩頁中影印了1928年《藝林旬刊》刊佈的趙星緣藏品的較爲清晰的圖版,爲無法獲閱該刊的研究者提供了便利。《唐儀鳳二年(677)十月至十二月西州都督府案卷爲北館廚於坊市得莿柴、醬等請酬價值事》連綴了日本國立歷史民俗博物館、龍谷大學圖書館、書道博物館收藏的23件殘片。《唐開元十六年(728)西州都督府請紙案卷》也彙集了上海博物館、中國國家博物館及日本龍谷大學圖書館藏的10件同組文書。《唐開元年間西州交河縣名山鄉差科簿》連綴了日本書道博物館及東京國立博物館的24件殘片。《散録》雖然原則上不收集中刊佈的龍谷大學圖書館藏大谷文書,但在同組文書連綴時依然補入大谷殘片,從而儘量完整地展現了文書面貌。上述文書皆爲學界矚目的重要文書,《散録》根據已有成果重新彙集校録,爲進一步研究利用提供了基礎。

另外,《散録》也提示了很多吐魯番出土成組文書案卷的散藏部分。唐開元二年前後的蒲昌府文書是研究唐代府兵制度的一組重要文書,其主體收藏在日本寧樂美術館,已由陳國燦、劉永增先生整理出版(《日本寧樂美術館藏吐魯番文書》，文物出版社，1997年），但仍有不少散落在中日各地。《散録》就彙集了中國國家博物館、遼寧省檔案館、日本杏雨書屋收藏的7件蒲昌府文書，特別是羽620－1及中國國家博物館8086號文書，此前雖已刊佈但學界並未注意其與蒲昌府文書的關聯，《散録》則揭示了其屬於蒲昌府文書的性質並在文書解題中有所考證。除此之外，《散録》還收有書道博物館藏《唐開元九年六月典鄧承嗣牒爲給使馬馬料事》，爲長行馬文書之一；杏雨書屋藏《唐天寶二年交河郡市估案》19片也是市估案文書的一部分。這些都是研究相關成組文書時不易查找的殘片，借助《散録》便可無遺漏之憾。

《散録》還有一些重要的綴合文書值得特別關注。《唐軍府規範健兒等綱紀狀》爲國家圖書館與國家博物館共2件殘片連綴，爲《散録》編者首次綴合。該文書中的國家圖書館部分（BD9330）一般認爲是唐代的格，國家博物館部分則被考證爲牒狀，二者綴合後的文書顯然就不會是格文，從内容上看似是軍府長官判詞的集中抄録，或許具有軍令的性質，有待進一步研究。《唐開元年間瀚海軍狀爲附表申王孝方等賞緋魚袋事》同樣是由國博與國圖藏品綴合，此前已有研究，《散録》是首次給出了綴合後的圖版。此外，一些文書的綴合也吸收了近年的研究成果，如《周大足元年西州高昌縣順義鄉籍》綴合了5處收藏機構的10個殘片，就是利用了何亦凡、朱月仁的研究（《武周大足元年西州高昌縣籍拾遺復原研究》，《文史》2017年第4期）。《唐西州鸜鵒鎮遊弈所牒爲申當界見在人事》則是借鑒了黄樓先生的復原研究（《唐代西州鸜鵒鎮烽鋪文書研究》，《吐魯番出土官府帳簿文書研究》，社會科學出版社，146—176頁）。

總之，《散録》中的吐魯番出土文書不僅提示了一些學界較少研究的文書，也通過精審地校録與綴合展現了很多重要文書的原貌，爲進一步研究提供了基礎。當然《散録》的價值也在於爲研究者提供了更爲便捷地利用散藏文獻的途徑，可謂功莫大焉。相比于此前的整理成果，《散録》的工作顯然要花費更多的心力，誠如榮新江先生在《吐魯番出土文獻整理之一例——〈吐魯番出土文獻散録〉編纂感言》（《古籍整理出版情況簡報》2021年第7期）中提到的，《散録》是經歷了鍥而不捨地漫長求索才終於開花結果。相信隨著《散録》的出版與利用，吐魯番學研究會迎來全新的起點。

（劉子凡，中國社會科學院古代史研究所、
敦煌學研究中心副研究員）

【海外擷英】

現存宋刊單疏本刊行年代考
A Study of the Printing Time of the Extant Jiujing shuyi in Song Edition

長澤規矩也 著　　王瑞 譯　　董岑仕、張良 校

譯者弁言

　　本文由《宋刊單疏本の刊年について》〔《服部先生古稀祝賀記念論文集》，富山房，1936年，第731—744頁〕、《重ねて現存宋刊單疏本に就いて》〔《書誌學》第六卷第五號，日本書誌學會，1936年，第2—6頁〕兩篇舊稿整合而成，刊於《〔安井先生頌壽記念〕書誌學論考》〔松雲堂書店・關書院，1937年，第12—20頁〕；作者去世後收入《長澤規矩也著作集》〔汲古書院，1982年，第1册，第19—25頁〕，對文字續有修訂。

　　長澤規矩也《宋刊單疏本の刊年について》撰於1935年夏，從諸經校刻者入手，指出現存單疏本《周易》《尚書》《毛詩》《禮記》均屬南宋覆刻，其中《尚書》刊行時間最晚。舊説《爾雅》《儀禮》二經爲北宋刊本，然無確據，不過可以肯定屬元修本。本文寫作時，作者實未目睹單疏本《毛詩》《周易》之影印本。其後所見既廣，故撰《重ねて現存宋刊單疏本に就いて》續加修訂。兩篇整合於《書誌學論考》時，依新出《續古逸叢書》影印本，填補了《春秋公羊疏》相關内容，重新覈對刻工名目，並删去《宋刊單疏本の刊年について》中關於《五經正義》北宋編刊以及後世東傳部分。

　　正文翻譯由王瑞〔中國中醫科學院中國醫史文獻研究所〕執筆，復經董岑仕

〔人民文學出版社〕、張良〔復旦大學歷史學系〕審校。底本採用《著作集》,通校《書誌學論考》單行本以是正文字,並參酌《宋刊單疏本の刊年について》《重ねて現存宋刊單疏本に就いて》兩篇早期研究,疏通長澤立論依據及前後觀點變化。按語部分爲校、譯者所加,附於每段之後。同時編制參考文獻,附於全文之末。本文翻譯過程中,北京師範大學文學院董婧宸老師曾予以寶貴教示,謹致謝忱。

宋刊單疏本傳於今者有六:〔一〕《周易》十四卷,《尚書》二十卷,《毛詩》殘本三十三卷,《禮記》零本八卷,《公羊》零本七卷,《爾雅》十卷,今皆有影印本行世。【附注一】另有《儀禮疏》殘本四十四卷,今下落不明,然有清代覆刻本通行,據此可知其大概。〔二〕諸本中,除《毛詩》有紹興刊記之外,他本均無刊記。故世人每稱《爾雅》《儀禮》刻於北宋,〔三〕《尚書》《禮記》亦或以南宋刊本目之。〔四〕予所寓目之宋刊原本共五種,其中《毛詩》未及細審;他如《公羊》《儀禮》雖僅經眼影印本或覆刻本,然此等皆爲南宋刊本,且其中亦能發現元代修補之迹。〔五〕

〔一〕傅增湘《宋監本〈周易正義〉跋》:"群經注疏,以單疏本爲最古,八行注疏本次之。顧單疏刊於北宋,覆於南宋,傳世乃絕罕。就余所見者,《尚書正義》二十卷,藏日本帝國圖書寮;《毛詩正義》四十卷,藏日本内藤湖南家〔缺首七卷〕;《禮記正義》殘本四卷,藏日本身延山久遠寺;《公羊疏》殘本九卷,藏上海涵芬樓;《爾雅疏》十卷,二部,一藏烏程蔣氏密韻樓,一藏日本静嘉堂文庫〔寶應劉氏藏半部,五卷〕;《儀禮疏》舊藏汪閬源家,今不知何在;合此《周易》計之,存於天壤間者,祇此七經而已。"〔見傅增湘藏本卷末;題《景印周易正義序》,刊於《圖書館學季刊》1935 年第 9 卷第 3—4 期,第 170—173 頁;並收入《藏園群書題記》卷一。各本文字略有差異〕又《藏園群書經眼録》卷一"《毛詩正義》四十四卷"條亦枚舉此六部單疏本:"余嘗謂宋本單疏如《儀禮》四十五卷〔汪閬源所藏,今不知何在〕、《禮記》四卷〔在狩野直喜博士處,見影本〕、《公羊》九卷〔藏蔣孟蘋家〕、《周易》十四卷〔藏北京徐梧生家〕、《爾雅》十卷〔静嘉堂藏一部,蔣孟蘋藏一部,劉翰臣藏半部〕皆見存於世,倘薈萃群經,得有力者精印流傳,足慰海内外學人之望。區區微願何日能償,聊志于此,以當息壤。此書〔即《毛詩正義》〕内藤虎博士客座所觀，略誌其大要。……己巳〔民國十八年〕十月二十八日，觀於日本奈良内藤氏恭仁山莊。"王國維《宋刊本〈爾雅疏〉跋》："宋刊諸經單疏存於今者，臨清徐氏有《周易正義》，日本楓山官庫有《尚書正義》，竹添氏有《毛詩正義》，近藤氏有景鈔《左傳正義》，前吴門黄氏有《儀禮疏》，蔣氏復有殘《公羊疏》，并此《爾雅》而七。……諸疏行款，除《易》疏未見外，《書》疏每行二十四字，《詩》疏與《左傳》疏每行二十五字，《儀禮疏》二十七字，《公羊疏》二十五六七字，《爾雅疏》三十字，其半葉十五行，則諸疏皆同，此亦六朝以來義疏舊式。"〔《觀堂集林》卷二一；烏程蔣氏印本收入卷一七〕另《傳書堂藏書志·春秋公羊疏》："宋刊本單疏傳世者，臨清徐氏有《周易》疏，日本有《尚書》《毛詩》二疏，前吴門黄氏有《儀禮疏》，吾郡陸氏及寒齋並有《爾雅疏》，其餘《左氏》《穀梁》二疏僅存寫本。"刨除左氏，數目合於長澤所列。惟單疏本《左傳正義》刻本尚有零葉存世。斯坦因第三次中亞探險，曾於黑城獲得刻本《春秋正義》殘葉〔編號：0r8212/1243KKⅡ0244aXXV〕，虞萬里斷爲北宋刻。參見虞萬里《斯坦因黑城所獲單疏本〈春秋正義〉殘葉考釋與復原》〔《敦煌學》1996年第20期，第53—67頁；後收入《榆枋齋學術論集》，江蘇古籍出版社，2001年〕；並蘇芃《敦煌單疏寫本〈春秋正義〉殘卷録文及校勘記》〔《古文獻研究集刊》第2輯，2008年，第161—174頁〕。

〔二〕清道光十年，汪士鐘藝芸精舍據宋本影寫重雕。傅增湘《藏園訂補邵亭知見傳本書目》卷二："清道光十年汪士鐘藝芸精舍覆刻南宋初單疏本，十五行二十七字，白口，左右雙闌。前後有汪士鐘、顧千里刊書序跋。已印入《四部叢刊續編》。原書自藝芸精舍散出後，踪迹渺然。"另參見顧廣圻代汪士鐘作《重刻宋本儀禮疏序》〔藝芸精舍本卷首，收入《顧千里集》卷八〕，喬秀岩《〈儀禮〉單疏版本説》〔《文史》第50輯，中華書局，2000年〕。

〔三〕顧廣圻《重刻宋本儀禮疏序》稱汪氏覆刻"尤傳景德之真"。

〔四〕"以南宋刊本目之"，"南宋"，單行本作"北宋"。

〔五〕前述單疏七經，並《春秋》《周禮》及《穀梁》尚有傳抄本存世。參見張麗娟《宋代經書注疏刊刻研究》〔北京大學出版社，2013年〕，李霖《宋刊群經單疏傳本討源》〔《中國經學》第17輯，廣西師範大學出版社，2015年；收入《宋本群經義疏的編校與刊印》上篇第一章第四節，中華書局，2019年，第51—73頁〕。

有刊記之《毛詩正義》，先後爲竹添光鴻博士、[一]内藤虎次郎博士寶有，後傳於内藤乾吉。[二]今本存卷八至四十，每半葉十五行，行二十三至二十七字不等，白口，左右雙邊。[三]據内藤博士所記，宋諱闕筆至"桓"字止；[四]予按，實"構"字亦有闕筆。卷末官銜之後有"紹興九年九月十五日紹興府雕造"刊記一行，[五]則此本爲紹興刊刻殆無疑義。

〔一〕竹添光鴻（1842—1917），一名竹添進一郎，字漸卿，號井井。吳慶坻《蕉廊脞錄》卷八："嘉納治五郎之外舅竹添光鴻，字漸卿，號井井，尤竺耆經箸，……所藏宋元槧本有淳化三年校進本《毛詩正義》，卷首列李沆、賈黃中、張齊賢、李昉等銜名，紹興九年紹興府雕造。"《嘉業堂藏書志》卷一著錄"影抄宋本《毛詩正義》三十三卷"，題識云："原書藏日本東京竹添井井居士家。光緒癸卯年，友人派往日本調查學堂，影鈔歸國，寶同球璧。今歸余齋，刊入《嘉業堂叢書》以傳之，與《儀禮》單疏并傳。"董康《書舶庸譚》民國十六年一月二日："訪内藤湖南。……乃出藏北宋本《史記》《毛詩正義》二書，俱竹添井井物。昔年曾於小田原訪竹添翁見之，今歸湖南，不勝艷羨。……《毛詩正義》亦十五行，每行廿五字，與《尚書正義》蓋同時刻。繆藝風託島田翰影錄一部，南潯劉翰怡刻入《嘉業堂叢書》。湖南謂中多妄改，且殘蝕處俱補錄完整，疑所據又一本。余謂僕昔年校大覺寺《文館詞林》，悉復舊觀。張石銘刻入《適園叢書》，時藝風掌校讎，悉改從刻本，並有依《太平御覽》校改者，殊非校勘家之正軌。"

〔二〕此本爲金澤文庫故物。《金澤文庫古書目錄》："殘本卅三卷，十七冊。刊〔宋〕。有金澤文庫墨印〔第四號印〕，存卷第八至四十。京都·内藤乾吉氏藏。"並著錄於《金澤文庫本圖錄》。其書流傳始末，島田翰《古文舊書考》卷二云："是書古澤介堂氏從周防古刹所獲，後歸於井上伯爵。有故，遂爲吾師有。"傅增湘《藏園群書經眼錄》卷一收"《毛詩正義》四十四卷"，解題云："鈐有'金澤文庫''香山常住'等印。"又按曰："此書不見於《訪古》《訪書》二志，惟《古文舊書考》載之。避宋諱至'完'字止。原獲于周防古刹，旋歸井上伯爵，最後歸竹添光鴻，轉入恭仁山莊文庫，世間孤帙，流傳有緒，可寶也。"《藏園訂補郘亭知見傳本書目》卷二："宋時流入日本之書，今藏内藤虎次郎處，近已影印行世。"《阿部隆一遺稿集》第一卷〔第279頁〕亦詳。此本現藏於日本武田科學財團杏雨書屋。1936年，日本東方文化學院據原本珂羅版影印，題"内藤湖南博士遺愛，内藤乾吉氏藏"。長澤所據即此本。2011至2013年日本杏雨書屋據底本彩印。2012年人民文學出版社據東方文化學院本四拼一翻印。

〔三〕此書行款版式，島田翰《古文舊書考》卷二云："半版十五行，行二十二字三字四字五字不等，左右雙邊，界長七寸七分強，幅五寸三分弱。"《金澤文庫本圖錄》："左右雙邊。郭高七寸七分，橫五寸一分。每半葉十五行，一行廿五字。"傅增湘《藏園群書經眼錄》卷一："《毛詩正義》四十四卷〔缺卷一至七，存三十三卷〕。宋紹興九年紹興府刊本，半葉十五行，每行二十四五六字不等，白口，左右雙闌，版心下方記刊工姓名。版匡高七寸八分，寬五寸三分。每卷尾記字數。"

〔四〕此書避諱情況，島田翰《古文舊書考》卷二備列桓、殷、徵、竟、敬、完、垣、貞、恒、境、胤、筐、崔、匡、弘、炅闕筆，又云：此書"闕至欽宗而止，所謂卒哭則諱，生不諱也。蓋斯則紹興府所鐫，故尚存古式也"。内藤湖南同此説。

〔五〕此説不確。刊記附於北宋監本書者、勘官、詳勘官、再校、進者銜名之後；刊記後接南宋紹興府重刻校對官、雕造官銜名。傅增湘《藏園群書經眼錄》卷一言之頗詳："尾葉有書勘、都勘、詳勘、再校各官銜名二十行。次淳化三年壬辰四月進書官銜名李沆等四人十一行。又空五行，列'紹興九年九月十五日紹興府雕造'，下接連有校對雕造官銜名四行。"

《周易正義》爲現居北平之傅增湘篋藏。[一]每半葉十五行，行二十六字，白口，左右雙邊。[二]卷末有端拱元年校勘經進者列銜。據傅氏影印本跋文所言，宋諱避至"構"字。[三]然而，若繙讀宋刊原本，或細繹影印本，此《周易正義》補版之迹皦然，或補刻全葉，[四]或於一葉之中局部修版，[五]。這些補修紙葉中，如卷三第四葉左半第二、六行，卷六第十六葉右半第十三行，卷十第八葉右半第八行，卷十二第三葉右半第九、十一行等，"慎"字多有闕筆。此外，卷十二第一葉蓋宋刻原版，其"慎"字或闕筆〔右半第七行〕，或不闕〔左半第十行〕。[六]傅氏據闕筆斷爲紹興刊本，允有不愜。

〔一〕此書舊爲宋元之交俞琰家藏之本，鈐"俞氏家藏""俞琰玉吾"等印。卷末墨筆書"吳郡唐寅藏書"六字,或嘗爲唐寅經手。清代先後歸季振宜、徐松、道州何氏、徐坊、柯劭忞庋藏,後由柯昌泗轉售傅增湘。傅增湘《宋監本〈周易正義〉跋》:"《易》單疏本,自清初以來,相傳有錢孫保校宋本,然其書藏於誰氏,則不可知。後閱程春海侍郎遺集,乃知徐星伯家有之。〔集中《丙午七夕集蔡心友宅和吳荷屋》詩有"兔中徐公今漢儒,手繪泑澤崑崙圖,袖《易》孤本稱宋初"。注云:"是日星伯前輩攜宋槧單疏《周易》。"〕嗣歸道州何氏,最後爲臨清徐監丞梧生所得。監丞藏書多異本,然嚴扃深鐍,祕不示人。同時京曹官嗜古如繆藝風,窮經如柯鳳蓀,與監丞號爲石交,亦未得寓目。監丞逝世,遺書漸出。余偶訪令子聖與,幸獲一覯,驚爲曠世奇寶,時時往來於懷。旋聞業已易主,廉君南湖曾爲作緣,以未能諧價而罷。昨歲殘臘,忽聞有人求之甚急,議垂成而中輟,然其懸值高奇,殊駭物聽。余詞知怦然心動,遂銳意舉債收之,雖古人之割一莊以易《漢書》,無此豪舉也。……爰郵致海東,妙選良工,精摹影印,板式若一,點畫無訛,紙幅標題咸依舊,俾與近歲覆印《書》疏聯爲雙璧,從此數百年孤行之寶籍,化爲百本,流播無窮。……歲在乙亥冬至後五日,江安傅增湘識。"〔見傅增湘藏本卷末〕又《藏園群書經眼錄》卷一撮其大略:"此書近歸臨清徐氏,懸價高奇,殊駭物聽,余以其孤本秘籍,決意爲之傳播,遂舉債收之,郵致東瀛,妙選良工,影印百帙,使之流播無窮。然債臺高築,展轉無策,遂亦不得終有。雖然,流播之願獲償,亦云幸矣。"《藏園訂補郘亭知見傳本書目》卷一"《周易正義》十四卷",下記云:"孤本,鈐宋俞松印記,明唐寅觀款。余藏,余已影印行世。"葉德輝《書林清話》卷六記載:"至近時,宋板書本日希見。以吾見聞所及,張南皮以三百金購宋板《詩經朱子集傳》,徐梧生以三百金購北宋本《周易正義》〔道州何氏所藏〕,此在光緒甲乙間事。"王國維《宋刊本〈爾雅疏〉跋》云:"宋刊諸經單疏存於今日者,臨清徐氏有《周易正義》。"余嘉錫云:"國子監丞徐坊也,坊歿,其子以贈吾師膠州柯鳳蓀先生。師身後子昌泗售之,故友傅沅叔曾以珂羅版影印一百部。"〔《四庫提要辨證》卷二《爾雅注疏》條〕傅增湘《周易正義》影印本出版於民國二十四年(1935),題"乙亥嘉平月朔,藏園傅氏印行",據《教育公報》載 1936 年 4 月 15 日《教育部祕書處箋函》第四九九三號:其書"照原本影印二百部,定價每部國幣壹百元,發行處北平文津街北平圖書館、北平琉璃廠文友堂書坊"。其後編號分贈各處，如第十部贈予北平圖書館〔國家圖書館普通古籍，索書號：9581〕，第十四部寄贈日本內閣文庫。長澤所見即傅增湘影印本，得自橋川時雄〔《宋刊單疏本の刊年について》，第732頁〕。臺灣藝文印書館於1970年翻印傅增湘影印本。原書今歸中國國家圖書館庋藏，有《續修四庫全書》《中華再造善本》及重慶師顧堂影印本。

〔二〕《周易正義》行款爲半葉十五行，行二十六字；而卷九第四〔刻工嚴忠〕、五葉〔刻工朱靜〕行款爲半葉十五行，行三十、三十一字。本卷他葉刻工：狄真〔狄／真〕；邢琮〔邢〕；〔弓〕成。長澤規矩也、阿部隆一均斷爲原版刻工。

〔三〕傅增湘據以斷定此本爲南宋紹興十五至二十一年間刻本。《宋監本〈周易正義〉跋》："又按此書雕刊年月，取本書列銜與《玉海》證之，正相符合。……世傳此書爲北宋初刊本，乃據進書時題端拱元年而言。茲詳檢各卷，桓、構等字悉已闕筆，則爲南渡覆雕可知。考《玉海》載：'紹興九年九月七日，詔下諸郡索國子監元頒善本，校對鏤板。十五年閏十一月，博士王之望請群經義疏未有板者，令臨安府雕造。二十一年五月，詔令國子監訪尋《五經》三館〔三館，《玉海》卷四三元刻本、清嘉慶刻本均作"三史"〕舊監本刻板。上曰："其他闕書，亦令次第雕〔雕，《玉海》卷四三元刻本、清嘉慶刻本均作"鏤板"〕。雖重脩〔重脩，《玉海》卷四三元刻本作"重有"，清嘉慶刻本作"重脩"，傅增湘所據爲嘉慶本〕所費，亦不惜也。"由是經籍復全。'循是推之，則《五經正義》再刊，當在<u>紹興九年以後，二十一年以前</u>。再證以廟諱之闕避，雕工之姓名，刻書之風氣，益足推勘得實，正不必侈言北宋監本爲重也。"〔見傅增湘藏本卷末〕《藏園群書經眼錄》卷一益加精密："《周易正義》十四卷。宋紹興十五年至二十一年間臨安府刊本，半葉十五行，每行二十六七字，白口，左右雙闌。版心記刊工姓名，有王政、王允成、弓成、包端、朱宥、李詢、徐高、章宇、顧仲等，避宋諱至'構'字。有補版。鈐有俞石澗藏印及季振宜二印。翁覃溪〔方綱〕手跋一則，又題識一行。按：此書宋諱避至'構'字。考《玉海》載：……循是推之，則《五經正義》覆刊當在紹興十五年至二十一年間。核之避諱及刊工姓名，時地相合，確然無疑。余得書後粗校數卷，改正甚夥，然其關係至要者爲本書卷第。考孔穎達《序》云爲之《正義》凡十有四卷，《新唐書志》及《郡齋讀書志》同。至《直齋書錄解題》乃作十三卷，且引《館閣書目》言今本只十三卷。後人未見原本，踵其誤，均以爲《易疏》十三卷,懸擬曲説,無一當者。今此書復出,十四卷之次第完然具存,諸家臆説,可不煩言而解矣。"按,《直齋》著録之十三卷本實爲八行注疏合刻本之卷數〔張麗娟《宋代經書注疏研究》,第232頁〕。趙萬里、冀淑英承傅增湘之説,參見《中國版刻圖録》解題,並《冀淑英文集》〔北京圖書館出版社,2004年,第234頁〕。此本"敦"字無闕筆,李致忠據以斷爲孝宗朝刻本〔《中華再造善本總目提要·唐宋編》,國家圖書館出版社,2013年,第6頁〕。

〔四〕補刻全葉〔卷-葉〕：2-1〔王政〕；2-2〔包端〕；2-3〔蔡通〕；2-4〔蔡通〕；2-5〔王舉〕；2-6〔王舉〕；2-7〔王政〕；2-9〔王昕〕；2-10〔朱宥〕；2-11〔李昇〕；2-12〔李昇〕；3-4〔章宇〕；10-2〔蔡通〕；10-3〔徐高〕；10-4〔徐高〕；10-5〔沈亨〕；10-6〔沈亨〕；10-7〔王中〕；10-8〔王中〕；10-9〔周用〕；10-10〔周用〕；10-11〔劉文〕；10-12〔劉文〕；10-13〔政〕；10-14〔李政〕；10-16〔沈禧〕；11-5〔王昕〕；11-6〔王昕〕；11-7〔李政〕；11-8〔李佝〕；11-10〔李正〕；11-11〔李詢〕；11-12〔李詢〕；11-13〔徐高〕；12-3〔李〕；12-4〔李圭〕；12-5〔王琮〕；12-6〔徐全〕；12-7〔李時〕；12-8〔劉文〕；12-10〔李時〕；12-11〔潘亨〕；12-12〔潘亨〕；12-13〔包端〕。阿部隆一亦認爲此書有補版情況。尾崎康則認爲"並無補版",而"其他新舊葉面的差別也在可接受範圍内,皆應視爲原版"。李霖進一步指出："此本雖有局部修補,却無整葉重刻。"〔參見李霖《宋刊群經單疏傳本討源》,第103頁〕。

〔五〕局部修版〔卷-葉〕：2-8；2-13〔版心下方原刻,刻工"〔張〕中"〕；3-3；3-5；10-1；10-15；12-2。

〔六〕卷十二第一葉字畫漫漶,有斷版,允爲原刻版片。刻工"王允成",長澤規矩也《宋刊本刻工名表》斷爲原版刻工。且左右半葉斷版相連、上下交錯,並無抽換剜改痕迹。

《尚書正義》尊藏於宫内省圖書寮,爲金澤文庫舊藏。[一]每半葉十五行,行二十四字,白口,左右雙邊,闕筆至"慎"字。卷前有端拱元年孔維等上表及校勘經進者列銜,並唐永徽四年長孫無忌等上表。本書内文體例與他疏頗有不同：經注標示起止之後,所有疏文均换行另起；而他經疏文均不换行另起,而是接續於經注起止之下。[二]内藤博士爲影印本撰寫《解題》,[三]定爲光宗紹熙年間刻本。[四]

〔一〕此書存世僅此一部，《經籍訪古志》《古文舊書考》《御書籍來歷志》《金澤文庫古書目録》《金澤文庫本圖録》《圖書寮漢籍善本書目》等均有著録。《金澤文庫古書目録》："廿卷，十七册。刊〔宋〕。有金澤文庫墨印〔第七號印〕，有覆刊本。宫内省圖書寮尊藏。"《圖書寮漢籍善本書目》卷一"《尚書正義》二十卷十七册"，解題云："此本舊藏金澤文庫，不知何時流出坊間。寬政中，丹波元簡偶獲零本，獻諸幕府，併搜索餘卷所在以聞，遂成全帙云。每卷首有'金澤文庫'印，每册首有'祕閣圖書之章'印，又首卷及卷十八末捺'歸源'印。"1929年，日本大坂每日新聞社據原式珂羅版影印出版，後附内藤湖南親筆跋語，並《影印祕府尊藏宋槧單本尚書正義解題》一文。傅增湘所藏即此本，得自内藤湖南。《藏園群書經眼録》卷一："昨歲大坂每日新聞社已復制流傳，余蒙内藤湖南博士〔虎〕惠貽一帙，精美殊常，直下真迹一等。"長澤所目驗者亦每日新聞社影印本〔《宋刊單疏本の刊年について》，第732頁〕。《四部叢刊三編》又據每日新聞社本影印，除去日本學者施加之訓讀符號以及批抹識語，與原式有别。1972年，臺北鼎文書局據每日新聞社本翻印。《域外漢籍珍本文庫》第一輯〔人民出版社，西南師範大學出版社，2008年〕、《日本宫内廳書陵部藏宋元版漢籍選刊》〔上海古籍出版社，2012年〕亦收此書。

〔二〕傅增湘《藏園群書經眼録》卷一："宋刊本，版匡高七寸七分，寬五寸八分。半葉十五行，每行二十四字，白口，左右雙闌。版心中縫題書幾，下記刊工姓名，有王政、施章、黄暉、吴珪、汪盛、陳忠、王伸、葛珍、朱因、王寔、方成、張亢、洪茂、蔡至道、洪先諸人。首端拱元年《雕印〈五經正義〉表》，下列勘官秦奭等銜名九行。次趙國公無忌等《上〈五經正義〉表》。次《〈尚書正義〉序》。本書第一行標書名，次行低四格題撰人銜名二行。凡正義先標注文起訖各二字爲題，次行頂格標'正義曰'云云。每卷終空一行標書名卷幾，次一行記'計幾萬幾千幾百幾十幾字'〔亦有空一行者〕。……筆意堅實，結體方嚴，猶有汴都遺韻也。鈐有'金澤文庫'正書墨印。"

〔三〕即内藤湖南所撰《影印祕府尊藏宋槧單本尚書正義解題》，附於每日新聞社影印本《尚書正義》書末。本文撰於1929年8月。後由錢稻孫翻譯，題《影印宋槧單本尚書正義解題》，發表在《國立北平圖書館月刊》第4卷第4號，1930年，第31—51頁。

〔四〕内藤湖南書後跋云:"《五經正義》撰於唐初,而刻於宋初,皆與經注别行。其祖刻本,今無存者。南渡後,紹興至紹熙間所飜雕單疏本,彼土亦已佚亡,不留片簡。惟我金澤文庫所傳,雖經散出人間,猶存《尚書》《毛詩》《禮記》三經,其《易》與《春秋》僅有影鈔傳本,而《詩》疏四十卷已失七卷,《禮》疏七十卷止存八卷,獨《書》疏二十卷完好無缺,真天壤間孤本,汾鼎荆璆,不足以比其珎貴矣。但以其書久尊藏天府,石室金匱,固鐍珎護,學者往往終身不得一見,每竊爲憾焉。……大正乙丑,予奉旨校中祕書,審其體式,其板心、刻工名多與祕府藏紹興季年刻《文選》同,宋諱闕筆至'慎'字而止,定爲紹熙間刻。或謂其界欄左右雙邊者,爲汴都刻,四周雙邊者,係後來葺板,其實全帙廿卷,無一板四周雙邊者,則此説不足據也。又嘗觀唐鈔《左傳》單疏殘卷於巴黎,朱筆標經注起止,墨筆録疏文於其下,故雕印之舊者亦特改其朱爲墨,若《詩》《禮》二單疏是也。今此《書》則疏文與經注起止提行並録,此在單疏較爲晚出之式。又《詩》《禮》二單疏卷尾皆有校勘名銜,《詩》疏併存幹〔譯者按:即劉承幹嘉業堂〕覆雕者,而此《書》全失載原覆勘雕名銜,已異監本之體,可見刻本日趨簡便之漸矣。顧此《書》之刻,實後於淳熙注疏會本〔足利學所藏〕,而能守單疏之舊,豈當時習尚去古未遠,學者諷誦猶有分注疏者歟。予别撰有《書疏解題》及《撰者》《刊者考》,兹删其要,以坿書於此云。昭和四年八月,内藤虎。"並見《影印祕府尊藏宋槧單本尚書正義解題・圖書寮本尚書正義卜其ノ影印》〔第24—25頁;譯本第40—41頁〕。長澤大體認同内藤之説。又,島田翰《古文舊書考》卷二斷爲"寧宗時刊本",不確。近藤守重《正齋書籍考》卷一著録"《尚書正義》宋板真本二十卷,金澤文庫所藏"。審其"真""貞"缺筆,"敦"字不缺,"蓋孝宗時代刻本"。傅增湘《藏園群書經眼録》卷一:"宋諱缺筆甚謹,玄、敬、弘、讓、貞、恒、瑗、殷、頊、慎等字皆爲字不成,是孝宗時刊本。然筆意堅實,結體方嚴,猶有汴都遺韻也。"阿部隆一《日本國見在宋元版本志經部》推定此書爲孝宗朝前期〔隆興乾道間〕刻本;李霖《宋刊群經單疏傳本討源》同此説。

《禮記正義》,身延文庫藏零本八卷〔卷六十三至七十〕,亦是金澤文庫舊藏。〔一〕每半葉十五行,行二十六至二十八字不等,白口,左右雙邊。宋諱闕筆至"讓"字,然或闕筆〔卷六十七第二葉左半第六、七行〕,或不闕;"桓""構"等字殆

311

不一見;"慎"字則無闕筆。卷末有校勘經進者列銜。〔二〕

〔一〕《金澤文庫古書目錄》:"零本八卷,二册。刊〔宋〕。有金澤文庫墨印〔第六號印〕,存卷第六十三至七十,有覆刊本。山梨·身延山久遠寺藏。"《金澤文庫本圖録》:"德富蘇峰翁偶久遠寺を訪ひ、この書を發見す。久遠寺に入りたる經路不明。"安井小太郎《書北宋刻禮記單疏殘卷後》:"德富蘇峰君,夙以篤好文雅著。操觚木鐸之餘,所輯刻《成簣堂叢書》若干卷,皆希世秘笈也。今茲夏游甲斐身延山,獲北宋刻《禮記》單疏本於散籯中,狂喜弗措,借歸見示。……主者不知愛惜,四周爲蠹魚所禍。幸文字完整,得籍以補訂毛本譌奪。雖殘簡也,可寶貴矣。……君惜其再閟於山谷間,玻瓈版印行,以嘉惠士林。"又《身延本禮記正義殘卷提要》〔東方文化學院影印本《禮記正義》別册〕云:"昭和戊辰六月,德富君蘇峰游身延山久遠寺,觀〔《朴堂遺稿》卷四此文作"覿"〕殘卷《禮記》單疏,借還遍示同好,於是始知秘笈藏于名山。東方文化學院乃請久遠寺映印之,以弘其傳云。昭和辛未九月。"德富猪一郎《身延山本〈禮記正義〉殘卷》述其發現始末:"然るに去る昭和三年六月身延山文庫を探りて、偶然にも單疏本『正義』六十四卷より七十卷迄の二册を見出した。此れは予の知る限りに於ては世界に唯一無二の珍書である。歸來之を借り來りて、安井朴堂、内藤湖南の二翁に示したるに、二翁何れも驚嘆して、近古無比の發見となし、何とか、之を複製して、學者に頒たば、東洋經學の上に、裨補する所多大なる可しと慫慂して止まず。然も其書を幾百年、全く雜書堆積の中に埋没してゐたれば、蠹蝕滿紙、殆んど之を手にす可らざる狀態だ。予乃ち都下の精工池上梅吉君を、成簣堂に招き、幾許の日子を費し、悉く之を修理するを得た。賴ひにも蠹魚は書の四邊を侵蝕して、其の中間の文字は殆んど完全に幾ければ、本書を誦讀するに於て、大なる妨げがない。"〔《典籍清話》,民友社,1932年,第58—59頁〕另參見關靖《身延山に於ける新しき金澤文庫本の發現に就て》〔《書誌學》第5卷第2號,1935年8月,第61—68頁〕。

〔二〕安井小太郎《書北宋刻禮記單疏殘卷後》:"自《聘義》至卷尾,所謂七十卷本之殘篇也。十五行二十、二十一字不等,敬、殷缺末筆,貞字不避諱,爲仁宗以前刻無疑。"其後作《身延本禮記正義殘卷提要》,則斷爲

"南宋刻":"《禮記正義》七卷,自六十三卷《緇衣》'子曰大臣不親'節至七十卷《喪服四制》。……每半葉十五行,行二十七字,間二十六字、二十八字不等,有'身延山'黑長印。……避諱例,敬、殷必缺筆,竟、弦、讓或缺或否〔《朴堂遺稿》作"或避或否"〕,而字樣體式却髣髴於南宋初刻。據《玉海》'咸平二年上新印《禮記疏》七十卷'文,當時一開彫,至南宋取咸平本重彫,未可知也〔《朴堂遺稿》作"亦未可知也"〕。卷尾列校勘諸臣吕蒙正、蘇易簡、李至、孫奭等十六人官銜姓名,有'淳化五年五月日'七字。"《金澤文庫本圖録》著録爲南宋初年浙刻本,行款"左右雙邊,郭高七寸七分半,横五寸二分半。每半葉十五行,一行廿六至廿八字不同"。《藏園訂補邵亭知見傳本書目》卷二"《禮記正義》七十卷":"日本有南宋紹興間浙本,單疏,十五行二十六字,白口,左右雙闌。卷七十後有淳化五年秘閣寫書及校正銜名,存卷六十三至七十,計八卷。"此書有1930年日本東方文化學院影印本。1935年,《四部叢刊三編》據以翻印,抹去"金澤文庫"墨記;1976年,臺灣藝文印書館又複製《四部叢刊三編》本,俾廣其傳。此外還有2008年《域外漢籍珍本文庫》第一輯影印本。

《春秋公羊疏》殘本一部,南海潘氏篋藏,〔一〕僅存卷一至卷七,且有闕葉。每半葉十五行,行二十二至二十七字,白口,左右雙邊。〔二〕雖未見原本,然若曾經眼《爾雅》宋刊原本及影印本,〔三〕再觀此《公羊疏》影印本,即可清楚發現此《公羊疏》中元代以降補版之迹。〔四〕今觀其紙葉似爲原刻者,其宋諱闕筆,"桓"字最夥,"完"字〔卷七第二葉右半第四行〕、"溝"字〔卷五第二葉左半第七行〕均有闕筆,未見更晚之諱字闕筆。〔五〕

〔一〕此本於清末民初由内府流出,爲密韻樓主人蔣汝藻所得。現藏中國國家圖書館。《傳書堂藏書志》云:"此本與舊所得《爾雅疏》皆明文淵閣舊藏。《爾雅疏》二百年前已流出人間,此本近時始出,又未見有他本,故自來收藏家未見著録。其全書宋以後官書簿録皆云三十卷,明黄佐《南雍志·經籍考》亦有《公羊傳疏》三十卷,卷數與宋以來所云單疏本合,而與十行注疏本不合,即是本也。"《續修四庫全書總目提要〔稿本〕》中,張壽林撰稿之"重刊北宋槧《春秋公羊疏》殘本七卷"〔吴興劉氏嘉業堂叢書本〕提要云:"是編爲吴興蔣孟蘋學部舊藏。吴興劉承幹借鈔一過,刻入《嘉業堂叢書》中。"此本後歸南海潘氏寶禮堂,張元濟爲潘宗周所作《寶禮堂宋本書録》有《春秋公羊疏》殘本一册,即此,解題云:"阮文達撰《校勘記》,據何煌及惠定宇用宋刻校定之本。吴興嘉業堂劉氏依此覆刻,與阮氏《校勘記》讎對,頗有異同,則此爲何、惠兩氏所未見,雖爲殘帙,亦書林瓌寶已。"嘉業堂本刻於民國十七年,另有《續古逸叢書》(1935)、《四部叢刊》及《中華再造善本》影印本。

〔二〕此書行款體式,《傳書堂藏書志》:"每半葉十五行,行二十五六七字不等。存首七卷,餘闕。又卷二闕末半葉;卷三闕首七葉;卷七闕第七葉,又闕末第十一、第十二兩葉。其分卷與十行注疏本不同。卷一隱公一:起序,盡元年正月;卷二隱公二:起元年三月,盡二年;卷三隱公三:起三年,盡十一年;卷四桓公一:起元年,盡六年;卷五桓公二:起七年,盡十八年;卷六莊公一:起元年,盡六年;卷七莊公二:起七年,盡十三年。"張元濟《寶禮堂宋本書録》:"是本尚爲宋刻,存隱公三卷、桓公二卷、莊公三卷,總七卷,起隱公元年,訖莊公十二年'宋萬出奔陳'。卷首何休序解尚全存,卷二缺末葉,卷三缺前七葉,卷七缺第六及其後各葉,全書凡二十八卷,此僅存四分之一。"又:"版式半葉十五行,行自二十二至三十三字不等。每卷首行題'春秋公羊疏卷第幾',隔數字又題'某公幾',次行題起幾年訖幾年。左右雙闌,版心白口,單魚尾,書名題'公羊幾',上記字數,下記刻工姓名。"

〔三〕按長澤規矩也《宋刊單疏本の刊年について》,《爾雅》"宋刊原本"爲皕宋樓、静嘉堂遞藏本;"影印本"則是《續古逸叢書》及《四部叢刊續編》影印蔣汝藻、涵芬樓遞藏本。詳後文。

〔四〕《中國版刻圖録》解題載:"宋時十二經單疏,南宋國子監俱有雕造。此本宋刻元修,刻工皆宋元兩朝杭州名匠,疑即南宋監本。元時版送西湖書院,《西湖書院重整書目》中有《公羊注疏》一目,蓋即此本。内閣大庫書。"

〔五〕《傳書堂藏書志》:"宋諱敬、殷、恒、貞、完、桓諸字俱缺末筆,乃南渡後重刊北宋監本;而卷三第十一、十二兩葉,卷六第十二葉,均明初刊補,乃明初南監印本也。"又據李致忠目驗:"書中'隱將讓乎桓''桓元年春''桓二年''桓二年秋''桓三年''桓十二年''桓十八年''桓能自復戎,與桓同好''桓公震而矜之''桓公忽忘武備'等句中的'桓'字,均缺末筆,蓋避北宋末帝趙桓御名之諱,而'屈完是也'中的'完'字亦缺末筆,表明趙桓的嫌名諱亦已避之,這種現象説明,此書之刻必已進入南宋。而書中'許慎'的'慎'字不缺末筆,則南宋孝宗趙昚的嫌名諱尚不迴避,説明此書之刻未屆孝宗朝。"〔《中華再造善本總目提要·唐宋編》,第 81—82 頁〕

《爾雅疏》有陸心源舊藏本,現存於静嘉堂;〔一〕另有蔣汝藻舊藏本〔士禮居舊藏〕,傳歸涵芬樓。〔二〕此外傅增湘嘗言江南尚有殘本,其《周易正義跋》僅云"寶應劉氏藏半部,五卷",語焉不詳。〔三〕此本每半葉十五行,行三十字,白口,左右雙邊。静嘉堂、涵芬樓二本元代補刻皆清晰可辨,静嘉堂本以元致和、至順年間公牘紙背印行,〔四〕涵芬樓本則爲明初印本。"慎"字有闕筆。〔五〕

〔一〕此本原爲陸心源舊藏,後歸静嘉堂文庫收儲。舊説,此本爲北宋刻本。陸心源《皕宋樓藏書志》卷一二收録"《爾雅疏》十卷",斷爲北宋刻元印本。另參《重刻北宋本〈爾雅疏〉序》〔《儀顧堂集》卷七〕。《静嘉堂秘籍志》從陸氏説〔大正十六年〕。然學者已覺其謬。傅增湘《静嘉堂觀書記》"《爾雅疏》十卷",解題云:"宋刊單疏本,半葉十五行,每行三十字。……此本爲元至順官紙所印,其印本亦差相類,疑爲同時所印行也。"《藏園群書經眼録》卷二:"**《爾雅疏》十卷。宋刊宋、元、明初遞修本。**半葉十五行,每行三十字,白口,左右雙闌,版心上記字數,下記刊工姓名。"小字注云:"日本静嘉堂文庫藏書,己巳〔民國十八年〕十一月十三日閲。"又《藏園訂補邵亭知見傳本書目》卷三:"宋刊單疏本,十五行三十字,白口,左右雙闌。有元、明補版。日本静嘉堂文庫有一帙,元至順間官册紙印。"王國維跋蔣汝藻所藏另一本《爾雅疏》,亦稱"此本猶是咸平舊式,然於欽宗嫌名'萱'字、高宗嫌名'媾'字,皆闕一筆,又多元明補刊之業,乃南渡後重刊北宋監本,又經元明修補者也。"〔《宋刊本〈爾雅疏〉跋》〕長澤亦在《宋刊單疏本の刊年について》一文中指出,此本宜非"北宋刻元修本",或屬南宋覆刻北宋原本,迭經元朝補版,而印於明朝。因而,後出之《静嘉堂宋本書影》云:"故に北宋刻、南宋及び元代の補刻と云ふべきか。"〔昭和八年〕《静嘉堂文庫宋元版圖録》據避諱〔玄、弦、眩、炫、絃、鮫;敬、警、驚;弘;殷、慇;匡;胤;恒;楨;慎〕情況,斷爲"南宋前期刊宋元明遞修"本,則依據阿部隆一考訂。據《日本國見在版本志経部》將静嘉堂本斷爲"南宋前期刊,宋、元、明

315

初遞修"本,解題云:"本版蹈襲單疏本舊式,過去傳爲北宋監本或北宋刊本,然此本之字樣版式與現存單疏本相同,應爲應紹興刊刻經史之詔而於紹興府等刊梓之杭州地區公使庫版。現之傳存本原刻之葉甚少,故據缺筆、刻工等正確推定其刊年十分困難,頗爲遺憾,然忖度之,當與其他現存單疏本同爲紹興、乾道初間刊刻。佔宋刻大部分者,爲宋修版葉。"又云:"姑且不論,如前所述,本版之宋修刻工,皆主要爲寧宗朝嘉定前後至理宗朝初之杭州地區刻工。本版之版木,大抵與其他公使庫版一起移入杭州國子監,並加以補版。"〔《日本國見在宋元版本志経部》,董岑仕譯,原文見《斯道文庫論集》第18輯〔麻生太賀吉大人追悼記念論集〕,1981年,第118—120頁〕**有關此本來歷,**《皕宋樓藏書志》云:"《爾雅疏》之存於近古者,乾嘉中黄氏百宋一廛,袁氏五硯樓各有其一。兵燹之後,碩果僅存。"陸心源《重刻北宋本〈爾雅疏〉序》云:"承平時,吳中有二本,一爲士禮居黄氏所藏,一爲五硯樓袁氏所藏。余於亂後得之吳中故家書中,有吳氏藏書印,其即黄、袁二氏所藏,或別爲一本,無可考也。"又,此書卷首海翁跋後加蓋"嘉興新豐鄉人／唐翰題收藏印"朱文長方印,《爾雅疏叙》首葉鈐"鷦安／校勘／祕籍"朱文方印;書末亦加蓋兩印。則此本收入皕宋樓之前,曾歸嘉興唐翰題收藏。

〔二〕此本由黄丕烈配成,卷四至十爲明朝文淵閣舊藏。士禮居後,此本又轉歸陳鱣、蔣汝藻、商務印書館〔涵芬樓〕,終歸中國國家圖書館收儲。顧廣圻《百宋一廛賦注》云:"官本《爾雅疏》十卷,每半葉十五行,每行三十字;……邢義單行,舊式猶在,雖疏家支流,實爲北宋之殿也。"〔《顧千里集》卷一〕黄丕烈《百宋一廛書録》:"此《爾雅疏》十卷,……余始見一本,出於顧懷芳家,五硯樓主人〔譯者按,即袁廷檮〕得之。既而懷芳伯父五癡亦有是書,已抄一至三三卷,弟四卷起俱宋刻〔八卷十一葉缺〕。卷首有'文淵閣印'一,蓋猶是明内府物也。後訪得香嚴書屋〔譯者按,即周錫瓚堂號〕,適有殘本三卷在,索觀之,雖非原失却,亦宋刻,特印本爲洪武時,其紙背字迹可驗。遂去抄存刻,居然完璧矣。五硯樓曾屬常州臧在東校出,今雖已録其佳者入浉撫所刻《十三經考證》中,然究恐世人輕改古書,暇日當取而校之。"袁廷檮藏本曾爲臧庸寓目。按嘉慶五年臧庸《校宋槧板〈爾雅疏〉書後〔庚申仲秋〕》:"余癸丑寓吳門時,書賈持此袠,索價二十四金。余一見狂喜,以爲唐人九經義疏真面目不可見,得此庶能覘其遺範,且價廉,急慫恿袁君又愷如數購之。今年秋,假諸又愷,細意校出,閱九日卒業。"〔收入《拜經堂文稿》不分卷,國家圖書館藏〕按陳鱣《經籍跋文》所收《宋本〈爾雅疏〉跋》,其所自藏《爾雅疏》亦得之於士禮居:"《爾雅疏》二部,一爲黄蕘圃所藏,一爲袁壽階所藏,並宋刻本十卷,每半葉十五行,行三十字,首尾俱全。……壽階既歿,藏書多散,《爾雅疏》亦爲蕘圃所得。蕘圃因其重複也,遂將己所有者歸諸余,余乃以白金四十兩購之。凡六册,中有文淵閣印。審係明内府舊儲,宋錦作韜,外用香柟製匣,鎸題名目,一一精良。印本雖稍遜壽階所藏,而裝潢之美則過之,可儷書庫中神品矣。"王國維《宋刊本〈爾雅疏〉跋》:"烏程蔣氏藏宋刊《爾雅疏》十卷,每半葉十五行,行三十字,明文淵閣舊藏,即吾鄉陳仲魚先生《經籍跋文》中所著録者也。……蔣氏復有殘《公羊疏》,并此《爾雅疏》而七。《爾雅疏》舊又有吳門黄氏、歸安陸氏二本,今黄本已佚,陸本又流出海外,惟此爲碩果矣。"又《傳書堂藏書志》卷上:"每半葉十五行,行三十字。宋南渡後重刊北宋監本,中有元明補刊之葉。此書海内舊有二本:一藏袁氏五硯樓;一藏黄氏士禮居,本合周香巖、顧五癡兩家殘本配成,周藏前三卷,顧後七卷。後袁本歸黄氏,黄氏乃以己所藏本售諸海寧陳仲魚,即此本也。仲魚《經籍跋文》記得書本末及此書佳處甚詳。吾郡陸氏十萬卷樓所藏又别一本。今袁本已佚,陸本又流出海外,惟此本爲碩果矣。"又《兩浙古刊本考》卷上、《五代兩宋監本考》卷下亦枚舉三本,所述略同。《藏園訂補郘亭知見傳本書目》卷三:"蔣氏密韻樓有一帙,後歸涵芬樓。……此書已印入《續古逸叢書》中。"此外,還有《四部叢刊續編》《續修四庫全書》《中華再造善本》及《國學基本典籍叢刊》影印本。

〔三〕寶應劉氏本未見長澤《宋刊單疏本の刊年について》列舉〔第737頁〕。此本爲劉啓瑞舊藏。長澤所謂"江南"實"江北"之誤。"五卷"之説,或本於傅增湘《周易正義》跋,而傅增湘《藏園群書經眼録》卷二著録此本云"存卷五至七,計三卷","宋刊本,十五行三十字,白口,左右雙闌。版心上記字數,下記刊工姓名,魚尾下記'雅疏'二字。與蔣孟蘋藏本同。……寶應劉翰臣藏。庚申四月見"。庚申爲民國九年(1920)。傅增湘民國二十四年(1935)於其自藏《周易正義》上作跋,言"《爾雅疏》十卷,二部,一藏烏程蔣氏密韻樓,一藏日本静嘉堂文庫〔寶應劉氏藏

317

半部,五卷]"。收入《藏園群書題記》後改寫爲"《爾雅疏》十卷,二部,一藏烏程蔣氏密韻樓,一藏日本静嘉堂文庫,又殘本五卷,藏寶應劉氏食舊德齋"。又《静嘉堂觀書記》:"余更別見一本於江北舊家〔謹案:即寶應劉啓瑞翰臣〕,缺〔疑誤〕五卷,是世間固有三本矣。"《藏園訂補邵亭知見傳本書目》卷三:"日本静嘉堂文庫有一帙,元至順間官册紙印。蔣氏密韻樓有一帙,後歸涵芬樓,明洪武時官册紙印,鈐明文淵閣印。寶應劉啓瑞藏殘本三卷。"劉啓瑞藏本今下落不明〔張麗娟《宋代經書注疏刊刻研究》,第245頁〕。

〔四〕静嘉堂本卷首有明代偶桓〔海翁〕題識云:"《爾雅疏》一册,乃的真宋板,元致和元年册紙所印也。考致和爲元文宗年號,當時去宋未遠,其鋟鍛猶有存者,可喜也。封面爲宋白麻廗,此亦希世之物,較宋板書更不可得。海翁。"鈐"海翁"朱文方印。陸心源《皕宋樓藏書志》卷一二:"《爾雅》單疏十卷,每頁三十行,每行三十字。宋太祖、太宗、真宗廟諱缺末筆,餘皆不缺。蓋北宋咸平初刊祖本也。其紙乃元致和、至順中公牘,有蒙古文官印。……至順上距靖康,甫二百年,其版尚存,故有元時印本耳。"此本刷印時代及紙背情況,李霖續有補充:"此本首册副葉有海翁題識,謂致和元年册紙所印云云。前人多云用至和、至順間公文紙印,阿部解題同,蓋承襲前説,未便親自調查紙背文字。竺沙雅章先生謂有皇慶、至治等年號。經尾崎康目驗,紙背亦有至元年號,及至治三年(1323)四月錢塘縣、杭州路錢塘縣字。則此本當在元末至明初刷印。"〔《宋本群經義疏的編校與刊印》,第70—71頁〕

〔五〕王國維《宋刊本〈爾雅疏〉跋》:"宋初刊《五經正義》,成於淳化五年;《七經正義》,成於咸平四年。此本猶是咸平舊式,然於欽宗嫌名'荁'字,高宗嫌名'媾'字皆闕一筆,又多元明補刊之葉,乃南渡後重刊北宋監本,又經元明修補者也。"《兩浙古刊本考》卷上、《五代兩宋監本考》卷下略同。《傳書堂藏書志》:"袁本據阮文達《校勘記》,謂多明補之葉。陸本用元至順公牘紙印。此本前三卷亦用公牘紙,屢見'洪武二年'字,則爲明時印本矣。故每卷中皆有元、明補刊之葉,卷七一卷補葉殆居其半。陸存齋先生序其所刊《爾雅疏》,謂此書爲咸平原刊,宋元修補。海寧王君静安爲余跋此本,據書中欽宗嫌名'荁'字、高宗諱'構'字皆闕末筆,定爲南宋監本。"民國十八年(1929)傅增湘觀書於日本静嘉堂,《静嘉堂觀書記》載其所見陸心源舊藏《爾雅疏》云"然以余所見,密韻樓蔣氏藏有一帙，爲士禮居舊物，則陸氏所得當爲袁氏本也。蔣氏本亦是洪武時官紙所印，此本爲元至順官紙所印，其印本亦差相類，疑爲同時所印行也。……且卷中補版正多，或當是元修明印。陸氏謂咸平祖本，非其實也。"〔《藏園群書經眼錄》卷二略同〕《中國版刻圖錄》解題云："傳世《爾雅》單疏宋刻本有三帙：一、黄氏士禮居藏本，阮元《十三經注疏校勘記》即用此本，後因兵事遺失；二、陸氏皕宋樓藏本，用元至順公文紙印，光緒間陸氏有翻版，原書今存日本静嘉堂文庫；三、即此本，用洪武二年蕭山、山陰兩縣公文紙印，宋欽宗、高宗嫌名'蒘''媾'二字，及孝宗嫌名'慎'字，偶或一避。元時補版較多，刻工王恭乃南宋中期杭州名匠，徐友山、俞聲乃元時杭州補版工人，因推知此書當是南宋監本，其版至明初尚能印行。當時附釋音本群經注疏，内無《爾雅》，得此正可補闕。元時《西湖書院重整書目》中有《爾雅注疏》一目，蓋即此本。"

《儀禮》單疏本，以道光庚寅汪士鐘覆宋刊本較爲常見，[一]今原本下落不明。[二]全書五十卷，闕卷三十二至三十七之六卷，每半葉十五行，行二十七字，白口，左右雙邊。卷末有校勘經進者列銜。顧千里斷爲景(祐)[德]官刊本，[三]迄今未有否定其説者。

〔一〕顧廣圻道光十年代汪士鐘所作《重刻宋本儀禮疏序》云："《儀禮》合疏於經注而并其卷第，始自明正德陳鳳梧，迨李元陽以下皆因之，從事校讎者多言其譌，而宋景德官刊賈公彦元分五十卷不合經注之疏與唐舊、新志同者，則均未得見也。宋槧殘本幸存，僅缺去卅二至卅七，無恙者計卷尚四十有四，嘉慶初，入吾郡黄氏，於是張古餘太守得其校本，別合嚴州經注重編於江省，後阮宫保取配十行不足者也。唯時段若膺大令亦得此校本，謂之單疏《儀禮》，亦訂正自來用《經傳通解》轉改之失，而單疏之善，既有聞矣，然五十卷之面目，仍未有見之者也。吾郡宋槧轉歸予藝芸書舍，念世間無二，遂命工影寫重彫之，以飴學子，使數百年來弗克寓目者，今乃可家置一部，竟如前此馬廷鸞之得諸篋中，豈非大愉快哉。"陳鱣《經籍跋文》所收《宋本〈爾雅疏〉跋》云："群經之疏，本自單行，今尚存宋本有三，而皆萃于吴中。三者何？《儀禮》也，《穀梁傳》也，《爾雅》也。《儀禮疏》爲黄蕘圃所藏，宋景德官刻本五

319

〔二〕此書宋刻原本,黃丕烈、汪士鐘曾遞藏,黃丕烈亦據以影寫〔此本今藏國家圖書館,索書號:02407〕。而周錫瓚、顧廣圻等曾寓目。後太平軍興,原刻本下落不明。楊紹和《楹書隅錄》云:"宋刊《儀禮要義》,藏武林汪氏欣託山房;宋景德官本《儀禮疏》,藏吳門黃氏百宋一廛,皆經學失傳之書。……近年吳越兵燹,兩宋刊恐已墮劫中。……同治癸亥菊秋,宋存書室主人紹和識。"

〔三〕單行本、《著作集》本均作"景祐",實爲"景德"之誤,"景祐"或襲自顧廣圻《重刻宋本儀禮疏後序》"道光庚寅歲,閩原觀察重刻所藏宋景祐官本五十卷賈公彦《儀禮疏》,自一至卅一,又自卅八至五十"云云〔藝芸精舍本卷首〕;惟前篇顧廣圻代汪士鐘所作《序》有"尤傳景德之真"之語,繫時不誤。又顧廣圻代黃丕烈所作《百宋一廛賦》:"官本復出,景德旦暮。列卷五十,面目呈露。"注云:"景德官本《儀禮疏》五十卷,……馬氏《經籍考》所載《儀禮疏》五十卷,又載其先公序曰:'得景德中官本《儀禮疏》四帙,正經注語皆標起止,而疏文列其下'者,舉世無復識其面目者矣。"〔《顧千里集》卷一〕又《百宋一廛書錄》:"正經注語皆標起止,而疏文列其下,爲宋景德年間本,與馬廷鸞之說合。"首末悉備,可知《後序》所載乃手民之失,長澤踵乎其後,因以致誤。

宋刊單疏本傳世者止前述諸種。今欲考其刊行年代,各本版心幸有刻工姓名可資憑據。而《毛詩》附有刊記,若其刻工並見別經書版,則可據以判定他書刊行年代,殆非難事。〔一〕然遍察各經,以此取徵實則非易。如"徐高",《毛詩》刻工中即有此人,其名亦見於《周易》,或爲同名同姓之不同人物,故不可徑將二人等同視之;且《易》中署名"徐高"之一葉係補版,則此"徐高"與彼"徐高"允非一人。《易》《書》皆鐫有"王政",而《書》與《爾雅》《儀禮》皆有"王正"之名,"王政"與"王正"或爲二人,或一人二名,孰非孰是不得而知,實難資以是證。

〔一〕《毛詩正義》刻工名錄:毛諒;毛諫;王永;余永;余俊;余集;宋求;阮于;孫勉;徐昇;徐政;徐茂;徐高;時明;婁錦;張弟;張清;張謹;章楷;通;陳明仲;陳迎;陳彥;陳哲;陳錫;黃中;駱昇;駱寶;謹;淵顧〔長澤規矩也《宋刊本刻工名表》〕。

《毛詩正義》刻工互見表

書　　名	版本/藏地	藏　地	刻　　工
廣韻	南宋初年浙刊本	静嘉堂	毛諒；余永；阮于；孫勉；徐昇；徐政；徐茂；徐高；陳明仲；陳錫
外臺祕要方	南宋初刊本	静嘉堂圖書寮	阮于；徐昇；徐政；徐高；時明；章楷
春秋經傳集解	宋刊元修本	静嘉堂	余永；余集；阮于；章楷；陳明仲
文選	宋明州刊本	足利學校	張清；張謹；毛諒〔圖〕
周易注疏	南宋初年刊本	足利學校	徐茂；陳錫
尚書正義	南宋紹熙間刊本	足利學校	徐永；徐茂
論衡	南宋光宗年間刊本	足利學校	王永；張謹
後漢書	浙刊本	圖書寮	王永；陳彦

《重ねて現存宋刊單疏本に就いて》

七種單疏本中，《公羊》《爾雅》《儀禮》多見刻工姓名共通者，謹備列如次：

公羊	王介		王恭	永昌	朱	李仲		李祥	沈				張堅	張富	曹鼎	
爾雅		王正	王恭		朱	李仲	李庚	李祥		孫開一	徐榮	張明	張堅			楊昌	鄭春
儀禮	王介	王正		永昌			李庚	李祥	沈	孫開一	徐榮	張明		張富	曹鼎	楊昌	鄭春

此三經刻工共通甚多，可見刊刻時間當前後接近。而上述刻工中，"王正""李庚"二人亦見於元延祐年間饒州路學刊本《文獻通考》之刻工名録，疑《爾雅》《儀禮》有元朝補刻。三書雖均無刊記，較以單疏本外之宋元刊本刻工，亦可推定刊年。兹據予往昔調查之他書刻工，以作比較，縷述如次：首先，《公羊疏》與足利學校藏宋越刊八行元修本《尚書正義》共通之刻工十一人〔王恭、永昌、劭夫、宋琚、李仲、徐儀、張堅、張富、曹鼎、陳良、童遇〕；與静嘉堂藏宋紹興前後浙刊元修本《陳書》共通者五人〔天錫、王恭、宋琚、童遇、鄭春〕。〔一〕

《爾雅疏》與同一《尚書正義》共通之刻工七人〔王恭、吴祐、李仲、范堅、張明、張堅、張斌〕；與前述《陳書》共通者六人〔王恭、李寶、孫開一、徐友山、楊昌、鄭春〕；與宋刊元修本《説文解字》〔静嘉堂文庫〕共通者五人〔方中、吴祐、李祥、李寶、范堅〕；與宋刊元修本《皇朝文鑑》〔静嘉堂文庫〕共通者三人〔范堅、徐友山、張明〕，等等。〔二〕至於《儀禮疏》，其刻工總計一百五十人之多，故並見於他書者亦夥，與前述《尚書正義》共通之刻工二十五人〔文玉、毛文、毛端、永昌、朱明、何建、劭夫、沈祥、周鼎柳、孫日新、徐困、高文、高諒、張明、張富、曹鼎、曹德新、章文、楊潤、葉禾、詹德潤、劉昭、鄭埜、繆珎〕；與前述《陳書》共通者亦二十五人〔丁松年、丁銓、毛文、毛端、王桂、朱六、何建、劭夫、吴志、吴春、周鼎、孫斌、孫開一、高文、高寅、高異、高諒、章文、陳壽、楊十三、楊昌、葉禾、詹德潤、劉昭、繆恭〕；與宋浙刊明修本《後漢書》〔静嘉堂文庫〕共通者十四人〔弓華、王正、王榮、朱明、李庚、周鼎、林俊、孫斌、高諒、許成、陳邦卿、詹德潤、鄭埜、龐汝升〕；與宋浙刊明修本《漢書》〔静嘉堂文庫〕一致之刻工十二人〔文玉、王涣、王榮、李文、李庚、李俊、李懋、林俊、金茂、俞榮、章文、陳真〕；與宋越刊八行本《禮記正義》〔足利學校〕一致者計十二人〔毛端、吴志、李成、徐琪、馬祖、高文、高異、陳真、楊昌、楊潤、劉昭、顧澄〕，等等。〔三〕此外，與《儀禮疏》共通之刻工逮七人者：宋贛州刊明修本《文選》〔静嘉堂文庫〕、宋紹熙前後刊明修本《春秋經傳集解》〔静嘉堂文庫〕；逮六人者：南宋刊本《重校添注音辯唐柳先生文集》〔東京大學東洋文化研究所〕；〔四〕逮五人者：宋刊元修本《愧郯録》〔静嘉堂文庫〕、宋刊元修本《皇朝文鑑》。可知前述諸書大約與此三經爲前後刊行之書。

〔一〕《春秋公羊疏》刻工名録：(1) 原刻：乂〔義〕；寸；仁；升；**天錫**；方明仲；王介；**王恭**；王智；朱；朱光；何；余；余祖；**劭夫**；吴沛；**宋琚**；**李仲**；李祥；杞；沈；林；建；徐祖；徐儀；秦；陝良臣；馬；**張堅**；**張富**；**曹鼎**；祥；陳；陳良；陳鎮；景；**童遇**；義；劉；滕；**鄭春**；錢；禮。(2) 補刻：王禧〔長澤規矩也《宋刊本刻工名表》〕。覈原書板片狀態，此處初刻後刻之分似有不愜。按傅增湘《藏園群書經眼録》卷三，王禧之名見於宋刻宋元明遞修明初印本《南齊書》原刻板片〔中國國家圖書館藏，索書號：5236〕。長澤或因《公羊》《爾雅》《儀禮》刻工多互見，惟"王禧"不見於《爾雅》《儀禮》。

〔二〕《爾雅疏》〔静嘉堂文庫本〕刻工名録：(1) 宋補刻：**方中吴**；**王恭**；**吴**

祐;施昌;徐榮;章忠;沈文;**張堅**;**張斌**;**張明**;陳浩;鄭春;**范堅**;楊昌;**李仲**。(2)元補刻：徐友山;孫開一;王正;士元;士中;謝成;徐良;陶崙;俞聲;李庚;**李祥**;**李寶**〔《静嘉堂文庫宋元版圖録》〕。方中吴;王恭;王涣;朱;**吴祐**;李仲;施昌;孫;張堅;張斌;章忠;陳浩;楊昌;壽□;劉廷;鄭春〔長澤規矩也《宋刊本刻工名表》〕。《中國版刻圖録》："元時補版較多，刻工王恭乃南宋中期杭州名匠，徐友山、俞聲乃元時杭州補版工人。"

《爾雅疏》刻工互見表

書　名	版　本	刻　工
説文解字	北宋刊南宋修	△范堅;△吴祐;△李祥〔補刻〕;△李寶
陳書	杭州刊本	王恭;△楊昌
文選	明州刊本	劉廷;楊昌;△李寶;△范堅
史記	淳熙刊本	△張明;△徐榮;△施昌
宋文鑑/漢書		△徐友山;△李庚〔元修葉〕
《宋刊單疏本の刊年について》〔標記"△"者屬補刻部分〕		

〔三〕《儀禮疏》刻工名録：丁松年;丁銓;子才;子文;弓恩四;允;文玉;毛文;毛端;毛興祖;王六;王介;王正;王百九;王林章;王亮;王桂;王桓;王涣;王壽;王榮;王學;王國瑞;王國端;石昌;立山;圭;朱六;朱明;朱迪;江民;江仲;江伸;何建;何澤;劭夫;吴文昌;吴志;吴春;吴祥;李;李中;李文;李成;李岳;李庚;李俊;李洵;李畢;李宿;李祥;李詳;李碩;李興;李戀;李權;汪;沈定;沈思恭;沈貴;周若;周鼎;林;林俊;金芳;金茂;侯玉;俞榮;段富;胡杏;凌顯;唐中;孫日新;孫斌;孫開一;徐;徐困;徐宗;徐忠;徐琪;徐瑛;徐榮;時;馬祖;高文;高寅;高異;高諒;張允;張君用;張明;張富;曹冠英;曹鼎;曹德新;曹興祖;章子才;章文;訪夫;許成;郭生同;陳子;陳仲;陳真;陳彬;陳章;陳壽;陳璞;黄常;楊文;楊昌;楊明;楊茂;楊潤;葉翰;董;雷寧;趙遇春;劉忠;劉昭;慶本;蔣先;霍;霍元;駱成;繆士元;繆琮;繆恭;龐汝升;龐知柔;嚴先;顧忠;顧澄〔長澤規矩也《宋刊本刻工名表》〕。

323

《儀禮疏》刻工互見表

書　名	版　本	刻　工
說文解字	北宋刊元修本	△沈祥;△陳新;△弓華;△李祥;△詹德潤;△楊十三
爾雅疏	北宋刊元修本	△楊昌;△王正;△李庚;△李祥;△徐榮;△張明
文選	贛州刊本	丁松年;沈貴;高文;高異;高寅;陳壽;繆恭
文選	明州刊本	徐宗;陳其;楊昌
武經七書	浙刊本	孫日新;高異
大廣益會玉篇／歷代故事	浙刊本	吳志;高異
廣韻	浙刊本	吳志;沈思恭;高異
世說新語	紹興刊本	王榮;徐宗;楊明
麗澤論說集錄	浙刊本	吳志;吳春
周易注疏	越刊本	朱明;李碩;顧忠
禮記注疏	越刊本	毛端;楊昌
外臺祕要方	南宋初刊本	王介;朱明;李碩;林俊
新唐書	嘉祐刊南宋修本	△王介;△朱明
史記	淳熙刊修本	徐忠;徐榮;張明
重校添注音辯唐柳先生文集	南宋刊本	石昌;毛端;高文;高寅;曹冠英
春秋經傳集解	宋刊元修本	王榮;林俊;李碩;高異;△陳壽
陳書	宋浙刊元修本	丁松年;毛文;毛端;何建;吳春;周鼎;孫斌;高文;△章文;陳壽;△楊十三;楊昌
漢書	宋刊元修本	李文;李懋;王渙;林俊;金茂;陳直;△章文;△文玉;△王榮;△李庚;△俞榮;△章文
後漢書	宋刊元修本	△王正;△弓華;王榮;朱明;林俊;△高諒;△許成;△詹德潤;△龐汝升
國語	宋刊明修本	△文玉;李祥;張明;陳彬

324

(續表)

書名	版本	刻工
宋文鑑	宋刊元修本	△章文；張明；△王榮；△葉禾；△趙遇春；△鄭埜
文獻通考	延祐饒州路刊本	王六；李庚；鄭埜
《宋刊單疏本の刊年について》〔標記"△"者屬補刻部分〕		

〔四〕東文研本爲殘本一卷〔存卷九〕。臺北"中央圖書館"藏全本一部，傅增湘嘗著録，爲楊氏海源閣舊藏。傅增湘《藏園群書經眼録》卷一二："《重校添註音辯唐柳先生文集》四十五卷。……宋刊本，半葉九行，行十七字，白口，左右雙闌，版心上記字數，下記刊工姓名，有：朱梓、朱春、曹冠宗、曹冠英、鄭錫、高春、高文、繆恭、陳良、陳斗南、王仔、王僖、王遇、王顯、毛端、石昌、徐安禮、徐禧、吴鉉、吴叙、丁松、丁日新、張待用、龐知柔、董澄、金滋、劉昭、馬良諸人。貞朗恒皆缺末筆。"

《公羊》《爾雅》《儀禮》三經中，除前述互見於兩經之刻工外，與元延祐間饒州路學刊本《文獻通考》一致之刻工，尚有《儀禮疏》刻工"王六""朱明""何建""周鼎""茅公輔〔或作'甫'〕""翁子和""君用""鄭埜"等八人。據此至少可以斷定，《儀禮疏》爲元代補修本。《公羊疏》之"天錫"亦見元刊十行本《周禮注疏》及《論語注疏》，"仲明"則見於元刊十行本《孟子注疏》，〔一〕則《公羊疏》亦經元代補修。以版式觀之，《公羊疏》卷一第十一葉〔刻工蓋爲"朱光"。該葉"殷"字不闕筆〕、卷三第十二葉〔刻工名蓋爲"義"字簡寫。"桓"字闕筆〕、〔二〕卷六第十二葉〔刻工"仲明方"，該葉無嫌名諱字〕，如此種種，允非宋刻原式，而是混入元版之紙葉，益證其確經元代補修。至於《爾雅疏》，則與前述《儀禮疏》同有"王正""李庚"兩位元代刻工，加之如前文所述，静嘉堂所藏原宋刻本恂爲元代公牘紙背印行；且考察宋刊本，細繹其版式，即可發現元代補版紙葉頗多；補刻紙葉"范堅""孫開一""徐友山""徐榮"等刻工姓名，對照他書概可定爲元代刻工。由此益證，此《爾雅疏》當爲元代補修本。

〔一〕"仲明"見卷一下第六葉，卷二下第九、十葉，卷三上第十葉，卷四下第二、三葉，卷六上第十三葉，卷七上第六葉，卷八下第一至四葉，卷十二

325

上第五、六葉。參考《孟子注疏》徐乃昌舊藏元刻明修本。
〔二〕原書刻工署"乂"字。

或有翻而疑三書屬元刊而非宋刻者，然推考版式，即可廓清疑竇；且以刻工證之，《儀禮疏》與前述無補修之宋刊本《唐柳先生文集》有共通之刻工，此外，前文未及之無補版浙刻《大廣益會玉篇》、浙刻《廣韻》，亦有一致之刻工各四人〔吴志、沈思恭、高異、劉昭〕，可證此《儀禮疏》並非元版。《公羊疏》刻工"宋琚"，見於明顯未經元朝補刻之浙刊本《歷代故事》《大廣益會玉篇》《廣韻》；刻工"王介"，見於宋刻宋印本《外臺秘要方》《新唐書》。《爾雅疏》刻工"施昌"，見於無元代補修之《武經七書》《史記》〔静嘉堂文庫〕；刻工"楊昌"，見於無元代補版之明州刊本《文選》、越刊八行本《禮記正義》及越刊八行本《孟子注疏解經》。據刻工亦可證明，《公羊》《爾雅》二疏爲宋刻元修本。綜上，藉由共通之刻工，大致可推斷單疏本《公羊》《爾雅》《儀禮》爲孝宗末年至光宗年間刻本，元人續有補修。然舊說或以如《爾雅疏》之類爲北宋刊本，〔一〕兹略陳一二駁正之。首先，諸本未見北宋刻工；換言之，各書沒有與北宋刊本〔舊說《說文解字》爲北宋刊本，然無實證，予斷其爲南宋刻元修本〕〔二〕共通之刻工。其次，僅見於本書之刻工，其所在紙葉並無較他葉更古舊者。另有無刻工鐫名之紙葉，較之他葉亦無更古舊者。因此，三書雖傳本甚稀，實非北宋官刻本之補修本，〔三〕而是南宋覆刻本。王國維《兩浙古刊本考》云"咸平刊本皆不傳，惟《儀禮》《公羊》《爾雅》三疏，尚有南宋重刊本"。〔四〕誠哉斯言，且予益可證其皆非南宋印本。

〔一〕參見前顧廣圻、陸心源等說。
〔二〕長澤所述蓋静嘉堂藏本，此本原爲青浦王昶所藏宋小字本，有《續古逸叢書》及《四部叢刊》影印本。清代中期以來，學者相傳其爲北宋本，至陸心源《北宋槧說文解字跋》亦云"恒、貞等字皆不缺，蓋真宗時刊本也"。
〔三〕北宋官刻本，底本作"北宋刊本"，覈單行本實作"北宋官本"〔第18頁第7行〕。據單行本訂正。
〔四〕此語見王國維《兩浙古刊本考·杭州府刊板》；王國維《五代兩宋監本考》卷中："北宋刊諸經疏存於今者，臨清徐氏有《周易正義》，日本楓山官庫有《尚書正義》，竹添氏有南宋覆《毛詩正義》，近藤氏有影寫《左傳正義》。此外，如《儀禮》《公羊》《爾雅》三疏，世亦有南宋覆刊之本。"

接下來考察《周易》之刻工。〔一〕如前所述,《周易》單疏本有補刻紙葉。再就宋代原刻紙葉考察闕筆情況,"構"字闕筆者,有卷十三第十一葉左半第九行〔無刻工〕;"媾"字闕筆者,有卷七第一葉左半第四行〔刻工"狄真"〕。卷九第五葉行款有別,其右半第七行〔刻工"朱静"〕之"媾"字亦闕筆,雖此葉難遽斷爲原刻,然與同行款之前葉〔刻工"嚴忠"〕,其刻工均屬宋人無疑。又"慎"字,如卷十第十五葉右半第十三行〔無刻工〕,屬原刻紙葉而不闕筆。〔二〕如前文所述,《周易》卷十二第一葉左右半葉"慎"字闕筆情況不一。究其原因,蓋可歸咎於嫌名偶有漏避,亦或刷印時特意補刀所致。前述補刻紙葉中,"慎"字多有闕筆,而全卷"敦"字未見闕筆。將《周易》刻工與他書相較,刻工名一致者以宋浙刊明修本《漢書》〔静嘉堂文庫〕最多,計十一人〔王中、王琮、王舉、朱静、李正、李昇、李詢、沈昇、周用、徐高、章宇〕;其次越刊八行本《尚書正義》〔足利學校〕,計五人〔王政、王琮、朱静、李詢、沈升〕;光宗前後浙刊本《論衡》〔宮内省圖書寮〕亦五人〔王政、王琮、卓佑、劉文、潘亨〕;浙刊元修本《陳書》〔静嘉堂文庫〕亦五人〔王政、李詢、徐高、劉文、嚴忠〕;《元氏長慶集》〔帝國大學、静嘉堂文庫〕四人〔包端、李詢、劉文、潘亨〕。〔三〕故從刻工角度來看,《周易》單疏本與前述諸書約同時刊印。且《周易》中,刻工"阮宗""張孜"確知屬原刻紙葉,亦見於紹興刊本《王文公文集》〔宫内省圖書寮〕,其宋諱"構"字以注"御名"方式避諱;"沈昇"見於浙刊本《漢書》〔静嘉堂文庫〕;"王允成"見於浙刊本《後漢書》〔静嘉堂文庫〕。若僅以刻工爲據,或當斷爲紹興刊本,而有光宗紹熙前後之補刻。《周易正義》若爲紹興刊本,則理應與有刊記之《毛詩正義》間有密切關係。然如前所述,《周易》《毛詩》二書刻工僅有疑爲同姓同名之"徐高"一名;且就"構""媾"字闕筆而言,《周易正義》刊成年代最早也在紹興末年至孝宗朝初年之間,毋寧斷爲孝宗朝刻本,光宗年間續有補修。〔四〕

〔一〕《周易正義》刻工名録:(1)原版:弓;弓成;弓旅;王允成;仲;朱静;李恂;沈升;沈昇;沈彦;沈禧;狄;狄真;邢;邢琮;阮走;阮宗;卓佑;彦;真;張中;張孜;陳;陳常;嚴忠;顧仲。(2)補版:王中;王政;王昕;王琮;王舉;包端;朱宥;李;李正;李圭;李政;李昇;李時;李詢;沈亨;沈義;周用;徐全;徐高;章宇;劉文;潘亨;蔡通〔長澤規矩也《宋刊本刻工名表》;按,阿部隆一將"沈禧"歸於補版刻工,當是〕。《中國版刻圖録》:"刻工包端、王政、朱宥、章宇、陳常、顧仲、弓成、王允成、李詢、徐高等,皆南宋初年杭州地區名匠。"

《周易正義》刻工互見表

書　名	版　本	藏　地	刻　　工
漢書	浙刊本	静嘉堂	王中;王琈;王舉;朱静;李昇;李詢;沈昇;周用;徐高;章宇
尚書正義	越刊本	足利學校	王琈;王政;朱静;李詢;沈升
論衡	光宗朝浙刊本	静嘉堂	王琈;王政;卓佑;劉文;潘亨
楊子法言	嘉慶中秦氏覆宋刊本		李恂;李詢;嚴忠
元氏長慶集	南宋刊本	帝大 静嘉堂	李詢;包端;劉文;潘亨
文選	明州刊本	圖書寮 静嘉堂	王政;章宇;劉文;嚴忠
陳書	浙刊本	静嘉堂	王政;李詢;徐高;劉文;嚴忠
廣韻	紹興刊本	静嘉堂	王琈;徐高
史記	淳熙間刊本	静嘉堂	王中;章宇;劉文;潘亨
外臺祕要方	紹興刊本	静嘉堂	弓成;徐高
武經七書	浙刊本	静嘉堂	李詢;章宇
王文公文集	紹興刊本	圖書寮	阮宗;張孜
後漢書	浙刊本	静嘉堂	王允成;李恂;李昇
			《重ねて現存宋刊單疏本に就いて》

〔二〕正文云《周易正義》"卷十二第三葉右半第九、十一行等，'慎'字多有闕筆"，此處"慎"字不闕，可知其時代較早。又此葉字畫漫漶，亦是原刻之確據。

〔三〕此處"帝國大學"指東京帝國大學。長澤規矩也《宋刊本刻工名表》收錄兩部《元氏長慶集》，藏地分別標注爲"静"〔即静嘉堂文庫〕、"東大"〔東京大學〕。

〔四〕關於《周易正義》刊印時間，長澤《宋刊單疏本の刊年について》斷爲南宋覆刻本;《重ねて現存宋刊單疏本に就いて》進一步釐定爲紹興末年刊,光宗前後復經補修。阿部隆一《金沢文庫舊藏鎌倉鈔本周易正義と宋槧單疏本とについて》從此説。

考《尚書》刻工,〔一〕與明州刊本《文選》〔宫内省圖書寮〕之補刻部分一致者有九人〔方成、王伸、王寔、吴珪、施章、洪茂、陳忠、黄暉、葛珎〕;〔二〕《白氏六帖事類集》〔田中慶太郎〕〔三〕四人〔方成、朱因、洪茂、陳忠〕。内藤博士斷爲紹熙刊本,似可從其説。或據刻工定爲紹興末年刻本,其説内藤博士頗疑之。〔四〕殆刻工一致之書多有補版,而持紹興末年説者不加區分,其所據刻工一致者,即大多出於補刻部分。

〔一〕《尚書正義》刻工名録:方成;王正;王伸;王政;王寔;朱因;吴珪;汪政;汪盛;施章;洪先;洪茂;張元;陳忠;黄暉;葛珎;蔡至道〔長澤規矩也《宋刊本刻工名表》〕。

《尚書正義》刻工互見表

書　名	版　本	刻　工
文選〔補刻部分〕	明州刊本	吴珪;洪茂;葛珎;陳忠;王寔;王伸;施章
白氏六帖事類集	嘉定以後補修	朱因;陳忠;方成;洪茂
《宋刊單疏本の刊年について》		

〔二〕《宋刊單疏本の刊年について》僅備列"吴珪、洪茂、葛珎、陳忠、王寔、王伸、施章"七人,無"方成、黄暉"二人〔第733頁〕。

〔三〕此本原爲傅增湘舊藏,後轉歸文求堂。仁井田陞從田中氏借觀。傅增湘《藏園群書經眼録》卷一〇:"《白氏六帖事類集》三十卷。宋刊本,半葉十三行,每行大字二十四五字,注三十二至三十五字,白口,左右雙闌。版心記帖册一、二、三、四、五、六等字,蓋分三十卷爲六册也。下方記刊工姓名,有方師顔、方成、丁珪、毛諫、王琮、王時、余正、余坦、朱因、李成、李德、洪茂、洪先、洪新、陳忠、陳高、劉仲、劉舉、劉正、陳珍、徐顔、徐侃、蔣暉、梁濟、施藴、胡正,又施俊重刊四字。每類標題作陰文,目後連接正文,兩卷同册者上下卷相接處不別爲卷。宋諱構字注御名,〔卷十四嗣立類,纂我祖考堂構,構字注御名。〕蓋紹興初刊本。用嘉定年間浙路酒務册子印,紙背列逐日收錢若干……收藏鈐有'趙氏家塾藏書''古吴王氏''中南山人''竹塢''玉蘭堂''季振宜藏書''季振宜字詵兮號滄葦''季振宜印''滄葦''乾學''徐健菴''翼菴珍藏'諸印。"

〔四〕此處駁近藤守重、島田翰之説。内藤湖南《影印秘府尊藏宋槧單本尚書正義解題》:"近藤正齋云'貞'字闕筆,'敦'字不缺,是矣。然遂謂孝宗時代物,則未當。島田彦楨謂玄、胤、讓、敬、弘、桓等字缺末筆,闕至'敦'字,則係寧宗後刊本;亦不然。據予所檢,缺筆及於構字〔高宗諱〕、慎字〔寧宗諱〕,而惇字〔光宗諱〕、敦字〔光宗嫌名〕並不缺。如正齋所云,當時缺筆之法,守《曲禮》卒哭乃諱,故彦楨云生不諱。予所藏《毛詩正義》係紹興九年刊,建刻《史記集解》係八年刊,並不避高宗諱,則此書當爲光宗紹熙年間刻本〔據刻工名之考説,後更詳〕。"又:"近藤正齋云,予輩慣鑒賞宋本,自帝諱缺筆,以至板心刻工之名,皆有鑒識。島田彦楨亦襲用此法,而更精細。彦楨發見本書板心有朱因、王政、施章、葛(璽)〔琮〕、黄暉之名,又《論衡》有王政之名,云足以推知刻本之先後〔其實《文選》刻工尚有陳忠、王寔、王伸、施章之名,皆與本書刻工同。島田氏漏之。又島田氏舉有吴正之名,本書所無也〕。然以此法推定本書,當爲紹興末年刻本,顧刻工年壽往往有亘數十年者,不若據帝諱缺筆斷爲光宗朝刻之,爲不可易也。"〔《國立北平圖書館館刊》第4卷第4期,1930年,第40、41頁〕近藤守重説參《正齋書籍考》卷一;島田翰説見《古文舊書考》卷二。

單疏本《禮記》刻工僅"屠友"可識,另有一人似"沈端"。〔一〕目驗身延文庫原本亦然。未見欽宗、高宗之諱,"慎"字不闕筆,當爲紹興刊本,至晚亦不過孝宗時刊本。

〔一〕《禮記正義》刻工名録:沈端;屠友〔長澤規矩也《宋刊本刻工名表》〕。二人之名均見於宋紹興初浙江刊本《三國志》。傅增湘《藏園群書經眼録》卷三:"《三國志注》六十五卷。晉陳壽撰,劉宋裴松之注。存《魏書》卷二十九、三十,計二卷。宋紹興初浙江刊本,半葉十行,行十八字,注雙行同,白口,左右雙闌。版心上記字數,下記刊工姓名,有王彬、金成、**沈端**、嚴志、李五人。白麻紙,初印精善,邊闌均完整如新。可寶也。其刊工與瞿氏藏《管子注》多合,其爲南渡初浙刻無疑。老友曹君直〔元忠〕有長跋〔余藏〕。"此本今下落不明。《中國版刻圖録》著録另本〔今藏國家圖書館,索書號:7346〕,解題云:"刻工乙成、李通、牛實、賈琚、**屠友**、張通、蔣諲、朱宥、楊謹、李詢、牛智、李忠等,皆南宋初年浙中良工。"

綜上所論,現存宋刊諸經單疏本均非北宋原刻,而是南宋覆刻或翻刻本。《儀禮》《公羊》《爾雅》之原宋刊本屬南宋刻元修本。前述《尚書》體例頗獨特,可藉以窺得晚出單疏本之面貌。〔一〕

〔一〕此從内藤湖南跋每日新聞社影印本《尚書正義》之説:"今此《書》則疏文與經注起止提行並録,此在單疏較爲晚出之式。"

附注

〔一〕《周易》爲北平人文科學研究所與傅氏合印;《尚書》有大阪每日新聞社影印本;《毛詩》《禮記》有東方文化學院影印本;《公羊》《爾雅》有上海商務印書館影印本〔譯者按:即《續古逸叢書》〕。且上述幾種之一部分續又收入《四部叢刊》,予以縮版印行。

附記

本文合《宋刊單疏本の刊年について》《重ねて現存宋刊單疏本に就いて》兩篇舊稿爲一,並作修正。

譯本參考文獻

1. 顧廣圻著,王欣夫輯《顧千里集》,中華書局,2007年。
2. 陳鱣《經籍跋文》,清道光十七年海昌蔣光煦刻《別下齋叢書》本。
3. 吴慶坻《蕉廊脞録》,中華書局,1990年。
4. 臧庸《挍宋槧板〈爾雅疏〉書後〔庚申仲秋〕》,收入《拜經堂文稿》不分卷,國家圖書館藏。
5. 近藤守重《正齋書籍考》,日本文政六年刻本。
6. 陸心源《皕宋樓藏書志》,清光緒八年十萬卷樓刻本。

7. 陸心源《重刻北宋本〈爾雅疏〉序》,收入《儀顧堂集》卷七,清光緒刻本。
8. 島田翰著,杜澤遜、王小娟點校《古文舊書考》,上海古籍出版社,2014 年。
9. 和田熊編《静嘉堂秘籍志》,静嘉堂文庫,1917 年。
10. 葉德輝《書林清話》,中華書局,1957 年。
11. 繆荃孫、吴昌綬、董康撰,吴格整理點校《嘉業堂藏書志》,復旦大學出版社,1997 年。
12. 楊紹和《楹書隅録》,參考《藏園批注楹書隅録》,中華書局,2017 年。
13. 新村出《水府紀行のうちより〔彰考館の金澤本など〕》,收入《典籍叢談》,岡書院,1925 年,第 431—435 頁。
14. 德富猪一郎《關東探勝記》,民友社,1928 年。
15. 德富猪一郎《身延山本〈禮記正義〉殘卷》,《昭和詩文》昭和三年十月號;後略作補充,收入《典籍清話》,民友社,1932 年,第 57—60 頁。
16. 内藤湖南《影印祕府尊藏宋槧單本尚書正義解題》,附《尚書正義撰者考》《尚書正義刊者考》,影印宋單疏本《尚書正義》書末,大阪每日新聞社,1929 年。有錢稻孫漢譯本,題《影印宋槧單本尚書正義解題》,收入《國立北平圖書館館刊》第 4 卷第 4 期,1930 年,第 34—54 頁。
17. 《舊京書影提要》,《文字同盟》第 24、25 號合刊,文字同盟社,1929 年。
18. 諸橋轍次《静嘉堂文庫漢籍分類目録》,静嘉堂文庫,1930 年。
19. 《圖書寮漢籍善本書目》,宫内省圖書寮藏版,文求堂書店、松雲堂書店發行,1931 年。
20. 安井小太郎《書北宋刻禮記單疏殘卷後》,收入安井小太郎著、安井琴子編《朴堂遺稿》卷四,安井琴子自印、松雲堂書店排印本,1940 年,葉 10—11。
21. 安井小太郎《身延本禮記正義殘卷提要》,《身延本禮記正義校勘記》卷首,第 1—3 頁,東方文化學院影印本《禮記正義》別册,文求堂書店,1931 年;收入《朴堂遺稿》卷四,葉 25—27。
22. 長澤規矩也、川瀨一馬編《成簣堂善本書目》,日本昭和七年(1932)排印本。
23. 安井小太郎《景鈔正宗寺本春秋正義解説並缺佚考》,影印日本文化十三年影抄正宗寺本《春秋正義》別册,東方文化學院,1933 年。
24. 關靖《身延山に於ける新しき金澤文庫本の發現に就て》,《書誌學》第 5 卷第 2 號,1935 年 8 月,第 61—68 頁。
25. 《金澤文庫本圖録》,幽學社,1936 年。
26. 《金澤文庫古書目録》,巖松堂書店,1939 年。

27. 董康《書舶庸譚》,中華書局,2013 年。
28. 傅增湘《靜嘉堂文庫觀書記〔藏園東游別録之一〕》,《國聞週報》第 7 卷第 13—20 期,1930 年。
29. 傅增湘《藏園群書經眼録》,中華書局,2009 年。
30. 傅增湘《藏園群書題記》,上海古籍出版社,2008 年。
31. 莫友芝撰,傅增湘訂補《藏園訂補郘亭知見傳本書目》,中華書局,2009 年。
32. 王國維《宋刊本〈爾雅疏〉跋》《宋越州刊本〈禮記正義〉跋》《舊刊本〈毛詩注疏〉殘葉跋》,收入《觀堂集林》卷二一,中華書局,2004 年。
33. 王國維《觀堂集林》,民國十二年烏程蔣氏密韻樓排印本。
34. 王國維《兩浙古刊本考》,收入《王國維遺書》,上海書店出版社,2011 年。
35. 王國維撰,王亮整理《傳書堂藏書志》,上海古籍出版社,2014 年。
36. 劉承幹著,陳諠整理《嘉業堂藏書日記抄》,鳳凰出版社,2016 年。
37. 余嘉錫《四庫提要辨證》,中華書局,1980 年。
38. 《中國版刻圖録》,文物出版社,1961 年。
39. 汪紹楹《阮氏重刻宋本十三經注疏考》,《文史》第 3 輯,中華書局,1963 年。
40. 阿部隆一《金沢文庫舊蔵鎌倉鈔本周易正義と宋槧単疏本とについて》,《金沢文庫研究》22(6),1976 年,第 1—8 頁。收入《阿部隆一遺稿集》第一卷。中文版題爲《論周易正義單疏本》,陳捷譯,全文見《中國文哲研究通訊》第 10 卷第 4 期,2000 年,第 24、25 頁;節譯本收入《影印南宋官版周易正義》附録,北京大學出版社,2017 年,第 326—329 頁。
41. 阿部隆一《日本國見在宋元版本志経部》,《斯道文庫論集》第 18 輯〔麻生太賀吉大人追悼記念論集〕,1981 年,第 1—152 頁;收入《阿部隆一遺稿集》,汲古書店,1993 年,第 1 册,第 245—396 頁。
42. 《靜嘉堂文庫宋元版圖録·解題篇》,汲古書院,1994 年。
43. 虞萬里《斯坦因黑城所獲單疏本〈春秋正義〉殘葉考釋與復原》,《敦煌學》1996 年第 20 期,第 53—67 頁;後收入《榆枋齋學術論集》,江蘇古籍出版社,2001 年。
44. 喬秀岩《〈儀禮〉單疏版本説》,《文史》第 50 輯,中華書局,2000 年。
45. 田中千壽《〈春秋公羊疏〉研究》,北京大學中文系博士學位論文,2002 年。
46. 冀淑英《冀淑英文集》,北京圖書館出版社,2004 年。
47. 蘇芃《敦煌單疏寫本〈春秋正義〉殘卷録文及校勘記》,《古文獻研究集刊》第 2 輯,2008 年。

48. 王亮《"伏侯在東精力所聚"——田吴炤書事鈎沉》,《中國典籍與文化》2008年第4期,第86—92頁。

49. 王亮《〈田吴炤書事鈎沉〉摭遺》,《天一閣文叢》第7期,天一閣博物館,2009年,第14—16頁。

50. 張麗娟《〈穀梁〉單疏本與注疏合刻本考》,《儒家典籍與思想研究》第1輯,北京大學出版社,2009年,第346—350頁。

51. 李霖、喬秀岩《〈影印南宋刊單疏本毛詩正義〉出版前言》,《國際漢學研究通訊》第4期,北京大學出版社,2011年,第217—235頁。

52. 李霖《影印南宋刊單疏本毛詩正義叙説》,《版本目録學研究》第3輯,國家圖書館出版社,2012年,第41—58頁。

53. 張麗娟《宋代經書注疏刊刻研究》,北京大學出版社,2013年。

54. 喬秀岩《影印南宋官版尚書正義編後記》,《影印南宋官版尚書正義》卷末,北京大學出版社,2015年。

55. 喬秀岩、葉純芳《影印南宋越刊八行本〈禮記正義〉編後記》,《版本目録學研究》第6輯,北京大學出版社,2015年,第227—244頁。

56. 李霖《宋刊群經單疏傳本討源》,《中國經學》第17輯,廣西師範大學出版社,2015年,第99—118頁。

57. 李霖《南宋浙刻義疏官版的貯存與遞修》,《經學文獻研究集刊》第15輯,上海書店出版社,2016年,第115—136頁。

58. 喬秀岩《影印南宋官版周易正義編後記》,《影印南宋官版周易正義》卷末,北京大學出版社,2017年。

59. 尾崎康著,喬秀岩、王鏗譯《正史宋元版之研究》,中華書局,2018年。

60. 韓悦《日本京都大學藏〈周禮疏〉單疏舊鈔本探論》,《文史》2018年第2輯,第5—25頁。

61. 李霖《宋本群經義疏的編校與刊印》,中華書局,2019年。

(王瑞,中國中醫科學院中國醫史文獻研究所碩士研究生;
董岑仕,人民文學出版社古典文學編輯室副編審;
張良,復旦大學歷史學系青年副研究員)